Rechtsvergleich über die Zulässigkeit von Haftungsausschlüssen, Haftungsbeschränkungen und pauschaliertem Schadensersatz in einzelne arabischen Rechtsordnungen

Studien zum vergleichenden und internationalen Recht - Comparative and International Law Studies

Herausgeber: Bernd von Hoffmann†, Erik Jayme
und Heinz-Peter Mansel

Band 190

PL ACADEMIC RESEARCH

Gregor Nikolas Rutow

Rechtsvergleich über die Zulässigkeit von Haftungsausschlüssen, Haftungsbeschränkungen und pauschaliertem Schadensersatz in einzelnen arabischen Rechtsordnungen

PL ACADEMIC RESEARCH

Bibliografische Information der Deutschen Nationalbibliothek
Die Deutsche Nationalbibliothek verzeichnet diese Publikation in der Deutschen Nationalbibliografie; detaillierte bibliografische Daten sind im Internet über http://dnb.d-nb.de abrufbar.

Zugl.: Erlangen-Nürnberg, Univ., Diss., 2014

Gedruckt auf alterungsbeständigem, säurefreiem Papier.

D 29 (n2)
ISSN 0930-4746
ISBN 978-3-631-65547-4 (Print)
E-ISBN 978-3-653-04663-2 (E-Book)
DOI 10.3726/ 978-3-653-04663-2

PL Academic Research ist ein Imprint der Peter Lang GmbH.

Peter Lang – Frankfurt am Main · Bern · Bruxelles · New York · Oxford · Warszawa · Wien

Diese Publikation wurde begutachtet.

www.peterlang.com

Vorwort

Die vorliegende Arbeit wurde im August 2013 von der Rechts- und Wirtschaftswissenschaftlichen Fakultät der Friedrich-Alexander-Universität Erlangen-Nürnberg als Dissertation angenommen.

Mein inniger Dank gilt meinem Doktorvater Herrn Prof. Dr. Mathias Rohe für die Erstbegutachtung der Arbeit und die mir erteilten Optimierungshinweise. Besonderer Dank gilt auch Herrn Prof. Dr. Hilmar Krüger für die Erstellung des Zweitgutachtens sowie dem Peter Lang Verlag für die Aufnahme der Arbeit in die Schriftenreihe „Studien zum vergleichenden und internationalen Recht/Comparative and International Law Studies“.

Darüber hinaus danke ich den Herren Dr. Florian Amereller und Dr. Kilian Bälz für das Zuverfügungstellen von Literatur zum ägyptischen Recht, ihrer steten Diskussionsbereitschaft und den erteilten Anregungen. Zu aufrichtigem Dank bin ich darüber hinaus Herrn Dr. Stephan Jäger verpflichtet, der mir viele nützliche Hinweise zu der Arbeit gab. Dank gilt auch Herrn Dr. Sven Klaiber, der mir in Dubai seine Bibliothek zugänglich gemacht hat. Weiterhin waren mir die Herren Dr. ʿImād ad-Dīn Bašīr ʾdam Faḍl und Moḥammad Ṣāliḥ az-Zubaīr, die ich während einer Rechercheresie nach Riad interviewen durfte, bei der Recherche zum saudischen Recht eine große Hilfe. Ohne die Hilfe von Prof. Ayoub al-Jarbou und Herrn Andreas Haberbeck wäre es unmöglich gewesen, auf zahlreiche – teils unveröffentliche Urteile – saudischer Gerichte zurückzugreifen. Zusätzlich danke ich Herrn Jochen Hundt, der mir dabei half, das Gutachten des Rats der Islamgelehrten zum pauschalierten Schadensersatz ausfindig zu machen.

Schließlich bedanke ich mich bei meiner lieben Frau Kristina Rutow für ihren stetigen Zuspruch und ihre Unterstützung sowie bei meinen Eltern und Großeltern für Ihre Unterstützung während meiner gesamten Ausbildung. Meiner Frau und meiner Familie soll diese Arbeit daher gewidmet sein.

München, im April 2014 Gregor Rutow

Inhaltsverzeichnis

Abkürzungsverzeichnis

ÄAG	Das ägyptische Gesetz über die Regulierung von Ausschreibungen und Auktionen (Gesetz Nr. 89/ 1998, zuletzt geändert durch Gesetz Nr. 14/2009)
Abu-dhabischer Standardvertrag für Bauprojekte	Abu-dhabischer Standardvertrag für Bauprojekte, Anhang 1 der Entscheidung des Durchführungskomitees (Entscheidung Nr. 1/2007, welche auf dem Gesetz Nr. 21/2006 beruht)
a. E.	am Ende
AGB	Allgemeine Geschäftsbedingungen
ÄHGB	Ägyptisches Handelsgesetzbuch (Gesetz Nr. 17/1999, zuletzt geändert durch Gesetz Nr. 156/2004)
ALQ	Arab Law Quarterly
Art.	Artikel
Ausführungsbestimmungen der SAR	Ausführungsbestimmungen zu dem saudischen Dekret über die Regulierung von Ausschreibung und Beschaffung der Regierung (Entscheidung des saudischen Finanzministeriums Nr. 362 vom 10.3.2007)
Ausschreibungsgesetz Abu Dhabi	Das Gesetz über Auftragsvergabe, Wettbewerb, Ausschreibungen und Lagerhallen im Emirat Abu Dhabi (Gesetz Nr. 6/2008)
Ausschreibungsgesetz Dubai	Das Gesetz über Verträge mit Regierungsbehörden im Emirat Dubai (Gesetz Nr. 6/1997 in der Fassung des Gesetzes Nr. 2/2009)
ÄVSG	Das ägyptische Gesetz über den Schutz des Verbrauchers (Gesetz Nr. 67/2006)
ÄZGB	Ägyptisches Zivilgesetzbuch (Gesetz Nr. 131/1948, zuletzt geändert durch Gesetz Nr. 106/2011)
BB	Betriebsberater
Bd.	Band
bspw.	Beispielsweise
bzw.	beziehungsweise
Clev. St. L. Rev.	Cleveland State Law Review
Colum. L. Rev.	Columbia Law Review
d. h.	das heißt

DIFC	Dubai International Financial Center
Dubaier Standardvertrag für Bauprojekte	Standardvertrag für Bauprojekte der Dubai Municipality von 1999
Durchführungsverordnung zum ÄAG	Durchführungsverordnung zu dem ägyptischen Gesetz über die Regulierung von Ausschreibungen und Auktionen (Durchführungsverordnung des ägyptischen Finanzministeriums Nr. 1367/1998, zuletzt geändert durch Verordnung Nr. 549/2010)
Ebd.	Ebenda
EJSS	European Journal of Social Sciences
FIDIC	Fédération Internationale des Ingénieurs Conseils
Fn.	Fußnote
FS	Festschrift
Geo. Wash. L. Rev.	The George Washington Law Review
Handbuch zu öffentlichen Ausschreibungen in Abu Dhabi	Nach Art. 13 Ausschreibungsgesetz Abu Dhabi vom Finanzministerium herausgegebenes Handbuch zu Auftragsvergabe, Wettbewerb, Ausschreibungen und Lagerhallen vom 3. Juni 2008
Hrsg.	Herausgeber
ICLQ	International and Comparative Law Quarterly
ICLR	International Construction Law Review
i. d. F.	in der Fassung
IIUM	International Islamic University Malaysia
ILQ	Islamic Law Quarterly
IPRax	Praxis des Internationalen Privat- und Verfahrensrechts
i. S. d.	im Sinne des
i. V. m.	in Verbindung mit
J.A.L.	Journal of African Law
J.Comp.Leg.	Journal of the Society of Comparative Legislation
JAR	Jordanische Verordnung über die Regulierung von öffentlichen Arbeiten (Verordnung Nr. 71/1986, zuletzt geändert durch Verordnung Nr. 74/2002)
Jordanischer Standardvertrag	Jordanischer Standardvertrag für Werkverträge der Abteilung für öffentliche Ausschreibungen des jordanischen Ministeriums für öffentliche Arbeiten und den Wohnungsbau von 2007

Jordanischer Standardvertrag für Bauprojekte	Jordanischer Standardvertrag für Bauprojekte, enthalten in dem Handbuch für Bauprojekte der Abteilung für öffentliche Ausschreibungen des jordanischen Ministeriums für öffentliche Arbeiten und den Wohnungsbau von 2010
JHGB	Jordanisches Handelsgesetzbuch (Gesetz Nr. 12/1966)
JZGB	Jordanisches Zivilgesetzbuch (Gesetz Nr. 43/1977)
m. w. N.	mit weiteren Nachweisen
NJW	Neue Juristische Wochenschau
Nr.	Nummer
o. A.	ohne Angabe
o. D.	ohne Datum
QFC	Qatar Financial Center
RDAI	Revue de Droit des Affaires Internationales
RIW	Recht der internationalen Wirtschaft
Rn.	Randnummer
S.	Seite
SAR	Saudische(s) Dekret(e) über die Regulierung von Ausschreibung und Beschaffung der Regierung (königliches Dekret Nr. M/58 vom 27.9.2006)
Saudischer Standardvertrag	Saudischer Standardvertrag für Werkverträge, in Kraft gesetzt durch Entscheidung Nr. 136 des Ministerrates vom 13.4.1408 H. (1988)
Tul.L.Rev.	Tulane Law Review
u. a.	und andere
VAE	Vereinigte Arabische Emirate
VAEAG	VAE-(Bundes-)Verordnung zur Regulierung Art und Weise der Beschaffung und der Erstellung von Werken (Rundschreiben des Finanzministeriums Nr. 16/1975)
VAEHGB	Gesetz über handelsrechtliche Rechtsgeschäfte (Gesetz Nr. 18/1993)
VAEZGB	Gesetz über zivilrechtliche Rechtsgeschäfte (Gesetz Nr. 5/1985, zuletzt geändert durch Gesetz Nr. 1/1987)
VersR	Versicherungsrecht – Zeitschrift für Versicherungsrecht, Haftungs- und Schadensrechtx
vgl.	Vergleiche

ZEuP	Zeitschrift für europäisches Privatrecht
ZGB	Zivilgesetzbuch
zit.	Zitiert
ZvglRWiss	Zeitschrift für vergleichende Rechtswissenschaft

Einleitung und Aufgabenstellung

Eine größere Anzahl von in arabischer Sprache abgefassten Veröffentlichungen befasst sich mit den Grundstrukturen der vertraglichen und deliktischen Haftung in den einzelnen arabischen Zivilrechtsmodellen, man findet jedoch nur vereinzelt Literatur zu Haftungsbeschränkungen, Haftungsausschlüssen und pauschaliertem Schadensersatz.[1] Bisher fehlt es gänzlich an einer rechtsvergleichenden Arbeit auf Deutsch* zu der Frage, ob und inwieweit Haftungsausschlüsse, Haftungsbeschränkungen[2] und pauschalierter Schadensersatz in einzelnen arabischen Zivilrechtsmodellen zulässig sind.[3]

Die Praxiserfahrung im Zusammenhang mit dem grenzüberschreitenden Industrieanlagen- und Liefergeschäft zeigt, dass ein europäischer Industrieanlagenlieferant in der Regel unter Risikomanagement-Gesichtspunkten gerade bei Haftungsausschlüssen, Haftungsbeschränkungen und pauschaliertem Schadensersatz verstärkten Absicherungsbedarf hat. Dies hat zur Folge, dass Haftungsausschlüsse, Haftungsbeschränkungen und pauschalierter Schadensersatz häufig im Zentrum von Vertragsverhandlungen stehen.

---

* Die Übersetzungen in dieser Doktorarbeit sind die des Verfassers. Arabische Termini werden in Umschrift, arabische Rechtsliteratur auf Arabisch wiedergegeben.

1 Allgemein zur Haftung: أحمد, المسؤولية المدنية; طلبة, المسؤولية المدنية, Bd. 1–3; زكي, مشكلات المسؤولية المدنية; Mosmar, Civil Liability in the Jordanian Civil Code, a Comparative with the Shari‘a. Allgemein zu Haftungsbeschränkungen/-ausschlüssen: خوالده, شرط, الشرط المعدل للمسؤولية العقدية في القانون المدني, نصرة; دراسة مقارنة, الإعفاء من المسؤولية العقدية المصري. Allgemein zu pauschaliertem Schadensersatz: أبو ليلي, التعويض الاتفاقي في القانون مرقس beklagt دراسة فقهية مقارنة, الشرط الجزائي وأثره في العقود معاصرة; دراسة مقارنة, المدني اليمني. gar, dass es überhaupt keine Abhandlung zu Haftungsbeschränkungen auf Arabisch gebe. Siehe الوافى, Bd. 3, S. 639.

2 Eine Haftungsbeschränkung ist die Beschränkung der Haftung entweder durch die Eingrenzung des Haftungstatbestandes oder der Haftungsfolge. Sie ist von der rechtfertigenden Einwilligung und der bewussten Risikoübernahme abzugrenzen. Siehe Bruns, S. 3, 5; Hök, S. 394, Rn. 67.

3 Unter pauschaliertem Schadensersatz soll nachfolgend die vertragliche Festlegung des im Leistungsstörungsfall zu zahlenden Betrags, ohne dass es eines Schadensnachweises bedarf, verstanden werden. Zur Definition: مرقس, الوافى, Bd. 6, S. 17; السنهوري, الوسيط, Bd. 2, S. 851, 854; الشرقاي, النظرية العامة للإلتزام, أحكام الإلتزام, S. 28, 56; سلطان, النظرية العامة للإلتزام, S. 172; يكن, شرح, Bd. 5, S. 135.

Vertragsverhandlungen und -abschlüsse zwischen arabischen und europäischen Vertragsparteien werden in der Praxis immer wieder durch grundlegende Fehlauffassungen darüber erschwert, ob und inwieweit Haftungsausschlüsse, Haftungsbeschränkungen und pauschalierter Schadensersatz in rechtlich zulässiger Weise vereinbart werden können; die Vertragsparteien erkennen mitunter nicht, dass die jeweils andere Seite von anderen Begrifflichkeiten und Haftungskonzeptionen ausgeht oder völlig andere Rechtsfolgen an diese knüpft. Viele Schwierigkeiten im Handelsverkehr mit Vertragspartnern aus arabischen Staaten resultieren aus derartigen grundlegenden Differenzen im Verständnis, in der Auslegung und der Anwendung von Verträgen, insbesondere im Zusammenhang mit Haftungsausschlüssen, Haftungsbeschränkungen und pauschaliertem Schadensersatz.

Diese Differenzen beruhen in erster Linie auf den unterschiedlichen Rechtskulturen in den europäischen Staaten einerseits und den arabischen Staaten andererseits. Ebenso können sprachliche Schwierigkeiten eine große Rolle spielen.[4] Auf noch größere Diskrepanzen stößt man erfahrungsgemäß, wenn auf einer Seite des Vertrags eine lediglich mit dem Common Law vertraute Vertragspartei steht; in diesem Fall kommen zu den sprachlichen Problemen noch die unterschiedlichen Terminologien und Begrifflichkeiten im Schuldrecht zwischen dem Common Law einerseits und dem arabischen Zivilrecht (*civil law*) andererseits hinzu.[5] Dies gilt ebenso für den umgekehrten Fall der Übersetzung englischer Vertragsmuster, wie die hier behandelten FIDIC-Bedingungen[6], bzw. für zweisprachige Verträge, bei

4 Behring/Gluch/Rußig, S. 87. Das Kommunikationsproblem zwischen einer arabischen und einer europäischen Vertragspartei könnte zwar dadurch verringert werden, dass der Vertrag in arabischer Sprache abgeschlossen wird. Ein europäischer Industrieanlagenlieferant wird in der Regel allerdings nicht bereit sein, einen komplexen Industrieanlagenvertrag in einer Sprache abzuschließen, die er nicht selbst beherrscht, sondern wird stattdessen darauf bestehen, dass der Industrieanlagenvertrag in einer ihm verständlichen und zugänglichen Sprache, z. B. in Englisch oder Französisch abgefasst wird. Für einen ersten Überblick über die Probleme, die durch das Verfassen von Verträgen in einer anderen Sprache als das auf sie anwendbare Recht entstehen, siehe Maier-Reimer, NJW 2010, S. 2545–2550.

5 Zur Definition des Begriffs Common Law siehe Maier-Reimer, NJW 2010, S. 2545. Beispiele für das unterschiedliche Verständnis von Vertragsregelungen im Vertragsrecht des Common Law und des kontinentaleuropäischen Zivilrechts findet man bei Maier-Reimer, NJW 2010, S. 2545, 2547 angeführt. Für einen kurzen Überblick über die Unterschiede im Bereich der Leistungsstörungen siehe Hök, S. 353, Rn. 2.

6 Die FIDIC publiziert Musterverträge für Bauvorhaben, die weltweit oft im Industrieanlagen-Geschäft verwendet werden. Für eine ausführliche Darstellung siehe Brück, in: Vertragsbuch Privates Baurecht, S. 888–890.

denen die arabische Sprachversion als die bei Widersprüchen vorrangige Version bestimmt wird.[7]

Warum sind Haftungsbeschränkungen in modernen Rechtsordnungen überhaupt relevant? Bruns fasst ihren Sinn und Zweck wie folgt zusammen:

> *„Die Möglichkeit von Haftungsbeschränkungen ist für eine moderne Rechts- und Wirtschaftsordnung von zentraler Bedeutung. Die Beschränkbarkeit der Haftung ermöglicht die Steuerung und Kalkulation von Geschäftsrisiken.“*[8]

Hintergrund ist, dass es weder im Interesse des Schuldners noch des Gläubigers ist, den Schuldner unbegrenzten Haftungsrisiken, insbesondere beim Industrieanlagenbau, auszusetzen.[9] In der Praxis wird jeder Schuldner danach streben, das Risiko, das sich aus oder im Zusammenhang mit der Lieferung und Inbetriebnahme einer häufig schlüsselfertig zu liefernden Industrieanlage ergibt, durch Vereinbarung von Haftungsbeschränkungen und Haftungsausschlüssen zu reduzieren und eine mögliche Schadensersatzpflicht dem Umfang und der Höhe nach angemessen zu begrenzen, wohingegen der Gläubiger ein Interesse an einer möglichst umfassenden Haftung des Schuldners hat.[10]

Dagegen dient die Vereinbarung von pauschaliertem Schadensersatz dazu, den zu zahlenden Schadensersatz von vornherein genau festzulegen, um zu verhindern, dass ein Gläubiger einen Schadensersatzanspruch in Höhe des tatsächlich entstandenen Schadens geltend machen kann, vorausgesetzt, sie schließt weitergehende Ansprüche des Gläubigers aus.[11] Aus der Sicht des Gläubigers hat die Vereinbarung von pauschaliertem Schadensersatz zum einen den Vorteil, dass er keinen Schadensbeweis der Höhe nach führen muss, denn insbesondere bei großen Verträgen zur Errichtung von Industrieanlagen wird er vor dem Problem stehen, den tatsächlich eingetretenen Schaden genau zu beziffern und im Einzelnen nachzuweisen.[12] Zum anderen nimmt die Vereinbarung von pauschaliertem Schadensersatz ihm das Risiko, dass in einem

---

7 Sarie-Eldin, International Lawyer 28 (1994), S. 951, 953.

8 Bruns, S. 2.

9 Michaelis de Vaconcellos, RIW 1997, S. 455, 462.

10 Dabei sind Haftungsausschlüsse und Haftungsbeschränkungen so alt wie der Vertrag selbst. Siehe Bruns, S. 2.

11 Allgemein zur Vereinbarung von pauschaliertem Schadensersatz und Vertragsstrafe: Dünnweber, S. 119–125; Joussen, S. 143–149; Graf v. Westphalen, BB 1971, S. 1126, 1129, 1131.

12 Dünnweber, S. 119; Molter, S. 60.

ihm fremden Recht/Zivilrechtsmodell ersatzfähige Schäden und deren Umfang sich beträchtlich von der eigenen bekannten Rechtsordnung unterscheiden, ohne dass er dies bei Vertragsschluss erkennt und deswegen kalkulatorisch nicht berücksichtigt. Aus Sicht des Schuldners hat die Vereinbarung des pauschalierten Schadensersatzes den Vorteil, dass er schon bei Vertragsschluss die Höhe seiner Haftung im Haftungsfalle in einem ihm unbekannten Schuldrechtssystem beziffern und bei der Festsetzung der Vergütung einkalkulieren kann.[13]

Ziel dieser Arbeit ist es erstens, mit Blick auf das staatlich gesetzte ägyptische und jordanische/VAE-Zivilrecht sowie die Rechtslage in Saudi-Arabien hinsichtlich privatrechtlicher Verträge die Zulässigkeit von Haftungsausschlüssen, Haftungsbeschränkungen und des pauschalierten Schadensersatzes zu analysieren.[14] Augenmerk soll dabei auf die Wechselwirkung zwischen dem die meisten arabischen Schuldrechtssysteme maßgeblich beeinflussenden französischen Schuldrecht und dem islamischen Recht gelegt werden, um mögliche Argumentationsgrundlagen zu erhalten.[15] Zweitens soll die vorliegende Arbeit im arabischen Wirtschaftsraum tätigen Industrieunternehmen und deren Anwälten dabei helfen, ihre Positionen und Interessen bei der Verhandlung von Haftungsausschlüssen, Haftungsbeschränkungen und pauschaliertem Schadensersatz frühzeitig und zuverlässig abzusichern. Dazu müssen die

---

13 Molter, S. 60.

14 Letztlich steht dahinter die Frage, ob hinsichtlich des zu untersuchenden Themenkreises in den arabischen Zivilrechtssystemen eine Harmonisierung festzustellen ist, die derart weit reicht, dass eine isolierte Betrachtung des einzelnen Themenkreises beschränkt auf das jeweilige Schuldrechtssystem der einzelnen arabischen Zivilrechtsmodelle nicht mehr sinnvoll ist.

15 Das islamische Recht kann gegebenenfalls bei der Auslegung von Sinn und Zweck der jeweiligen Zivilrechtsvorschrift herangezogen werden. Auf die Scharia wird in Art. 1 II ÄZGB bzw. Art. 2 II JZGB/Art. 1 S. 1 VAEZGB Bezug genommen. Siehe hierzu auch Amereller, Hintergründe des „Islamic Bankings", S. 32. Ebenso können möglicherweise bei den arabischen Schuldrechtssystemen, die stark an den französischen Code civil angelehnt sind, aus der zum Kodifizierungszeitpunkt vorhandenen französischen Literatur Schlussfolgerungen gezogen werden. Siehe Börner, S. 29. Auch die arabischen Rechtswissenschaftler greifen immer wieder auf das französische Recht als Argumentationshilfe zurück; السنهوري beispielsweise verweist in seinem Werk الوسيط fortlaufend auf die jeweilige gegenwärtige französische Rechtsliteratur. Beachtenswert ist allerdings, dass spätere französische Rechtsprechung und Literatur nur mit zeitlicher Verzögerung Berücksichtigung finden.

verhandelnden Personen wissen, ob und inwieweit nach dem jeweiligen arabischen Zivilrechtsmodell Haftungsausschlüsse, Haftungsbeschränkungen und pauschalierter Schadensersatz zulässig sind. Mit diesem Wissen ausgestattet, können sie bessere Verhandlungsergebnisse erzielen.

Im Mittelpunkt der Arbeit stehen das ÄZGB, JZGB/VAEZGB sowie das saudische Zivilrecht. Die geografische Fokussierung gerade auf diese Modelle hat unterschiedliche Gründe. Das ÄZGB wird wegen seiner Beeinflussung zahlreicher anderer arabischer Zivilgesetzbücher, die mal mehr, mal weniger stark an dieses angelehnt wurden, behandelt.[16] Wegen seiner stärkeren Berücksichtigung des islamischen Rechts soll das JZGB/VAEZGB ebenfalls Teil der Untersuchung sein;[17] manche Autoren sehen in diesem Modell gar die am stärksten an Scharia[18]-Prinzipien angelehnte Kodifikation.[19] Ferner soll – nicht zuletzt wegen seiner

---

16 Allgemein zum ÄZGB und zu dessen Rezeption in anderen arabischen Ländern: Amereller, Hintergründe des „Islamic Banking“, S. 25–30; Anderson, ILQ 1 (1954), S. 29–46, Badr, Tul.L.Rev. 30 (1955–1956); S. 299, 300; Bälz, ZEuP 8 (2000), S. 51–76; Castro, Rev.dir.civ. 31 (1995), S. 387–447; Dilger, in: Islam der Gegenwart, S. 170, 185, 186; Edge, Clev. St. L. Rev. 34 (1985–1986), S. 129–144; Elwan, in: Der Nahe und Mittlere Osten, Bd. 1, S. 221–250; Fetih, S. 34, 35; Krüger, Recht van de Islam 5 (1987), S. 98–168; ders., Leipziger Beiträge zur Orientforschung 29 (2011), S. 9–20; Linant de Bellefonds, Revué algérienne, tunisienne et marocaine de legislation et de jurisprudence 72 (1956), S. 211–221; Saleh, ALQ 8 (1993), S. 161–167.

17 Allgemein zum JZGB: Elwan, in: Der Nahe und Mittlere Osten, Bd. 1: Grundlagen, Strukturen und Problemfelder, S. 221, 253; Goussous, S. 8–15; Krüger, Leipziger Beiträge zur Orientforschung 29 (2011), S. 9, 15; Saleh, ALQ 8 (1993), S. 161, 164; ders., ICLQ 38 (1989), S. 761, 772, 773; سوار, الإتجاهات, S. 10–12. Allgemein zum VAEZGB: Ballantyne, ALQ 1 (1985–1986) S. 245–264; Ghanem, ALQ 5 (1990), S. 142, 143; Krüger, Recht van de Islam 5 (1987), S. 98, 140; ders., ZVglRWiss 1998, S. 370–380; ders., Leipziger Beiträge zur Orientforschung 29 (2011), S. 9, 17–19; ders./Küppers, IPRax 1986, S. 389–392; Saleh, ALQ 8 (1993), S. 161, 165; سوار, الإتجاهات, S. 13.

18 Siehe zum Begriff Scharia statt aller: Rohe, S. 9–18. Zu den Rechtsquellen des islamischen Rechts: Al-Jarbou, Judicial Review, S. 19–31; Mahmassani, S. 60–102; Rohe, S. 43–73.

19 Amereller, Hintergründe des „Islamic Banking“, S. 27. Andere Autoren halten dagegen das sudanesische Gesetz über zivilrechtliche Rechtsgeschäfte für die am stärksten an das islamische Recht angelehnte Kodifikation. Allgemein zum sudanesischen Gesetz über zivilrechtliche Rechtsgeschäfte: Elwan, in: Der Nahe und Mittlere Osten, Bd. 1, S. 221, 244, 245; El-Hassan, ALQ 1 (1985–1986), S. 51; Gordon, J.A.L. 30 (1986), S. 143, 144; Krüger, Recht van de Islam 5 (1987), S. 98, 139, 140; ders., Leipziger Beiträge zur Orientforschung 29 (2011), S. 9, 16, 17.

vollständigen Ausrichtung an dem islamischen Recht und seiner wirtschaftlichen Relevanz – auf das saudi-arabische Modell als Modell, in dem bis jetzt noch keine Schuldrechtskodifikation in Kraft getreten ist, im folgenden Rechtsvergleich eingegangen werden.[20] Sowohl hinsichtlich Haftungsausschlüssen als auch der Vereinbarung von pauschaliertem Schadensersatz ist darüber hinaus jeweils auf die Besonderheiten im Rahmen des Anwendungsbereichs der Regelungen zu öffentlichen Ausschreibungen und den dazugehörigen Musterverträgen für Werkverträge[21] einzugehen, weil in der arabischen Welt häufig bei Bauprojekten auf der arabischen Seite der Staat oder öffentlich-rechtliche juristische Personen beteiligt sind, auf die vorrangig das jeweilige Ausschreibungsgesetz Anwendung findet.[22] Gegenstand der vorliegenden Untersuchung sind deswegen auch im Einzelnen das ÄAG und die dazugehörige Durchführungsverordnung zum ÄAG[23], in Bezug auf Jordanien[24] die JAR und die dazugehörige Durchführungsverordnung von 1987, der jordanische Standardvertrag sowie der in dem jordanischen Handbuch für Bauprojekte enthaltene Standardvertrag für Bauprojekte und in den VAE auf Bundesebene das VAEAG, die in den Emiraten Abu Dhabi und Dubai geltenden

20 Allgemein zum saudischen Zivilrechtsmodell: Ballantyne, Commercial Law in the Arab Middle East, S. 49; Elwan, in: Der Nahe und Mittlere Osten Bd. 1, S. 221, 231–233; Farag, RIW 1995, S. 292–295; Krüger, FS Geimer, S. 485–511; Turck, ALQ 6 (1991), S. 3–32.

21 Um den Umfang der vorliegenden Arbeit nicht zu sprengen, wird auf Lieferverträge mit der öffentlichen Hand nicht eingegangen.

22 Man sucht in Ägypten, Jordanien und Saudi-Arabien vergebens ein allgemeines Verfahrensgesetz mit Regelungen zu Verträgen mit der öffentlichen Hand, wie es sich beispielsweise mit dem VwVfG in Deutschland findet. Die VAE weisen mit der Verordnung zur Regulierung von Verwaltungsverträgen (Ministerialverordnung Nr. 20/2000, zuletzt geändert durch den Ministerialverordnung Nr. 90/2008) ein (Bundes-)Gesetz auf, das Verträge mit der öffentlichen Hand behandelt.

23 In Ägypten gibt es dagegen keinen allgemeinen Standardvertrag für öffentlich-rechtliche Verträge. Jede öffentlich-rechtliche Körperschaft hat in der Regel ihren eigenen Standardkauf- und Standardwerkverträge. Diese beruhen zum Teil auf FIDIC-Bedingungen. Allgemein zum ÄAG: Amereller, in: International Public Procurement, S. EGY 1-EGY 27.

24 Das jordanische Ausschreibungsrecht ist nicht einheitlich geregelt. Es ist beispielsweise in der Verordnung über Lieferverträge mit der Regierung (Verordnung Nr. 32/1993, zuletzt geändert durch Verordnung Nr. 29/1998), den JAR und der dazugehörigen Durchführungsverordnung von 1987 enthalten.

Ausschreibungsregelungen[25] sowie der dubaier und abu-dhabische[26] Standardvertrag für Bauprojekte. Darüber hinaus wird bezüglich Saudi-Arabien die SAR, deren Ausführungsbestimmungen[27] und der zu den SAR erlassene saudische Standardvertrag[28] analysiert. Ebenso soll die Zulässigkeit der in den FIDIC-Bedingungen (1999)[29] enthaltenen Unterklausel 17.6[30] und der Unterklausel 8.7[31] in den gegenständlichen Ländern untersucht werden, denn zum einen werden die FIDIC-Bedingungen bei über 30 % der Verträge im Baugewerbe im Nahen Osten verwendet, zum anderen basiert die Mehrheit der öffentlich-rechtlichen Standardausschreibungsverträge in der arabischen Welt auf den FIDIC-Bedingungen.[32]

25 In den VAE wird das Ausschreibungsrecht sowohl auf Emirats- als auch auf Bundesebene geregelt; welches Gesetz Anwendung findet, ist davon abhängig, ob es sich bei der ausschreibenden Behörde um eine Bundesbehörde oder die Behörde eines Emirats handelt. In Abu Dhabi sind Verträge im Ausschreibungsgesetz Abu Dhabi geregelt. Das Ausschreibungsgesetz Abu Dhabi selbst enthält so gut wie keine materiell rechtlichen Regelungen; diese findet man in dem dazugehörigen Handbuch zu öffentlichen Ausschreibungen in Abu Dhabi. In Dubai hat der Gesetzgeber Verträge mit der öffentlichen Hand durch das Ausschreibungsgesetz Dubai geregelt. Allgemein zum Ausschreibungsrecht in den VAE: Klaiber, S. 60–62; Schmidt, in: Deutsche Unternehmen in den arabischen Golfstaaten, S. 135, 164–168.

26 Der der Entscheidung Nr. 1/2007 als Anhang 2 beigefügte „Design und Build Contract“ soll dagegen nicht Gegenstand der vorliegenden Arbeit sein.

27 Die SAR sind neben dem saudischen Standardvertrag anwendbar bzw. gehen ihm vor. Dies ergibt sich aus Art. 154 der Ausführungsbestimmungen der SAR. Zu den alten saudischen Ausschreibungsregelungen in Dekret Nr. M/14 vom 17.3.1977: Alhudaithy, Rights of tenderers and contractors; Hanson, ALQ 2 (1987), S. 272, 289.

28 Der saudische Standardvertrag ist als Vertrag i. S. d. Art. 29 der SAR anzusehen. Normalerweise wird er bei öffentlichen Ausschreibungen durch die ausschreibende Behörde in einer an die Projekterfordernisse angepassten Form vorgelegt. Siehe Ghorfa, Saudi Arabien – Wirtschaftshandbuch, S. 126.

29 Nachfolgend als „FIDIC-Bedingungen“ bezeichnet. Die FIDIC-Bedingungen 1987 oder die harmonisierte Version der multilateralen Entwicklungsbanken sollen dagegen nicht Gegenstand der vorliegenden Arbeit sein. Die FIDIC-Bedingungen sind auf Basis des englischen Rechts entwickelt worden. Siehe Hök, S. 428, 429, 434, Rn. 134.

30 Unterklausel 17.6 der FIDIC-Bedingungen enthält eine unten noch näher definierte Gesamthaftungsbeschränkung als Haftungshöchstgrenze und eine Beschränkung des Haftungsumfangs; die Höchstgrenze muss individuell vereinbart werden. Siehe Brück, in: Vertragsbuch Privates Baurecht, S. 971, 972.

31 Unterklausel 8.7 der FIDIC-Bedingungen enthält eine Bestimmung zum pauschalierten Schadensersatz für Verzug unabhängig von einem Verschulden.

32 Siehe Sarie-Eldin, International Lawyer 28 (1994), S. 951–953. Als Beispiele seien hier Jordanien und das Emirat Abu Dhabi genannt. So hat der jordanische Gesetzgeber

Damit sind die Zielrichtungen der weiteren Arbeit im Wesentlichen bestimmt. Die Arbeit ist in sechs Kapitel gegliedert:

Im ersten Kapitel wird ein Überblick über den arabischen Zivilrechtskreis gegeben. Was ist der historische Hintergrund der arabischen Zivilgesetzbücher und wie haben sich diese in ihrer Entwicklung gegenseitig beeinflusst? Ist es dabei zu Rechtsimporten und -exporten gekommen, und wenn ja, in welchem Umfang?[33] Bereits aus den Antworten könnten sich wesentliche Gründe für die unterschiedliche Behandlung von Haftungsausschlüssen, Haftungsbeschränkungen und pauschaliertem Schadensersatz in den einzelnen arabischen Zivilrechtsmodellen ergeben.

Im zweiten Kapitel wird untersucht, welche Grundstrukturen und welche Ausgestaltung der zivilrechtlichen Haftung in den in dieser Arbeit untersuchten Zivilrechtsmodellen zugrunde zu legen sind. Aus diesem Kapitel wird sich ergeben, nach welchen Haftungsbestimmungen und in welchem Haftungsumfang normalerweise in den einzelnen Zivilrechtsmodellen gehaftet wird; damit wird festgestellt, was überhaupt Haftungsbeschränkungen und -ausschlüssen unterliegen kann. Insbesondere sollen die Arten der Haftung, das Verschuldenserfordernis, den Verschuldensmaßstab, die Beweislast und den Umfang der Haftung in den relevanten arabischen Schuldrechtssystemen analysiert werden. Je größer sich dabei die Unterschiede darstellen, desto mehr wird sich die Frage stellen, inwieweit sich diese Unterschiede bei den Haftungsbegrenzungen auswirken.

Im dritten Kapitel wird die Ausgestaltung der für diese Untersuchung relevanten Haftungsbeschränkungen und -ausschlüsse dargestellt und definiert, um eine Ausuferung der Untersuchung und Unklarheiten in den folgenden Kapiteln zu vermeiden. Gegenstand der in diesem Kapitel dargestellten Untersuchung sollen der rechtsgeschäftliche Ausschluss der Vertragshaftung, der Ausschluss

---

bei der Erstellung des Standardvertrags unter anderem auf die FIDIC-Bedingungen zurückgegriffen. Allerdings hat er diese nach eigener Aussage den Vorgaben des jordanischen Rechtssystems entsprechend angepasst und fordert bei der Verwendung des Standardvertrags dazu auf, diesen gegebenenfalls den gesetzlichen Vorgaben im Einzelfall anzupassen. Siehe Einleitung des jordanischen Standardvertrags, S. 1. In Saudi-Arabien übernimmt der saudische Standardvertrag die FIDIC-Bedingungen zum größten Teil. In Dubai ist die Einbeziehung der FIDIC-Bedingungen bzw. der teilweise Verweis darauf grundsätzlich verboten, es sei denn, es liegen außergewöhnliche Umstände vor und der Herrscher stimmt der Einbeziehung zu. Siehe Art. 37 Ausschreibungsgesetz Dubai.

33 Zu den Begriffen Rechtsimport und Rechtsexport siehe von Münch, NJW 1994, S. 3145–3147.

von Gewährleistungsrechten im Kauf-, Werkliefer- und Werkvertrag, der Ausschluss der decennalen Haftung, der Ausschluss der deliktischen Haftung, der Haftungsausschluss durch Verkürzung der Verjährung, die Beschränkungen des Haftungsumfangs, Gesamthaftungsbeschränkungen als *overall limitation of liability*, Gesamthaftungsbeschränkungen als *sole remedy clause*, der Ausschluss der Produkthaftung und der Ausschluss der Haftung für Dritte sein.

Das vierte Kapitel untersucht Haftungsbeschränkungen und -ausschlüsse in den einzelnen der Untersuchung zugrunde gelegten arabischen Zivilrechtsmodellen. Welche Haftungsbeschränkungen und -ausschlüsse sind nach Gesetz und Rechtsprechung zulässig? Im Rahmen der Auswertung soll verglichen werden, ob und inwieweit sich Unterschiede hinsichtlich der untersuchten Arten der Haftungsbeschränkungen und -ausschlüsse zwischen den verschiedenen Zivilrechtsmodellen ergeben. Hier soll auch die Frage beantwortet werden, ob gravierende Unterschiede zwischen dem ägyptischen Modell einerseits und den mehr an die Scharia angelehnten Zivilrechtsmodellen Jordaniens/der VAE sowie dem komplett auf Scharia-Prinzipien beruhenden saudischen Zivilrecht andererseits vorhanden sind, oder ob in letzteren Zivilrechtsmodellen das gleiche Ergebnis erzielt wird wie im ägyptischen Modell.

Das fünfte Kapitel analysiert eine besondere Art der Haftungsbeschränkung, nämlich den pauschalierten Schadensersatz. Dabei stellt sich die Frage, ob und wie die Vereinbarung von pauschaliertem Schadensersatz zur Vertragsstrafe abzugrenzen ist, wie der pauschalierte Schadensersatz in den jeweiligen Zivilrechtsmodellen ausgestaltet ist, wie er in der Rechtsprechung behandelt wird und welche Besonderheiten sich im Zusammenhang mit Musterverträgen ergeben. Dem folgt eine Auswertung hinsichtlich der Übereinstimmungen und Unterschiede der einzelnen Zivilrechtsmodelle.

Das sechste Kapitel enthält eine abschließende Betrachtung.

Kapitel 1. Die Arabischen Zivilrechtssysteme

Zur Orientierung wird ein kurzer Abriss des historischen Hintergrundes der arabischen Zivilgesetzbücher vorangestellt, gefolgt von einer Darstellung der verschiedenen arabischen Zivilrechtsmodelle und ihrer Relevanz für die vorliegende Untersuchung.

A. Historischer Hintergrund der arabischen Zivilgesetzbücher

Zur Verdeutlichung der Interdependenz der einzelnen arabischen Zivilgesetzbücher wird zunächst deren historischer Hintergrund dargestellt.[34]

Bis Mitte des 19. Jahrhunderts stellte die Scharia – mit Ausnahme der Gesetze, die im Osmanischen Reich erlassen wurden – als allgemein geltendes Recht im Nahen Osten das einzige Schuldrechtsmodell dar.[35]

Die ersten Zivilrechtskodifikationen im Nahen Osten wurden während der Herrschaft des Osmanischen Reichs sowie zur Kolonialzeit Frankreichs und Englands entworfen (1850–1950). Diese erste Phase der historischen Entwicklung der arabischen Zivilrechtssysteme ist deshalb durch zwei unterschiedliche Strömungen gekennzeichnet:[36] Zum einen die Islamisierung des Zivilrechts durch die osmanische Maǧalla.[37] Ihr Einfluss auf die arabischen Schuldrechtsmodelle war

34 Allgemein zur historischen Entwicklung der arabischen Zivilgesetzbücher: Edge, Islamic Law Reform over the last Fifty Years, S. 325–341; ders. Clev. St. L. Rev. 34 (1985–1986), S. 129–144; Elwan, in: Der Nahe und Mittlere Osten, Bd. 1, S. 221–254; Klingmüller, in: FS Hübner, S. 85–99; Mallat, S. 244–262; Saleh 38 ICLQ 38 (1989), S. 761–787; ders., 8 ALQ (1993), S. 161–167; al-Suwaidi, ALQ 8 (1993), S. 289–301.

35 Krüger, Recht van de Islam 5 (1987), S. 98, 101; Saleh, ICLQ 38(1989), S. 763, 764.

36 Hierbei sei darauf hingewiesen, dass aus dieser Phase die Einteilung der Staaten in verschiedene Gruppen stammt, die für die spätere Entwicklung des Zivilrechts von entscheidender Bedeutung ist. Siehe Krüger, Recht van de Islam 5 (1987), S. 98, 108.

37 Die Maǧalla nahm eine Sonderstellung gegenüber den anderen osmanischen Gesetzen ein, denn sie war im Gegensatz zu diesen stark an das islamische Recht angelehnt. Siehe Edge, Clev. St. L. Rev. 34 (1985–1986), S. 129, 131; Krüger, Recht van de Islam 5 (1987), S. 98, 108. Innerhalb des islamischen Rechts nahm die Maǧalla zum größten Teil Rückgriff auf die hanafitische Rechtsschule. Siehe Onar, in: Law in the

während der Herrschaft der Osmanen immens.[38] Zum anderen ist die Kolonialzeit durch einen starken Einfluss des französischen Schuldrechts[39] und des Vertragsrechts des Common Law in den Golfstaaten (damals britische Protektorate) und dem Sudan geprägt.[40]

Auf die Zivilgesetzbücher der ersten Phase folgten in der zweiten Phase die Schuldrechtskodifikationen, die in der Zeit nach Erlangung der Unabhängigkeit der arabischen Staaten verabschiedet wurden; das Inkrafttreten des ÄGZB leitete diese zweite Phase ein. Diese Entwicklung war vorgezeichnet durch die Entstehung sogenannter gemischter Gerichte (auch als Hybridgerichte bezeichnet) in Ägypten und durch den Rückgriff auf französische Rechtsprechung seitens der

Middle East, Bd. 1 S. 292. Allgemein zur Mağalla: Elwan, in: Der moderne Nahe und Mittlere Osten, Bd. 1, S. 221, 227, 228; Krüger, in: Liber amircorum Gerhard Kegel, S. 43–63; Onar, in: Law in the Middle East, Bd. 1, S. 292, 296 ff.; Mahmassani, S. 42–47, Mallat, S. 249–255.

38 Direkte Anwendung fand die Mağalla in Jordanien, Syrien, dem Irak und in Kuwait. In Ägypten, Saudi-Arabien und der Oman galt die Mağalla dagegen nie. Siehe Edge, Clev. St. L. Rev. 34 (1985–1986), S. 129, 131; Elwan, in: Der Nahe und Mittlere Osten, Bd. 1, S. 221, 253. Laut Badr ist deshalb aus historischer Sicht zwischen den sogenannten „Ländern der Mağalla“, den „Ländern der modernen Zivilgesetzgebung“ und den „Ländern des islamischen Rechts“ zu unterscheiden. Siehe Tul. L. Rev. 30 (1955–56), S. 299, 300. Trotz ihrer vollständigen Abschaffung dient die Mağalla auch heute noch teilweise Richtern als Referenz. Siehe Edge, Clev. St. L. Rev. 34 (1985–1986), S. 129, 131; Saleh, ICLQ 38 (1989), S. 761, 764.

39 Das tunesische ZGB von 1906, das marokkanische ZGB von 1913 sowie das libanesische ZGB von 1932 sind ebenfalls mehr oder weniger an das französische Schuldrecht angelehnte Kodifikationen. Die Einbeziehung dieser Zivilgesetzbücher in die nachfolgende Untersuchung würde den Umfang dieser Arbeit sprengen. Allgemein zum libanesischen, marokkanischen und tunesischen ZGB: Castro, Rev. dir civ. 31 (1985) 1, S. 387, 404, 405, 408, 409; El-Gemayel, in: The Lebanese Legal System, Bd. 1, S. 167–204; Liebesny, S. 112; Mallat, S. 254, 255; Zweigert/Kötz, Einführung in die Rechtsvergleichung auf dem Gebiete des Privatrechts, Bd. 1, S. 110.

40 Für nichtmuslimische Ausländer in den Golfstaaten wurde eine extraterritoriale Gerichtsbarkeit geschaffen, die – mit Ausnahme von Kuwait und dem Oman – bis 1971 beibehalten wurde. Muslime regelten ihre Streitigkeiten weiterhin vor einer eigenen Gerichtsbarkeit. Siehe Amereller, Hintergründe des „Islamic Banking“, S. 27; Ballantyne, Commercial Law in the Arab Middle East, S. 13 ff.; Edge, Clev. St. L. Rev. 1985–1986, S. 129; al-Suwaidi, ALQ 8 (1993), S. 289. Siehe zum Einfluss des französischen Rechts auf Ägypten und den Nahen Osten: Hanson, ALQ 2 (1987), S. 272, 275, 276.

gemischten Gerichte.[41] Zeitgleich kam es zu einer weitgehenden Verdrängung des Common Law in den Golfstaaten.

Die dritte Phase der Entwicklungsgeschichte der arabischen Zivilrechtsmodelle war und ist durch Re-Islamisierungstendenzen bezüglich der Schuldrechtsmodelle geprägt.[42] So wurden unter anderem im Irak, in Jordanien, den VAE und dem Sudan Zivilgesetzbücher verabschiedet, die stärker an das islamische Recht angelehnt sind.[43]

Gleichzeitig erleben wir heute, vor allem in den Golfstaaten, eine verstärkte Einflussnahme des Common Law im Bereich des Zivil- und Handelsrechts, insbesondere im Bankenrecht.[44] Dabei ist die Wiedererstarkung des Einflusses des Common Law nach Ansicht von Bälz auf drei Phänomene zurückzuführen: die Entstehung von *financial centers* in Dubai und Katar,[45] das Auftreten von

41 Allgemein zu den Hybridgerichten: Hill, Mahkama! Studies in the Egyptian Legal System, S. 49; Wilner, Georgia Journal of International and Comparative Law 5 (1975), S. 407–430.

42 Gleichzeitig versucht der Gesetzgeber, die strengen Regelungen des islamischen Rechts bei Handelsgeschäften zu umgehen. Siehe Amereller, Hintergründe des „Islamic Banking“, S. 27, Edge, Clev. St. L. Rev. 34 (1985–1986), S. 129, 136–138.

43 Beachtenswert ist, dass die hinsichtlich des ÄZGB unternommenen Islamisierungsversuche zweimal scheiterten. Insbesondere der zweite Versuch, der 1978 durch die Bildung einer Kommission zur Überarbeitung der ägyptischen Gesetze mit dem Ziel der Angleichung an die Scharia eingeleitet wurde, hätte weitreichende Änderungen des ägyptischen ZGB mit sich gebracht. Die Verabschiedung des neuen ÄZGB wurde jedoch nach einer Vorstellung im ägyptischen Parlament zurückgestellt. Siehe Edge, Clev. St. L. Rev. 34 (1985–1986), S. 129, 137.

44 Ursprünglich hatte das Vertragsrecht des britischen Common Law auf das lokale arabische Recht kaum Einfluss. Für einen Überblick über die „Soft Power“ des US-amerikanischen Rechts auf das europäische Recht siehe Wiegand, in: Legal Culture and the Legal Profession, S. 137–152.

45 Mit dem DIFC und dem QFC entstanden zwei exterritoriale Schuldrechtssysteme, deren Vertragsrecht vollständig auf dem britischen Common Law basiert. Mittlerweile können sich die Vertragsparteien den jeweiligen Schiedsgerichten des DIFC und QFC unterwerfen, die wiederum Common Law anwenden. Für eine detaillierte Erörterung des mit dem DIFC eingeführten Rechtssystem siehe: Carballo, ALQ 21 (2007), S. 91–104. Selbst Saudi-Arabien ist mittlerweile mit England in Verhandlungen über die Errichtung eines speziellen Schiedsgerichts auf englischem Boden für saudische Rechtsstreitigkeiten getreten, um nicht den Anschluss zu verlieren. Siehe Binham/Warrell, Financial Times vom 30.10.2012.

englischen und US-amerikanischen Großkanzleien[46] in der Golfregion, Ägypten und Saudi-Arabien sowie die zunehmende Rechtsrezeption durch Vertrag[47].

Abschließend sei angemerkt, dass es in der arabischen Welt bereits erfolglose Harmonisierungsbemühungen hinsichtlich der arabischen Schuldrechtsmodelle gegeben hat.[48]

Es lässt sich schwer beurteilen, in welche Richtung sich die arabischen Hybridgesetze im Bereich der Schuldrechtssysteme in den nächsten Jahren entwickeln werden. Insbesondere die jüngsten Revolutionen könnten bei einem Erstarken islamorientierter politscher Kräfte mit einer zunehmenden Islamisierung der Zivilrechtskodifikationen einhergehen.[49]

B. Kodifizierungen und ihre Bedeutung für die vorliegende Untersuchung

Im Folgenden soll kurz auf die in dieser Arbeit gegenständlichen Zivilgesetzbücher und deren Relevanz für die vorliegende Untersuchung eingegangen werden.

---

46 Die Etablierung amerikanischer und englischer Großkanzleien in der arabischen Welt ist insbesondere in den Golfstaaten weit fortgeschritten. Dabei ist zu beobachten, dass der Großteil der dort angestellten Anwälte, auch bei arabischer Abstammung, eine englische oder amerikanische Ausbildung genossen hat. Zum Einfluss amerikanischer Großkanzleien: Wiegand, in: Legal Culture and the Legal Profession, S. 137, 139, 140.

47 Die Rechtsrezeption durch Vertrag beruht darauf, dass immer mehr Verträge, insbesondere im Industrieanlagenbau – wie im internationalen Anlagebau üblich –, ersichtlich auf Vorlagen aus dem anglo-amerikanischen Rechtskreis beruhen. So beginnen sie beispielsweise typisch amerikanisch mit den Begriffsdefinitionen und umfassen eine höhere Seitenanzahl als ein Vertrag, der dem kontinentaleuropäischen Rechtskreis entstammt. Siehe Bälz, Leipziger Beiträge zur Orientforschung 29 (2011), S. 85, 89–91. Allgemein zur Rechtsrezeption durch Vertrag: Wiegand, in: Legal Culture and the Legal Profession, S. 137, 146.

48 Der 1981 unternommene Versuch des Entwurfes eines einheitlichen arabischen Zivilgesetzbuches scheiterte. Siehe سوار, الإتجاهات, S. 15, 16. Das Übereinkommen der Vereinten Nationen über Verträge über den internationalen Warenkauf wurde insgesamt von 5 der 22 arabischen Staaten unterzeichnet und ratifiziert, nämlich Ägypten, dem Irak, dem Libanon, Mauretanien und Syrien. Vgl.: http://www.cisg.law.pace.edu/cisg/countries/cntries.html. Zu einzelnen Themenkreisen im Zusammenhang mit der Anwendbarkeit des UN-Kaufrechts in den arabischen Staaten siehe beispielsweise: Akaddaf, Pace University School of Law, International Law Review 13 (2001), S. 1–58; El-Saghir, in: CISG Methodology, S. 355–374; El-Zahraa/Ghith, ALQ 15 (2000), S. 304–332.

49 Bälz, RIW 2013, S. 55.

I. Das ÄZGB und das ägyptische Modell

1. Das ägyptische Zivilgesetzbuch

Das ÄZGB trat 1949 in Kraft.[50] Zusammenfassend lässt sich sagen, dass das ÄZGB eine Mischung aus dem französischen Code civil, aus bis dahin existierendem nationalem ägyptischem Richterrecht und islamischer Jurisprudenz darstellt.[51] In welchem Umfang das islamische Recht wirklich Berücksichtigung gefunden hat und inwieweit die Anlehnung an das französische Schuldrecht gegen die Scharia verstößt, ist umstritten.[52] Die treibende Kraft hinter dem ÄZGB sowie der Vorbildfunktion des ägyptischen Modells für viele andere Zivilgesetzbücher im Nahen Osten war der ägyptische Ausnahmejurist und Richter Dr. ʿAbd ar-Razzaq as-Sanhūrī (1895–1971).[53]

Darüber hinaus übt das ÄZGB in den unter I.2 genannten Ländern und anderen Rechtskreisen kontinuierlich dadurch Einfluss aus, dass die jeweiligen nationalen Gerichte ihre Rechtsprechung aufgrund der nur lückenhaften Veröffentlichung eigener Präzedenzfälle oft an der ägyptischen Rechtsprechung und Rechtsliteratur ausrichten – allerdings meist, ohne diese Quellen offenzulegen – und außerdem dadurch, dass Jurastudenten aus anderen arabischen Ländern ihr Studium

50 Zur Vorgeschichte des ÄZGB: Fetih, S. 32–34; Goussous, S. 7, 8.

51 Fetih, S. 35–39; السنهوري, الوسيط, Bd. 1, S. 75, Fn. 2, 103. Laut السنهوري soll auch das damalige deutsche Bürgerliche Gesetzbuch bei dem Entwurf des ÄZGB eine Rolle gespielt haben. Siehe السنهوري, الوسيط, Bd. 1, S. 102.

52 Vgl. zu diesem Streit: Anderson, IQ 1 (1954), S. 29–46; Dilger, in: Der Islam in der Gegenwart, S. 197–200; Ebert, in: Der Islam in der Gegenwart, S. 199, 226; Linant de Bellefonds, Revué algérienne, tunisienne et marocaine de legislation et de jurisprudence 72 (1956), S. 211–221; Shalakany, Islamic Law and Society 2 (2001), S. 201–244. Im Unterschied zu anderen arabischen Ländern hatte die Maǧalla auf das Gesetzgebungsverfahren keine Auswirkungen. Siehe البشري, S. 5–24, 39–68; Saleh, ALQ 8 (1993), S. 161, 162.

53 Ballantyne, Commercial Law in the Arab Middle East, S. 54; Elwan in: FS Trinkner, S. 525, 546; Krüger, Recht van de Islam 5 (1987), S. 98, 110. السنهوري nahm an vielen der Gesetzgebungsverfahren der neuen arabischen Zivilgesetzbücher persönlich teil und verfasste gleichzeitig den bis zum heutigen Tage maßgeblichen 10-bändigen Zivilrechtskommentar „الوسيط“ für das ÄZGB. Allgemein zu السنهوري: Bechor, The Sanhouri Code, the Emergence of Modern Arab Civil Law (1932 to 1949); Hill, ALQ 3 (1988), S. 33–64, 182–218; Shalakany, in: Rethinking the Masters of Comparative Law, S. 152–189; ders., Islamic Law and Society 2 (2001), S. 201–244.

der Rechtswissenschaften an ägyptischen Rechtsfakultäten durchführen und viele Richter ägyptischer Herkunft sind.[54]

2. Zivilgesetzbücher, die an das ägyptische Modell angelehnt sind

Bei den Zivilgesetzbüchern, die größtenteils an das ägyptische ZGB angelehnt und damit Teil des ägyptischen Modells sind, handelt es sich um das syrische ZGB von 1949[55], das irakische ZGB von 1951[56], das libysche ZGB von 1954[57] sowie das katarische ZGB von 2004[58]. Indirekten Einfluss übte das ägyptische ZGB auf das kuwaitische ZGB von 1981[59], das teilweise das irakische ZGB kopiert, und das omanische Gesetz über zivilrechtliche Rechtsgeschäfte von 2013[60] aus.

---

54 Ballantyne, Commercial Law in the Arab Middle East, S. 54; Bälz, ZEuP 8 (2000), S. 51, 70–72; Edge, Clev. St. L. Rev. 34 (1985–1986), S. 129, 140; Elwan in: FS Trinkner, S. 525, 546; Hanson, ALQ 2 (1987), S. 273, 279; Krüger, Recht van de Islam 5 (1987), S. 67, 76, 98, 110.

55 Gesetz Nr. 84/1949. Allgemein zum syrischen ZGB: Anderson, ILQ 1 (1954), S. 29–46; Badr, Tul.L.Rev. 30 (1955–1956), S. 299, 302–303; Castro, Rev.dir.civ. 31 (1995), S. 387, 422, 423; Krüger, Recht van de Islam 5 (1987), S. 98, 129; ders., Leipziger Beiträge zur Orientforschung 29 (2011), S. 9, 10; Saleh, ALQ 8 (1993), S. 161, 163.

56 Gesetz Nr. 40/1951. Allgemein zum irakischen ZGB: Badr, Tul.L.Rev. 30 (1955–1956), S. 299, 303; Castro, Rev.dir.civ. 31 (1995), S. 387, 425–427; Hill, ALQ 3 (1988), S. 33, 53–56; Juwaideh, Geo. Wash. L. Rev. 22 (1953–1954), S. 176–186; Krüger, Recht van de Islam 5 (1987), S. 98, 129, 130; ders., Leipziger Beiträge zur Orientforschung 29 (2011), S. 9, 11; Küppers, ZvglRWiss 1960, S. 181–198 und 63 (1961), S. 1–44; Saleh, ALQ 8 (1993), S. 161, 163; Stigall, J. of Transnational Law & Policy 16 (2006); S. 1, 12–15: سوار, الا تجاهات, S. 9.

57 Allgemein zum libyschen ZGB: Badr, Tul.L.Rev. 30 (1955–1956), S. 299, 303, 304; Castro Rev.dir.civ. 31 (1995), S. 387, 429, 430; Krüger, Recht van de Islam 5 (1987), S. 98, 130, 131; ders., Leipziger Beiträge zur Orientforschung 29 (2011), S. 9, 11, 12; Saleh ALQ 8 (1993), S. 161, 163.

58 Gesetz Nr. 22/2004. Allgemein zum katarischen ZGB: Krüger, Leipziger Beiträge zur Orientforschung 29 (2011), S. 9, 14.

59 Gesetz Nr. 67/1980. Allgemein zum kuwaitischen ZGB: Ballantyne, Commercial Law in the Arab Middle East, S. 82–107; Huneidi, ALQ 1 (1985–1986), S. 216–219; Krüger, Recht van de Islam 5 (1987), S. 98, 131–133; ders., Leipziger Beiträge zur Orientforschung 29 (2011), S. 9, 12. 13; Saleh, ALQ 8 (1993), S. 161, 163.

60 Gesetz Nr. 29/2013. Siehe Krüger, IPRax 6 (2013), Neueste Informationen. Vor Inkrafttreten des omanischen ZGB zogen die omanischen Gerichte die Zivilgesetzbücher anderer arabischer Staaten, insbesondere das ÄZGB einschließlich der ägyptischen Rechtsliteratur, bei ihrer Urteilsfindung als Quelle ihrer Rechtsprinzipien heran. Allgemein zum Rechtslage im Oman vor Inkrafttreten des omanischen ZGB: Bälz,

II. Das JZGB/VAEZGB und das jordanische/VAE-Modell

Das JZGB sowie VAEZGB sind jüngere Zivilrechtskodifikationen, die durch eine stärkere Berücksichtigung islamischer Jurisprudenz geprägt sind.[61] Sie stellen eine neue Kategorie arabischer Zivilgesetzbücher dar und sind Teil einer Untergruppe des ÄZGB, die mit dem irakischen ZGB beginnt.[62] Das irakische ZGB und damit das auf diesem teilweise basierende JZGB nehmen in diesem Rechtskreis eine Vorbildfunktion ein, weil sie als erste neue Zivilgesetzbücher Regelungen enthalten, die direkt auf islamischer Jurisprudenz beruhen.[63] Dabei stellt das JZGB eine Mischung aus dem irakischen ZGB und dem ÄZGB dar.[64] Das VAEZGB wurde sehr stark an das JZGB angelehnt und kann daher zusammen mit dem JZGB behandelt werden.[65]

III. Das saudi-arabische Modell

Saudi-Arabien hat keine eigene zivilrechtliche Kodifikation in Kraft gesetzt; ebenso wenig gibt es eine Lehre vom allgemeinen Schuldrecht.[66] Folglich gilt

---

Versicherungsvertragsrecht in den Arabischen Staaten, S. 188; Elwan in: FS Trinkner, S. 525, 546; Hirst, ALQ 7 (1992), S. 3, 20.

61 Elwan, in: Der Nahe und Mittlere Osten, Bd. 1, S. 221, 253. Zur Vorgeschichte des JZGB siehe Goussous, S. 8–10.

62 Krüger, Recht van de Islam 5 (1987), S. 98, 130; سوار, الاتجاهات, S. 11.

63 JZGB-Gesetzesbegründung, S. 16; Krüger, VersR 1989, S. 1000; Saleh, ALQ 8 (1993), S. 161, 164; سوار, الاتجاهات, S. 9, 10, Fn. 1, S. 11, 12.

64 سوار, الاتجاهات, S. 11, 12. Die wohl herrschende Meinung in der Literatur geht davon aus, dass eine stärkere Anlehnung an das irakische ZGB als an das ÄZGB gegeben ist. Siehe سوار, الاتجاهات, S. 12

65 Krüger, ZVglRWiss 1998, S. 360, 361; Saleh, ICLQ 38 (1989), S. 761, 774, 775. Zusätzlich übte das JZGB Einfluss auf das sudanesische Gesetz über zivilrechtliche Rechtsgeschäfte von 1984 aus, das eine Mischung von Bestimmungen der Mağalla sowie der ägyptischen, irakischen und jordanischen Zivilgesetzbücher darstellt. Die meisten im sudanesischen Gesetz über zivilrechtliche Rechtsgeschäfte enthaltenen Prinzipien beruhen auf der hanafitischen Rechtsschule, obwohl die malikitische Rechtsschule im Sudan vorherrschend ist. Siehe El-Hassan, ALQ 1 (1985–1986), S. 51.

66 Chéhata, S. 135; السنهوري, مصادر الحق, Bd. 1, S. 36–37, 78, 79; Schacht, An Introduction to Islamic Law, S. 151, 152; Vogel, Islamic Law, S. 291. Der Versuch, ein der Mağalla nachempfundenes Gesetz zu entwerfen, scheiterte. Im Gegensatz dazu ist in anderen Rechtsgebieten durchaus eine Anlehnung an den ägyptischen Rechtskreis

das islamische Recht.[67] Art. 48 des saudischen Grundgesetzes der Herrschaft bestimmt, dass saudische Richter die Scharia in Form des Korans und der Sunna und die in Kraft getretenen staatlichen Regelungen (*anẓima*[68]) anwenden müssen, vorausgesetzt, diese verstoßen nicht gegen den Koran oder die Sunna. Hierbei gilt der Grundsatz, dass alle Rechtsgebiete – inklusive zivilrechtlichen Rechtsgeschäften – durch das islamische Recht in seiner Auslegung der hanbalitischen Rechtsschule geregelt werden.[69] Im Detail ziehen die Scharia-Gerichte und das Board of Grievances bei ihren Entscheidungen die Abhandlungen von al-Bahūtī, Ibn Qudāma, Ibn Taimīya und Ibn Qayyim heran.[70] Zusätzlich kann auf die *maǧallat al-aḥkām al-šar'īya* von 'Abdullāh al-Qārī zurückgegriffen werden.[71] Im Falle einer Regelungslücke in den Abhandlungen der hanbalitischen Rechtsschule kann auf die Prinzipien anderer sunnitischen Rechtsschulen Rückgriff genommen

zu beobachten. Vereinzelt finden sich mittlerweile Regelungen im Bereich des Wirtschaftsrechts. Siehe hierzu: Bälz, Versicherungsvertragsrecht in den Arabischen Staaten, S. 187, 188; Hanson, ALQ 2 (1987), S. 273, 290, 291; Vogel, Islamic Law, S. 287. Wie Abraham, S. 176, von einem saudischen Vertragsgesetz zu sprechen, ist deshalb falsch.

67 Siehe Art. 7, 8, 23, 38, 46, 48, 67 des saudischen Grundgesetzes der Herrschaft von 1412 H./1992. Zum saudischen Grundgesetz der Herrschaft: al-Jarbou, Judicial Review, S. 73, 74.

68 Zur Bezeichnung von Gesetzen wird in Saudi-Arabien der arabische Begriff niẓām verwendet, da der ansonsten verwendete Begriff des „qānūn" in der arabischen Sprache für säkulare Gesetze verwendet wird und der saudi-arabische Gesetzgeber den Eindruck eines solchen vermeiden will. Siehe al-Jarbou, Judicial Review, S. 31, 32, 38; Krüger, FS Geimer, S. 485, 492.

69 Art. 1 des königlichen Dekrets vom 24.3.1347 H. (1927), zitiert bei al-Jarbou, Judicial Review, S. 46, Fn. 106, und Art. 1 der saudischen Scharia-Zivilprozessordnung (königliches Dekret Nr. M/21) vom 19. August 2000. Siehe auch Saleh ICLQ 38 (1989), S. 761, 764, 765. Allgemein zur hanbalitischen Rechtsschule: Amereller, Hintergründe des „Islamic Banking", S. 23, 24; Mahmassani, S. 30–33. Allgemein zur der hanafitischen, malikitischen, schafiitischen und hanbalitischen Schule sowie deren Entwicklung: Hallaq, S. 153–177; Rohe, S. 28–30.

70 Einen Überblick über die am meisten von saudischen Gerichten zitierten Büchern der hanbalitischen Rechtsschule gibt al-Jarbou, Judicial Review, S. 65.

71 Nachfolgend als al-Qārī Maǧalla bezeichnet. Sie ordnet die Doktrinen der hanbalitischen Rechtsschule ähnlich der Maǧalla. Ihr Einfluss darf jedoch nicht überschätzt werden, da die saudische 'Ulama bis vor Kurzem eine Publikation verhinderte und selbst das Justizministerium keine Kopien bestellte. Siehe Amereller, Hintergründe des „Islamic Banking", S. 30, Fn. 68; Ballantyne, Essays and Addresses on Arab Laws, S. 43; Vogel, Islamic Law, S. 287.

werden.[72] Daneben hat das Board of Grievances seinen Urteilen Gutachten (*fatāwī*)[73] des Rats der Islamgelehrten (*haīy'at kibār al-'ulamā*)[74], Entscheidungen der islamischen Fiqh-Akademie (*mağma' al-fiqh al-Islāmī*) oder in Büchern von Rechtsprofessoren vertretene Ansichten zugrunde gelegt.[75]

C. Die Anwendung des lokalen Rechts auf internationale Verträge

Die Relevanz der im Folgenden untersuchten Haftungsausschlüsse, Haftungsbeschränkungen und der Vereinbarung von pauschaliertem Schadensersatz in den zu vergleichenden Zivilrechtsmodellen ergibt sich zunächst daraus, dass die Parteien eine kollisionsrechtliche Rechtswahl treffen können, also z. B. bestimmen können, dass das von ihnen ausgewählte Zivilrechtsmodell (z. B. das materielle Recht der Arabischen Republik Ägypten) auf den Vertrag zur Anwendung kommt.[76]

---

72 Art. 2 des königlichen Dekrets vom 24.3.1347 H. (1927), zitiert bei al-Jarbou, Judicial Review, S. 46, Fn. 106. Siehe auch die Gesetzesbegründung der alten saudiarabischen Scharia-Zivilprozessordnung Gesetz Nr. M/1 1410 H./1989, zitiert bei Krüger, FS Geimer, S. 485, 491. Das Board of Grievances macht von dieser Möglichkeit bei seiner Urteilsfindung Gebrauch. Siehe bspw. erstinstanzliches Gericht, Entscheidung Nr. 24/TG/1 1416 H. (1996), aufrechterhalten durch das dritte Berufungsgericht, Entscheidung Nr. 73/T/3 von 1418 H. (1997), zitiert bei al-Jarbou, Judicial Review, S. 65. Bei letzterem Urteil stützte sich das Gericht auf die Ansicht eines Gelehrten der hanafitischen Rechtsschule.

73 Zum Gutachten im islamischen Recht: Rohe, S. 74, 75.

74 Die Zuständigkeit des Rats der Islamgelehrten für die Erstellung von Gutachten ergibt sich aus Artikel 45 des saudischen Grundgesetzes der Herrschaft.

75 Board of Grievances, Entscheidung Nr. 56/d/t g/1/1416 H. (1996); erstinstanzliches Gericht, Entscheidung Nr. 24/TG/1/1416 H. (1996), beide zitiert bei al-Jarbou, Judicial Review, S. 62–64, 66. Das Board of Grievances berief sich in seinen Entscheidungen Nr. 47/t/1/1413 H. und Nr. 47/t/1/1412 H., zur Verfügung gestellt von Prof. al-Jarbou, ausdrücklich auf das unten noch näher dargestellte Gutachten des Rats der Islamgelehrten zur Zulässigkeit von pauschaliertem Schadensersatz.

76 Bruns, S. 3. In diesem Fall kommt das von den Parteien vereinbarte arabische Zivilrechtsmodell (im Beispielsfall das materielle Recht der Arabischen Republik Ägypten) auf den Vertrag subsidiär zur Anwendung, wenn der Vertrag selbst zu der jeweiligen Frage keine Regelung enthält oder die Frage zu beantworten ist, ob die jeweilige vertragliche Regelung (z. B. der Haftungsausschluss oder die Haftungsbeschränkung oder der pauschalierte Schadensersatz) nach dem subsidiär zur Anwendung

Darüber hinaus können das ÄZGB bzw. das JZGB/VAEZGB oder saudisches Recht zur Anwendung gelangen, wenn die Vorschriften des in dem jeweiligen Fall anwendbaren internationalen Privatrechts dieses für anwendbar erklären.[77] Relevanz haben die im Folgenden untersuchten Haftungsausschlüsse, Haftungsbeschränkungen und die Vereinbarung von pauschaliertem Schadensersatz ebenfalls dann, wenn die vereinbarte Regelung gegen zwingende Bestimmungen des lokalen Rechts oder die am jeweiligen Gerichtsstand herrschende öffentliche Ordnung oder Moralvorstellung verstößt.[78] Im Falle einer Rechtswahlklausel ist bei Verträgen sowohl mit privaten als auch öffentlich-rechtlichen Partnern in Saudi-Arabien damit zu rechnen, dass ein saudisches Gericht eine Rechtswahlklausel zugunsten eines ausländischen Rechts als nichtig ansehen wird.[79] Ebenso ist die Relevanz des lokalen Rechts bei Anwendung der Standardverträge in Jordanien, den VAE und in Saudi-Arabien gegeben, denn sie beinhalten jeweils eine Rechtswahl zugunsten des lokalen Rechts.[80]

---

gelangenden Zivilrechtsmodell wirksam vereinbart worden ist und auch einer gerichtlichen Überprüfung standhält.

77 Zum internationalen Privatrecht im ÄZGB: Jung, Ägyptisches internationales Privatrecht, ders., in: Islamisches Recht und arabisches Recht als Problem der Rechtsanwendung, S. 37–61. Zum internationalen Privatrecht im JZGB/VAEZGB: Krüger, in: Beiträge zum islamischen Recht 6 (2007), S. 79–100; ders., IPRax 1987, S. 126–131; ders., FS Jayme, Bd. 1, S. 477–484; Krüger/Küppers, IPRax 1986, S. 389–392. Zum internationalen Privatrecht in Saudi-Arabien: Hundt, Rechtswahl und Rechtsdurchsetzung in Saudi-Arabien; Krüger, IPRax 2005, S. 386–389.

78 Siehe Art. 28 ÄZGB und Art. 29 JZGB/Art. 27 VAEZGB. Beachtenswert ist, dass dies im Rahmen des VAEZGB auch bei einem Verstoß gegen die Scharia der Fall ist.

79 Krüger, in: Vertragspraxis und Streiterledigung im Wirtschaftsverkehr mit arabischen Staaten, S. 61, 67; Turck, ALQ 6 (1991), S. 3, 4. Krüger empfiehlt, bei Verträgen mit Privaten keine Rechtswahl zu treffen, weil auch hier der Grundsatz der Parteiautonomie im internationalen Vertragsrecht nicht anerkannt ist. Vielmehr legt er nahe, die Rechte und Pflichten der Parteien detailliert zu regeln. Selbst bei Anwendung der saudischen Ausschreibungsregelungen kommt bei Regelungslücken die Scharia zur Anwendung. Siehe auch Hundt, Rechtswahl und Rechtsdurchsetzung in Saudi-Arabien; Saleh, Commercial Arbitration in the Arab Middle East, S. 54; Soumrany/Khalaf, Abschnitt 10:30,10:4.

80 Siehe Art. 1/4 der allgemeinen Bestimmungen des jordanischen Standardvertrags; Unterklausel 1.4 der allgemeinen Bestimmungen in Verbindung mit S. 129 der speziellen Bestimmungen des jordanischen Standardvertrags für Bauprojekte; Art. 1.1 (f) (i) und Art. 5.1 der allgemeinen Bedingungen des dubaier Standardvertrags für Bauprojekte. Unterklausel 1.4 der allgemeinen Bestimmungen des abu-dhabischen Standardvertrags für Bauprojekte; Art. 8 des saudischen Standardvertrags.

D. Bedeutung der Rechtsprechung

Im arabischen Recht, insbesondere im islamischen Recht, kommt dem gerichtlichen Präzedenzfall keine hohe Bedeutung zu.[81] Die Gerichte sind nicht dazu verpflichtet, ihre Urteile an bereits ergangenen Urteilen höherer bzw. gleichgeordneter Gerichte auszurichten;[82] etwas anderes gilt zu einem begrenzten Grad in Saudi-Arabien, wo Präzedenzfälle eigentlich berücksichtigt werden müssen.[83] In jedem Fall können Präzedenzfälle als Ausgangspunkt der eigenen rechtlichen Argumentation dienen; schließlich geben sie Anwälten eine Richtschnur an die Hand, in welche Richtung ein Gericht in der Sache entscheiden könnte.[84]

In Ägypten gibt es zwar keinen Standardvertrag, allerdings ist zu erwarten, dass sich der ägyptische Staat nur auf eine Rechtswahl zugunsten des ägyptischen Rechts einlassen wird.

81 Edge, Clev. St. L. Rev. 34 (1985–1986), S. 129, 139; Turck, ALQ 6 (1991), S. 3, 8. Gerichtsurteile – ausgenommen die Urteile der obersten Gerichtshöfe – werden in vielen arabischen Ländern nicht veröffentlicht. Gerichtsurteile lassen sich über die Onlinedatenbanken tashreaat, eastlaws, westlawgulf oder mohamoon abrufen. Ansonsten lassen sich Tenor und Entscheidungsgründe unter Umständen Entscheidungssammlungen oder Gesetzeskommentaren entnehmen. Mit Ausnahme der veröffentlichten ägyptischen Urteile existiert in den übrigen arabischen Ländern Rechtsprechung häufig nur ansatzweise und unregelmäßig systematisiert. Hinzu kommt, dass die Rechtsprechung gar nicht oder nur mit erheblichen Verzögerungen veröffentlicht wird. Dies ändert sich momentan insbesondere wegen der Ausweitung von mohamoon und eastlaws auf andere Länder. Siehe Börner, S. 30, Fn. 11; Edge, Clev. St. L. Rev. 34 (1985–1986), S. 129, 140; Polhausen, S. 9.

82 Hayajneh, EJSS 14 (2010), S. 606, 607. In den meisten arabischen Ländern ist eine starke Ausrichtung der Gerichtsbarkeit am französischen Prozessrecht und dem Aufbau der Gerichtsbarkeit erkennbar. Siehe Edge, Clev. St. L. Rev. 34 (1985–1986), S. 129, 140; Zimmermann, S. 142, 143. Zum Aufbau der Gerichtsbarkeit in Saudi-Arabien siehe: al-Jarbou, Judicial Review, S. 129–166; Turck, ALQ 6 (1991), S. 5–11; Twal, S. 70–76.

83 Al-Jarbou, Judicial Review, S. 46. In der Praxis folgen die unteren Instanzen der Gerichte – oft mangels entsprechender Publikationen – jedoch bisher meistens nicht den Präzedenzfällen. Siehe al-Jarbou, Judicial Review, S. 208–216.

84 Börner, S. 31; Edge, Clev. St. L. Rev. 34 (1985–1986), S. 129, 140. Siehe auch Art. 2 IV JZGB.

Kapitel 2. Grundstrukturen und Ausgestaltung zivilrechtlicher Haftung im arabischen Recht

Im Folgenden sollen die Grundstrukturen und die Ausgestaltung zivilrechtlicher Haftung in Bezug auf die dargestellten Haftungsausschlüsse und -begrenzungen untersucht werden, denn erstens ergibt sich aus diesen, ob ein Haftungsausschluss überhaupt notwendig ist, zweitens bleibt im Falle eines unwirksamen Haftungsausschlusses grundsätzlich der Rest des Vertrags weiter bestehen und das im Folgenden darzustellende subsidiäre gesetzliche Haftungsregime kommt zum Tragen.[85]

A. Ausgestaltung der Haftung in den einzelnen Modellen

I. Arten der Haftung

1. Das ägyptische Modell

a) Vertragliche Haftung für Pflichtverletzungen

Grundvoraussetzungen jeglicher vertraglicher Haftung sind das Bestehen eines wirksamen Vertrags sowie das Vorliegen eines Fehlers, eines Schadens

85 السنهوري, الوسيط, Bd. 1, S. 678, 679. Im Falle eines unwirksamen Haftungsausschlusses oder einer unwirksamen Haftungsbeschränkung ist nach Art. 143 1. HS. ÄZGB grundsätzlich davon auszugehen, dass der restliche Vertrag weiterhin wirksam ist; allein die unwirksame Klausel entfällt. Somit müssen die Vertragsparteien zumindest für den Fall von unwirksamen Haftungsbeschränkungen grundsätzlich keine salvatorische Klausel vereinbaren. Etwas anderes gilt gemäß Art. 143 2. HS ÄZGB dann, wenn eine der Vertragsparteien beweist, dass der jeweilige Vertrag nicht ohne den Haftungsausschluss abgeschlossen worden wäre. Im Gegensatz dazu ist es den Vertragsparteien in Jordanien und den VAE zu raten, eine salvatorische Klausel zu vereinbaren, weil nach Art. 169 I JZGB/Art. 211 I VAEZGB in dem oben genannten Fall der gesamte Vertrag unwirksam ist, es sei denn, die Auslegung des Vertrags ergibt, dass der restliche Vertrag ohne den unwirksamen Haftungsausschluss oder die unwirksame Haftungsbeschränkung weiterhin wirksam sein soll.

und der Kausalität zwischen Fehler und Schaden.[86] Im Falle einer Nichterfüllung bestehende Rechte nach dem allgemeinen Schuldrecht sind die Klage auf Erfüllung[87] oder die Vertragsauflösung und Schadensersatz.[88] Unter Nichterfüllung im engeren Sinne ist zu verstehen, dass die Leistung des Schuldners nicht mehr nachholbar ist.[89] Als Nichterfüllung im weiteren Sinne lässt sich jede Abweichung der erbrachten von der vertragsgemäßen Leistung verstehen.[90] Bei Unmöglichkeit und Verzug[91] haftet der Schuldner auf Schadensersatz.[92] Im besonderen Schuldrecht finden sich daneben bei den jeweiligen Vertragstypen Regelungen zu den Rechten des Gläubigers bei Vertragsverletzungen, Schlechterfüllung und Gewährleistungsrechten. Ansprüche auf Schadensersatz wegen Nichterfüllung verjähren grundsätzlich innerhalb von 15 Jahren.[93]

b) Vertragliche Haftung für Mängel im Kauf-, Werklieferer- und Werkvertragsrecht

i) Vertragliche Haftung für Mängel im Kauf- und Werkliefervertragsrecht

Das ägyptische Gewährleistungsrecht bei Kaufverträgen ist in den Art. 439–455 ÄZGB und für Verträge zwischen Kaufleuten in Art. 101 I ÄHGB geregelt. Die

86 السنهوري, الوسيط, Bd. 1 S. 654. Allgemein zur vertraglichen Haftung im ägyptischen Recht: نصرة, S. 5–22; السنهوري, الوسيط, Bd. 1, S. 653–688; Zimmermann, S. 90–97; طلبة, المسؤولية المدنية, Bd. 1, S. 77–95.

87 Art. 203 ÄZGB.

88 Art. 157 I ÄZGB.

89 Die Nichtnachholbarkeit ist gegeben, wenn der Schuldner nach Eintritt der Fälligkeit die Erfüllung bestimmt und endgültig verweigert und keine höhere Gewalt vorliegt, oder wenn dem Gläubiger im Fall des Verzugs des Schuldners ein längeres Warten nicht mehr zumutbar ist. Vgl. Art. 215 und 373 ÄZGB. السنهوري, الوسيط, Bd. 1, S. 656. Zum Vorrang der Klage auf Erfüllung und deren Verhältnis zur vertraglichen Haftung: Amkhan, 9 ALQ (1994), S. 324–338; Saleh, 4 ALQ (1989), S. 269, 286–288; السنهوري, الوسيط, Bd. 1, S. 842, Bd. 2, S. 719, 761; Zimmermann, S. 92.

90 Siehe Ferid, Das französische Schuldrecht, Bd. 1, S. 484, zum insoweit gleich laufenden französischen Code civil. Dies bedeutet, dass im Rahmen des ÄZGB als Nichterfüllung sowohl ein Verstoß gegen die Hauptverpflichtung als auch ein Verstoß gegen eine Nebenverpflichtung zu verstehen ist. Welche Pflichten der Vertrag für die Vertragsparteien begründet, ist durch Auslegung des Vertragsinhaltes zu ermitteln.

91 Voraussetzung des Verzugs ist, dass der Gläubiger den Schuldner gemäß Art. 219 ÄZGB mahnt, es sei denn, es liegt ein Fall des Art. 220 ÄZGB vor.

92 Art. 215 ÄZGB. Siehe hierzu auch Zimmermann, S. 90.

93 Art. 374 ÄZGB.

allgemeinen Regeln über Leistungsstörungen und Vertragsbruch finden dagegen keine Anwendung.[94] Zu differenzieren ist zwischen offensichtlichen und versteckten Mängeln.[95]

Für offensichtliche Mängel gelten die bereits oben dargestellten Regelungen der vertraglichen Haftung für Nichterfüllung, da bei Zurückweisung der offensichtlich mit einem Mangel behafteten Kaufsache ein Fall der Nichtleistung vorliegt.[96]

Im Rahmen der Gewährleistung für versteckte Mängel wird zwischen der Haftung für Rechtsmängel und derjenigen für Sachmängel unterschieden.[97] Ein Mangel liegt dann vor, wenn die Sache für den vorgesehenen Gebrauch, zu dem sie normalerweise bestimmt ist, untauglich oder die Gebrauchstauglichkeit der Sache vermindert ist.[98] Ein versteckter Mangel ist ein Mangel, den eine durchschnittliche Person in der Position des Käufers bei der Untersuchung nicht entdecken konnte.[99]

Aufgrund der Verweisung von Art. 450 ÄZGB auf Art. 444 ÄZGB kann der Käufer entweder die Rückübertragung der Kaufsache einschließlich der aus ihr gezogenen Nutzungen gegen Schadensersatz nach Art. 443 ÄZGB verlangen oder den Kaufpreis mindern.[100] Dasselbe gilt im Rahmen von Geschäften unter

---

94 Allgemein zum ägyptischen Gewährleistungsrecht für versteckte Mängel: هطار, S. 244–252; تناغو, S. 309–340; Zimmermann 108–112. Zur Abgrenzung von Kauf- und Werkvertrag: تناغو, S. 25, 26. Zur Abgrenzung der Haftung wegen Nichterfüllung von dem Gewährleistungsrecht bei einem versteckten Mangel im Kaufrecht: السنهوري, الوسيط, Bd. 4, S. 766, 767.

95 Siehe Art. 447 II ÄZGB.

96 Das bedeutet, dass der Käufer bei Vorliegen eines offensichtlichen Mangels die Vertragserfüllung durch Lieferung einer mangelfreien Sache verlangen oder, falls diese nicht erfolgreich ist, vom Vertrag zurücktreten kann, es sei denn, er unterlässt die notwendige Mängelanzeige nach Art. 447 II 1. HS. ÄZGB. Liegt keine Mängelanzeige vor, behält der Käufer nur dann seine Rechte, wenn er nachweist, dass seitens des Verkäufers die Zusicherung der Mangelfreiheit ausdrücklich erfolgt ist oder der Verkäufer den Mangel absichtlich verschleiert hat. Siehe Art. 447 II 2. HS ÄZGB.

97 Rechtsmängel: Art. 439–446 ÄZGB; Sachmängel: Art. 447–455 ÄZGB.

98 Hinsichtlich der Beeinträchtigung der Gebrauchstauglichkeit muss ein Maß erreicht werden, bei dem der Käufer bei Kenntnis des Mangels den Kaufvertrag nicht oder zu einem geringeren Preis abgeschlossen hätte. Siehe Art. 447 I ÄZGB. Siehe auch تناغو, S. 312.

99 هطار, S. 246, Fn. 35; السنهوري, الوسيط, Bd. 4, S. 724.

100 Die Auflösung des Vertrags setzt gemäß Art. 444 I ÄZGB voraus, dass der auf dem Rechts- oder Sachmangel beruhende Schaden derart ist, dass der Käufer bei seiner

Kaufleuten gemäß Art. 101 I ÄHGB. Der Käufer ist auf die Minderung beschränkt, falls er den Kaufgegenstand behalten will oder die Kaufsache lediglich mit einem geringfügigen Mangel behaftet ist.[101] Die Gewährleistungsrechte verjähren außer im Falle eines absichtlichen Verschleierns des Mangels innerhalb eines Jahres ab Übergabe.[102] Bei Kaufverträgen unter Kaufleuten verjähren die Gewährleistungsansprüche innerhalb von sechs Monaten.[103]

Der ägyptische Kassationsgerichtshof qualifiziert den Werkliefervertrag als gemischten Vertrag, ohne festzulegen, welches Recht auf ihn Anwendung findet.[104] Richtigerweise ist der Ansicht zu folgen, die auf Werklieferverträge Kaufrecht anwendet, weil es sich letztlich um einen Kaufvertrag über eine noch herzustellende Sache handelt.[105] Folgt man der hier vertretenen Ansicht, verjähren Gewährleistungsansprüche innerhalb eines Jahres ab Übergabe wie im Kaufrecht.

Kenntnis den Vertrag nicht geschlossen hätte. Zur Vertiefung siehe تناغو, S. 324, 325. Der Käufer kann gemäß Art. 443 II ÄZGB nicht kumulativ Schadensersatz nach Art. 443 I ÄZGB und die Vertragsauflösung verlangen. Die Möglichkeit einer kumulativen Geltendmachung nennt irrtümlicherweise Brandt im Rahmen der Behandlung der entsprechenden Vorschriften des syrischen ZGB. Siehe Brandt, S. 131.

101 Art. 444 II ÄZGB. Zur Vertiefung siehe: تناغو, S. 325, 326. Ein geringfügiger Mangel liegt nach السنهوري dann vor, wenn der Käufer zwar den Kaufgegenstand gekauft, für diesen allerdings einen niedrigeren Preis gezahlt hätte. Siehe السنهوري, الوسيط, Bd. 4, S. 740.

102 Art. 452 ÄZGB. Zur Vertiefung siehe تناغو, S. 327, 328. Im Fall eines absichtlichen Verschleierns verjähren die Gewährleistungsansprüche erst nach 15 Jahren. Siehe الوسيط, Bd. 4, S. 753.

103 Art. 101 IV ÄHGB.

104 Ägyptischer Kassationsgerichtshof, Entscheidung vom 16.4.1998, zitiert bei طلبة, المسؤولية المدنية, Bd. 3, S. 683. Aus Art. 648 i. V. m. Art. 647 II ÄZGB ergibt sich lediglich, dass der Werkunternehmer für die Mängelfreiheit der von ihm für das Werk beschafften und verwendeten Materialien haftet, nicht jedoch, ob Kauf- oder Werkvertragsrecht Anwendung findet.

105 So die wohl herrschende Meinung, siehe: Hanafi, ICLR (2008), S. 220, 224; قرارية, S. 26–30; السنهوري, الوسيط, Bd. 7 (1), S. 24–27 S. 98; شنب, S. 17; عنبر, S. 41. Für Werkvertragsrecht: طلبة, المسؤولية المدنية, Bd. 3, S. 681. Eine dritte Ansicht stellt auf das Verhältnis zwischen dem Wert der Materialien und dem Wert der Arbeitsleistung ab. Siehe السيوطي, S. 119.

ii) Vertragliche Haftung für Mängel im Werkvertragsrecht

Die Haftung des Werkunternehmers bestimmt sich nach den Art. 647–654 ÄZGB.[106] Aus Art. 650 ÄZGB ergibt sich, dass danach zu differenzieren ist, ob der Besteller das Werk bereits abgenommen hat oder nicht und ob die Behebung des Mangels möglich ist. Ist die Mängelbeseitigung unmöglich, kann der Besteller sofort auf Vertragsauflösung klagen.[107] Vor der Abnahme kann der Besteller im Falle eines Mangels des Werks im Laufe der Erstellung von dem Werkvertrag nach erfolglosem Ablauf einer von ihm gesetzten Nachfrist zur Nachbesserung zurücktreten oder einen Dritten mit der Herstellung des Werks auf Kosten des Werkunternehmers beauftragen.[108] Außer im Bereich der unten dargestellten decennalen Haftung und den teilweisen Regelungen zum Werkliefervertrag fehlt es daneben an einer Regelung der Gewährleistung für versteckte Mängel ab Abnahme.[109] Die Rechtsliteratur wendet die Regelungen des allgemeinen Vertragsrechts, d. h., die Vorschriften zur vertraglichen Haftung wegen Nichterfüllung, an und gewährt dem Besteller so – mit Ausnahme des Selbstvornahmerechts – dieselben Rechte wie vor Abnahme der Werkleistung.[110] Der Gewährleistungsanspruch des Bestellers verjährt innerhalb der sich aus der allgemeinen Übung ergebenden Dauer.[111]

---

106 Allgemein zum ägyptischen Werkvertragsrecht: Hanafi, ICLR (2008), S. 220, 224–226; الشهاوى, S. 49–88; السنهوري, الوسيط, Bd. 7 (1), S. 5–99; Zimmermann, S. 122–126.

107 Art. 650 II ÄZGB.

108 Art. 650 I ÄZGB.

109 Ebenso verhält es sich im französischen Recht. Siehe Ferid, Das französische Schuldrecht, Bd. 1, S. 729.

110 Dass es eine Haftung für versteckte Mängel geben muss, lässt sich aus der Zusammenschau der Art. 648 und 650 ÄZGB herleiten. Siehe السنهوري, الوسيط, Bd. 7 (1), S. 100, 101, 102.

111 السنهوري, الوسيط, Bd. 7 (1), S. 101, 102. Verschleiert der Werkunternehmer den Mangel absichtlich, so ist die Geltendmachung erst nach 15 Jahren bzw. 3 Jahre nach deren Entdeckung ausgeschlossen, weil es sich hierbei um einen Fall der deliktischen Haftung handelt. Ursprünglich wollte man die Verjährung im Werkvertragsrecht ausdrücklich regeln. Hierbei sollte nach Art. 900 des einleitenden Entwurfs des ÄZGB die Verjährung sich bei einem sog. kleinen Werkunternehmer auf sechs Monate und bei einem großen Werkunternehmer auf zwei Jahre belaufen. Allerdings wurde diese Regelung nicht in das ÄZGB aufgenommen. Siehe السنهوري, الوسيط, Bd. 7 (1), S. 100–104.

Im Rahmen der Haftung für Dach und Fach[112] nach Art. 651 ÄZGB haften der Architekt und der Werkunternehmer gesamtschuldnerisch und verschuldensunabhängig für den völligen oder teilweisen Einsturz eines Gebäudes oder von festen Gebäudestrukturen[113] und für versteckte Mängel,[114] die die Statik und die Sicherheit des Gebäudes gefährden[115] über einen Zeitraum von 10 Jahren ab Übergabe des Gebäudes.[116] Beachtenswert ist, dass die decennale Haftung dann nicht greift, wenn die Vertragsparteien eine kürzere Bestehensdauer der Anlage bestimmen.[117]

c) Deliktische Haftung

Auch die deliktische Haftung setzt ein Fehlverhalten, einen Schaden und den Kausalzusammenhang zwischen dem Fehlverhalten und dem Schadenseintritt

---

112 Nachfolgend als decennale Haftung bezeichnet.

113 Die in Art. 651 ÄZGB verwendeten Begriffe werden nach stetiger ägyptischer Rechtsprechung weit ausgelegt. Unter den Gebäudebegriff fallen alle Strukturen permanenten Charakters wie beispielsweise Gebäude, Fabriken, Brücken und im Gebäude installierte Anlagen. Siehe Attia, ALQ 1 (1985–1986), S. 504, 506–508. Unter einer festen Gebäudestruktur ist jede fest mit dem Boden verbundene, stabile Struktur, die nicht von ihrem Platz entfernt werden kann, ohne zerstört zu werden, zu verstehen. Siehe السنهوري, الوسيط, Bd. 7 (1), S. 164.

114 Die Voraussetzung eines versteckten Mangels ergibt sich nicht direkt aus der Vorschrift, wird aber von der herrschenden Meinung – wohl im Wege einer systematischen Auslegung – gefordert. Siehe باشا مرسي, Bd. 4, S. 499; شنب, S. 127. Siehe auch ägyptischer Kassationsgerichtshof, Entscheidung Nr. 1390 vom 1.7.2000, Jahrgang 69, zitiert bei طلبة, المسؤولية المدنية, Bd. 1, S. 696, 697. Handelt es sich bei dem Mangel um einen geringfügigen Mangel, der nicht die Sicherheit und Stabilität des Gebäudes gefährdet, finden die allgemeinen Regelungen zum Werkvertrag Anwendung. Siehe السنهوري, الوسيط, Bd. 7 (1), S. 116.

115 Ob eine Gefährdung vorliegt, ist eine Tatsachenfrage und muss von einem Sachverständigen festgestellt werden. Siehe السنهوري, الوسيط, Bd. 7 (1), S. 115.

116 Siehe Art. 651 ÄZGB-654 ÄZGB. Es handelt sich nach Ansicht des ägyptischen Kassationsgerichtshof um einen Fall der vertraglichen Haftung. Siehe Entscheidung Nr. 10350 vom 10.3.1999, Jahrgang 65, zitiert bei نصار, S. 1378. Ausführlich zur decennalen Haftung in Ägypten: Attia, ALQ 1 (1985–1986), S. 504–529; Kindt, S. 182–188; نصار, S. 1366–1371; ال شهاوى, S. 153–178; السنهوري, الوسيط, Bd. 7 (1), S. 104–143; طلبة, المسؤولية المدنية, Bd. 1, S. 691–703. Art. 651 ÄZGB weicht insoweit vom französischen Code civil ab, als Art. 1792 I des französischen Code civil auch solche Mängel mit umfasst, die die Unbrauchbarkeit des Werks herbeiführen.

117 Siehe Art. 651 I ÄZGB.

voraus.[118] Deliktische Ansprüche verjähren innerhalb von 3 Jahren ab Kenntnis, spätestens jedoch nach 15 Jahren.[119]

d) Haftung für Dritte

i) Das ÄZGB enthält keine allgemeine Regel, die sich auf das vertragswidrige Handeln von Dritten bezieht, derer sich der Schuldner zur Erfüllung seiner Verbindlichkeit bedient.[120] Die herrschende Meinung leitet die vertragliche Haftung für Personen jedoch aus Art. 217 II 2. HS. ÄZGB ab, in dem sie als selbstverständlich vorausgesetzt wird.[121] Nach der ägyptischen Rechtsliteratur muss für die vertragliche Haftung für Dritte ein Vertrag zwischen Schuldner und Gläubiger bestehen, der Dritte muss vom Schuldner zur Erfüllung der Verbindlichkeit eingesetzt worden sein und die dritte Person muss eine dem Schuldner obliegende Vertragspflicht verletzt haben.[122]
ii) Die deliktische Haftung des Geschäftsherrn für Dritte wird in Art. 174 ÄZGB geregelt.[123] Voraussetzung der Geschäftsherrenhaftung sind die Weisungsgebundenheit des Schädigers, die Verursachung des Schadens durch den Schädiger in Ausführung seiner ihm obliegenden Tätigkeit und die Haftung des schädigenden Dritten selbst.[124]

---

118 Vgl. Art. 163 ÄZGB. Der Begriff Fehlverhalten wird gesetzlich nicht definiert. Nach Rechtsprechung des ägyptischen Kassationsgerichtshofs ist in Fällen einer möglichen Schädigung zu prüfen, ob der Handelnde objektiv gegen allgemein zu erwartende Sorgfaltspflichten verstoßen hat. Siehe ägyptischer Kassationsgerichtshof, Entscheidung Nr. 336 vom 31.5.1978, zitiert bei Amkhan ALQ 9 (1994), S. 171, 172. Allgemein zur deliktischen Haftung im ägyptischen Recht: مرقس, الوافى, Bd. 4; نصرة, S. 22–27; طلبة, المسؤولية المدنية Bd. 3, S. 7–37.

119 Siehe Art. 172 I ÄZGB.

120 Ebenso wenig findet man eine solche Regelung im französischen Code civil. In Frankreich erkennen Rechtsprechung und Rechtsliteratur dennoch den Grundsatz der vertraglichen Haftung für Dritte an. Siehe Giese, S. 211–219.

121 السنهوري, الوسيط, Bd. 1, S. 667, 668. Eine Herleitung der vertraglichen Haftung für Dritte aus Artikel 174 ÄZGB wird seitens der ägyptischen Rechtsliteratur abgelehnt. Siehe السنهوري, الوسيط, Bd. 1, S. 667.

122 مامون, S. 42–43; السنهوري, الوسيط, Bd. 1, S. 666, 667.

123 Allgemein zur Geschäftsherrenhaftung im ÄZGB: مرقس, الوافى, Bd. 4, S. 822–919; طلبة, دعوى التعويض, S. 387–435;

124 مرقس, الوافى, Bd. 4, S. 827. Bemerkenswert ist, dass dem Geschäftsherrn nicht die Möglichkeit eingeräumt wird, sich durch den Nachweis fehlenden Verschuldens von der Haftung zu exkulpieren.

e) Produkthaftung

Die Produkthaftung ist durch Art. 67 ÄHGB in Grundzügen geregelt.[125] Danach haften der Lieferant und der Produzent für alle körperlichen und materiellen Schäden gegenüber jedem, der beweist, dass der Schaden durch ein fehlerhaftes Produkt herbeigeführt worden ist.[126] Der Anspruch verjährt innerhalb von 3 Jahren ab Entdeckung des Mangels und Kenntnis der Identität des Herstellers oder Lieferanten.[127]

Darüber hinaus ist das ägyptische Verbraucherrecht im ÄVSG und in der zum ÄVSG ergangenen Durchführungsverordnung[128] enthalten.[129] Nach Art. 8 ÄVSG kann ein Verbraucher, vorausgesetzt, ein Vertrag, ein Artikel sowie ein Defekt des Artikels sind gegeben, gegenüber dem Lieferanten die Lieferung eines Ersatzartikels oder die Rücknahme des Artikels gegen Rückgabe seines Wertes geltend machen.[130] Schultze stellt zutreffend klar, dass *„Art. 8 [Ä]VSG [...] kein Produkthaftungsanspruch i. e. S. [ist], sondern eine Ausweitung der vertraglichen Gewährleistungsrechte innerhalb der Vertragskette"*.[131] Darüber hinaus kann der Verbraucher bei einer fehlerhaften Dienstleistung nach Art. 9 ÄVSG vom Vertrag zurücktreten oder Nacherfüllung verlangen.[132]

f) Haftung und Gewährleistung bei im Rahmen von öffentlichen Ausschreibungen abgeschlossenen Verträgen

Bei auftretenden Mängeln hat der Besteller ein Recht auf Nachbesserung auf Kosten des Werkunternehmers.[133] Die Gewährleistungsrechte des Bestellers verjähren nach Ablauf eines Jahres, es sei denn, der Vertrag oder das Gesetz bzw.

---

125 Allgemein zum ägyptischen Produkthaftungsrecht: Schultze, S. 115–124; Stovall, ALQ 19 (2004), S. 277–285.

126 Siehe Art. 67 I ÄHGB; Schultze, S. 116, 117. Nach Art. 67 II ÄHGB ist eine Sache u.a. dann mangelhaft, wenn sie schlecht entworfen, hergestellt, zusammengesetzt, zum Konsum verarbeitet, gelagert oder verpackt worden ist.

127 Siehe Art. 67 V ÄHGB; Schultze, S. 118, 119.

128 Durchführungsverordnung zum ÄVSG (Dekret Nr. 886/2006).

129 Allgemein zum ÄVSG: Schultze, S. 124–149.

130 Für eine ausführliche Darstellung siehe: Schultze, S. 127–136.

131 Schultze, S. 135.

132 Siehe Schultze, S. 136.

133 Art. 88 der Durchführungsverordnung zum ÄAG. Das ÄAG definiert den Mangelbegriff nicht. Deshalb ist auf den Mangelbegriff des ÄZGB zurückzugreifen.

das ÄZGB beinhalten eine längere Verjährungsfrist.[134] Im Übrigen hat der Besteller bei Verstößen gegen die Bedingungen eines im Rahmen einer Ausschreibung abgeschlossenen Vertrags die Wahl zwischen einer Kündigung des Vertrags und einer Selbstvornahme.[135] Angemerkt sei, dass der Werkunternehmer, der nicht die notwendigen Sicherheitsvorkehrungen zum Schutz vor Personenschäden, tödlichen Unfällen und Krankheiten getroffen hat, gegenüber jedem Geschädigten direkt haftet.[136] Beachtenswert ist, dass das ÄAG keine abschließende Regelung zur Nicht- und Schlechterfüllung – insbesondere etwaigen Schadensersatzansprüchen – enthält. Es ist daher zu erwarten, dass insoweit das ÄZGB Anwendung findet.

2. Das jordanische/VAE-Modell

a) Vertragliche Haftung für Pflichtverletzungen

Der Schuldner haftet für die Nichterfüllung und Verzug seiner vertraglichen Verpflichtung.[137] Die vertragliche Haftung ist nach der Rechtsliteratur und Rechtsprechung gleich dem ÄZGB ausgestaltet, da ein Fehlverhalten, ein Schaden und Kausalität zwischen Fehlverhalten und Schaden vorausgesetzt werden.[138] Um Wiederholungen zu vermeiden, sei deshalb auf die entsprechenden Ausführungen zum ÄZGB verwiesen.

---

134 Art. 88 der Durchführungsverordnung zum ÄAG. Beachtenswert ist, dass Art. 88 der Durchführungsverordnung zum ÄAG keine selbstständige Regelung zur decennalen Haftung enthält; allerdings findet diese über den Verweis auf das ÄZGB Anwendung.

135 Art. 25 I ÄAG und Art. 75 der Durchführungsverordnung zum ÄAG.

136 Art. 79 II, 80 der Durchführungsverordnung zum ÄAG. Dem Auftraggeber wird in diesem Fall auch ein zusätzliches Kündigungsrecht eingeräumt. Siehe Art. 89 III Durchführungsverordnung zum ÄAG.

137 Siehe Art. 360–363 JZGB/Art. 386–389 VAEZGB. Allgemein zur vertraglichen Haftung im JZGB/VAEZGB: سلطان, مصادر الإلتزام, S. 231–249; الجبوري, الوجيز, Bd. 1, S. 403–426; خوالده, S. 26–37; عبد الله S. 294–313.

138 Siehe beispielsweise jordanischer Kassationsgerichtshof, Entscheidung Nr. 390/88, zitiert bei خوالده, S. 26, 27; Kassationsgerichtshof Dubai, Entscheidung Nr.41/2007 vom 15.4.2007 und Entscheidung Nr. 37/2004 vom 18.9.2004, beide zitiert bei Nassif/Kanakri, The In-House Lawyer (2010), S. 2, 3. Laut JZGB-Gesetzesbegründung versteht man unter vertraglicher Haftung die Verpflichtung der Partei, die gegen ihre vertragliche Verpflichtung verstößt, den Schaden auszugleichen, die die andere Vertragspartei aufgrund des Verstoßes erlitten hat. Siehe JZGB-Gesetzesbegründung, Bd. 1, S. 272.

b) Vertragliche Haftung für Mängel im Kauf-, Werkliefer- und Werkvertragsrecht

i) Vertragliche Haftung für Mängel im Kauf- und Werkliefervertragsrecht

In Jordanien/den VAE hat der Käufer bei Vorliegen eines „alten“, versteckten Mangels die Wahl zwischen einer Wandelung oder des Behaltens der Sache zu dem abgesprochenen Preis.[139] Ein Minderungsrecht wird ausdrücklich ausgeschlossen.[140] Etwas anderes gilt im Rahmen von Verträgen zwischen Kaufleuten in den VAE; hier kann das zuständige Gericht statt eines Rücktritts vom Vertrag auch eine Minderung des Kaufpreises anordnen.[141] Die Gewährleistungsrechte des Käufers verjähren in sechs Monaten, es sei denn, der Käufer beweist ein absichtliches Verschleiern des Mangels durch den Verkäufer.[142]

Das Werkliefervertragsrecht ist teilweise in den Art. 781 II, 783 JZGB/Art. 873 II, 875 VAEZGB kodifiziert.[143] Hier besteht derselbe Meinungsstreit wie im Rahmen des ÄZGB; richtigerweise ist Kaufrecht auf die gelieferten

139 Art. 513 I JZGB/Art. 544 I VAEZGB. Zum Begriff des alten Mangels im JZGB/VZGB: جمعه, S. 464–470. Dass es sich um einen versteckten Mangel handeln muss, ergibt sich aus Art. 513 IV JZGB/Art. 544 IV VAEZGB. Mit dieser Ausgestaltung des Gewährleistungsrechts liegt das jordanische/VAE-Schuldrechtsmodell auf einer Linie mit der hanafitischen, malikitischen und schafiitischen Rechtsschule. Siehe Saleh, ALQ 4 ALQ (1989), S. 269, 275; الزحيلي, S. 78; Art. 337 der Mağalla. Allgemein zum kaufrechtlichen Gewährleistungsrecht für versteckte Mängel im JZGB/VAEZGB: جمعه, S. 464–492; الزحيلي, S. 74–81.

140 Daran ändern auch Art. 198 JZGB/Art. 242 VAEZGB nichts, die im Rahmen der sogenannten Option des Mangels dem Käufer ein Minderungsrecht einräumen. Begründet wird dies damit, dass die Art. 513 I JZGB/Art. 544 I VAEZGB als Teil der Regelungen zu alten Mängeln als lex specialis vorgehen. Insbesondere die Regelungen der Art. 516, 517 JZGB/Art. 547, 548 VAEZGB würden andernfalls obsolet. Daneben lässt sich die historische Auslegung anführen: Art. 513 I JZGB/Art. 544 I VAEZGB beruhen auf Art. 337 der Mağalla, der ebenfalls ein Minderungsrecht des Käufers ausdrücklich ausgeschlossen hat. Nur in dem Fall des Untergangs des Kaufgegenstandes wird dem Käufer nach Artikel 502 JZGB/Art. 533 VAEZGB das Recht eingeräumt, den Vertrag aufzulösen oder Schadensersatz zu fordern. Siehe Rayner, S. 340; جمعه, S. 486, 487.

141 Art. 110 VAEHGB. In Jordanien unterliegen handelsrechtliche Kaufverträge mangels eigenständiger Regelungen im JHGB den Regelungen des JZGB. Siehe Art. 59 I JHGB.

142 Art. 521 JZGB/555 VAEZGB und Art. 111 I, II VAEHGB

143 Das Gesetz trifft jedoch keine Wahl dahin gehend, ob auf diese das Kauf- oder Werkvertragsrecht Anwendung finden soll.

Materialien anzuwenden.[144] Die Dauer der Verjährung ist umstritten; grundsätzlich ist – außer bei handelsrechtlichen Werklieferverträgen in den VAE – von einer sechsmonatigen Verjährung auszugehen.[145] Im Falle eines absichtlichen Verschleierns des Mangels beläuft sich die Verjährung auf 3 Jahre ab Kenntnis des Mangels.[146]

ii) Vertragliche Haftung für Mängel im Werkvertragsrecht

Im Bereich des Gewährleistungsrechts für Werkverträge wird wie im ÄZGB danach differenziert, ob bereits eine Abnahme erfolgt ist oder nicht, und danach, ob der Mangel behoben werden kann.[147] Um Wiederholungen zu vermeiden, sei deshalb auf die oben erfolgten Ausführungen verwiesen. Beachtenswert ist, dass das Werkvertragsrecht im Unterschied zum Kaufrecht und dem ÄZGB mit Art. 768 JZGB/Art. 878 VAEZGB eine verschuldensunabhängige Anspruchsgrundlage für Schadensersatz enthält.[148]

Die decennale Haftung ist in den Art. 788–791 JZGB/Art. 880–883 VAEZGB enthalten.[149] Der Anwendungsbereich der decennalen Haftung ist in den VAE nicht eröffnet, falls die Parteien eine kürzere Bestehensdauer der Anlage vertraglich bestimmen.[150]

---

144 Anderer Ansicht ist السرحان, S. 20–22; er vertritt die Meinung, dass sich eine Abgrenzung an dem Wert der einzelnen Leistungen orientieren muss.

145 السرحان, S. 68.

146 Insoweit richtet sich die Verjährung nach der deliktischen Haftung. Siehe السرحان, S. 69.

147 Das Werkvertragsrecht ist in den Art. 780–804 JZGB/Art. 872–896 VAEZGB geregelt. Das Gewährleistungsrecht vor Abnahme enthält Art. 785 JZGB/Art. 877 VAEZGB. Allgemein zum werkvertraglichen Mängelgewährleistungsrecht im JZGB/VAEZGB: Eltom, S. 51–53; Klaiber, S. 84–87; السرحان, S. 67–69; الزحيلي, S. 277–279.

148 Klaiber, S. 93.

149 Die zehnjährige Haftung gilt sowohl für den teilweisen oder vollständigen Einsturz eines Gebäudes oder einer festen Gebäudestruktur als auch für die Sicherheit der Konstruktion. Allgemein zur Décennale im JZGB/VAEZGB: Kindt, S. 209–210; Klaiber, S. 87–89; سماره, مسؤولية المقاول والمهندس عن ضمان متانة البناء في القانون المدني الأردني “دراسة مقارنة“; الزحيلي, S. 278.

150 Art. 880 I VAEZGB. Diese Möglichkeit sieht das JZGB nicht vor. Vgl. Art. 788 I JZGB.

c) *Deliktische Haftung*

Die deliktische Haftung wird in den Art. 256–272 JZGB/Art. 282–317 VAEZGB geregelt.[151] Die Vorschriften sind stark an das islamische Recht angelehnt.[152] Die Voraussetzungen der deliktischen Haftung sind eine Handlung sowie ein Schaden, denn nach Art. 256 JZGB/Art. 282 VAEZGB ist für „schädigende Handlungen“ Ersatz für alle direkten Schäden zu leisten.[153] Indirekte Schäden sind nur dann ersatzfähig, wenn sie durch einen Rechtsbruch oder vorsätzlich herbeigeführt worden sind.[154] Deliktische Ansprüche verjähren grundsätzlich nach 3 Jahren ab Kenntnis des Geschädigten von dem Schaden und der Person des Schädigers.[155]

d) *Haftung für Dritte*

Die vertragliche Haftung für Dritte ist im JZGB/VAEZGB nicht geregelt.[156] Sie ergibt sich jedoch laut der jeweiligen Rechtsprechung aus einer Analogie zu Art. 684, 798, 843 JZGB/Art. 770, 890, 934 VAEZGB.[157] Voraussetzung

---

151 Allgemein zum Deliktsrecht im JZGB/VAEZGB: Eltom, S. 105–109; الفضل, S. 298–343; Krüger, VersR 1989, S. 1000–1006; al-Qasem, ALQ 3 (1989), S. 183–198; خاطر/السرحان, S. 364–394; Vogel, in: Contracts in General, International Encyclopedia of Comparative Law Vol. 7, S. 64, 65.

152 Die Anlehnung an das islamische Recht manifestiert sich darin, dass das jordanische/VAE-Modell grundsätzlich das Konzept einer verschuldensunabhängigen Haftung verfolgt. Laut Amkhan ist es dennoch durchaus möglich, jordanische Gerichtsurteile zu finden, die ein Fehlverhalten voraussetzen und ein solches definieren. Er führt dies auf den großen Einfluss der ägyptischen Rechtsliteratur und Rechtsprechung sowie die Ausbildung vieler jordanischer Richter in Ägypten zurück. Siehe Amkhan, ALQ 9 (1994), S. 171, 173, Fn. 10. Siehe auch JZGB-Gesetzesbegründung, Bd. 1, S. 275–279, und Krüger, VersR 1989, S. 1000, 1001, 1002.

153 Art. 256 JZGB/Art. 282 VAEZGB. Siehe auch Amkhan, ALQ 9 (1994), S. 171, 173; Krüger VersR 1989, S. 1000, 1001.

154 Art. 257 II JZGB/Art. 283 II VAEZGB.

155 Art. 272 I JZGB/Art. 298 I VAEZGB.

156 Allgemein zur vertraglichen Haftung für Dritte im JZGB/VAEZGB: الجبوري, الوجيز, Bd. 1, S. 407; سلطان, مصادر الإلتزام, S. 419–421; خوالده, S. 91–98; عبد الله, S. 300–303.

157 Jordanischer Kassationsgerichtshof, Entscheidung Nr. 53–74, Jahrgang 1984, und Entscheidung Nr. 79–447, Jahrgang 1989, beide zitiert bei الجبوري, الوجيز, Bd. 1, S. 409, Fn. 1. Siehe auch سلطان, مصادر الإلتزام, S. 467; سوار, الإتجاهات, S. 376. Damit weicht das JZGB/VAEZGB an dieser Stelle vom klassischen islamischen Recht ab, das – wie unten noch näher dargestellt wird – eine Haftung für Dritte nicht kennt. Sinn und Zweck dieser Rechtsprechung ist es wohl, zu

der vertraglichen Haftung für Dritte ist ein wirksamer Vertrag, dass sich der Schuldner des Dritten bei Erfüllung seiner Verbindlichkeit bedient, ein vertragliches Fehlverhalten des Dritten und keine Auswahl des Dritten durch den Geschädigten.[158]

Art. 288 I b) JZGB/Art. 313 I 1 b) VAEZGB regelt die deliktische Haftung des Geschäftsherrn für seine Gehilfen.[159] Die Haftungsvoraussetzungen entsprechen denen des ÄZGB.[160] Um Wiederholungen zu vermeiden, sei deshalb auf die oben erfolgten Ausführungen verwiesen.

e) Produkthaftung

Die Produkthaftung wird in den VAE durch das Gesetz über den Verbraucherschutz geregelt.[161] Im Gegensatz hierzu existiert in Jordanien bisher keine Kodifikation im Bereich der Produkthaftung. Es ist auf die allgemeinen Regeln des Vertrags-, Delikts- und Schadensersatzrechts im Bereich der Produzentenhaftung, insbesondere die in Art. 291 JZGB enthaltene Gefährdungshaftung, zurückzugreifen.

f) Haftung und Gewährleistung bei im Rahmen von öffentlichen Ausschreibungen abgeschlossenen Verträgen

i) Jordanien

Weder die JAR noch die dazugehörige Durchführungsverordnung von 1987 enthalten materiell-rechtliche Bestimmungen zur Haftung und Gewährleistung – mit Ausnahme der unten näher dargestellten Verzugsstrafe. Der Verfasser nimmt an, dass, zumindest soweit die Standardverträge keine entsprechende Regelung enthalten, auf die oben dargestellten Bestimmungen des JZGB Rückgriff genommen werden kann.

---

verhindern, dass sich der Schuldner durch die Einschaltung Dritter seiner vertraglichen Haftung entziehen kann.

158 الجبوري, الوجيز, Bd. 1, S. 408; عبد الله, S. 303.

159 Allgemein zur deliktischen Haftung für Dritte im JZGB/VAEZGB: أبو حسن, S. 71–93; Eltom, S. 110–112; Krüger, VersR 1989, S. 1000, 1004.

160 Krüger, VersR 1989, S. 1000, 1004. Hinsichtlich der Voraussetzung, dass der Schaden durch den Schädiger in Ausführung der ihm obliegenden Tätigkeit herbeigeführt werden muss, hat der Kassationsgerichtshof Dubai festgestellt, dass hierfür jeglicher Zusammenhang mit der Anstellung ausreicht. Siehe Kassationsgerichtshof Dubai, Entscheidung Nr. 23/1999 und Entscheidung Nr. 5/2001, beide zitiert bei Eltom, S. 111, 112.

161 Gesetz Nr. 24/2006 (zuletzt geändert durch Gesetz Nr. 7/2011). Allgemein zum VAE-Gesetz über den Verbraucherschutz: Keimer, Beiträge zum Islamischen Recht 6, S. 149, 152–156; Wallmann, Al Tamimi Law Update 186 (2006), S. 6–8.

Im Rahmen des jordanischen Standardvertrags hat der Besteller gegenüber dem Werkunternehmer unter der Voraussetzung einer Mängelanzeige ein Nachbesserungsrecht bezüglich Mängeln, die auf seinem Design, fehlerhaftem von ihm verwendetem Material, seiner Ausrüstung oder der Erstellung beruhen.[162] Für den Fall, dass der Werkunternehmer den Mangel nicht innerhalb einer angemessenen Nachfrist behebt, ist dem Besteller ein Selbstvornahmerecht eingeräumt.[163] Der Besteller kann im Falle eines Vertragsbruchs des Werkunternehmers in Form einer Nichtleistung, Verweigerung oder zu langsamen Erfüllung den Vertrag unter Umständen auch kündigen.[164] Die Verjährung der Gewährleistungsansprüche beträgt 365 Tage ab Abnahme.[165]

Nach dem Standardvertrag für Bauprojekte, der weitgehend mit den FIDIC-Bedingungen übereinzustimmen scheint, muss der Werkunternehmer Mängel, die während der Mängelanzeigefrist auftreten und angezeigt worden sind, beseitigen.[166] Falls der Werkunternehmer den Mangel nicht beseitigt, hat der Besteller die Wahl zwischen einer Ersatzvornahme auf Kosten des Werkunternehmers, einer Minderung und, bei besonders schwerwiegenden Mängeln, die das Werk oder dessen Hauptteil wertlos machen, einer Kündigung des Vertrags.[167] Der Standardvertrag für Bauprojekte enthält selbst keine Verjährungsvorschrift hinsichtlich der Mängelgewährleistungsansprüche.

---

162 Art. 9.1 I der allgemeinen Bestimmungen des jordanischen Standardvertrags. Der jordanische Standardvertrag definiert nicht, was unter einem Mangel zu verstehen ist.

163 Art. 9.1 II der allgemeinen Bestimmungen des jordanischen Standardvertrags.

164 Der jordanische Standardvertrag setzt dafür voraus, dass der Besteller dem Werkunternehmer innerhalb von 14 Tagen den Vertragsbruch schriftlich angezeigt hat und der Werkunternehmer den Vertragsbruch nicht innerhalb von 21 Tagen nach Anzeige beseitigt hat. Siehe Art. 12.1 der allgemeinen Bestimmungen des jordanischen Standardvertrags. Ein Vertragsbruch liegt nach Art. 12.1 dann vor, wenn der Werkunternehmer die Erstellung des Werkes einstellt oder er es ablehnt, einen Vertragsbruch zu beheben bzw. wenn er einen Mangel nicht rechtzeitig behebt.

165 Art. 9.1 der allgemeinen Bestimmungen des jordanischen Standardvertrags i. V. m. Anhang 2, S. 38.

166 Unterklausel 11.1 der allgemeinen Bestimmungen des jordanischen Standardvertrags für Bauprojekte. Der jordanische Standardvertrag für Bauprojekte definiert jedoch keinen Mangelbegriff. Insoweit sei auf die Ausführungen zum JZGB verwiesen.

167 Unterklausel 11.4 der allgemeinen Bestimmungen des jordanischen Standardvertrags für Bauprojekte. Zu den Mängelrechten im Rahmen der insoweit gleich lautenden FIDIC-Bedingungen, siehe Hök, Rn. 497–499.

In keinem der beiden Standardverträge findet man eine abschließende Regelung zur Nicht- und Schlechterfüllung des Vertrags.[168] Darüber hinaus beinhalten sie keine Regelungen zur decennalen Haftung. Daher ist in diesen Bereichen auf das JZGB zurückzugreifen.

ii) VAE

Auf VAE-Bundesebene finden sich nur wenige materiell-rechtliche Regelungen zum Gewährleistungsrecht. Dem Besteller wird ein Kündigungs- und Selbstvornahmerecht eingeräumt, falls der Werkunternehmer unter anderem im Verzug ist oder gegen die vertraglichen Regelungen verstößt.[169] Im Übrigen – insbesondere hinsichtlich etwaiger Schadensersatzansprüche bei Schlecht- oder Nichterfüllung und der decennalen Haftung – ist von der Anwendung des VAEZGB auszugehen.

Auf Emiratsebene hat der Besteller nach dem Handbuch zu öffentlichen Ausschreibungen in Abu Dhabi und in Dubai nach dem Ausschreibungsgesetz Dubai bzw. dem dubaier Standardvertrag für Bauprojekte bei einem Mangel gegenüber dem Werkunternehmer einen Nachbesserungsanspruch, der von Gesetzes wegen innerhalb eines Jahres ab Abnahme verjährt.[170] Im Falle des Verzugs oder der Nichtleistung des Werkunternehmers hat der Besteller nach dem Handbuch zu öffentlichen Ausschreibungen in Abu Dhabi nach Verstreichen einer Frist, die näher in dem Vertrag oder durch das Gesetz festgelegt wird, die Wahl zwischen einer Ersatzvornahme auf Kosten des Werkunternehmers und der Kündigung des Vertrags bei gleichzeitiger Geltendmachung von Schadensersatz und der Vertragsstrafe.[171] Im Gegensatz dazu hat der Besteller nach dem Ausschreibungsgesetz Dubai und dem dubaier Standardvertrag für Bauprojekte nur ein Recht zur Selbstvornahme auf Kosten des Werkunternehmers sowie, unter anderem, die Geltendmachung von Schadensersatz für „eingetretene Verluste".[172] Erstellt der Werkunternehmer eine Anlage, haftet er für sogenannte grundlegende Fehler (*ʿaīyb asāsī*) nach

---

168 Im jordanischen Standardvertrag für Bauprojekte findet man mit Unterklausel 1.1.4.3 und 17.6 der allgemeinen Bestimmungen lediglich Klauseln, die sich mit dem Umfang des Schadensersatzes auseinandersetzen.

169 Art. 112 I VAEAG.

170 Art. 55 III Handbuch zu öffentlichen Ausschreibungen in Abu Dhabi; Art. 69 I Ausschreibungsgesetz Dubai; Art. 49.2 der allgemeinen Bedingungen des dubaier Standardvertrags für Bauprojekte. Nur der dubaier Standardvertrag für Bauprojekte enthält mit Art. 1.1 f (v) der allgemeinen Bedingungen eine Definition des Mangelbegriffs.

171 Art. 45 II b), c) Handbuch zu öffentlichen Ausschreibungen in Abu Dhabi.

172 Art. 63 Ausschreibungsgesetz Dubai; Art. 49.4 der allgemeinen Bedingungen des dubaier Standardvertrags für Bauprojekte.

dem Handbuch zu öffentlichen Ausschreibungen in Abu Dhabi für die Dauer von 10 Jahren ab Abnahme.[173] Nach dem dubaier Standardvertrag für Bauprojekte haftet der Werkunternehmer im Rahmen der decennalen Haftung für sämtliche Mängel in der Konstruktion, die auf einer fehlerhaften Arbeitsleistung, mangelhaftem von ihm verwendetem Material oder sonstiger Nachlässigkeit beruhen, für die Dauer von 10 Jahren.[174] Die Frist der decennalen Haftung beginnt erst mit Ausstellung des *defects liability certificate*.[175] Der abu-dhabische Standardvertrag für Bauprojekte beruht auf den FIDIC-Bedingungen.[176] Um Wiederholungen zu vermeiden, sei deshalb auf die Ausführungen zum jordanischen Standardvertrag für Bauprojekte verwiesen.

3. Das saudi-arabische Modell

a) Vertragliche Haftung für Pflichtverletzungen

Grundsätzlich fehlt es an Regelungen des allgemeinen Leistungsstörungsrechts im Sinne des europäischen Zivilrechts.[177] Der klassische islamische Fiqh verwendet stattdessen den Begriff des schädigenden Handelns (*faʿl aḍ-ḍārr*) oder des Rechtsbruchs (*taʿaddī*).[178]

---

173 Art. 55 IV Handbuch zu öffentlichen Ausschreibungen in Abu Dhabi; Art. 69 II Ausschreibungsgesetz Dubai.

174 Auffällig ist zunächst, dass die decennale Haftung nicht auf solche Fehler beschränkt ist, die zum Einsturz der Anlage führen bzw. deren Statik gefährden. Demnach ist die decennale Haftung extrem weit ausgestaltet. Beachtenswert ist daneben, dass die decennale Haftung teilweise verschuldensabhängig ausgestaltet ist, obwohl sie sonst gerade kein Verschulden voraussetzt. Siehe Sunna/Al-Saadoon, Tamimi Law Update 193 (2007), S. 21.

175 Art. 8.3 der allgemeinen Bedingungen des dubaier Standardvertrags für Bauprojekte.

176 Sunna/as-Saadoon, Tamimi Law Update 193 (2007), S. 21.

177 Heckel, in: Leipziger Beiträge zur Orientforschung 29 (2011), S. 61, 75; السنهوري, الحق مصادر, Bd. 6, S. 138. Letztlich ist dies auf den Umstand zurückzuführen, dass sich das islamische Recht auf die Regelung bestimmter Nominalverträge beschränkt und es nur wenige Regelungen zum allgemeinen Schuldrecht beinhaltet. Siehe Krüger, FS Geimer, S. 485, 494; Linant de Bellefonds, Traité, Bd. 1, S. 53–54, Bd. 2, S. 7; Rohe, S. 234; Schacht, An Introduction to Islamic Law, S. 144, 145. Allgemein zur vertraglichen Haftung im islamischen Recht: الهيبوب, مجلة القضائية 3(1432 H.), S. 278–318; مصعبي, S. 25, 26; السنهوري, مصادر الحق, Bd. 6, S. 138–167.

178 مرقس, الوافي, Bd. 3, S. 103. Unter Rechtsbruch ist ein absichtlicher, nicht gerechtfertigter Verstoß gegen die Rechte Dritter, die sich sowohl aus Vertrag als auch Gesetz oder Gewohnheitsrecht ergeben können, zu verstehen. Der Begriff

Im islamischen Fiqh ist umstritten, ob der Gläubiger im Falle einer Nichtleistung oder im Falle des Verzugs gegenüber dem Schuldner einen Anspruch auf Schadensersatz hat.[179] Eine Meinung in der islamischen Rechtsliteratur geht davon aus, dass bei Verzug und Nichtleistung kein Schadensersatz geschuldet wird; eine Bestrafung erfolgt nur nach dem nichtkoranischen Straf- und Ordnungswidrigkeitenrecht (*taʿzīr*)[180].[181] Nach der in der Praxis in Saudi-Arabien inklusive des Board of Grievances vertretenen Ansicht ist im Falle einer Nichterfüllung, d. h. bei Verzug oder Nichtleistung, Schadensersatz zu leisten.[182] Voraussetzungen der vertraglichen Haftung sind ein Fehlverhalten, ein Schaden sowie die Kausalität zwischen Fehlverhalten und Schaden.[183]

Das klassische islamische Recht kennt das Institut der Verjährung nicht.[184] Dies basiert auf dem Prophetenwort, das besagt, dass

> *„das Recht eines Muslims nicht durch Zeitablauf erlischt".*[185]

Dies bedeutet, dass ein entstandener Anspruch vom Gläubiger zeitlich unbegrenzt geltend gemacht werden kann. Allerdings kann der Schuldner einen Anspruch

---

des Rechtsbruchs kann mit dem des Fehlverhaltens gleichgesetzt werden. Siehe الهبوب, مجلة القضائية 3(1432 H.), S. 278, 287; مرقس, الوافى, Bd. 3, S. 103; Yanagihashi, S. 62.

179 Siehe für eine ausdrückliche Darstellung اليمني, S. 181–198. Der Meinungsstreit ist auf den Streit über die Auslegung des Prophetenworts *lā ḍarar wa lā ḍirār* zurückzuführen.

180 Allgemein zum nichtkoranischen Straf- und Ordnungswidrigkeitenrecht: Rohe, S. 137, 138.

181 Hintergrund ist das ġarar- und ribā-Verbot. Siehe Vogel, in: Contracts in General, International Encyclopedia of Comparative Law Vol. 7, S. 47; اليمني, S. 197, 198 m. w. N. Das ġarar- und das ribā-Verbot werden im Rahmen der Ausführungen zu Haftungsausschlüssen und -beschränkungen behandelt.

182 Board of Grievances, Entscheidung Nr. 167/T/1 1409 H. und Entscheidung Nr. 81/T/1 1421 H., zitiert in ملحص لبعض للأسباب الواردة في أحكام ديوان المظالم. Siehe auch سراج, S. 58; الحموي, S. 207.

183 السنهوري, مصادر الحق, Bd. 6, S. 138–181.

184 Haberbeck/Galloway, S. 133; Krüger, ZvglRWiss 1998, S. 360, 378; Tyan, S. 1. Beachtenswert ist, dass das Board of Grievances in der Festlegung einer Klagefrist in der Entscheidung des Ministerrats Nr. 190 vom 19.11.1988/1409 H. keinen Verstoß gegen das islamische Recht gesehen hat. Zur Begründung hat es hierzu das maṣlaḥa-Prinzip herangezogen. Siehe Entscheidung Nr. 164/T/2 1413 H. (1993), zitiert bei al-Jarbou, Judicial Review, S. 29, 30.

185 Zitiert bei al-Rāwī, Geo. Wash. L. Rev. 22 (1953–54), S. 32, 38. Siehe auch Art. 427 der Maǧalla.

dadurch verwirken, dass er ihn ungerechtfertigt nicht innerhalb von 15 Jahren geltend macht.[186]

b) Vertragliche Haftung für Mängel im Kauf, Werkliefer- und Werkvertragsrecht

i) Vertragliche Haftung für Mängel im Kauf- und Werkliefervertragsrecht

Das kaufrechtliche Gewährleistungsrecht ist nicht kodifiziert.[187] Im islamischrechtlichen Fiqh finden sich extensive Regelungen zum Kaufvertrag.[188] Mängelrechte können im Wege der sog. Option des Mangels (*ḫiyār al-ʿaīyb*) geltend gemacht werden.[189] Vorausgesetzt wird, dass der Mangel vor Abschluss des Kaufvertrags vorhanden war (ein „alter" Mangel), dieser zum Zeitpunkt, an dem der Käufer den Rücktritt vom Kaufvertrag erklärt, noch fortbesteht und der Käufer zum Zeitpunkt des Kaufes keine Kenntnis von dem Mangel hatte oder Kenntnis hätte haben müssen.[190] Unstrittig ist unter den Rechtsschulen, dass ein Käufer in diesem Fall vom Kaufvertrag zurücktreten kann.[191] Nach Anhängern der hanbalitischen Rechtsschule kann der Käufer darüber hinaus den Kaufpreis mindern,

---

186 Dakkak, S. 74; Redha, Arab Comparative & Commercial Law 1 (1987), S. 59, 84; SAGIA, Legal Guide, S. 26; Trappe/Meyer-Reumann, in: Deutsche Unternehmen in den arabischen Golfstaaten, S. 199, 217.

187 Insbesondere findet man keine Vorschriften zum kaufrechtlichen Gewährleistungsrecht in den handelsrechtlichen Regelungen von 1931 (Königliche Verordnung Nr. 32 v. 1350 H./1931 i. d. F. der Königlichen Verordnung Nr. M/2 v. 1390 H./1970).

188 Allgemein zur Option des Mangels: Art. 423–446 der al-Qārī Mağalla; العلايلي, النظرية العامة للعقود, Bd. 2, S. 321–329; Comair-Obeid, S. 80–86; Rayner: S. 327–341; Redha, Arab Comparative & Commercial Law 1 (1987), S. 59, 70–74; السنهوري, مصادر الحق, Bd. 4, S. 245–271; Schacht, Grundzüge des islamischen Rechts, S. 70. Eine davon abweichende Darstellung des saudischen Mängelgewährleistungsrechts findet man bei SAGIA, Legal Guide, S. 25.

189 Es ist unter den islamischen Rechtsschulen umstritten, wie ein Mangel qualifiziert sein muss, um die Option des Mangels auszulösen. Nach der wohl herrschenden Meinung ist ein Mangel dann gegeben, wenn dem Eigentum aus der Sicht einer fachkundigen Person ein geringerer Wert aufgrund des Mangels zukommt. Siehe Art. 338 der Mağalla; الكاساني, بدائع, Bd. 5, S. 273–291; Linant de Bellefonds, Traité, Bd. 1, S. 333, Rayner, S. 329; السنهوري, الحق مصادر, Bd. 4, S. 248; Schacht, Grundzüge des islamischen Rechts, S. 70.

190 السنهوري, مصادر الحق, Bd. 4, S. 248–251. Die Option des Mangels besteht unabhängig davon, ob sie ausdrücklich im Vertrag geregelt worden ist oder nicht. Siehe الكاساني, بدائع, Bd. 5, S. 274; السنهوري, الحق مصادر, Bd. 4, S. 246, 247.

191 Voraussetzung für den Rücktritt ist, dass der Käufer den Kaufgegenstand zurückgibt und die Rückzahlung des Kaufpreises fordert. Siehe Comair-Obeid, S. 86.

falls er sich gegen einen Rücktritt entscheidet.[192] In der saudischen Praxis gibt es die Ansicht, dass der Käufer seine Gewährleistungsrechte – außer im Falle eines Betrugs des Verkäufers – innerhalb eines Jahres geltend machen muss.[193]

Das islamische Recht behandelt den Werkliefervertrag als sog. istiṣnāʿ[194]-Vertrag, der ab Vertragsschluss bindend ist.[195] Im Falle eines alten Mangels kann der Besteller – wie im Kaufrecht – entweder vom Vertrag zurücktreten oder mindern.[196]

ii) Vertragliche Haftung für Mängel im Werkvertragsrecht

Die islamische Rechtsterminologie kennt grundsätzlich den Begriff des Werkvertrags nicht.[197] Er wird als Dienstmiete bzw. Personenmiete kategorisiert und für zulässig erklärt.[198] In Analogie zu Art. 53 I c) der SAR und Art. 107, 108 der Ausführungsbestimmungen der SAR ist davon auszugehen, dass der Besteller

---

192 Art. 424 der al-Qari Mağalla; Saleh, ALQ 4 (1989), S. 269, 272, 273; Vogel, in: Contracts in General, International Encyclopedia of Comparative Law Vol. 7, S. 50; العلايلي, النظرية العامة للعقود, Bd. 2, S. 329. Die anderen Rechtsschulen – mit Ausnahme der Malikiten, die dem Käufer ein Minderungsrecht im Fall von leichten Mängeln einräumen – gehen davon aus, dass der Käufer auf ein Rücktrittsrecht beschränkt ist. Siehe Comair-Obeid, S. 84, 85; Rayner, S. 329; Saleh, ALQ 4 (1989), S. 269, 272; الجزيري, كتاب الفقه على المذاهب الأربعة, Bd. 2, S. 193; Art. 337 der Mağalla.

193 SAGIA, Legal Guide, S. 25.

194 Zur Terminologie: Pritsch/Spies, ZVglRWiss 1953, S. 47, 63. Voraussetzung für das Vorliegen eines Werklieferverträgs ist, dass der Lieferant den Stoff, aus dem das Werk hergestellt wird, zur Verfügung stellt. Allgemein zum Werkliefervertrag im islamischen Recht: al-Amine, ALQ 16 (2001), S. 22, 26–30; الكاساني, بدائع, Bd. 5, S. 2; Nerz, S. 49; Krüger, FS Geimer, S. 484, 496, 497; Pritsch/Spies, ZVglRWiss 1953, S. 47–75; Rayner, S. 137, 138; Wichard, S. 237–241. Siehe auch Art. 124, 388–392, 421 der Mağalla.

195 Sowohl die herrschende Meinung in der islamischen Rechtsliteratur als auch die saudische Regierung vertreten diese Ansicht, obwohl bei diesem Vertrag ein noch nicht hergestellter Gegenstand verkauft wird. Siehe Krüger, FS Geimer, S. 484, 496, 497, SAGIA, Legal Guide, S. 25. Die Befürworter der Zulässigkeit des Werklieferverträgs stützen sich auf istiḥsān; es handele sich um die Mischung zweier erlaubter Verträge, nämlich eines salam-Vertrags und eines Personenmietvertrags. Siehe al-Amine, ALQ 16 (2001), S. 22, 28; Pritsch/Spies, ZVglRWiss 1953, S. 47, 66, 67.

196 Al-Amine, ALQ 16 (2001), S. 22, 31; الكاساني, بدائع, Bd. 6, S. 84. Nach hanafitischem Recht kann der Besteller im Fall eines mangelhaften Werkes nur vom Werkliefervertrag zurücktreten. Siehe Art. 392 der Mağalla.

197 Allgemein zum Werkvertrag im islamischen Recht: قرارية, عقد المقاولة في الفقه الإسلامي وما يقابله في القانون المدني.

198 Pritsch/Spies, ZVglRWiss 1953, S. 47, 62; سماره, S. 8–12; Wichard, S. 237, Fn. 37.

im Falle eines alten Mangels nach Abnahme des Werks ein Nachbesserungsrecht hat.[199] Scheitert der Werkunternehmer bei der Nachbesserung, hat der Besteller die Wahl zwischen einer Selbstvornahme auf Kosten des Werkunternehmers und einer Kündigung.

Das klassische islamische Recht kennt das aus dem französischen Recht hergeleitete Konzept der decennalen Haftung nicht.[200] In der Praxis ist laut dem von dem Verfasser dieser Arbeit (im Folgenden auch „Verfasser" oder „Autor dieser Arbeit" genannt) interviewten saudischen Rechtsanwalt Dr. Faḍl dennoch damit zu rechnen, dass ein saudisches Gericht eine Haftung nach den Grundsätzen der decennalen Haftung bei Vorliegen von deren Voraussetzungen bejaht, weil Art. 76 der SAR und Art. 41 V des saudischen Standardvertrags zeigen, dass der Grundsatz der decennalen Haftung im islamischen Recht in Saudi-Arabien Einzug gefunden hat.[201] Danach haftet der Werkunternehmer für Mängel, die zum vollständigen bzw. teilweisen Einsturz der Konstruktion führen.

c) Deliktische Haftung

Das islamische Recht enthält kein einheitliches System zur deliktischen Haftung.[202] Es beinhaltet vielmehr verschiedene Fallgruppen.[203] Allgemein lässt sich sagen, dass jemand für die Beschädigung einer Sache verantwortlich ist, wenn die Beschädigung auf seinem direkten Handeln beruht.[204]

199 Hintergrund dieser Ansicht ist, dass sämtliche Regelungen, die in Saudi-Arabien in Kraft gesetzt werden, nach Art. 7 des saudischen Grundgesetzes der Herrschaft dem islamischen Recht entsprechen müssen. Setzt der saudische Gesetzgeber Regelungen zur decennalen Haftung in Kraft, ist davon auszugehen, dass nach der gegenwärtigen herrschenden Meinung in Saudi-Arabien diese dem islamischen Recht entspricht.

200 Daher vertreten Soumrany/Khalaf, Abschnitt 10:2, dass ein saudischer Richter die oben dargestellten Grundsätze zum istiṣnā'-Vertrag anwendet, schließlich handelt es sich um die Herstellung einer Sache.

201 Dr. Faḍl, Interview mit dem Verfasser, 11.12.2012, Riad.

202 Allgemein zur deliktischen Haftung im islamischen Recht: Goadby, J.Comp.Leg. 21(1939) S. 62–74; الهيوب, مجلة القضائية 3(1432 H.), S. 278, 282, 283; Vogel, in: Contracts in General, International Encylopedia of Comparative Law Vol. 7, S. 49, 50.

203 Die Fallgruppen sind: die widerrechtliche Aneignung, die Zerstörung, widerrechtliche Bereicherung, die Wegnahme und die Besitzstörung. Siehe مرقس, الوافى, Bd. 3, S. 98–105; Masoodi, Islamic & Comparative Law Review 12 (1992), S. 34–37; Art. 90–93, 881–940 der Mağalla.

204 Es wird hinsichtlich des Vorliegens einer direkten Handlung, nicht hinsichtlich der Stärke der Handlung differenziert. Die Haftung im islamischen Recht setzt daneben

d) Haftung für Dritte

Das klassische islamische Recht geht davon aus, dass eine Person nicht für den durch einen Dritten verursachten Schaden haftet.[205] Die gegenwärtige herrschende Meinung in Saudi-Arabien erkennt die Haftung für Erfüllungsgehilfen mittlerweile an.[206] Vorausgesetzt wird, dass der Dritte den Schaden bei oder aufgrund der Arbeit verursacht.[207]

e) Produkthaftung

Bisher wurde in Saudi-Arabien kein Produkthaftungsrecht entwickelt.[208] Deshalb bleibt es bei der oben bereits dargestellten Haftung für Mängel, insbesondere nach Deliktsrecht.[209] Grundsätzlich ist dabei der im islamischen Recht anerkannte Grundsatz zu berücksichtigen, dass der direkte Schädiger vor dem indirekten Verursacher (*mutasabbib*) haftet und bei einer indirekten Schädigung ein Verschulden vorausgesetzt wird.[210]

---

grundsätzlich kein Fehlverhalten im Sinne der kontemporären Gesetze voraus. Siehe مرقس, الوافى, Bd. 3, S. 103.

205 Letztlich ist dies darauf zurückzuführen, dass das islamische Recht zumindest im Bereich der deliktischen Haftung kein Verschulden, sondern lediglich einen Schaden voraussetzt. Darüber hinaus gründet dieser Grundsatz auf verschiedenen Stellen des Korans. Allerdings lässt sich aus der islamischen Rechtsliteratur zumindest im Bereich der deliktischen Haftung durchaus der Grundsatz der Haftung für Dritte herleiten. Siehe zu allem: الخفيف, الضمان, Bd. 1, S. 238, 239, 240; سوار, الإتجاهات, S. 124–127.

206 Prof. al-Jarbou, Interview mit dem Verfasser, 13.12.2012, Riad; Dr. Faḍl, Interview mit dem Verfasser, 11.12.2012, Riad; az-Zubaīr, Interview mit dem Verfasser, 12.12.2012, Riad. Unter anderem Art. 11 II der Königlichen Verordnung über den Schutz öffentlicher Einrichtungen (Königliche Verordnung Nr. M/62, 1405 H.) zeigt, dass die Haftung für Dritte in Saudi-Arabien anerkannt wird.

207 Siehe Art. 11 Abs. 2 der Königlichen Verordnung über den Schutz öffentlicher Einrichtungen und سوار, الإتجاهات, S. 128, 129.

208 Klaiber/Sievert, S. 4; SAGIA, Legal Guide, S. 26.

209 Wer gegen die durch die Saudi Arabian Standards Organisation festgelegten Standards verstößt, macht sich indessen unter Umständen wegen eines Verstoßes gegen das Gesetz zur Bekämpfung unlauterer Handelspraktiken (Königliche Verordnung Nr. M/11/1404 H. (1984)) strafbar. Siehe SAGIA, Legal Guide, S. 26.

210 Siehe Art. 90 der Mağalla.

f) Haftung und Gewährleistung bei im Rahmen von öffentlichen Ausschreibungen abgeschlossenen Verträgen

Die saudische Vertragspartei kann im Falle eines Vertragsbruchs wegen Verzugs oder eines Mangels dem Werkunternehmer eine Nachfrist von 15 Tagen setzen.[211] Des Weiteren hat der Besteller gegenüber dem Werkunternehmer ein Nachbesserungsrecht bei Mängeln im Material oder in der Ausführung.[212] Scheitert der Werkunternehmer bei der Behebung des Mangels, hat der saudische Besteller die Wahl zwischen einer Kündigung oder einer Selbstvornahme auf Kosten des Werkunternehmers.[213] Nachbesserungsansprüche verjähren frühestens innerhalb eines Jahres ab Abnahme.[214] Im Rahmen des saudischen Standardvertrags muss der Werkunternehmer den Eintritt von Schäden des Auftraggebers und Dritter bei der Ausführung oder Nachbesserung verhindern; bei einer Verletzung dieser Pflicht haftet der Werkunternehmer.[215] Der Werkunternehmer haftet für Mängel, die auf einer fehlerhaften Ausführung beruhen, die den vollständigen oder teilweisen Zusammenbruch des von ihm „Errichteten" (*munšaʾa*) herbeiführen, für die Dauer von 10 Jahren ab Abnahme, es sei denn, die Anlage wurde für kürzere Zeit errichtet.[216] Die Artikel der SAR enthalten keine Regelung zum Schadensersatz für Schlecht- oder Nichtleistung; insoweit ist auf das islamische Recht zurückzugreifen.

II. Das Verschuldenserfordernis und der Verschuldensmaßstab

Haftungsbeschränkungen kommen grundsätzlich auch für schuldhafte Vertragspflichtverletzungen in Betracht. Nachfolgend ist deshalb auf das Verschuldenserfordernis und den Verschuldensmaßstab in den einzelnen Zivilrechtsmodellen unter Differenzierung von vertraglicher und deliktischer Haftung einzugehen.

---

211 Art. 53 b) der SAR, Art. 53 I c) des saudischen Standardvertrags.

212 Art. 53 b) der SAR, Art. 108 a) der Ausführungsbestimmungen der SAR; Art. 4 i. V. m. Art. 41 II des saudischen Standardvertrags.

213 Art. 53 b) der SAR; Art. 108 a) der Ausführungsbestimmungen der SAR. Beachtenswert ist, dass Art. 53 b) der SAR ausdrücklich klarstellt, dass die Ausübung dieses Wahlrechts keine Auswirkungen auf einen etwaigen Schadensersatzanspruch hat. Das Selbstvornahmerecht des Bestellers wird in Art. 100 der Ausführungsbestimmungen der SAR ausführlich geregelt.

214 Art. 107 der Ausführungsbestimmungen der SAR.

215 Art. 18, 22 II des saudischen Standardvertrags.

216 Art. 76 der SAR, ebenso Art. 41 V des saudischen Standardvertrags. Den hier verwendeten Begriff des Errichteten kann man theoretisch sehr weit auslegen.

1. Das ägyptische Modell

Im Rahmen des ägyptischen Vertragsrechts besteht keine scharfe Trennung zwischen objektiver Rechtswidrigkeit und subjektivem Verschulden.[217] Es wird danach differenziert, ob sich der Schuldner zur Herbeiführung eines bestimmten Erfolgs oder nur zur Anwendung gehöriger Sorgfalt verpflichtet hat.[218] Im Falle der Verpflichtung zur Herbeiführung eines bestimmten Erfolgs ist eine Nichterfüllung bereits bei Nichtherbeiführung dieses Erfolgs zu bejahen.[219] Bei der Verpflichtung zur Anwendung gehöriger Sorgfalt ist eine Nichterfüllung gegeben, falls der Schuldner nicht die geschuldete Sorgfalt anwendet.[220] Hinsichtlich des Sorgfaltsmaßstabs ist auf eine durchschnittliche Person in der Lage des Schuldners abzustellen.[221]

Die deliktische Haftung stellt im ÄZGB eine Verschuldenshaftung dar.[222] Dabei wirkt jede Art von Fahrlässigkeit bereits haftungsbegründend.[223]

Wie im Rahmen der Haftung für eigenes Verhalten ist hinsichtlich des Verschuldenserfordernisses bei der vertraglichen Haftung für das Handeln dritter Personen zwischen Verpflichtungen zur Herbeiführung eines bestimmten Erfolgs und der Verpflichtung zur Anwendung gehöriger Sorgfalt zu differenzieren. Die Haftung des Geschäftsherrn für Verrichtungsgehilfen setzt dagegen kein Verschulden voraus.

2. Das jordanische/VAE-Modell

Auf das Verschuldenserfordernis und den Verschuldensmaßstab im jordanischen/VAE-Modell ist hinsichtlich der vertraglichen Haftung nicht weiter einzugehen,

217 Erfasst werden damit Rechtswidrigkeit und Verschulden zugleich. Allgemein zum Verschuldenserfordernis und -maßstab im islamischen Recht: Amkhan, ALQ 9 (1994), S. 171, 177, 178; السنهوري, الوسيط, Bd. 1, S. 656–661.

218 Zur Definition und Abgrenzung dieser unterschiedlichen Verpflichtungen vgl. السنهوري, الوسيط,Bd. 1, S. 656–661, Zimmermann, S. 96.

219 السنهوري, الوسيط, Bd. 1, S. 659, 662; Zimmermann, S. 96. Es kommt nicht darauf an, ob ein Verschulden überhaupt vorliegt oder zu welchem Grad. Im Mängelgewährleistungsrecht im Kauf- und Werkvertragsrecht sowie im Bereich der decennalen Haftung handelt es sich jeweils um eine Verpflichtung zur Herbeiführung eines bestimmten Erfolgs.

220 السنهوري, الوسيط, Bd. 1, S. 659; Zimmermann, S. 96.

221 Siehe Art. 211 I ÄZGB und السنهوري, الوسيط, Bd. 1, S. 657.

222 السنهوري, الوسيط, Bd. 1, S. 779–782.

223 السنهوري, الوسيط, Bd. 1, S. 781.

denn sie gestalten sich genauso wie im ÄZGB.[224] Um Wiederholungen zu vermeiden, sei daher auf oben verwiesen. Dagegen muss im Deliktsrecht kein Verschulden vorliegen.

3. Das saudi-arabische Modell

Muss im Bereich der vertraglichen Haftung im islamischen Recht ein Verschulden vorliegen? Eine Ansicht vertritt, dass für eine Haftung im islamischen Recht ein Verschulden erforderlich ist und im Bereich der vertraglichen Haftung zwischen der Verpflichtung zur Herbeiführung eines bestimmten Erfolgs und der Verpflichtung zur Anwendung der gehörigen Sorgfalt differenziert werden muss.[225] Gegen diese Ansicht spricht jedoch entscheidend, dass bei der Haftung im islamischen Recht allein darauf abzustellen ist, ob eine Rechtsverletzung vorliegt.[226] Inwieweit diese vorsätzlich oder fahrlässig herbeigeführt worden ist, spielt keine Rolle.[227] Richtigerweise ist deshalb davon auszugehen, dass es sich bei der Haftung für rechtzeitige und vertragsgemäße Leistungserbringung im islamischen Recht um eine Garantiehaftung handelt und ein Verschulden nicht erforderlich ist.[228] Dasselbe gilt für die deliktische Haftung.

III. Umfang der Haftung

Um die Möglichkeiten von Haftungsbeschränkungen hinsichtlich des Umfangs der Haftung besser in den einzelnen Modellen beurteilen zu können, muss zunächst der Umfang der Haftung selbst bestimmt werden.

---

224 Im Bereich der vertraglichen Haftung stimmen Art. 358 JZGB/Art. 383 VAEZGB vom Wortlaut her mit Art. 211 ÄZGB überein. Für eine ausführliche Darstellung siehe الجبوري, الوجيز, Bd. 1, S. 405.

225 السنهوري, مصادر الحق, Bd. 6, S. 138–149.

226 مرقس, الوافى, Bd. 3, S. 103, 104.

227 Siehe Art. 20, 92, 924 der Mağalla.

228 مر قس, الوافى, Bd. 4, S. 103, 104. Die Einführung eines Verschuldenserfordernisses ist dennoch in dieser Ansicht angelegt, denn inzident wird es bei der Bestimmung der Rechtmäßigkeit einer Handlung herangezogen. Bei der Beurteilung des Vorliegens eines Rechtsbruchs werden auch die Einsicht und Rücksicht des Handelnden als Kriterium herangezogen. Im Bereich der deliktischen Haftung wird *nīya* vorausgesetzt, d. h., dass der Schuldner entweder fahrlässig (*tafrīṭ*) oder unter Verletzung eines Rechts handelt. Siehe Bin Mohamad, Islamic Studies 39 (2000), S. 445, 452; Goadby, J.Comp.Leg. 21 (1939), S. 62, 66–68; مرقس, الوافى, Bd. 3, S. 104.

1. Das ägyptische Modell

Hinsichtlich des Umfangs des Schadensersatzes bestehen im Anwendungsbereich des ÄZGB erhebliche Unterschiede, je nachdem, welche Anspruchsgrundlage anwendbar ist.[229]

a) Umfang der Haftung im Vertragsrecht

Im Bereich der vertraglichen Haftung umfasst der vom Schuldner zu zahlende Schadensersatz alle Schäden, die der Gläubiger erleidet, und alle Gewinne, die ihm entgehen, sofern diese eine gewöhnliche Folge der Nichterfüllung oder des Verzugs des Schuldners sind, d. h. alle materiellen und immateriellen Schäden.[230] Der Schuldner haftet nur für die Schäden, die gewöhnlich zur Zeit des Vertragsschlusses vorhersehbar waren; ausnahmsweise haftet er für nicht vorhersehbare Schäden, wenn er seine Verpflichtungen grob fahrlässig oder vorsätzlich nicht erfüllt.[231]

b) Umfang der Haftung im Kauf-, Werkliefer- und Werkvertragsrecht

Der Umfang des Schadensersatzes bestimmt sich im Kaufrecht nach Art. 443 I ÄZGB (i. V. m. Art. 444, 450 ÄZGB). Dabei ist nach der ägyptischen Rechtsliteratur im Falle eines mit guten Absichten handelnden Verkäufers nur Schadensersatz für diejenigen Schäden zu leisten, die bei Vertragsschluss vorhersehbar gewesen sind.[232] Dagegen schuldet der Verkäufer Ersatz für sämtliche Schäden, falls er bösgläubig ist.[233] Mindert der Käufer den Kaufpreis, so ist der Verkäufer zur Zahlung des zu viel gezahlten Kaufpreises und zum Schadensersatz für die auf dem Mangel beruhenden Verluste und entgangenem Gewinn verpflichtet.[234] Dasselbe gilt nach der hier vertretenen Meinung für den Umfang der Haftung bei Werklieferverträgen.

---

229 Allgemein zum Schadensrecht im ÄZGB: السنهوري, الوسيط, Bd. 2, S. 742–750; Zimmermann, S. 93, 94; طلبة, دعوى التعويض, S. 377–387.

230 Art. 221 ÄZGB. Eine gewöhnliche Folge liegt dann vor, wenn sie der Gläubiger nicht mit zumutbaren Anstrengungen verhindern konnte.

231 Art. 221 ÄZGB ähnelt in dieser Hinsicht Art. 1151 des französischen Code civil. Der ägyptische Richter bestimmt die Vorhersehbarkeit im Rahmen einer abstrakten Prüfung danach, ob ein „guter Hausvater" den Schaden bei Vertragsschluss vorhersehen konnte. Siehe السنهوري, الوسيط, Bd. 2, S. 842.

232 السنهوري, الوسيط, Bd. 4, S. 740, 742, 743.

233 Ebd.

234 Ägyptischer Kassationsgerichtshof, Entscheidung vom 26.1.1967, zitiert bei تناغو, S. 325, Fn. 3.

Der Umfang der Haftung für Mängel nach Abnahme ist im ägyptischen Werkvertragsrecht nicht geregelt. Nimmt man jedoch mit der ägyptischen Rechtsliteratur die Anwendbarkeit des allgemeinen Vertragsrechts an, so finden die unter a) gemachten Ausführungen Anwendung. Das gilt nach der herrschenden Meinung in der Rechtsliteratur auch im Bereich der decennalen Haftung.[235]

c) Umfang der Haftung im Deliktsrecht

Im Gegensatz zur vertraglichen Haftung ist im Falle der deliktischen Haftung stets in vollem Umfang Schadensersatz zu leisten, ohne dass es auf eine Vorhersehbarkeit der Schäden ankommt; allerdings müssen diese eine natürliche Folge der Handlung des Schuldners darstellen.[236]

d) Umfang der Haftung bei im Rahmen von öffentlichen Ausschreibungen abgeschlossenen Verträgen

Das ägyptische Ausschreibungsrecht enthält nur beschränkt Regelungen zum Schadensumfang; es ist zu erwarten, dass bei Regelungslücken die Vorschriften des ÄZGB Anwendung finden.[237]

2. Das jordanische/VAE-Modell

Im jordanischen/VAE-Modell ist hinsichtlich des Umfangs der Haftung zwischen der vertraglichen und der deliktischen Haftung zu differenzieren.

---

235 السنهوري, الوسيط, Bd. 7 (1), S. 126, 127. Wie bereits oben dargestellt, kann sich diese Meinung darauf stützen, dass der ägyptische Kassationsgerichtshof annimmt, dass es sich bei der decennalen Haftung um einen Fall der vertraglichen Haftung handelt. Im Unterschied hierzu geht die französische Rechtsprechung, mit dem Argument, dass es sich bei der decennalen Haftung um keine vertragliche, sondern um gesetzliche Haftung handele, davon aus, dass es auf die Vorhersehbarkeit des Schadens im Bereich der decennalen Haftung nicht ankomme. Siehe السنهوري, الوسيط, Bd. 7 (1), S. 126, Fn. 4. Zur Ersatzfähigkeit von Folgeschäden: السنهوري, الوسيط, Bd. 7 (1), S. 126, 127.

236 Siehe Art. 163 ÄZGB und Art. 221 I, 222 ÄZGB i. V. m. Art. 170 ÄZGB. Siehe auch السنهوري, الوسيط, Bd. 2, S. 842. Allerdings kann die Vorhersehbarkeit des Schadens bei der Prüfung des Vorliegens der Fehlverhaltensvoraussetzung Berücksichtigung finden.

237 Art. 26 ÄAG und Art. 84 III der Durchführungsverordnung zum ÄAG erklären im Falle einer Vertragskündigung sämtliche eingetretenen Verluste für ersatzfähig.

a) Umfang der Haftung im Vertragsrecht

Im Vertragsrecht berechnet das Gericht den Schaden unter Berücksichtigung des Schadens, der im Moment der Vertragsverletzung vorgelegen hat.[238] Auch immaterielle Schäden sind ersatzfähig.[239]

Der Wortlaut der einschlägigen Vorschriften lässt darauf schließen, dass entgangener Gewinn nicht ersatzfähig ist.[240] Aus den Gesetzesbegründungen zum JZGB und VAEZGB ergibt sich allerdings, dass entgangener Gewinn im Rahmen der vertraglichen Haftung dennoch geltend gemacht werden kann.[241] Auch in der Praxis wird seitens der Gerichte dieser Weg eingeschlagen. Der Kassationsgerichtshof Dubai hat wiederholt entschieden, dass entgangener Gewinn auch zu den ersatzfähigen Schäden im Rahmen der vertraglichen Haftung gehören kann.[242]

---

238 Art. 360, 363 JZGB/Art. 386, 389 VAEZGB. Hierbei sollen auch eine etwaige Verzögerung, das Vorgehen des Schuldners sowie dessen Gesinnung, sei es Rücksichtslosigkeit und vorsätzliches Handeln oder auch seine Nachlässigkeit, Berücksichtigung finden. Allgemein zum Umfang der vertraglichen Haftung im JZGB/VAEZGB: الفار, S. 72, 73; الكسواني, S. 138, 139; Vogel, in: Contracts in General, International Encyclopedia of Comparative Law Vol. 7, S. 65, 66; الجبوري, الوجيز, Bd.1, S. 414–421.

239 Art. 267 JZGB/Art. 293 VAEZGB.

240 Saleh, ALQ 4 (1989), S. 269, 286; الفار, S. 72, Fn. 3. Laut den jeweiligen Gesetzesbegründungen basieren beide Vorschriften auf islamischem Recht, im Rahmen dessen – wie unten noch dargestellt –indirekte Schäden und entgangener Gewinn nicht ersatzfähig sind. Siehe JZGB-Gesetzesbegründung, Bd. 1, S. 26, 402; VAEZGB-Gesetzesbegründung, S. 394.

241 JZGB-Gesetzesbegründung, Bd. 1, S. 401, 402; VAEZGB-Gesetzesbegründung, S. 393, 394. So besagt die VAEZGB-Gesetzesbegründung, dass der Schadensersatz die Verluste, die ein Gläubiger erlitten hat, und entgangenen Gewinn umfasst, vorausgesetzt, sie sind eine natürliche Folge der Nicht- oder Späterfüllung der Verbindlichkeit. Die natürliche Folge umfasst den Nachteil, den zu vermeiden begründetermaßen nicht in der Macht des Gläubigers lag. Des Weiteren wird ausgeführt, dass wenn es sich jedoch um eine Verbindlichkeit aus einem Vertrag handelt, der Schuldner, der weder vorsätzlich noch grob fahrlässig gehandelt hat, nur für den Nachteil, der zum Zeitpunkt des Vertragsschlusses gewöhnlich vorausgesehen werden konnte, haftet. Im Falle von Vorsatz und grober Fahrlässigkeit haftet der Schuldner wie im Rahmen der deliktischen Haftung. Dies entspricht der herrschenden Meinung in der Rechtsliteratur. Siehe الفار, S. 73; الكسواني, S. 138, 139.

242 Der Kassationsgerichtshof Dubai hat sich dabei – wie die VAEZGB-Gesetzesbegründung – auf einen der Gesetzeslage nach dem ÄZGB identischen Standpunkt gestellt und differenziert hinsichtlich der Ersatzfähigkeit der jeweiligen Schadenspositionen zwischen vorhersehbaren und unvorhersehbaren Schäden sowie nach dem Verschuldensgrad. Siehe Entscheidung Nr. 352/1994, zitiert bei Eltom, S. 59. In anderen Fällen

Die Rechtsprechung des jordanischen Kassationsgerichtshof ist dagegen nicht einheitlich in der Sache; letztlich erklärt er entgangenen Gewinn dennoch für ersatzfähig.[243] Hierbei vermeidet er den Begriff des entgangenen Gewinns (*al-kasab al-fāʾit*) und spricht vielmehr von zugefügtem Verlust (*al-ḫasāra al-lāḥaqa*), der im Rahmen der vertraglichen Haftung ersatzfähig ist.[244]

Nach den Urteilen des jordanischen Kassationsgerichtshofs und der einschlägigen Rechtsliteratur bieten das JZGB/VAEZGB zwei Möglichkeiten, die Wortlautschranke des Art. 363 JZGB/Art. 389 VAEZGB aufzuweichen.[245] Zum einen kann der Gläubiger entgangenen Gewinn im Rahmen des Schadensersatzes aus deliktischer Haftung verlangen.[246] Zum anderen kann die Gläubigerseite darauf hinwirken, dass das Gericht den entgangenen Gewinn als tatsächlich eingetretenen

---

hat er darauf abgestellt, ob die eingetretenen Schäden direkt durch die schädigende Handlung verursacht wurden. Siehe Entscheidung Nr. 252/1992 und Entscheidungen Nr. 204–207/1990, zitiert bei Eltom S. 59.

243 In einem Urteil hat der jordanische Kassationsgerichtshof im Einklang mit dem Wortlaut von Art. 363 JZGB die im Schadensersatz enthaltenen Elemente begrenzt. Siehe Entscheidung Nr. 383/87, Jahrgang 1990, zitiert bei خاطر/السرحان, S. 318. In einigen Urteilen erklärte er entgangenen Gewinn ohne Differenzierung zwischen vertraglicher und deliktischer Haftung für ersatzfähig. Siehe Entscheidung Nr. 82/85, Jahrgang 1983, und Entscheidung Nr. 82/124, Jahrgang 1990, beide zitiert bei الجبوري, الوجيز, Bd. 1, S. 425. In anderen Urteilen bestimmte er, dass entgangener Gewinn ein Element des Schadensersatzes sei, das in den Bereich des Verlustes und des Schadens, der gefordert wird, falle. Siehe Entscheidung Nr. 124/87, Jahrgang 1990, und Entscheidung Nr. 148/88, Jahrgang 1990, beide zitiert bei خاطر/السرحان, S. 319.

244 Jordanischer Kassationsgerichtshof, Entscheidung Nr. 95/82, Jahrgang 1983, zitiert bei خاطر/السرحان, S. 318, 319. Inhaltlich entspricht der unter zugefügtem Verlust subsumierte Schadensposten dem entgangenen Gewinn.

245 Vogel, in: Contracts in General, International Encyclopedia of Comparative Law Vol. 7, S. 66.

246 Ebd. Eine Minderheitsmeinung in der jordanischen Literatur ist der Ansicht, dass entgangener Gewinn und immaterielle Schäden bereits von dem Wortlaut des Art. 363 JZGB/Art. 389 VAEZGB erfasst seien. Aus dem sich rein auf Art. 221 ÄZGB basierenden Wortlaut der Gesetzesbegründung zieht sie den Schluss, dass der Umfang der Haftung im Vertrags- und Deliktsrecht nach dem Willen des Gesetzgebers gleichlaufen solle. Siehe الفضل, S. 7–8; الفار, S. 72, Fn. 3; سلطان, مصادر الإلتزام, S. 242. Diese Meinung ist mit der jordanischen Rechtsprechung abzulehnen, da sie klar den Wortlaut von Art. 363 JZGB/Art. 389 VAEZGB übergeht. Siehe Gericht erster Instanz, Entscheidung Nr. 136/1993 vom 20.2.1993, zitiert bei Vogel, in: Contracts in General, International Encyclopedia of Comparative Law Vol. 7, S. 66.

Schaden, der dann ersetzt wird, kategorisiert.[247] Mithin sprechen die besseren Gründe dafür, anzunehmen, dass entgangener Gewinn – wenn auch im Fall von Jordanien unter anderer Bezeichnung – im jordanischen und VAE-Zivilrecht ersatzfähig ist.

Aus der jeweiligen Gesetzesbegründung und der einschlägigen Rechtsprechung ergibt sich, dass der Schadensersatzanspruch grundsätzlich auf vorhersehbare Schäden beschränkt ist.[248]

b) Umfang der Haftung im Kauf- und Werkvertragsrecht

Man kann den Regelungen zum kaufrechtlichen und werkliefervertraglichen Gewährleistungsrecht keine Vorschriften zum Umfang des Schadensersatzes entnehmen. Deshalb ist davon auszugehen, dass hier die eben erfolgten Ausführungen zur Anwendung kommen müssen.

Nach Art. 768 JZGB/Art. 878 VAEZGB kann der Besteller im Falle einer mangelhaften Vertragsausführung sämtliche Schäden und Verluste gegenüber dem Werkunternehmer geltend machen.

c) Umfang der Haftung im Deliktsrecht

Der Umfang der deliktischen Haftung ist größer als der der vertraglichen Haftung; erfasst wird der tatsächlich eingetretene Schaden sowie entgangener Gewinn, vorausgesetzt, dass dieser Schaden oder Verlust eine „natürliche Folge“ der Handlung des Schuldners ist.[249]

---

247 Saleh, ALQ 4 (1989), S. 269, 287; Vogel, in: Contracts in General, International Encyclopedia of Comparative Law Vol. 7, S. 66; الجبوري, الوجيز, Bd. 1, S. 426. Das Gericht kann in diesem Fall zur Einschätzung der Qualität der Schadensposition einen Gutachter einsetzen, dessen Gutachten nicht mit Rechtsmitteln angegriffen werden kann. Jordanischer Kassationsgerichtshof, Entscheidung Nr. 502 vom 16.4.1995, zitiert bei Vogel, in: Contracts in General, International Encyclopedia of Comparative Law Vol. 7, S. 66. Dieser Weg scheint nach Auskunft jordanischer Anwälte bei Prozessen in Jordanien oft gewählt zu werden und ist insbesondere deshalb interessant, weil so die unten noch näher zu beleuchtende Frage der Abgrenzung zwischen vertraglicher und deliktischer Haftung vermieden wird. Siehe Saleh, ALQ 4 (1989), S. 269, 287.

248 Siehe oben.

249 Art. 266 JZGB/Art. 292 VAEZGB. Beachtenswert ist, dass hierin eine Abweichung vom islamischen Recht vorliegt, denn nach diesem sind entgangener Gewinn und immaterielle Schäden auch im Rahmen des Deliktsrechts gerade nicht ersatzfähig. Allgemein zum Umfang des Schadensersatzes im Deliktsrecht im JZGB/VAEZGB: Krüger, VersR 1989, S. 1000, 1005.

d) Umfang der Haftung bei im Rahmen von öffentlichen Ausschreibungen abgeschlossenen Verträgen

Die JAR, die dazugehörige Durchführungsverordnung von 1987 und der jordanische Standardvertrag enthalten keine Regelungen zum Umfang des Schadensersatzes bei Schlecht- und Nichtleistung, im Gewährleistungsrecht und insbesondere der decennalen Haftung. Deshalb ist zu erwarten, dass die Bestimmungen des JZGB Anwendung finden. Im Gegensatz hierzu finden sich in Unterklausel 1.1.4.3 und 17.6 der allgemeinen Bestimmungen des jordanischen Standardvertrags für Bauprojekte Bestimmungen zum Schadensumfang.[250] Darüber hinaus erklären die allgemeinen Bestimmungen des jordanischen Standardvertrags für Bauprojekte körperliche Schäden und Schäden am Eigentum des Bestellers, die durch einen Mangel oder die Nachlässigkeit des Werkunternehmers verursacht werden, für ersatzfähig.[251] Im Falle einer Kündigung hat der Werkunternehmer sämtliche dem Besteller aufgrund der Kündigung entstehenden Verluste und zusätzlichen Kosten zu ersetzen.[252]

Auf Bundesebene finden sich in den VAE keine Regelungen zum Schadensumfang für Schlecht- und Nichtleistung oder im Gewährleistungsrecht.[253] Folglich ist insoweit davon auszugehen, dass die Ausführungen zum Schadensumfang im VAEZGB gelten.

Das Ausschreibungsgesetz Dubai besagt, dass der Werkunternehmer im Fall der Kündigung sämtliche eingetretene Verluste des Bestellers tragen muss.[254] Der dubaier Standardvertrag für Bauprojekte regelt nur den Umfang des Schadensersatzes der decennalen Haftung. Danach haftet der Werkunternehmer für Schäden, die die mangelhafte Konstruktion verursacht.[255] Der Höhe nach ist die Haftung auf die Wiederherstellungskosten beschränkt, es sei denn, die decennale Haftung für

250 Unterklausel 1.1.4.3 beinhaltet einen Ausschluss von Folgeschäden und Unterklausel 17.6 eine Gesamthaftungsbeschränkung in Form einer *overall limitation of liability* und eine Beschränkung des Haftungsumfangs.

251 Unterklausel 17 Abs. 1 der allgemeinen Bestimmungen des jordanischen Standardvertrags für Bauprojekte.

252 Unterklausel 15.4 lit.c der allgemeinen Bestimmungen des jordanischen Standardvertrags für Bauprojekte.

253 Art. 105 VAEAG beinhaltet lediglich einen Schadensersatzanspruch für die Verletzung bestimmter Sicherungspflichten.

254 Art. 69 Ausschreibungsgesetz Dubai.

255 Art. 8.3 (d) der allgemeinen Bestimmungen des dubaier Standardvertrags für Bauprojekte. Die Klausel ist als *indemnification clause* ausgestaltet.

mangelhaftes Design greift.[256] Das Handbuch zu öffentlichen Ausschreibungen in Abu Dhabi enthält dagegen keine Ausführungen zum Schadensumfang; insoweit ist davon auszugehen, dass die Ausführungen zum Schadensumfang im VAEZGB Berücksichtigung finden müssen. Hinsichtlich des Haftungsumfangs im Rahmen des abu-dhabische Standardvertrags für Bauprojekte sei auf die Ausführungen zum jordanischen Standardvertrag für Bauprojekte verwiesen.

3. Das saudi-arabische Modell

a) Umfang der Haftung im Vertragsrecht

Das islamische Recht enthält keine ausdrücklichen Regelungen zum Schadensumfang im Vertragsrecht.[257] Grundsätzlich gilt, dass der Schadensersatz stets dem tatsächlichen Schaden entsprechen muss.[258] Im Folgenden sollen die wichtigsten Punkte des Schadensrechts nach islamischem Recht kurz umrissen werden.

Nach dem islamischen Fiqh sind nur materielle Schäden ersatzfähig, vorausgesetzt, diese beruhen auf der Eigentumsverletzung.[259] Immaterielle Schäden sind dagegen nach der vorherrschenden Meinung nicht ersatzfähig.[260]

Fraglich ist, ob entgangener Gewinn nach islamischem Recht ersatzfähig ist. Eine Mindermeinung bejaht dies unter Heranziehung des hanbalitischen Bereicherungsrechts.[261] Die wohl herrschende Meinung im islamischen Fiqh und das Board

256 Art. 8.3 (a) a. E. der allgemeinen Bestimmungen des dubaier Standardvertrags für Bauprojekte.

257 Allgemein zum Umfang des Schadensersatzes im islamischen Recht: Goadby, J.Comp.Leg. 21 (1939), S. 62, 73, 74; الهبوب, مجلة القضائية 3 (1432 H.), S. 278, 290–304; السنهوري, مصادر الحق, Bd. 6, S. 168–176; الخفيف, الضمان, Bd. 1, S. 46–89.

258 اليمني, S. 166. Dieses Prinzip nennt sich aḍ-ḍarār yuzāl. Es ist in Art. 20 der Mağalla kodifiziert.

259 الهبوب, مجلة القضائية 3 (1432 H.), S. 278, S. 298–300; Vogel, in: Contracts in General, International Encyclopedia of Comparative Law Vol. 7, S. 50.

260 Mahmoud, Arab Comparative & Commercial Law 1 (1987), S. 43, 51–55; Turck, ALQ 6 (1991), S. 3, 30; Vogel, in: Contracts in General, International Encyclopedia of Comparative Law Vol. 7, S. 50, Fn. 255; اليمني, S. 181–185.

261 Die Literatur fordert dabei die Herausgabe sämtlicher Früchte oder Gewinne, die der Schuldner während seines ungerechtfertigten Besitzes der Sache aus diesem gezogen hat. Siehe Vogel, in: Contracts in General, International Encyclopedia of Comparative Law Vol. 7, S. 49. Im Rahmen des hanbalitischen Bereicherungsrechts existiert der Grundsatz, dass jeder Nutzen, der unrechtmäßig erlangt worden ist, in Form einer gerechten Miete ausgeglichen werden muss. Dem ist entgegenzuhalten, dass auch die hanbalitische Rechtsschule nur tatsächliche und nicht bloß hypothetische Früchte für

of Grievances sind der Meinung, dass entgangener Gewinn keinen tatsächlichen Schaden darstellt, seine Ersatzfähigkeit gegen das ġarar-Verbot verstößt und daher nicht von der Haftung erfasst ist.[262] Richtigerweise ist daher davon auszugehen, dass entgangener Gewinn in Saudi-Arabien nicht ersatzfähig ist.

b) Umfang der Haftung im Kauf-, Werkliefer- und Werkvertragsrecht

Für den Umfang des Schadensersatzes nach Kauf-, Werkliefer- oder Werkvertragsrecht gelten die eben dargestellten Grundsätze ebenfalls.[263]

c) Umfang der Haftung im Deliktsrecht

Auch hier gelten grundsätzlich dieselben Prinzipien wie im Rahmen des Vertragsrechts.[264]

d) Umfang der Haftung bei im Rahmen von öffentlichen Ausschreibungen abgeschlossenen Verträgen

Bei im Rahmen von öffentlichen Ausschreibungen abgeschlossenen Verträgen kann der Besteller gegenüber dem Werkunternehmer Schadensersatz für sämtliche Verluste und Schäden, die er aufgrund der Kündigung erleidet, geltend machen.[265] Indirekte Schäden oder entgangener Gewinn sind wegen des ġarar-Verbots nicht ersatzfähig.[266]

---

ersatzfähig erklärt. Deshalb soll der Gläubiger nicht die Früchte einer untergegangenen Sache verlangen dürfen, selbst wenn der Untergang auf dem Verschulden des Schuldners beruht. Siehe الخفيف, الضمان, Bd. 1, S. 20–21.

262 Board of Grievances, Entscheidung Nr. 1206/1/K von 1417 H., zitiert bei Alhudaithy, Rights of tenderers and contractors, S. 338. Siehe auch الخفيف, الضمان, Bd. 1, S. 20, 21; Soumrany/Khalaf, Abschnitt 10:8. Hintergrund der generellen Verneinung der Ersatzfähigkeit entgangenen Gewinns ist, dass die Gewährung eines solchen gegen das ribā-Verbot verstößt. Zusätzlich würde ein Anspruch, der auf Ersatz eines möglicherweise gar nicht entgangenen Schadens gerichtet ist, eine Unsicherheit mit sich bringen, die gegen das ġarar-Verbot verstößt. Siehe Coulson, A History of Islamic Law, S. 45; الخفيف, الضمان, Bd. 1, S. 20, 21.

263 SAEGCO, S. 20.

264 الهبوب, مجلة القضائية 3(1432 H.), S. 278, 300.

265 Art. 102 der Ausführungsbestimmungen der SAR; Art. 54 II des saudischen Standardvertrags.

266 Board of Grievances, Entscheidung Nr. 1206/1/K von 1417 H., zitiert bei Alhudaithy, Rights of tenderers and contractors, S. 338. So auch Prof. al-Jarbou, Interview mit dem Verfasser, 13.12.2012, Riad.

IV. Die Beweislast

1. Das ägyptische Modell

Was die vertragliche Haftung anbelangt, so verteilen die herrschenden Lehre und die ägyptische Rechtsprechung die Beweislast danach, ob der Schuldner einen bestimmten Erfolg gewährleistet oder sich der Schuldner nur zur Anwendung gehöriger Sorgfalt verpflichtet hat.[267] Im Falle einer Verpflichtung zur Herbeiführung eines bestimmten Erfolgs wird aufgrund der Nichterfüllung das Verschulden des Schuldners unwiderleglich vermutet; der Gläubiger muss nur beweisen, dass der geschuldete Erfolg nicht herbeigeführt worden ist.[268] Dagegen muss der Gläubiger das Verschulden des Schuldners im Falle einer Verpflichtung zur Anwendung gehöriger Sorgfalt beweisen, da aus dem Ausbleiben des Erfolgs kein Rückschluss auf das Verschulden des Schuldners gezogen werden darf.[269] Gleich verhält es sich im ägyptischen Deliktsrecht; die deliktische Haftung erfordert einen Verschuldensnachweis des Gläubigers.[270]

2. Das jordanische/VAE-Modell

Die Beweislast gestaltet sich im jordanischen/VAE-Modell in gleicher Weise wie im ÄZGB; um Wiederholungen zu vermeiden, wird daher auf 6. a) verwiesen.

267 Stets muss der Gläubiger ein Fehlverhalten, einen Schaden und die notwendige Kausalität nachweisen. السنهوري, الوسيط, Bd. 1, S. 660. Allgemein zur Beweislast bei vertraglichen und deliktischen Verpflichtungen: السنهوري, الوسيط, Bd. 1, S. 659–661.

268 Amkhan, ALQ 9 (1994), S. 171, 179. Der Schuldner kann sich von seiner Haftung befreien, indem er beweist, dass die Nichterfüllung auf höherer Gewalt beruht. Siehe السنهوري, الوسيط, Bd. 1, S. 661, 662. Zur Einwendung der höheren Gewalt in den arabischen Zivilrechtssystemen siehe z. B.: Amkhan, ALQ 6 (1991), S. 297–308; Ballantyne, Essays and Addresses on Arab Laws, S. 236–241.

269 Amkhan, ALQ 9 (1994), S. 171, 179. Es reicht, wenn der Gläubiger beweist, dass dem Schuldner ein leichter Fehler zur Last gelegt werden kann; in diesem Fall springt die Beweislast wieder auf den Schuldner zurück. Siehe السنهوري, الوسيط, Bd. 1, S. 678, Fn. 2.

270 السنهوري, الوسيط, Bd. 1, S. 678. Eine unwiderlegliche Vermutung des Verschuldens besteht bei der Geschäftsherrenhaftung.

3. Das saudi-arabische Modell

Allgemein muss im islamischen Recht derjenige, der das Bestehen eines Anspruchs geltend macht, die Tatsachen beweisen, aus denen sich ein solcher Anspruch ergibt.[271]

B. Auswertung

Zusammengefasst stellen sich die Gemeinsamkeiten und Unterschiede der Ausgestaltung der Haftung im ägyptischen, jordanischen/VAE- sowie im saudischen Modell wie folgt dar:

I. Gemeinsamkeiten

Die Haftungssysteme der drei untersuchten Rechtskreise weisen die folgenden Gemeinsamkeiten auf:

- Die vertragliche Haftung für Pflichtverletzung weist grundsätzlich keine Unterschiede auf; der Schuldner haftet nach der hier vertretenen Meinung bei Nichterfüllung seiner vertraglichen Verpflichtung auf Schadensersatz. Die kauf- und werkvertraglichen Haftungsregime unterscheiden sich prinzipiell nicht hinsichtlich der Anspruchsvoraussetzungen. Werkunternehmer und Architekt unterliegen gegebenenfalls der decennalen Haftung.
- Das klassische islamische Recht kennt den Grundsatz der Haftung für Personen nicht; dennoch ist er mittlerweile allgemein anerkannt. Im JZGB/VAEZGB findet sich keine Art. 217 II 2 ÄZGB entsprechende Regelung hinsichtlich der vertraglichen Haftung für Personen. Im Rahmen des JZGB/VAEZGB geht man dennoch von einer solchen im Wege einer Analogie aus.
- Die Beweislast ist im Allgemeinen gleich ausgestaltet; der Gläubiger trägt als Kläger grundsätzlich für alle seinen Anspruch stützenden Tatsachen die Beweislast.

271 الهبوب, مجلة القضائية 3 (1432 H.), S. 278, 293–295, 304, 312, 313; السنهوري, مصادر الحق, Bd. 6, S. 152; Schacht, An Introduction to Islamic Law, S. 160; ders., Grundzüge des islamischen Rechts, S. 114.

- Die Haftung nach dem ÄAG, den JAR, dem VAEAG, dem Handbuch für öffentliche Ausschreibungen in Abu Dhabi und dem Dubai Ausschreibungsgesetz sowie den SAR verläuft weitestgehend gleich.

II. Unterschiede

Zusammengefasst weisen die Modelle hinsichtlich der vorliegend untersuchten Haftungsbestimmungen die nachfolgenden Unterschiede auf:

- Das Gewährleistungsrecht im Kaufrecht des JZGB/VAEZGB sieht kein Minderungsrecht bei Vorliegen eines versteckten Mangels im Gegensatz zum ÄZGB und der hanbalitischen Rechtsschule vor.
- Im Bereich der decennalen Haftung kann die decennale Haftung in Ägypten, den VAE und Saudi-Arabien entfallen, wenn die Parteien eine kürzere Bestehenszeit der Anlage vereinbart haben. Diese Ausnahme sieht das JZGB nicht vor.
- Bezüglich der Voraussetzung des Verschuldenserfordernisses im Bereich der vertraglichen Haftung bestehen zwischen dem ÄZGB und JZGB/VAEZGB keine Unterschiede. In diesen Modellen spielt die Frage des Verschuldensmaßstabs eine geringe Rolle; im Bereich der vertraglichen Haftung kann insoweit die Haftung eine Erfolgshaftung oder Verhaltenshaftung sein. Im Bereich der deliktischen Haftung ist ein Verschulden nur in Ägypten erforderlich. Dagegen ist die Haftung in Saudi-Arabien eine Garantiehaftung.
- Der Haftungsumfang im Rahmen der vertraglichen Haftung unterscheidet sich beträchtlich. Nach saudischem Recht kommt es auf die Vorhersehbarkeit des Eintritts des Schadens nicht an; indirekte Schäden sind sowohl im Vertrags- als auch im Deliktsrecht nicht ersatzfähig. Bei Berücksichtigung der Gesetzesbegründungen des JZGB/VAEZGB, der jeweiligen Rechtsliteratur und Rechtsprechung ergibt sich, dass der Haftungsumfang sich im Bereich der vertraglichen Haftung unter Übergehung des Wortlauts der jeweiligen Vorschriften ebenso gestaltet wie im ÄZGB. Das Gewährleistungsrecht im JZGB/VAEZGB und Saudi-Arabien sieht grundsätzlich nicht die Möglichkeit der Geltendmachung eines Schadensersatzanspruchs vor; dieser kann sich aber aus den allgemeinen Bestimmungen bzw. Prinzipien ergeben. Der Haftungsumfang im Werkvertragsrecht ist im JZGB/VAEZGB im Gegensatz zum ÄZGB ausdrücklich geregelt. Im Bereich des Haftungsumfangs der deliktischen Haftung ist im ÄZGB und JZGB/VAEZGB ein Gleichlauf festzustellen.

- Die Produkthaftung ist in Ägypten und in den VAE im Unterschied zu Jordanien und Saudi-Arabien gesetzlich geregelt. In Jordanien und Saudi-Arabien kommen die allgemeinen Haftungsregimes zur Anwendung. In Saudi-Arabien ist eine Haftung des Produzenten im Rahmen einer Lieferkette eher unwahrscheinlich.
- Die Haftung bei im Rahmen von öffentlichen Ausschreibungen abgeschlossenen Verträgen unterscheidet sich zum Teil beträchtlich. Nur der jordanische und der abu-dhabische Standardvertrag für Bauprojekte beruhen auf den behandelten FIDIC-Bedingungen.

Kapitel 3. Begriff und Formen der Haftungsbeschränkungen und des pauschalierten Schadensersatzes

Im Folgenden ist auf den Begriff und die Formen der zu untersuchenden Haftungsbeschränkungen und des pauschalierten Schadensersatzes einzugehen; dies soll der Ausuferung der vorliegenden Untersuchung vorbeugen und gleichzeitig die Ziele dieser Untersuchung verfeinern. Dabei müssen die Begriffe des Ausschlusses von Gewährleistungsrecht im Kauf- und Werkvertragsrecht, des Ausschlusses der deliktischen Haftung, Haftungsausschlüsse durch Verkürzung der Verjährung[272] und den Ausschluss der Haftung für Dritte[273] nicht näher eingegrenzt werden, da diese Begriffe allgemein bekannt sind. Die übrigen Klauseln sollen zunächst anhand ihres Ziels und typischen Inhalts auf Einheitlichkeit sowie Unterschiede hin untersucht werden.

A. Ausschluss der Vertragshaftung

Der rechtsgeschäftliche Ausschluss der Vertragshaftung betrifft die Tatbestandsseite des Haftungsanspruchs und schließt die vertragliche Haftung vollständig aus.[274] Er ist von der Festlegung des vertraglichen Pflichtenprogramms zu unterscheiden.[275] Voraussetzung für das Greifen der Klausel ist zumindest ein vermutetes schuldhaftes Verhalten seitens des Schuldners. Hierbei wird zu untersuchen sein, ob es möglich ist, bestimmte Verschuldensgrade haftungsfrei zu stellen.

---

272 Zwar handelt es sich bei der Verkürzung der Verjährung um keinen Haftungsausschluss, denn sie hat direkte Auswirkung auf die Haftung, allerdings soll sie im Folgenden dennoch im Rahmen dieser Arbeit behandelt werden, weil sie die Wirkung der Haftung beschränkt.

273 Hinsichtlich der Grenzen dieser Haftungsvereinbarung schwingt stets der Gedanke mit, dass der Schuldner dadurch, dass er eine fremde Person in den Vertrag einführt, nicht schlechtergestellt werden darf, als wenn er den Vertrag selbst, ohne fremde Hilfe, durchgeführt hätte. Es ist im vorherigen Kapitel bereits geklärt worden, dass es eine vertragliche Haftung des Schuldners in der Weise gibt, dass er sich das Verhalten dritter Personen, die ihn bei der Erfüllung unterstützen, wie eigenes zurechnen lassen muss.

274 Bruns, S. 3. Im Rahmen dieses Haftungsausschlusses kann zum Beispiel die Schuldnerhaftung auf Vorsatz und grobe Fahrlässigkeit beschränkt werden.

275 Bruns, S. 3.

B. Beschränkung des Haftungsumfanges

Die Haftungsbeschränkung in Form der Beschränkung des Haftungsumfanges betrifft die Rechtsfolgenseite der Haftung.[276] Im vorherigen Kapitel ist bereits untersucht worden, inwieweit in den zu vergleichenden arabischen Schuldrechtsmodellen eine abschließende Regelung hinsichtlich indirekter Schäden, Mangelfolgeschäden und entgangenem Gewinn besteht. In Kenntnis dieser Ergebnisse können beim Vertragsentwurf in der jeweiligen Klausel gegebenenfalls die entsprechenden Schadenskategorien ausdrücklich ausgeschlossen oder beschränkt und damit Unklarheiten hinsichtlich des Haftungsumfangs vermieden werden.[277]

Es ist allerdings darauf hinzuweisen, dass bei der Gestaltung und Formulierung von vertraglichen Haftungsbeschränkungen Vorsicht geboten ist, damit nicht das gesamte Haftungsgefüge des Vertrags dadurch gefährdet wird, dass über jeweils rechtlich zulässige Haftungsbeschränkungen hinaus gegangen wird, zumal im Falle der Unzulässigkeit solcher Regelungen ggfs. auch die Gefahr besteht, dass sonstige im Vertrag enthaltene Schadensersatzpauschalierungen und/oder restriktiv formulierte Nachbesserungsverpflichtungen, die für die Nichteinhaltung von Leistungs- oder Verbrauchswerten im Vertrag eingefügt wurden, ausgehebelt werden.[278]

276 Sie dient, wie auch die im Folgenden behandelten Gesamthaftungsbeschränkungen, dazu, unüberschaubare Schadensersatzverpflichtungen des Schuldners zu vermeiden, die gegebenenfalls zu dessen wirtschaftlichem Zusammenbruch führen könnten. Siehe Dünnweber, S. 139; Graf v. Westphalen, BB 1971, S. 1126, 1133. Allgemein zur Beschränkung des Haftungsumfangs: Bruns, S. 3; Dünnweber, S. 138–141; Joussen, S. 205, 206; Graf v. Westphalen, BB 1971, S. 1126, 1133.

277 Dies entspricht der Praxis. Vgl.: Draetta, RDAI 4 (1991), S. 487–498; Michaelis de Vasconcellos, RIW 1997, 455, 462; Wendler, in: Der Subunternehmer bei Bau und Anlagenverträgen im In- und Auslandsgeschäft, S. 47, 65. Beispielsweise können Schadensersatzansprüche für indirekte Schäden und Folgeschäden ausgeschlossen werden; der Folgeschadenausschluss bezieht sich umfassend auf jeden Schaden, der außerhalb der seitens des Schuldners geschuldeten Leistung auftritt. Hinsichtlich der Folgeschäden kann daran gedacht werden, die Haftung für etwaigen entgangenen Gewinn, Produktionsausfall, Produktionsunterbrechungen, Produktionsstillstand, erhöhte Investitionskosten, erhöhte Finanzierungskosten, erhöhte Verbrauchskosten (und) sonstigen Zusatzaufwand, der an Dritte zu zahlen ist, wenn die Anlage nicht rechtzeitig zur Verfügung steht, auszuschließen. Angesichts der meist zwangsläufigen Unzulänglichkeit einer solchen Liste kann daran gedacht werden, eine derartige Aufzählung unter den Vorbehalt zu stellen, dass sie nicht abschließend ist. Siehe Michaelis de Vaconcellos, RIW 1997, S. 455, 462.

278 Michaelis de Vaconcellos, RIW 1997, S. 455, 462.

C. Gesamthaftungsbeschränkungen als *overall limitation of liability*

Die Gesamthaftungsbeschränkung in Form einer summen- und betragsmäßigen Begrenzung der Haftung, auch als „globale Haftungsbegrenzung" bezeichnet, soll alle möglichen vertraglichen Haftungsfälle abdecken; sie ergänzt die Vereinbarung von pauschaliertem Schadensersatz für eine vertraglich bestimmte Vertragsverletzung.[279] Im Rahmen der arabischen Schuldrechtsmodelle wird deshalb neben etwaigen Schranken das Zusammenspiel mit den Regelungen zum pauschalierten Schadensersatz zu klären sein.

Bei Gesamthaftungsbegrenzungen, die den Aufwand für bestimmte Teile von Nachbesserungspflichten in die Berechnung der Begrenzung mit einbeziehen, muss darauf geachtet werden, dass das Haftungsgefüge des Vertrags nicht dadurch außer Kraft gesetzt wird, dass der Schuldner seine Tätigkeit nach einer teilweisen Erfüllung seiner Nachbesserungspflicht trotz Misserfolgs einstellen könnte.[280]

D. Gesamthaftungsbeschränkung als *sole remedy clause*

Ebenfalls in dieselbe Richtung geht die sogenannte Gesamthaftungsbeschränkung in Form einer sogenannten *sole remedy clause*. Um eine möglichst hohe Absicherung zu erlangen, vereinbaren die Vertragsparteien hierbei, dass jegliche nicht im

---

279 Es ist weit verbreitet, die allgemeine Haftung auf einen bestimmten Prozentsatz des Vertragspreises zu begrenzen oder einen bestimmten Gesamthaftungshöchstbetrag festzulegen; für den überschießenden Teil des Schadens soll es dann keinen Ersatz geben. Siehe Ripert/Boulanger, Traité, Bd. 2, Nr. 874. Der pauschalierte Schadensersatz wird dahin gehend ergänzt, dass die Gesamthaftungsbeschränkung als eine summenmäßige Gesamtbegrenzung wirkt, die niedriger angesetzt ist als die Summe der Einzelbegrenzungen. Siehe Michaelis de Vaconcellos, RIW 1997, S. 455, 462. Allgemein zur Gesamthaftungsbeschränkung in Form einer summen- und betragsmäßigen Begrenzung: Graf v. Westphalen, BB 1971, S. 1126, 1133; Michaelis de Vaconcellos, RIW 1997, S. 455, 462. Bei Dünnweber, S. 138, 139, findet man ein Beispiel für eine derartige Klausel. Zu unterscheiden ist diese Art der Gesamthaftungsbeschränkung von der vertraglichen Festlegung des Pflichtenprogramms; letztere trifft allein die Tatbestandsseite der Haftung. Siehe Bruns, S. 3.

280 Michaelis de Vaconcellos, RIW 1997, S. 455, 462.

Vertrag explizit genannten Ansprüche, inklusive möglicher gesetzlicher Ansprüche, als ausgeschlossen gelten.[281] Ziel einer solchen Gesamthaftungsbeschränkung ist es insbesondere, die Konfrontation mit unbekannten Haftungsregelungen einer fremden Rechtsordnung zu vermeiden; die Parteien sollen bei Vertragsschluss die Gewissheit haben, wer für was haftet.[282] Auch hier stellt sich wieder die Frage nach dem Zusammenspiel mit den Regelungen zum pauschalierten Schadensersatz.

E. Vereinbarung von pauschaliertem Schadensersatz

Bei der Vereinbarung von pauschaliertem Schadensersatz setzten die Parteien von vornherein vertraglich fest, welche Beträge der Schuldner bei Nichteinhaltung bestimmter Eckdaten oder Nichterreichung der vereinbarten Leistungsgarantien zu zahlen hat, um eine nachträgliche Schadensermittlung zu vermeiden.[283] Sie dient, wie bereits eingangs erwähnt, im Falle einer „Full-and-final-satisfaction"-Formulierung der Haftungsbegrenzung.

Die Vereinbarung von pauschaliertem Schadensersatz ist grundsätzlich von der Vertragsstrafe abzugrenzen. In ihrer Ausgestaltung ähneln sich Vertragsstrafen und pauschalierter Schadensersatz sehr stark, da sie beide die Zahlung einer vereinbarten Summe für den Fall der Nichterfüllung bestimmter vertraglicher Verpflichtungen vorsehen.[284] Der Vereinbarung von pauschaliertem Schadensersatz fehlt aber der pönalisierende Charakter.[285] Darüber hinaus ist die Vereinbarung von pauschaliertem Schadensersatz von Klauseln abzugrenzen, die ein gegenseitiges Loslösungs- bzw. Widerrufsrecht einräumen wollen; von deren Darstellung wird abgesehen, weil dies den Umfang der Arbeit sprengen würde.[286]

---

281 Lappe, S. 66; Martinek, Moderne Vertragstypen, Bd. 3, S. 253; Michaelis de Vasconcellos, RIW 1997, S. 455, 462.

282 Le Goff, S. 91; Michaelis de Vaconcellos, RIW 1997, S. 455, 462.

283 Beispielsweise können die Parteien vereinbaren, dass falls der Schuldner den vereinbarten Zeitplan überschreitet, er eine genau festgelegte Summe oder einen bestimmten Prozentsatz der Gesamtsumme zahlen muss. Siehe Graf v. Westphalen, BB 1971, S. 1126, 1129. Ausführlich zur Funktion des pauschalierten Schadensersatzes: أبو ليلي, S. 11–16.

284 Berger, RIW 1999, S. 401.

285 Funktion der Vertragsstrafe ist es, die Einhaltung von vertraglichen Verpflichtungen zu sichern und zu pönalisieren. Siehe Berger, RIW 1999, S. 401.

286 Hinsichtlich einer entsprechenden Abgrenzung siehe السنهوري, الوسيط, Bd. 2, S. 851, Fn. 1, S. 864–867.

Kapitel 4. Haftungsbeschränkungen und Haftungsausschluss in einzelnen Rechtsordnungen

Um die Zulässigkeit und Schranken der gegenständlichen Haftungsbeschränkungen und Haftungsausschlüsse miteinander vergleichen zu können, sollen zunächst die gegenständlichen Modelle für sich untersucht werden.

A. Das ägyptische Modell

Wir beginnen zunächst mit den Haftungsbeschränkungen und dem Haftungsausschluss im Gesetz und in der Rechtsprechung im ägyptischen Modell.[287]

I. Haftungsbeschränkungen und -ausschlüsse im Gesetz und in der Rechtsprechung

1. Ausschluss der Vertragshaftung

a) Generelle Zulässigkeit

Das ÄZGB enthält mit Art. 217 II im Bereich der Vertragshaftung eine grundsätzliche Regelung hinsichtlich Zulässigkeit und Schranken des Ausschlusses der vertraglichen Haftung.[288] Art. 217 II ÄZGB kommt – wie unten noch zu zeigen

---

287 Allgemein zu Haftungsbeschränkungen im ÄZGB: مرقس, الوافى, Bd. 6, S. 156–167; McKinney, Exclusion and Limitation of Liability in Construction Contracts: an Egyptian Perspective; نصار, S. 527–531; نصرة, S. 69–79; السنهوري, الوسيط, Bd. 1, S. 671–679; طلبة, المطول, Bd. 4, S. 234–264. Zu Zulässigkeit und Grenzen von Haftungsbeschränkungen im französischen Zivilrecht: Carbonnier, Droit civil, Bd. 4, S. 312 ff.; Demogue, Obligations, Bd. 5, Nr. 1187 ff.; Planiol/Ripert/Esmain, Traité, Bd. 6, Nr. 399 ff.; Ripert-Boulanger, Traite, Bd. 2, Nr. 783 ff.; Weill/Terré, Droit civil, Bd. 4 Nr. 445 ff. Die aktuellste Zusammenfassung auf Deutsch bieten Niggemann/Jonglez de Ligne, RIW 2011, S. 351–359. Auf diese Literatur soll im Folgenden als Argumentationsgrundlage zurückgegriffen werden, falls die ägyptische Rechtsliteratur eine auftretende Frage nicht behandelt.

288 Art. 217 ÄZGB beruht auf Art. 295 des einleitenden Entwurfs und Art. 224 des endgültigen Entwurfs des ÄZGB. Zum Hintergrund des Art. 217 ÄZGB: erläuternde

sein wird – nur dann zur Anwendung, wenn es keine gesetzliche Vorschrift gibt, die die Frage von Haftungsausschlüssen bzw. -beschränkungen speziell regelt.[289]

Dogmatisch wird die Zulässigkeit von Haftungsausschlüssen und -beschränkungen auf den Grundsatz der Vertragsfreiheit zurückgeführt; können die Parteien den Umfang der Vertragspflichten frei regeln, so muss dies auch für die Folgen einer Nichterfüllung innerhalb des Gesetzes und der öffentlichen Ordnung gelten.[290]

b) Wirkung und Funktion des Haftungsausschlusses

Welche Wirkung ist einem wirksamen Haftungsausschluss im ägyptischen Zivilrecht beizumessen?

Zunächst ist festzuhalten, dass dem Ausschluss der vertraglichen Haftung unstrittig die Funktion einer Beweislastumkehr zukommt.[291]

Fraglich ist, ob sich die Wirkung eines Haftungsausschlusses hierauf beschränkt; so lautete zumindest lange Zeit die herrschende Meinung.[292] Der Schuldner haftete demnach gegebenenfalls auch für Fahrlässigkeit.[293] Auf diesen Standpunkt kann man sich stellen, wenn man der unten noch näher darzustellenden Ansicht folgt, dass der Gläubiger zwischen vertraglicher und deliktischer Haftung ein Wahlrecht hat.[294] Fällt die vertragliche Haftung weg, bleibt die

---

Ausführungen zu dem einleitenden Entwurf, Sammlung der vorbereitenden Arbeiten, Bd. 2, S. 553, zitiert bei السنهوري, الوسيط Bd. 1, S. 672, Fn. 1. Er kodifiziert die zu diesem Zeitpunkt bereits vorherrschende Meinung in der ägyptischen Rechtsprechung und Rechtsliteratur. السنهوري, الوسيط, Bd. 1, S. 672, Fn. 1, S. 673. Die folgenden Artikel des ägyptischen Rechtskreises entsprechen weitgehend Art. 217 ÄZGB: Art. 259 I, II des irakischen ZGB, Art. 138, 139 des libanesischen ZGB, 220 des libyschen ZGB, Art. 217 des syrischen ZGB.

289 Angemerkt sei, dass der Haftungsausschluss ausdrücklich erfolgen muss; einen konkludent vereinbarten Haftungsausschluss gibt es nach ägyptischer Rechtsprechung nicht. Siehe ägyptischer Kassationsgerichtshof, Entscheidung Nr. 43 vom 19.12.1977, Jahrgang 43, zitiert bei نصار, S. 529.

290 نصرة, S. 134; السنهوري, الوسيط, Bd. 1, S. 673; طلبة, المطول, Bd. 4, S. 235. Der Grundsatz der Vertragsfreiheit ist in Art. 147 I ÄZGB kodifiziert.

291 أبو السعود, مبادئ الإلتزام في القانون المصري و اللبناني, S. 228; السنهوري, الوسيط, Bd. 1, S. 675; طلبة, المطول, Bd. 4, S. 235. Dieser Meinung waren auch die gemischten Gerichte. Siehe Berufungsgericht, Entscheidung vom 18.2.1914 und Entscheidung vom 6.2.1930, beide zitiert bei مرقس, الوافى, Bd. 6, S. 164, Fn. 133.

292 Berufungsgericht der gemischten Gerichte, Entscheidung vom 18.2.1914 und Entscheidung vom 6.2.1930, beide zitiert bei مرقس, الوافى, Bd. 6, S. 164, Fn. 133.

293 Ebd.

294 العيسائي, S. 80.

deliktische Haftung weiterhin bestehen. Gegen diese Meinung lassen sich jedoch die folgenden Argumente anführen: Erstens würden bei ihrer Richtigkeit die vertragliche und die deliktische Haftung nebeneinander weiterbestehen; nach herrschender Meinung in der ägyptischen Rechtsprechung und Rechtsliteratur ist ein solches Nebeneinander im Bereich der vertraglichen Haftung aber gerade nicht der Fall.[295] Zweitens würde ein Haftungsausschluss im Bereich der Verpflichtung zur Anwendung der gehörigen Sorgfalt überhaupt keinen Sinn haben; schließlich muss hier der Gläubiger, wie oben bereits angemerkt, ein schuldhaftes Verhalten des Schuldners beweisen.[296] Drittens spricht entscheidend gegen diese Ansicht, dass der Gesetzgeber, wenn er dem Haftungsausschluss nur eine Beweislastumkehr hätte einräumen wollen, dies in Art. 217 II 1. HS. ÄZGB hätte klarstellen können, jedoch davon abgesehen hat. Vielmehr spricht der Wortlaut von Art. 217 II 1. HS. ÄZGB eindeutig davon, dass die

„Aufhebung der Haftung des Schuldners vereinbart werden kann“.

Viertens müssen die Parteien, wenn es ihnen möglich ist, vertragliche Verpflichtungen abweichend von den gesetzlichen Vorgaben festzulegen – vorausgesetzt, sie lassen die Hauptvertragspflichten unberührt – auch in der Lage sein, zu vereinbaren, dass im Falle einer Schlecht- oder Nichterfüllung kein Schadensersatz zu leisten ist. Mit der heute herrschenden Meinung in der ägyptischen Rechtsprechung und Rechtsliteratur ist folglich davon auszugehen, dass einem wirksamen Haftungsausschluss für Pflichtverletzungen zusätzlich zu der Beweislastumkehr die Wirkung eines echten Haftungsausschlusses beizumessen ist.[297] Grundsätzlich muss deshalb der Gläubiger bei einem wirksamen Haftungsausschluss für Pflichtverletzungen beweisen, dass dem Schuldner ein Betrug oder ein schwerer Fehler

---

295 Ägyptischer Kassationsgerichthof, Entscheidung Nr. 280 vom 16.4.1968, Jahrgang 34, zitiert bei نصار, S. 528. Siehe auch السنهوري, الوسيط, Bd. 1, S. 761; طلبة, المطول, Bd. 4, S. 237, 238.

296 Es finden sich in der ägyptischen Rechtsliteratur und Rechtsprechung keine Stimmen, die meinen, dass die Natur einer Verpflichtung zur Anwendung gehöriger Sorgfalt einem Haftungsausschluss entgegenstehen würde.

297 Ägyptischer Kassationsgerichtshof, Absatz 5 der Entscheidung Nr. 731, Jahrgang 60, Sitzung vom 25.12.1994, zitiert bei نصرة,, S. 127. Siehe auch الأهواني, النظرية العامة للإلتزام, Bd. 1, S. 128; مرقس, الوافى, Bd. 6, S. 164; السنهوري, الوسيط, Bd. 1, S. 678; زكي, مشكلات المسؤولية المدنية, Bd. 2, S. 181; طلبة, المطول, Bd. 4, S. 235; عبد الجواد, S. 498. Nur im Falle von Unklarheiten über die Reichweite des Haftungsausschlusses bleibt es bei der Beweislastumkehr. Derselben Meinung sind mittlerweile auch der französische Kassationsgerichtshof und die herrschende Lehre in der französischen Rechtsliteratur. Siehe Giese, S. 222, 223.

zur Last zu legen war.[298] Insoweit hat der Haftungsausschluss im Bereich der Verpflichtung zur Herbeiführung eines bestimmten Erfolgs die Folge, dass diese Verpflichtung sich der Verpflichtung zur Anwendung gehöriger Sorgfalt annähert.[299]

Letztlich hat ein Haftungsausschluss im Bereich der vertraglichen Haftung richtigerweise die Wirkung, dass er – wie unten noch näher darzustellen sein wird – auch die deliktische Haftung des Schuldners ausschließt, es sei denn, der Schuldner verursacht den Schaden vorsätzlich oder grob fahrlässig.

c) Kein Ausschluss der vertraglichen Hauptleistungspflicht

Die vertraglichen Kardinalpflichten, d. h. die Pflichten, ohne die sich der Vertrag nicht einem bestimmten Vertragsverhältnis zuordnen lässt, können weder vertraglich begrenzt noch ausgeschlossen werden.[300]

d) Ausschluss der Haftung für Fahrlässigkeit und Leichtfertigkeit

Aus der Darstellung oben folgt, dass die Haftung für Fahrlässigkeit und Leichtfertigkeit für eigenes Handeln ausgeschlossen werden kann.[301] Insgesamt lassen sich die Verschuldensgrade im Bereich der Fahrlässigkeit in schwere Fehler (*al-ḫaṭaʾ al-ǧasīm*), geringe Fehler (*al-ḫaṭaʾ al-yasīr*), im Nachfolgenden als Fahrlässigkeit bezeichnet, und kleine Fehler (*al-ḫaṭaʾ at-tāfih*), im Nachfolgenden als Leichtfertigkeit bezeichnet, aufteilen.[302] Hinsichtlich des Verschuldensgrades des schweren Fehlers sei auf die Ausführungen unter e) verwiesen. Nach as-Sanhūrī ist unter Leichtfertigkeit

> *„das Fehlverhalten, welches von der besonders aufmerksamen Person nicht begangen wird“,*

zu verstehen.[303] Fahrlässigkeit ist

---

298 السنهوري, الوسيط, Bd. 1, S. 676; طلبة, المطول, Bd. 4, S. 235. Dagegen obliegt es dem Schuldner, zu beweisen, dass der Haftungsausschluss wirksam vereinbart worden ist. Siehe السنهوري, الوسيط, Bd. 1, S. 678.

299 أبو السعود, مبادئ الإلتزام في القانون المصري و اللبناني, S. 230; السنهوري, الوسيط, Bd. 1, S. 675; طلبة, المطول, Bd. 4, S. 235.

300 الأهواني, النظرية العامة للإلتزام, Bd. 1, S. 466; نصرة, S. 123, 124. Im Rahmen des Kaufvertrags sind dies die Verpflichtung zur Übertragung des Eigentums und die Verpflichtung zur Bezahlung des Kaufpreises.

301 مرقس, الوافى, Bd. 3, S. 640; السنهوري, الوسيط, Bd. 1, S. 675.

302 السنهوري, الوسيط, Bd. 1, S. 662.

303 Ebd.

„das Fehlverhalten, welches nicht von einer durchschnittlichen Person begangen wird“.[304]

Dabei weiß der Schuldner nicht, dass sein Verhalten zu einem Schaden eines anderen führen wird.[305]

e) Kein Ausschluss der Haftung für grobe Fahrlässigkeit oder Vorsatz

Die vertragliche Haftung kann nach Art. 217 II 1. HS ÄZGB weder für Betrug (*ġašš*) noch für schwere Fehler ausgeschlossen werden.[306] Damit steht Art. 217 II 1. HS in Einklang mit dem von Art. 211 II ÄZGB aufgestellten Grundsatz, dass der Schuldner stets für schwere Fehler und Betrug haftet. Ratio dieser Einschränkung ist laut den erläuternden Ausführungen zum einleitenden Entwurf des ÄZGB, dass der Ausschluss von Absicht und schweren Fehlern einem Ausschluss der deliktischen Haftung gleichkommt, unabhängig von dem Grad des Fehlers.[307] Insoweit sind schwere Fehler und Betrug der deliktischen Haftung gleichzusetzen; deren Ausschluss ist wiederum gemäß Art. 217 III ÄZGB nicht möglich, weil ein solcher die öffentliche Ordnung verletzen würde.[308] Der Verschuldensbegriff des schweren Fehlers entspricht in der deutschen Rechtsterminologie am ehesten einer Mischung der Begriffe des bedingten Vorsatzes und grober Fahrlässigkeit.[309] Der daneben verwendete Verschuldensbegriff des Betrugs entspricht in der deutschen Rechtsterminologie am ehesten dem Begriff der Absicht; er betrifft absichtliche Schadenszufügungen.[310] Der Einfachheit halber soll der schwere Fehler im

304 أبو السعود, النظرية العامة للإلتزام, S. 237.

305 طلبة, المطول, Bd. 4, S. 240, 241.

306 Damit ist die Gesetzeslage in Ägypten im Gleichlauf mit der Rechtsprechung des französischen Kassationsgerichtshofs und der herrschenden Meinung in der französischen Rechtsliteratur, nach der die Haftung für Absicht und grobe Fahrlässigkeit nicht ausgeschlossen werden kann. Siehe Delebecque, Juris-Classeur Civil, Art. 1146 à 1155, Fasc. 21, Nr. 41 ff.

307 Erläuternde Ausführungen zu dem einleitenden Entwurf, Sammlung der vorbereitenden Arbeiten, Bd. 2, S. 553, zitiert bei السنهوري, الوسيط, Bd. 1, S. 672.

308 السنهوري, الوسيط, Bd. 1, S. 674; طلبة, المطول, Bd. 4, S. 241. Unter dem Begriff der öffentlichen Ordnung ist grundsätzlich das politische, gesellschaftliche und volkswirtschaftliche System sowie die in einem Staat bestehende Moral, sofern sie in den geltenden Gesetzen und anderen Erklärungen beschrieben ist, zu verstehen. Siehe محيو, S. 52.

309 Allgemein zur groben Fahrlässigkeit: أبو السعود, النظرية العامة للإلتزام, S. 237; نصرة, S. 74–77; طلبة, المطول, Bd. 4, S. 240, 241.

310 Allgemein zum Vorsatz: نصرة, S. 72–73; طلبة, المطول, Bd. 4, S. 241.

weiteren Verlauf der Arbeit als grobe Fahrlässigkeit und der Betrug als Vorsatz bezeichnet werden.[311]

i) Kein Ausschluss der Haftung für grobe Fahrlässigkeit

Der Schuldner kann seine vertragliche Haftung für grobe Fahrlässigkeit nicht ausschließen. Sinn und Zweck der Gleichsetzung von Vorsatz und grober Fahrlässigkeit ist es, Beweisschwierigkeiten zu vermeiden, denn – wie unten noch darzustellen sein wird – ist ein vorsätzliches Handeln des Schuldners schwer zu beweisen.[312] Da die Haftung für grobe Fahrlässigkeit nicht ausgeschlossen werden kann, muss diese von anderen Verschuldensgraden abgegrenzt werden. Der ägyptische Kassationsgerichtshof definiert grobe Fahrlässigkeit als

> „[…] *den Fehler, der nicht gering ist, aber nicht notwendigerweise willentlich begangen werden muss* […]“.[313]

Ein solcher ist insbesondere dann gegeben, wenn der Schädiger erkennt, dass sein Verhalten nicht normal ist und zu einem Schaden bei einem Dritten führen könnte.[314]

Bei der Frage, ob einfache oder grobe Fahrlässigkeit vorliegt, steht dem ägyptischen Richter ein erheblicher Beurteilungsspielraum zu; er hat eine Einzelfallentscheidung anhand der ihm vorliegenden Tatsachen und Beweise zu treffen.[315]

ii) Kein Ausschluss der Haftung für Vorsatz

Darüber hinaus kann die vertragliche Haftung des Schuldners für Vorsatz nicht ausgeschlossen werden. Vorsatz setzt eine Schädigungsabsicht des Schuldners und die Abwesenheit der guten Absicht, die sonst bei Rechtsgeschäften vorhanden ist,

---

311 Dies gilt auch für die Ausführungen zum jordanischen/VAE-Modell bzw. zum saudischen Modell.

312 مرقس, الوافى, Bd. 6, S. 161; عبد الجواد, S. 499. In Abgrenzung zum Vorsatz setzt grobe Fahrlässigkeit gerade kein vorsätzliches Verhalten seitens des Schuldners voraus. Siehe الأهواني, النظرية العامة للإلتزام, Bd. 1, S. 466.

313 Ägyptischer Kassationsgerichtshof, Entscheidung Nr. 808 vom 26.4.1980, zitiert bei نصرة, S. 74.

314 طلبة, المطول, Bd. 4, S. 241. Die Meinung, die annimmt, dass bei Schädigern, die den Schaden im Rahmen der Ausführung ihres Berufes verursacht haben, eine grobe Fahrlässigkeit stets zu bejahen ist, ist richtigerweise abzulehnen, weil eine solche Differenzierung nicht im ÄZGB angelegt ist. Siehe نصرة, S. 77.

315 طلبة, المطول, Bd. 4, S. 240, 241. Ebenso verhält es sich im Rahmen des französischen Code civil. Siehe Giese, S. 206, 207.

voraus.[316] Der Schuldner muss erkennen, dass die andere Partei, wenn sie von dem Vorsatz gewusst hätte, den Vertrag nicht abgeschlossen hätte.[317] Vorsatz scheidet demnach aus, wenn die andere Partei die schlechten Absichten des Schuldners erkennt.[318] Oft wird das Verschulden als Vorsatz einzig durch die Schwere des Fehlers indiziert, weil Vorsatz nur schwer nachweisbar ist.[319]

f) Kein Ausschluss der Haftung für Personenschäden

Fraglich ist, ob die Parteien auch die vertragliche Haftung für leichte Fahrlässigkeit im Bereich der Personenschäden ausschließen können. Rein nach dem Wortlaut von Art. 217 II 1. HS. ÄZGB ist ein solcher Ausschluss – außer im Bereich von Vorsatz und grober Fahrlässigkeit – durchaus möglich. Nach herrschender Lehre sind Haftungsbeschränkungen und -ausschlüsse im Bereich der Haftung für Personenschäden dennoch unwirksam.[320] Dies soll selbst dann gelten, wenn dem Schuldner lediglich leichte Fahrlässigkeit zur Last gelegt werden kann.[321] Begründet wird dies damit, dass die körperliche Unversehrtheit nicht einer finanziellen Absprache zugänglich ist, da sie zur öffentlichen Ordnung gehört; ein Haftungsausschluss für körperliche Schäden ist demnach wegen Verletzung der öffentlichen Ordnung unwirksam.[322] Zusätzlich zeigt eine systematische Auslegung des ÄZGB, dass der ägyptische Gesetzgeber selbst von der Unwirksamkeit von Haftungsausschlüssen für Personenschäden ausgeht.[323] Gemäß Art. 565 II ÄZGB kann der Mieter von einem Mietvertrag zurücktreten, falls von der Mietsache eine ernstzunehmende Gefahr für seine Gesundheit oder die Gesundheit seiner Familie oder seiner Angestellten ausgeht; dies gilt selbst dann, wenn er auf ein Rücktrittsrecht vertraglich verzichtet hat. Nach alledem ist richtigerweise davon

---

316 Ägyptischer Kassationsgerichtshof, Entscheidung Nr. 2384 vom 4.4.1990, Jahrgang 54, und Entscheidung Nr. 0045 vom 31.3.1970, Jahrgang 36, beide zitiert bei نصرة, S. 73. Siehe auch طلبة, المطول, Bd. 4, S. 241.

317 طلبة, المطول, Bd. 4, S. 241.

318 Ebd.

319 مرقس, الوافى, Bd. 6, S. 161.

320 السنهوري, الوسيط, Bd. 1, S. 980; عبد الجواد, S. 500. Dies betrifft insbesondere Haftungsausschlüsse im Rahmen von ärztlichen Behandlungsverträgen. Damit stimmt die herrschende Meinung in der ägyptischen Rechtsliteratur mit der der französischen Rechtsliteratur überein. Siehe zur französischen Rechtsliteratur: Bruns, S. 119.

321 السنهوري, الوسيط, Bd. 1, S. 980; سعد, النظرية العامة ا للإلتزام, Bd. 1, S. 307.

322 أبو السعود, النظرية العامة للإلتزام, S. 129; زكي, مشكلات المسؤولية المدنية, Bd. 1, S. 58; عبد الجواد, S. 500.

323 عبد الجواد, S. 500, Fn. 1.

auszugehen, dass der Schuldner seine vertragliche Haftung für Personenschäden nicht wirksam abbedingen kann.

g) Zusammenfassung

Grundsätzlich können die Vertragsparteien den Ausschluss der vertraglichen Haftung – ausgenommen Vorsatz, grobe Fahrlässigkeit und Personenschäden – wirksam vereinbaren.[324] Ein Haftungsausschluss hat eine Beweislastumkehr, die Wirkung eines echten Haftungsausschlusses für Fahrlässigkeit und einen Ausschluss der deliktischen Haftung zur Folge.

2. Ausschluss der Gewährleistungsrechte im Kauf-, Werkliefer- und Werkvertragsrecht

a) Ausschluss der Gewährleistungsrechte für versteckte Sachmängel im Kauf- und Werkliefervertragsrecht

i) Zulässigkeit und Schranken

Die kaufrechtlichen Gewährleistungsvorschriften für versteckte Sachmängel sind nach Art. 453 1. HS 2. Alt. ÄZGB ausdrücklich dispositiv; sie werden nicht der öffentlichen Ordnung zugeordnet.[325] Allerdings ist nach den Art. 453 2. HS. ÄZGB der Ausschluss der Mängelrechte des Käufers unwirksam, wenn der Verkäufer den Sachmangel absichtlich auf betrügerische Art und Weise verschleiert.[326] Ein

324 Nach neuester französischer Rechtsprechung zu den Grenzen von Haftungsbeschränkungen ist ein Haftungsausschluss dann unwirksam, wenn er den Kernbereich der eingegangen Verpflichtung aushöhlt. Siehe Niggemann/Jonglez de Ligne, S. 351, 353–355. Eine solche, neben den Schranken für grobe Fahrlässigkeit und Vorsatz neu eingeführte dritte Schranke hat die ägyptische Rechtsprechung, soweit dem Verfasser ersichtlich, noch nicht rezipiert.

325 السنهوري, الوسيط, Bd. 4, S. 755, 756, 796; تناغو, S. 332. Die folgenden Artikel des ägyptischen Rechtskreises entsprechen weitgehend Art. 453 ÄZGB: 568 II des irakischen ZGB, 461 des libanesischen ZGB, Art. 442 des libyschen ZGB, Art. 421 des syrischen ZGB. Das französische Recht läuft insoweit gleich. Siehe Art. 1643 des französischen Code civil. Allgemein zum Ausschluss der kaufrechtlichen Gewährleistungsrechte für versteckte Sachmängel im ÄZGB: مرقس, الوافي, Bd. 7, S. 585–587; نصرة, S. 89–94; السنهوري, الوسيط, Bd. 4, S. 753–758.

326 Im Unterschied dazu setzte die Unwirksamkeit des Ausschlusses der Gewährleistung nach dem alten Recht nur das Wissen des Verkäufers hinsichtlich des Mangels voraus. Daneben enthielt der einleitende Entwurf des ÄZGB in Art. 599 noch nicht die Einschränkung „auf betrügerische Art und Weise“; sie wurde erst später hinzugefügt.

absichtliches Verschleiern auf betrügerische Art und Weise i. S. d. Art. 453 2. HS. ÄZGB entfällt, wenn der Verkäufer gutgläubig ist. Kenntnis oder Wissen um den Mangel seitens des Käufers schließen ebenfalls ein absichtliches Verschleiern auf betrügerische Art und Weise des Verkäufers aus.[327] Ein absichtliches Verschleiern auf betrügerische Art und Weise ist nur dann gegeben, wenn der Verkäufer den Mangel sowie die Unkenntnis des Käufers erkennt und den Mangel absichtlich verschleiert, bloße Kenntnis des Verkäufers hinsichtlich des Mangels reicht demnach nicht aus.[328] Die Definition des absichtlichen Verschleierns macht deutlich, dass dem Tatbestandsmerkmal „auf betrügerische Art und Weise" keine weitergehende Bedeutung beigemessen wird. Daher soll im Folgenden der Begriff des absichtlichen Verschleierns verwendet werden.

Fraglich ist, ob ein absichtliches Verschleiern vermutet wird, wenn der Verkäufer berufs- oder gewerbsmäßig handelt. Nach einer Ansicht in der ägyptischen Rechtslehre ist dies der Fall, es sei denn, der Käufer handelt ebenfalls berufs- oder gewerbsmäßig.[329] Für eine solche Auslegung spricht zwar, dass der gewerbsmäßige Verkäufer Mängel der Sache aufgrund seines Gewerbes kennen muss.[330] Gegen diese Annahme spricht jedoch entscheidend, dass bei Art. 453 2. HS. ÄZGB nicht ersichtlich ist, inwieweit ein absichtliches Verschleiern vermutet wird. Ebenso wenig lässt sich eine solche Auslegung auf die Systematik der einschlägigen Vorschriften stützen; vielmehr wird deutlich, dass der ägyptische Gesetzgeber, wenn er eine solche Einschränkung gewollt hätte, dies ausdrücklich in Art. 453 2. HS. ÄZGB wie beispielsweise im Bereich der decennalen Haftung oder der Produzentenhaftung hätte regeln können. Dem Verfasser ist wohl deshalb keine an die Rechtsprechung des französischen Kassationsgerichtshof angelehnte Rechtsprechung der ägyptischen Gerichte

Siehe السنهوري, الوسيط, Bd. 4, S. 754, Fn. 1, S. 758, Fn. 1. Das ÄZGB enthält keine Regelung, nach der der Gewährleistungsausschluss für Mängel dann nicht gilt, wenn der Verkäufer eine Garantie für die Beschaffenheit der Sache übernommen hat.

327 Ägyptischer Kassationsgerichtshof, Entscheidung Nr. 1443 vom 20.2.1936, Jahrgang 25, zitiert bei طلبة, المطول, Bd. 4, S. 245. Die Kenntnis des Käufers hinsichtlich des Mangels ist insbesondere dann gegeben, wenn der Verkäufer den Käufer auf den Mangel hingewiesen hat und dieser bei der Höhe des Kaufpreises berücksichtigt worden ist. Siehe السنهوري, الوسيط, Bd. 4, S. 757. So auch die französische Rechtsprechung. Siehe Niggemann/Jonglez de Ligne, RIW 2011, S. 351, 357.

328 منصور, S. 174; Redha, Arab Comparative & Commercial Law 1 (1987), S. 59, 76; السنهوري, الوسيط, Bd. 4, S. 700, 757; تناغو, S. 331.

329 Ebd.

330 Siehe zum franösischen Recht: Chabas, Leçons de droit civil, Bd. 2 (1), S. 766.

bekannt, nach der Gewährleistungsausschlüsse nur zwischen berufs- oder gewerbemäßig Handelnden mit demselben Kenntnisstand wirksam vereinbart werden können.[331] Richtigerweise ist deshalb – zumindest nach derzeitigem Stand – davon auszugehen, dass für den berufs- und gewerbsmäßig handelnden Verkäufer hinsichtlich Gewährleistungsausschlüssen dieselben Schranken gelten wie für private Verkäufer.

Mithin können die Mängelrechte für versteckte Mängel grundsätzlich ausgeschlossen werden, es sei denn, ein absichtliches Verschleiern des Verkäufers ist gegeben. Richtigerweise werden bei der Beurteilung des Vorliegens eines absichtlichen Verschleierns der professionelle Verkäufer und der Verkäufer, der nicht berufs- oder gewerbsmäßig handelt, gleich behandelt.

Hinsichtlich der Zulässigkeit und Schranken des Ausschlusses der Gewährleistungsrechte im ägyptischen Werkliefervertragsrecht sei auf die vorstehenden Ausführungen verwiesen, denn auf sie finden richtigerweise Kaufrecht und damit auch die kaufrechtlichen Grenzen der Zulässigkeit von Gewährleistungsausschlüssen für Sachmängel Anwendung.[332] Folglich können die Gewährleistungsrechte des Käufers außer für absichtlich verschleierte Sachmängel vertraglich ausgeschlossen werden.

ii) Wirkung

Der Ausschluss der kaufrechtlichen Gewährleistungsrechte schließt sämtliche Rechte – inklusive des Rechts auf Schadensersatz – mit aus.[333] Verschleiert der Verkäufer den Mangel absichtlich, ist der Gewährleistungsausschluss unwirksam und die Mängelrechte des Käufers leben wieder auf.[334]

iii) Anwendung der allgemeinen Grenzen für Haftungsbeschränkungen

Fraglich ist, wie sich 453 2. HS. ÄZGB zu Art. 217 II 1. HS., III ÄZGB verhält. Letzterer findet im Rahmen des Ausschlusses der Haftung für versteckte Sachmängel grundsätzlich keine Anwendung, denn wenn die Verpflichtung zur mängelfreien

331 Siehe Chabas, Leçons de droit civil, Bd. 2 (1), S. 766, Fn. 12 m. w. N.

332 Hanafi, ICLR 2008, S. 220, 224; قرارية, S. 26–30; شنب, S. 17; الوسيط ,السنهوري, Bd. 7 (1), S. 24–27, 98; عنبر, S. 41.

333 Dies entspricht der herrschenden Meinung in der Rechtsliteratur, die davon ausgeht, dass ein solcher auch Schadensersatzansprüche, die auf dem Mangel basieren, mit umfasst. Siehe منصور, S. 173; شرح العقود المدنية البيع والمقايضة ,الشرقاي, S. 333; تناغو, S. 332.

334 شرح العقود المدنية البيع والمقايضة ,الشرقاي, S. 333, 334.

Lieferung nicht besteht, kann nichts anderes für die allgemeine Verpflichtung diesbezüglich gelten.[335] Wird dagegen nur der Haftungsumfang eingeschränkt und nicht das Mängelrecht an sich, findet Art. 453 2. HS. ÄZGB neben Art. 217 II 1. HS., III ÄZGB Anwendung. Hierfür spricht entscheidend, dass was für einen Gewährleistungsausschluss für versteckte Sachmängel im Kaufrecht gelten muss, erst recht hinsichtlich der Beschränkung des Schadensersatzanspruchs als Teil des Gewährleistungsanspruchs gelten muss.[336]

b) Ausschluss der Gewährleistungsrechte für versteckte Mängel im Werkvertragsrecht

Eine gesetzliche Regelung zur Zulässigkeit von Haftungsausschlüssen existiert im Werkvertragsrecht mit Ausnahme des Bereichs der decennalen Haftung nicht.[337] Es ist davon auszugehen, dass Art. 653 ÄZGB, der Haftungsausschlüsse im Bereich der decennalen Haftung für unzulässig erklärt, nicht auf sämtliche Werkverträge Anwendung findet und das Gewährleistungsrecht für Mängel deshalb abdingbar ist, da es keinen Teil der öffentlichen Ordnung darstellt.[338] Hierfür spricht entscheidend der Umkehrschluss aus Art. 653 ÄZGB, denn er erklärt nur den Ausschluss der decennalen Haftung für unzulässig. Ebenso wenig greift der Sinn und Zweck des Art. 653 ÄZGB, der darin besteht, die Geschädigten eines Gebäudeeinsturzes zu schützen.[339]

---

335 نصرة, S. 92, 93; زكي, مشكلات المسؤولية المدنية, Bd. 2, S. 48.

336 نصرة meint hier irrtümlich, dass nur die allgemein für die Beschränkung des Haftungsumfangs geltende Regelung des Art. 217 II 1. HS., III ÄZGB Anwendung finde, weil es sich insoweit um keinen Ausschluss der Gewährleistungsrechte, sondern um eine reine Beschränkung des Haftungsumfangs handele. Siehe نصرة, S. 93.

337 Ursprünglich enthielt der einleitende Entwurf für das ÄZGB mit Art. 899 eine Regelung hinsichtlich des Ausschlusses der Gewährleistungsrechte des Bestellers für versteckte Mängel. Art. 899 besagte, dass der Ausschluss der Gewährleistungsrechte bei Beteiligung eines sog. „kleinen" Werkunternehmers zulässig ist, es sei denn, der Werkunternehmer verschleiert den Mangel absichtlich gegenüber dem Besteller oder dieser beruhte auf einem nicht zu rechtfertigenden Fehler. Bei einem sog. „großen" Werkunternehmer sollte dagegen ein Gewährleistungsausschluss stets unzulässig sein. Der Gesetzesvorschlag wurde letztlich wegen der wenig praktischen Differenzierung zwischen kleinen und großen Werkunternehmern nicht umgesetzt. Siehe hierzu السنهوري, الوسيط, Bd. 7 (1), S. 103, 104, 139, Fn. 2. Art. 746 des endgültigen Entwurfs des ÄZGB stimmte mit Art. 653 ÄZGB überein.

338 الشهاوى, S. 152; السنهوري, الوسيط, Bd. 7 (1), S. 103.

339 السنهوري, الوسيط, Bd. 7 (1), S. 103.

Allerdings kann die Zulässigkeit des Ausschlusses der Gewährleistungsrechte nicht unbegrenzt gelten. Insoweit finden laut der ägyptischen Rechtsliteratur die Schranken des Art. 217 II 1. HS., III ÄZGB Anwendung, d. h., die Haftung für Vorsatz, grobe Fahrlässigkeit und deliktisches Verhalten seitens des Werkunternehmers kann nicht ausgeschlossen werden.[340] Ob darüber hinaus der Ausschluss von Gewährleistungsrechten für absichtlich verschleierte Sachmängel der verwendeten Materialien wie im Kaufrecht unwirksam ist, obwohl hierzu keine ausdrückliche Regelung besteht, kann dahingestellt bleiben. Insoweit kann nämlich davon ausgegangen werden, dass ein solcher Ausschluss auch nach Art. 217 II 1. HS. ÄZGB unzulässig ist.

Mithin ist davon auszugehen, dass die Gewährleistungsrechte des Bestellers im Werkvertragsrecht hinsichtlich Mängeln – bis auf den Fall von Vorsatz, grober Fahrlässigkeit und deliktischem Handeln – wirksam ausgeschlossen werden können.

3. Ausschluss der decennalen Haftung

Im Unterschied zum Gewährleistungsausschluss im Werkvertragsrecht ist der Ausschluss der decennalen Haftung des Werkunternehmers und des Architekten nach Art. 653 ÄZGB unwirksam.[341] Damit stellte der ägyptische Gesetzgeber sicher, dass die Bestimmungen der decennalen Haftung, insbesondere die zehnjährige Verjährung gemäß Art. 651 ÄZGB, Teil der öffentlichen Ordnung sind.[342]

---

340 الشهاوى, S. 152, 153; السنهوري, الوسيط, Bd. 7 (1), S. 103.

341 Allgemein zum Ausschluss der decennalen Haftung im ÄZGB: Attia, ALQ 1 (1985–1986), S. 504, 512, 513; نصرة, S. 95, 96; السنهوري, الوسيط, Bd. 7 (1), S. 139–142. Art. 651–653 ÄZGB beruhen auf französischem Recht. Siehe السنهوري, الوسيط, Bd. 7 (1), S. 139, 140, Fn. 2. Die folgenden Artikel des ägyptischen Rechtskreises entsprechen weitgehend Art. 653 ÄZGB: Art. 870 I des irakischen ZGB, Art. 669 des libanesischen ZGB, Art. 653 des libyschen ZGB, Art. 619 des syrischen ZGB.

342 Attia, ALQ 1 (1985–1986), S. 504, 513; السنهوري, الوسيط, Bd. 7 (1), S. 140. Siehe auch ägyptischer Kassationsgerichtshof, Entscheidung Nr. 345 vom 13.4.1967 und Entscheidung Nr. 544 vom 25.12.1971, beide zitiert bei نصار, S. 1370. Hintergrund dieser Regelung ist die besondere Schutzwürdigkeit des Bestellers, der im Gegensatz zum Architekten und Werkunternehmer keine Fachkompetenz hinsichtlich der Erstellung von Bauten aufweist, und Dritter, die durch einen Einsturz geschädigt werden können. Deshalb soll ihm genügend Zeit gewährt werden, um Festigkeit und Stabilität des Bauwerks zu überprüfen. Siehe السنهوري, الوسيط, Bd. 7 (1), S. 140, 141.

4. Ausschluss der deliktischen Haftung

Die deliktische Haftung darf nach Art. 217 III ÄZGB nicht vertraglich ausgeschlossen werden.[343] Hintergrund dieser Regelung ist, dass ein derartiger Haftungsausschluss gegen die öffentliche Ordnung verstoßen würde und mithin nicht der Vertragsfreiheit der Parteien unterliegt.[344] In diesem Zusammenhang hat der ägyptische Kassationsgerichtshof in einem Urteil klargestellt, dass der Schuldner sich trotz Art. 217 II 2. HS. ÄZGB, auf den im Zusammenhang mit Haftungsausschlüssen für Dritte einzugehen sein wird, nicht von der eigenen deliktischen Haftung freizeichnen kann.[345]

a) Abgrenzung vertragliche/deliktische Haftung

Damit stellt sich die Frage nach dem Verhältnis von vertraglicher zu deliktischer Haftung bei deren Zusammentreffen.[346]

Die Abgrenzung von vertraglicher und deliktischer Haftung war im ägyptischen Recht lange Zeit umstritten. Ursprünglich wurde dem Gläubiger nach der Rechtsprechung zum alten ägyptischen Zivilgesetzbuch und der Rechtsprechung der gemischten Gerichte ein Wahlrecht zwischen vertraglichen und deliktischen Anspruchsgrundlagen eingeräumt.[347] Diese Auffassung ist abzulehnen, da die Einräumung eines solchen Wahlrechts einen vertraglichen Haftungsausschluss weitgehend wirkungslos machen würde.[348]

Nach der herrschenden Meinung in der ägyptischen Rechtsliteratur dürfen bei Überschneidungen beider Anwendungsbereiche Vertrags- und Deliktshaftung weder kumulativ noch alternativ angewendet werden.[349] Folglich kann der Geschädigte, sofern ein Vertrag besteht und soweit dieser reicht, nur vertragliche, nicht

343 Allgemein zum Ausschluss der deliktischen Haftung im ÄZGB: مرقس, الوافى, Bd. 3, 640; زكي, مشكلات المسؤولية المدنية, Bd. 2, S. 185–189; طلبة, المطول, Bd. 4, S. 236, 237, 246, 247.

344 مرقس, الوافى, Bd. 3, S. 640; طلبة, المطول, Bd. 4, S. 236, 237.

345 Ägyptischer Kassationsgerichtshof, Entscheidung Nr. 22 vom 7.11.1967, Jahrgang 34, zitiert bei طلبة, المطول, Bd. 4, S. 249.

346 Zum Verhältnis von deliktischer und vertraglicher Haftung sowie deren Abgrenzung: السنهوري, الوسيط, Bd. 1, S. 748–762; طلبة, المسؤولية المدنية, Bd. 1 S. 9–16; ders., المطول, Bd. 4, S. 237–239.

347 السنهوري, الوسيط, Bd. 1, S. 678, S. 760, Fn. 1; العيسائي, S. 80.

348 السنهوري, الوسيط, Bd. 1, S. 757, 761.

349 السنهوري, الوسيط, Bd. 1, S. 761; طلبة, المطول, Bd. 4, S. 237, 238.

jedoch deliktische Schadensersatzansprüche erheben.[350] Die höchstrichterliche ägyptische Rechtsprechung hat sich der herrschenden Lehre mittlerweile in mehreren Entscheidungen angeschlossen. [351] Das Gericht begründete seine Entscheidung damit, dass der ägyptische Gesetzgeber vertragliche und deliktische Ansprüche getrennt voneinander geregelt habe; damit sehe er für diese unterschiedliche und voneinander zu trennende Anwendungsbereiche vor. Falls ein Schaden aufgrund einer vertraglichen Pflichtverletzung entstünde, fände nur die vertragliche Haftung, nicht jedoch die deliktische Haftung Anwendung, denn der Vertrag regle die Beziehung der Vertragsparteien abschließend, sowohl für die vertragsgemäße als auch für die pflichtwidrige Vertragserfüllung.[352] Würde man nun vertragliche Regelungen zur Haftung für Vertragsverletzungen nicht anwenden, so widerspräche dies der bindenden Kraft des Vertrags.[353] Ausnahmsweise kann der Gläubiger dennoch deliktische Ansprüche geltend machen, wenn nachgewiesen wird, dass der Schaden aufgrund einer Straftat, vorsätzlich oder grob fahrlässig verursacht worden ist.[354] Folglich ist davon auszugehen, dass die deliktische Haftung im Bereich der vertraglichen Haftung keine Anwendung findet.[355]

350 السنهوري, الوسيط, Bd. 1, S. 761.

351 Ägyptischer Kassationsgerichthof, Entscheidung Nr. 280 vom 16.4.1968, Jahrgang 34, zitiert bei نصار, S. 528.

352 Siehe z. B. ägyptischer Kassationsgerichthof, Entscheidung Nr. 280 vom 16.4.1968, Jahrgang 34, zitiert bei نصار, S. 528.

353 Ebd.

354 Ebd. Dieser Ansicht ist auch طلبة, المطول, Bd. 4, S. 238, 239.

355 Ungeklärt ist die Frage, wie eine solche Abgrenzung von deliktischer und vertraglicher Haftung im Fall eines Haftungsausschlusses im Rahmen eines Vertrags zugunsten Dritter bei der Einschaltung eines Subunternehmers/Sublieferanten erfolgt. So wäre beispielsweise der Subunternehmer selbst bei einem im Hauptvertrag zwischen Besteller und Unternehmer enthaltenem Haftungsausschluss in Form eines Vertrags zugunsten Dritter i. S. d. Art. 152 2. HS ÄZGB und einem Haftungsausschluss in dem Vertragsverhältnis zwischen ihm und dem Hauptwerkunternehmer/-lieferant dem Besteller gegenüber stets bei einem von ihm beim Besteller verursachten Schaden aufgrund deliktischer Haftung – zwischen diesen Parteien besteht kein Vertragsverhältnis – schadensersatzpflichtig. Zu diesem Ergebnis kommt man, wenn man Art. 217 III ÄZGB streng nach seinem Wortlaut auch auf einen Haftungsausschluss, der in einem Vertrag zugunsten Dritter enthalten ist, anwendet. Gegen die Möglichkeit der Geltendmachung eines deliktsrechtlichen Anspruchs im Falle des Vorliegens eines Haftungsausschlusses zugunsten des Subunternehmers/Sublieferanten im Hauptvertrag spricht, dass man bei der Bejahung eines deliktischen Anspruchs des Bestellers/Käufers die oben vorgenommene Abgrenzung zwischen deliktischer und vertraglicher Haftung letztlich zum Nachteil des Subunternehmers/Sublieferanten aushebeln

b) Ausschluss der deliktischen Haftung für eigene leichte Fahrlässigkeit

Weiter ist es in der ägyptischen Rechtsliteratur umstritten, ob im Bereich der deliktischen Haftung die Haftung für leichte Fahrlässigkeit ausgeschlossen werden kann.[356] Eine derartige Einschränkung der Zulässigkeitsgrenzen von Haftungsausschlüssen könnte praktisch durch eine teleologische Reduktion von Art. 217 III ÄZGB erreicht werden. Der Schuldner müsste dann nur beweisen, dass er den Schaden nur leicht fahrlässig herbeigeführt hat.[357] Gegen diese Ansicht spricht nach Ansicht des Verfassers bereits der Wortlaut von Art. 217 III ÄZGB, der keine Differenzierung nach dem Verschuldensgrad vornimmt. Darüber hinaus gibt es im ÄZGB gerade nicht – wie beispielsweise in Art. 244 tunesisches ZGB oder Art. 232 marokkanisches ZGB – eine Generalklausel, die vorgibt, dass die Haftung für Vorsatz und grobe Fahrlässigkeit nicht ausgeschlossen werden kann, ohne zwischen Haftungsbeschränkungen im vertraglichen und deliktischen Bereich zu unterscheiden, aus der sich im Umkehrschluss ergibt, dass die Haftung für einfache Fahrlässigkeit stets ausgeschlossen werden kann. Mithin ist richtigerweise davon auszugehen, dass es auf den Verschuldensgrad im Rahmen von Art. 217 III ÄZGB nicht ankommt.[358] Demnach kann die Haftung für einfache Fahrlässigkeit im Bereich der deliktischen Haftung nicht ausgeschlossen werden.

c) Zusammenfassung

Die Haftung für unerlaubte eigene Handlungen kann nie vertraglich ausgeschlossen werden. Allerdings können die Vertragsparteien aufgrund der oben dargestellten

---

würde. Letzterer würde nun trotz des Haftungsausschlusses gegenüber dem Besteller/Käufer für leichte Fahrlässigkeit haften. Damit würde er schlechter dastehen, als wenn er seine Leistung nur gegenüber dem Hauptwerkuntnehmer/-lieferanten erbringen und der Vertrag mit diesem einen Haftungsausschluss enthalten würde. Daher sprechen nach Ansicht des Verfassers die besseren Gründe dafür, den Anwendungsbereich von Art. 217 III ÄZGB in einem solchen Fall im Wege einer teleologischen Reduktion einzuschränken. Eine solche einschränkende Auslegung hat die Folge, dass der Subunternehmer/Sublieferant sich gegenüber dem Besteller/Käufer auf den im Hauptvertrag enthaltenen Haftungsausschluss zumindest in Fällen einfacher Fahrlässigkeit berufen könnte. Um einem etwaigen Haftungsrisiko vorzubeugen, sollte der Subunternehmer in jedem Fall darauf hinwirken, dass in dem jeweiligen Vertragsverhältnis eine Schadloshaltung (indemnification) für den Fall der Inanspruchnahme des Subunternehmers durch den Besteller vereinbart wird.

356 Mit dieser Tendenz: مرقس, الوافى, Bd. 3, S. 640.

357 مرقس, الوافى, Bd. 3, S. 639, Fn. 273.

358 السنهوري, الوسيط, Bd. 1, S. 672, Fn. 1.

Abgrenzung zwischen vertraglicher und deliktischer Haftung im Vertragsverhältnis faktisch dennoch deliktische Schadensersatzansprüche außer im Falle von Vorsatz und grober Fahrlässigkeit wirksam vertraglich abbedingen.

5. Haftungsausschluss durch Verkürzung der Verjährung

a) Allgemeine Unzulässigkeit

Es stellt sich die Frage, ob die Parteien generell kürzere Verjährungsfristen, als im ÄZGB vorgesehen, vereinbaren können. Dafür spricht zunächst, dass die Verjährung eine Einrede ist, die im Interesse des Schuldners steht und ihm deshalb auch die Möglichkeit eingeräumt sein muss, auf diese zu verzichten.[359] Dagegen spricht allerdings entscheidend Art. 388 I ÄZGB, der festlegt, dass die Vorschriften des ÄZGB über die Verjährung als Teil der öffentlichen Ordnung nicht abbedungen werden können.[360] Folglich ist die Verjährung hinsichtlich ihrer Verkürzung nicht der Absprache der Parteien zugänglich.

b) Verkürzung der Verjährung der Gewährleistungsansprüche für versteckte Sachmängel im Kaufrecht

Fraglich ist, ob dies auch hinsichtlich der Verjährung der Gewährleistungsansprüche des Käufers für versteckte Mängel gelten muss. Man könnte die Ansicht vertreten, dass die Verkürzung der Verjährung auf weniger als ein Jahr möglich sein muss, da sie als Haftungsbeschränkung zu behandeln sei. Damit würde sie den Grenzen des Art. 217 II, III ÄZGB unterliegen.[361] Darüber hinaus lässt sich hierfür der Wortlaut von Art. 453 1. HS. ÄZGB anführen, der die Vereinbarung eines vollständigen Ausschlusses der Gewährleistung für versteckte Sachmängel zulässt. Wenn es den Parteien erlaubt ist, sämtliche Gewährleistungsrechte des Käufers auszuschließen, so lässt sich vortragen, dass es den Vertragsparteien – *a maiore ad*

---

359 In Frankreich geht der französische Kassationsgerichtshof von der Möglichkeit der Abbedingung der nicht zwingenden gesetzlichen Verjährungsfristen aus. Siehe Ferid, Das französische Schuldrecht, Bd. 1, S. 387 m. w. N.

360 زكي, مشكلات المسؤولية المدنية, Bd. 2, S. 173. Die folgenden Artikel des ägyptischen Rechtskreises entsprechen weitgehend Art. 388 ÄZGB: Art. 443 des irakischen ZGB, Art. 346 des libanesischen ZGB, Art. 375 des libyschen ZGB, Art. 385 des syrischen ZGB.

361 Erläuternde Ausführungen zum einleitenden Entwurf des ÄZGB, Sammlung der vorbereitenden Arbeiten, Bd. 4, S. 127, zitiert bei السنهوري, الوسيط, Bd. 4, S. 752, Fn. 2. Siehe auch منصور, S. 57–58; نصرة, S. 133.

minus – erlaubt sein muss, die Verjährung als Teil des Gewährleistungsanspruchs zu modifizieren. Man könnte sich auf den Standpunkt stellen, dass Art. 453 1. HS. ÄZGB zeigt, dass die Gewährleistungsrechte des Käufers für versteckte Sachmängel nicht als Teil der öffentlichen Ordnung anzusehen sind. Gegen diese systematische Auslegung für die Zulässigkeit der Verkürzung der gesetzlichen Verjährungsfristen spricht jedoch entscheidend Art. 388 I ÄZGB. Wenn dessen Geltung im Kaufrecht nicht gewollt gewesen wäre, so ist davon auszugehen, dass der ägyptische Gesetzgeber die Verjährung der kaufrechtlichen Gewährleistungsansprüche für versteckte Mängel ausdrücklich aus dem Anwendungsbereich von Art. 388 I ÄZGB ausgenommen hätte. So hat der ägyptische Gesetzgeber im Rahmen von Kaufverträgen zwischen Kaufleuten mit Art. 101 V ÄHGB die Verjährungsvorschriften ausdrücklich für dispositiv erklärt. Zusätzlich lässt sich Art. 452 ÄZGB anführen, der die Verlängerung der Verjährung der Gewährleistungsansprüche für zulässig erklärt; im Umkehrschluss kann davon ausgegangen werden, dass eine Verkürzung der Verjährung unzulässig ist.[362] Hiervon geht ebenfalls die ägyptische Rechtsprechung aus.[363] Richtigerweise ist somit anzunehmen, dass die Verkürzung der gesetzlichen Verjährung der Gewährleistungsrechte des Käufers unzulässig ist. Etwas anderes gilt jedoch, wie bereits angemerkt, im Rahmen des Anwendungsbereichs des ÄHGB; hier kann die sechsmonatige Gewährleistungsfrist nach Art. 101 V ÄHGB verkürzt werden.

6. Beschränkung des Haftungsumfangs

a) Zulässigkeit und Wirkung

Die Zulässigkeit der Beschränkungen des Haftungsumfangs ist im ÄZGB nicht ausdrücklich geregelt.[364] Aufgrund der in Art. 147 I ÄZGB verankerten Vertragsfreiheit und der Möglichkeit, sich gegen die Folgen einer solchen Haftungsbeschränkung zu versichern, ist eine solche Regelung grundsätzlich zulässig.[365]

---

362 السنهوري, الوسيط, Bd. 4, S. 753.

363 Ägyptischer Kassationsgerichtshof, Entscheidung Nr. 357 vom 5.6.1988, zitiert bei طلبة, المسؤولية المدنية, Bd. 1, S. 333. Siehe auch السنهوري, الوسيط, Bd. 4, S. 752, 753; تناغو, S. 328, 329, 331; Zimmermann, S. 98.

364 Allgemein zu Haftungsbeschränkungen in Form der Beschränkung des Haftungsumfangs im ÄZGB: مرقس, الوافى, Bd. 3, S. 644, 645; زكي, مشكلات المسؤولية المدنية, Bd. 2, S. 171.

365 مرقس, الوافى, Bd. 3, S. 644, 645; السنهوري, الوسيط, Bd. 1, S. 978, 979, Fn. 1, Bd. 4, S. 752; عبد الجواد, S. 497.

Darüber hinaus ist per argumentum *a maiore ad minus* wegen der Wirksamkeit von Haftungsausschlüssen nach Art. 217 II 1. HS. ÄZGB auch von der grundsätzlichen Wirksamkeit von Haftungsbeschränkungen auszugehen. Nach der ägyptischen Rechtsliteratur handelt es sich bei der Beschränkung des Haftungsumfangs um eine Haftungsbeschränkung im Sinne von Art. 217 II 1. HS. ÄZGB, da mit dem Umfang der Haftung gleichzeitig die Haftung des Schuldners beschränkt wird.[366]

Ebenso können die Parteien im Bereich des kaufrechtlichen Mängelgewährleistungsrechts eine Begrenzung des Haftungsumfangs vereinbaren.[367] Für die Zulässigkeit der Begrenzung des Haftungsumfangs für Schadensersatzansprüche im Falle der Geltendmachung eines Gewährleistungsanspruchs für versteckte Sachmängel spricht entscheidend, dass wenn Art. 453 1. HS. ÄZGB den Ausschluss der gesamten Gewährleistungsrechte des Käufers für versteckte Mängel zulässt, *a maiore ad minus* eine Begrenzung dieser Rechte zulässig sein muss. Dasselbe gilt nach Ansicht des Verfassers für die Begrenzung des Haftungsumfangs im Rahmen des Mängelgewährleistungsrechts bei Werklieferverträgen.

Ebenso lässt sich der Anspruch auf Schadensersatz im werkvertraglichen Gewährleistungsrecht für versteckte Mängel durch Begrenzung des Haftungsumfangs aufgrund von Art. 217 II 1. HS. ÄZGB beschränken.[368]

Folge einer wirksamen Beschränkung des Haftungsumfangs ist nach ägyptischem Recht, dass der Schuldner im Schadensfall weniger Schadensersatz als den tatsächlich eingetretenen Schaden schuldet.[369] Im Gegensatz zu Haftungsausschlussklauseln besteht hier somit kein Streit hinsichtlich der Wirkung einer solchen Haftungsbegrenzung.

b) Schranken

i) Allgemeine Schranken

Fraglich ist, ob man sich im Wege einer teleologischen Reduktion auf den Standpunkt stellen könnte, dass die Gefahr von sorglosem Verhalten des Schuldners bei einer Haftungsbegrenzung geringer ist und deshalb nur die Vorsatzschranke des Art. 217 II 1. HS. ÄZGB gelten soll. Gegen eine solche Differenzierung spricht entscheidend, dass hier ebenso das Ziel gilt, den Schuldner

366 مرقس, الوافى, Bd. 3, S. 644, 645; السنهوري, الوسيط, Bd. 1, S. 978, 979, Fn. 1.
367 السنهوري, الوسيط, Bd. 4, S. 699, 755; تناغو, S. 331.
368 Ebd.
369 السنهوري, الوسيط, Bd. 1, S. 977.

zur sorgfältigen Erfüllung des Vertrags anzuhalten, und er andernfalls über den Weg einer Haftungsbeschränkung das Verbot von Haftungsausschlüssen für grobe Fahrlässigkeit umgehen könnte.[370] Richtigerweise ist daher wegen der Kategorisierung der Beschränkung des Haftungsumfangs als Haftungsbeschränkung gemäß Art. 217 II 1. HS. ÄZGB davon auszugehen, dass die Beschränkung des Haftungsumfangs nicht für Vorsatz und grobe Fahrlässigkeit oder Personenschäden erfolgen kann.[371]

Die Wirksamkeit einer Beschränkung des Haftungsumfangs im kaufrechtlichen Mängelgewährleistungsrecht ist dagegen an Art. 453 2. HS. ÄZGB zu messen.[372] Demnach ist eine solche Haftungsbeschränkung unwirksam, falls der Verkäufer den Sachmangel absichtlich verschleiert.[373] Das Gleiche gilt für absichtlich verschleierte Mängel bei Werklieferverträgen.

Im Werkvertragsrecht sind der Zulässigkeit von Haftungsbeschränkungen einzig im Bereich der decennalen Haftung ausdrücklich gesetzliche Grenzen gesetzt; in deren Bereich ist eine Begrenzung des Haftungsumfangs nach Art. 653 ÄZGB unzulässig. Die ägyptische Rechtsliteratur geht jedoch davon aus, dass die Begrenzung des Haftungsumfangs im allgemeinen Werkvertragsrecht dann nach Art. 217 II 1. HS. ÄZGB unzulässig ist, wenn dem Werkunternehmer hinsichtlich des Mangels Vorsatz oder grobe Fahrlässigkeit zur Last gelegt werden kann.[374]

Darüber hinaus ist eine Beschränkung des Haftungsumfangs im Bereich der deliktischen Haftung nach Art. 217 III ÄZGB unwirksam.[375]

ii) Zusammenspiel mit den Regelungen zum pauschalierten Schadensersatz

Fraglich ist, ob eine vertragliche Beschränkung des Haftungsumfangs darüber hinaus wie pauschalierter Schadensersatz einer richterlichen Inhaltskontrolle nach Art. 224 und 225 ÄZGB unterliegt. Voraussetzung hierfür wäre, dass die Beschränkung des Haftungsumfangs als pauschalierter Schadensersatz zu qualifizieren ist. Dagegen spricht zunächst der Wortlaut von Art. 223 ÄZGB, denn dieser setzt die Festlegung einer „Höhe des Schadensersatzes“ (*qīmat aṭ-ṭaʿwīḍ*) durch die Parteien voraus. Vorliegend begrenzen die Parteien jedoch die Haftung

370 So die Argumentation in der französischen Rechtsprechung und Lehre, die hier ebenfalls angeführt werden können. Siehe Giese, S. 232 m. w. N.

371 السنهوري, الوسيط, Bd. 1, S. 980.

372 السنهوري, الوسيط, Bd. 4, S. 699, 755.

373 Ebd.

374 السنهوري, الوسيط, Bd. 7 (1), S. 103.

375 مرقس, الوافي, Bd. 1, S. 980.

nicht auf einen bestimmten Betrag, sondern nehmen nur einzelne Schadensposten aus dem Schadensumfang heraus; sie begrenzen den Haftungsumfang. Gegen eine Gleichsetzung streitet daneben der unterschiedliche Sinn und Zweck einer Begrenzung des Haftungsumfangs im Gegensatz zum pauschalierten Schadensersatz. Die Beschränkung des Haftungsumfangs schränkt den Schadensersatzanspruch nicht wie der pauschalierte Schadensersatz generell ein; vielmehr wird durch die Beschränkung des Haftungsumfangs der Schadensersatz der Höhe nach dadurch beschränkt, dass der Gläubiger einen oder mehrere Schadensposten nicht ersetzt verlangen kann.[376] Mithin ist richtigerweise davon auszugehen, dass die Schranken der Art. 224 und 225 ÄZGB auf die Beschränkung des Haftungsumfangs keine Anwendung finden.[377]

c) Zusammenfassung

Mithin kann der Haftungsumfang – ausgenommen Vorsatz, grobe Fahrlässigkeit, Personenschäden sowie absichtlich verschleierte Mängel und Delikt – wirksam begrenzt werden. Dagegen finden die Regelungen des pauschalierten Schadensersatzes auf die Beschränkung des Haftungsumfangs keine Anwendung.

7. Gesamthaftungsbeschränkung als *overall limitation of liability*

a) Zulässigkeit und Wirkung

Das ÄZGB enthält keine Regelungen zur Gesamthaftungsbeschränkung in Form einer Haftungshöchstsumme. Die Rechtsliteratur geht dennoch davon aus, dass ihre Vereinbarung aufgrund der Vertragsfreiheit innerhalb der für Haftungsausschlüsse geltenden Schranken nach Art. 217 II 1. HS. ÄZGB möglich ist.[378] Für die Zulässigkeit der Vereinbarung einer solchen Gesamthaftungsbeschränkung sprechen entscheidend Art. 217 II 1. HS. ÄZGB und Art. 453 1. HS. ÄZGB, die für die vertragliche Haftung den Ausschluss der Haftung grundsätzlich zulassen. Wenn die Haftung in einzelnen Bereichen beschränkt bzw. ausgeschlossen werden kann,

376 نصرة, S. 70; زكي, مشكلات المسؤولية المدنية, Bd. 2, S. 174, 175.

377 Auch die herrschende Meinung in der französischen Rechtsliteratur geht davon aus, dass die Regelungen zum pauschalierten Schadensersatz nicht auf die Begrenzung des Haftungsumfangs als Haftungsbeschränkung Anwendung finden. Siehe Loksaier, S. 87, Fn. 1 m. w. N.

378 Allgemein zu Gesamthaftungsbeschränkungen als Haftungshöchstsumme im ÄZGB: مرقس, الوافى, Bd. 6, S. 166, 167; السنهوري, الوسيط, Bd. 4, S. 699, 755, Bd. 7 (1), S. 103; خوالده, S. 129–132.

so muss dies erst recht für Haftungsbeschränkungen wie die Gesamthaftungsbeschränkung als Haftungshöchstsumme gelten.[379]

b) Schranken

Es stellt sich die Frage, welchen Schranken Gesamthaftungsbeschränkungen in Form einer Haftungshöchstsumme unterliegen.

Zunächst bestehen für die Gesamthaftungsbeschränkung als Haftungsbeschränkung nach Art. 217 II 1. HS. ÄZGB dieselben Schranken wie für einen Haftungsausschluss, mit der Folge, dass die Haftung für Vorsatz und grobe Fahrlässigkeit nicht durch eine Haftungshöchstsumme beschränkt werden kann.[380] Dasselbe gilt für die Haftung für Personenschäden.

Im Falle eines Kaufvertrags oder eines Werklieferverträgs ist eine Begrenzung etwaiger Schadensersatzansprüche durch eine Haftungshöchstsumme für absichtlich verschleierte Sachmängel wegen Art. 453 2. HS. ÄZGB unwirksam.

Im Rahmen eines Werkvertrags ist die Gesamthaftungsbeschränkung als Haftungshöchstsumme dann unwirksam, wenn sie grob fahrlässig oder vorsätzlich herbeigeführte Mängel betrifft. Im Bereich der decennalen Haftung ist eine Gesamthaftungsbeschränkung als *overall limitation of liability* gemäß Art. 653 ÄZGB stets unwirksam.

Letztlich darf eine derartige Gesamthaftungsbeschränkung wegen Art. 217 III ÄZGB nicht die deliktische Haftung begrenzen.

c) Zusammenspiel mit den Regelungen zum pauschalierten Schadensersatz

Es stellt sich die Frage, ob auf die Gesamthaftungsbeschränkung als *overall limitation of liability* auch die Regelungen zum pauschalierten Schadensersatz – insbesondere die richterlichen Eingriffsbefugnisse der Art. 224, 225 ÄZGB, die unten noch näher dargestellt werden sollen – Anwendung finden. Eine Anwendung der Art. 224, 225 ÄZGB ist davon abhängig, ob man die Vereinbarung einer solchen Gesamthaftungsbeschränkung als pauschalierten Schadensersatz qualifizieren kann.

---

379 Gesamthaftungsbeschränkungen als Haftungshöchstsumme sind auch im französischen Recht innerhalb der für Haftungsschränkungen und -ausschlüsse geltenden Grenzen zulässig. Siehe Delebecque, Juris-Classeur-Civil, Art. 1146 à 1115, Fasc. 21, Nr. 104 ff.

380 So bereits das alte ägyptische Berufungsgericht, Entscheidung vom 25.7.1922, zitiert bei مرقس, الوافى, Bd. 6, S. 167. Siehe auch مرقس, الوافى, Bd. 6, S. 167; خوالده, S. 130. Dies entspricht im Übrigen der entsprechenden höchstrichterlichen Rechtsprechung in Frankreich, siehe Cas. civ. 1.7.1964, Bull. Cass. 1964.1.279, zitiert bei Giese, S. 201.

Eine Ansicht nimmt an, dass die Gesamthaftungsbeschränkung als *overall limitation of liability* als Vereinbarung eines pauschalierten Schadensersatzes anzusehen ist.[381] Für eine Gleichsetzung spricht der Wortlaut von Art. 223 ÄZGB, der darauf abstellt, ob die Parteien die Höhe des Schadensersatzes festlegen. Bei der Gesamthaftungsbeschränkung in Form einer Haftungshöchstsumme legen die Parteien grundsätzlich die Höhe des Schadensersatzes fest, nämlich die maximale Höhe. Zusätzlich lässt sich für eine Gleichbehandlung ins Feld führen, dass einer Gesamthaftungsbeschränkung als Haftungshöchstsumme teilweise dieselbe Wirkung wie pauschaliertem Schadensersatz zukommt, denn diese Art der Gesamthaftungsbeschränkung begrenzt den Schaden als Höchstbetrag nach oben hin gleich der Vereinbarung von pauschaliertem Schadensersatz. Gegen diese Ansicht und eine Gleichbehandlung spricht allerdings entscheidend, dass eine solche Vereinbarung im Gegensatz zur Wirkung der Vereinbarung eines pauschalierten Schadensersatzes die Haftung des Schuldners nur nach oben hin begrenzt. Im Gegensatz zur Vereinbarung von pauschaliertem Schadensersatz, dem, wie noch zu zeigen sein wird, eine Pauschalierungsfunktion zukommt, legt die Gesamthaftungsbeschränkung als Haftungshöchstgrenze gerade keinen pauschalierten Schaden fest.[382] Falls der Schaden unter der Haftungshöchstsumme liegt, ist nur die wirkliche Schadenshöhe maßgebend. Deshalb können die Vereinbarung von pauschaliertem Schadensersatz und Gesamthaftungsbeschränkungen nicht gleichgesetzt werden. Richtigerweise muss daher der Ansicht gefolgt werden, die annimmt, dass Gesamthaftungsbeschränkungen als *overall limitation of liability* im ägyptischen Recht von der Vereinbarung pauschalierten Schadensersatzes zu unterscheiden sind.[383] Folgerichtig ist davon auszugehen, dass die in Art. 224, 225 ÄZGB kodifizierte Inhaltskontrolle nicht auf solche Gesamthaftungsbeschränkungen anwendbar ist.[384]

---

381 مرقس, الوافى, Bd. 6, S. 166; McKinney, S. 4. In Frankreich ist die Anwendung der Regelungen des pauschalierten Schadensersatzes auf Gesamthaftungsbeschränkungen in Form eines Haftungshöchstbetrags umstritten. Ein Teil der Gerichte lehnt die Anwendung der Regelungen ab. Siehe z. B. Kommunalgerichtsentscheidung vom 18.12.2007, zitiert bei Dalloz, Art. 1152, Nr. 13. Andere Gerichte wenden dagegen die Vorschriften über die richterlichen Eingriffsbefugnisse beim pauschalierten Schadensersatz auch auf Gesamthaftungsbeschränkungen in Form von Haftungshöchstgrenzen an, Delebecque, Juris-Classeur-Civil, Art. 1146 à 1155, Fasc. 21, Nr. 107. Siehe Loksaier, S. 87 m. w. N.

382 خوالده, S. 131, 132; نصرة, S. 140.

383 السنهوري, الوسيط, Bd. 2, S. 867, Fn. 1.

384 خوالده, S. 131, 132.

d) Zusammenfassung

Aus dem eben Dargestellten folgt, dass die Gesamthaftungsbeschränkung als Haftungshöchstbetrag grundsätzlich zulässig vereinbart werden kann; ausgenommen sind allerdings die Haftung für Vorsatz, grobe Fahrlässigkeit, absichtlich verschleierte Sachmängel, Personenschäden und Delikt. Bei der Einführung einer Haftungshöchstsumme im Bereich der kaufvertraglichen bzw. werkliefervertraglichen Mängelgewährleistung kann die Haftung für absichtlich verschleierte Mängel nicht der Höhe nach begrenzt werden; ebenso wenig kann eine Gesamthaftungsbeschränkung in Form einer Haftungshöchstgrenze für grob fahrlässige oder vorsätzlich herbeigeführte Mängel im Werkvertragsrecht oder generell im Bereich der decennalen Haftung erfolgen. Die Regelungen und Schranken, die für die Vereinbarung von pauschaliertem Schadensersatz gelten, finden auf die Gesamthaftungsbeschränkung als *overall limitation of liability* dagegen keine Anwendung.

8. Gesamthaftungsbeschränkung als *sole remedy clause*

a) Generelle Zulässigkeit und Wirkung

Auch für Gesamthaftungsbeschränkungen als *sole remedy clause* findet sich im ägyptischen Recht keine Regelung; ihre Vereinbarung ist jedoch nach der ägyptischen Rechtsprechung zulässig.[385] Ebenso bejaht die Rechtsliteratur die Zulässigkeit derartiger Gesamthaftungsbeschränkungen grundsätzlich.[386] Zur Begründung der Zulässigkeit kann wieder auf Art. 217 II 1. HS. ÄZGB und Art. 453 1. HS. ÄZGB verwiesen werden. Im Falle ihrer Wirksamkeit beschränkt die Gesamthaftungsbeschränkung als *sole remedy clause* die Gewährleistungsrechte des Käufers bzw. des Bestellers auf ein bestimmtes Recht.

b) Schranken

Da jede Gesamthaftungsbeschränkung als *sole remedy clause* gleichzeitig eine Beschränkung der vertraglichen Haftung sowie gegebenenfalls der kaufvertraglichen, werkliefervertraglichen oder werkvertraglichen Gewährleistungsrechte

385 Der ägyptische Kassationsgerichtshof hat die Abänderung der Gewährleistungsrechte unter gleichzeitiger Festlegung des Gewährleistungsrechts des Käufers unter Bezugnahme auf Art. 445 ÄZGB zugelassen. Siehe Entscheidung Nr. 201 vom 16.11.1986, Jahrgang 42, zitiert bei نصار, S. 911.

386 Für die Zulässigkeit von Gesamthaftungsbeschränkungen: السنهوري, الوسيط, Bd. 4, S. 699, 752, 755, Bd. 7 (1), S. 103.

darstellt, müssen auf diese auch deren allgemeine Schranken Anwendung finden; eine Beschränkung der Haftung für Vorsatz und grobe Fahrlässigkeit, Personenschäden, Delikt, absichtlich verschleierte Mängel und die decennale Haftung ist demnach stets als unwirksam anzusehen.[387]

c) Zusammenspiel mit den Regelungen zum pauschalierten Schadensersatz

Werden durch die Gesamthaftungsbeschränkung als *sole remedy clause* die Rechte des Gläubigers auf ein bestimmtes Recht beschränkt, das gerade keinen Schadensersatz darstellt, so finden die Regelungen zum pauschalierten Schadensersatz mangels der Festlegung eines bestimmten Betrags i. S. d. Art. 223 ÄZGB unzweifelhaft keine Anwendung.

Fraglich ist jedoch, ob nicht die Regelungen der Art. 224, 225 ÄZGB auf diese Anwendung finden, falls eine bestimmte Haftungssumme als *sole remedy* vereinbart wird. Hierfür streitet entscheidend, dass es sich um die Festlegung eines bestimmten Betrags i. S. d. Art. 223 ÄZGB handelt; wie pauschalierter Schadensersatz pauschaliert die Gesamthaftungsbeschränkung den Schaden und stellt einen Höchstbetrag dar. Mithin ist davon auszugehen, dass die Art. 223–225 ÄZGB auf Gesamthaftungsbeschränkungen dann Anwendung finden, wenn mit dieser eine bestimmte Summe an Schadensersatz als einziges Recht des Gläubigers vereinbart wird.

d) Zusammenfassung

Damit ist klar, dass Gesamthaftungsbeschränkungen als *sole remedy clause* grundsätzlich zulässig sind. Ausgenommen werden sollten jedoch Vorsatz, grobe Fahrlässigkeit, Personenschäden, Delikt, absichtlich verschleierte Sachmängel und die decennale Haftung. Ob ein Richter dagegen die Klausel einer richterlichen Inhaltskontrolle nach Art. 224, 225 ÄZGB unterzieht, hängt von der Ausgestaltung der Gesamthaftungsbeschränkung ab.

9. Ausschluss der Produkthaftung

Sowohl die Beschränkung als auch der Ausschluss der Produkthaftung und die Verkürzung der Verjährung sind nach Art. 67 VI ÄHGB unwirksam und nichtig. Damit wird der Produzent schlechtergestellt als ein normaler Verkäufer, der grundsätzlich die Gewährleistungsrechte des Käufers für versteckte Sachmängel – außer für absichtliches Verschleiern – abbedingen kann. Ebenso sind der Ausschluss und

387 السنهوري, الوسيط, Bd. 4, S. 699, 755, Bd. 7 (1), S. 103.

die Beschränkung der Haftung des Lieferanten nach Art. 10 ÄVSG unwirksam und nichtig.[388]

10. Ausschluss der Haftung für Dritte

Nun soll untersucht werden, inwieweit die vertragliche und deliktische Haftung für Dritte ausgeschlossen werden kann.[389]

a) Ausschluss der vertraglichen Haftung für Dritte

Im Bereich der vertraglichen Haftung ergibt sich die Zulässigkeit des Ausschlusses jeglicher Haftung für dritte Personen bereits aus dem Wortlaut von Art. 217 II 2. HS. ÄZGB.[390] Begründen lässt sich die durch Art. 217 II 2. HS. ÄZGB geschaffene Möglichkeit eines vollständigen Haftungsausschlusses für dritte Personen damit, dass der Schuldner dadurch, dass er sich der Hilfe Dritter bedient, nicht schlechtergestellt wird, als wenn er den Vertrag ohne fremde Hilfe durchführt. Die einschlägige Rechtsliteratur trägt daneben vor, dass Vorsatz und grobe Fahrlässigkeit des Dritten nicht mit Vorsatz und grober Fahrlässigkeit des Schuldners gleichgesetzt werden könnten; außerdem führt sie an, dass eine Haftungsbeschränkung für Erfüllungsgehilfen des Schuldners weniger gefährlich sei als eine Haftungsfreizeichnung des Schuldners selbst.[391]

Nach einer Ansicht ist ein Haftungsausschluss für die deliktische Haftung – unter die auch die Haftung für Vorsatz und grobe Fahrlässigkeit fallen – Dritter unwirksam; hiervon soll zumindest die vertragliche Haftung für Vorsatz betroffen sein.[392] Diese Ansicht stützt sich auf Art. 217 III ÄZGB, der seinem Wortlaut nach nicht zwischen der Haftung für eigenes Fehlverhalten und dem Fehlverhalten weisungsgebundener Personen differenziert, bei einer gleichzeitigen teleologischen Reduktion von Art. 217 II 2. HS. ÄZGB für Fälle der deliktischen Haftung für

388 Siehe Schultze, S. 138.

389 Beachtenswert ist, dass die Organe einer Gesellschaft im ägyptischen Recht keine Dritten im Sinne der vertraglichen Haftung darstellen. Siehe السنهوري, الوسيط, Bd. 1, S. 677, Fn. 1; طلبة, المطول, Bd. 4, S. 241.

390 An dieser Stelle schafft das ÄZGB eine klarere Rechtslage als der französische Code civil, der keine entsprechende Regelung aufweist. Siehe Ferid, Das französische Schuldrecht, Bd. 1, S. 491. Allgemein zum Ausschluss der Haftung für Dritte im ÄZGB: مرقس, الوافى, Bd. 6, S. 175; نصرة, S. 79–83; السنهوري, الوسيط, Bd. 1, S. 674, Fn. 1 a. E., 676; طلبة, المطول, Bd. 4, S. 236.

391 زكي, مشكلات المسؤولية المدنية, Bd. 2, S. 70.

392 طلبة, المطول, Bd. 4, S. 236; عبد الجواد, S. 499.

Dritte. Ebenso könnte man aus der systematischen Stellung des Art. 217 II 2. HS. ÄZGB schließen, dass dieser sich nur auf die vertragliche Haftung beziehen soll. Man könnte deshalb argumentieren, dass der Gesetzgeber den Anwendungsbereich von Art. 217 II 2. HS. ÄZGB zu weit ausgestaltet hat und daher eine teleologische Reduktion notwendig sei. Daneben wird vortragen, dass, würde man Art. 217 II 2. HS. ÄZGB uneingeschränkt geltend lassen, der Schuldner seine Pflicht zur sorgfältigen Auswahl seiner Erfüllungsgehilfen vernachlässigen könnte, schließlich hafte er bei einem Haftungsausschluss für diese überhaupt nicht.[393] Darüber hinaus lässt sich für diese Ansicht anführen, dass sich der Schuldner bei einer Anwendung von Art. 217 II 2. HS ÄZGB seiner Haftung durch die Einschaltung Dritter entziehen könnte.[394] Weiter wird vorgetragen, dass sich eine Differenzierung zwischen dem Ausschluss der persönlichen Haftung und der Haftung für Dritte nicht rechtfertigen lasse.[395] Das Argument der systematischen Auslegung ist nach Ansicht des Verfassers jedoch nicht zwingend, denn obwohl Vorsatz und grobe Fahrlässigkeit dem Bereich der deliktischen Haftung zuzuordnen sind, werden sie in Art. 217 II 1. HS. ÄZGB im Zusammenhang mit der vertraglichen Haftung behandelt. Daraus ergibt sich, dass der ägyptische Gesetzgeber die Schranken für Haftungsausschlüsse für eigenes Fehlverhalten und das Fehlverhalten Dritter unterschiedlich gestalten wollte. Letztlich ist daher Art. 217 III ÄZGB aufgrund einer systematischen Auslegung unter Berücksichtigung von Art. 217 II 2. HS. ÄZGB teleologisch zu reduzieren und nicht umgekehrt. Daneben spricht gegen die Ansicht, die den Ausschluss der persönlichen Haftung dem Ausschluss der Haftung für Dritte gleichsetzen will, entscheidend der Wortlaut von Art. 217 II 2. HS. ÄZGB, der im Bereich der Haftung für dritte Personen nicht zwischen vertraglicher und deliktischer Haftung differenziert. Daher ist die Meinung, die davon ausgeht, dass die Haftung für Dritte nicht vollständig ausgeschlossen oder begrenzt werden kann, abzulehnen.

Richtigerweise ist der herrschenden Meinung in Ägypten zu folgen, die von der Zulässigkeit eines Ausschlusses der Haftung für Dritte auch für Vorsatz, grobe Fahrlässigkeit und Delikt ausgeht.[396] Letzterer Ansicht hat sich auch der ägyptische Kassationsgerichtshof angeschlossen. In einem Urteil aus dem Jahre 1969 bestätigte er ausdrücklich, dass eine Vertragsbestimmung, die die Befreiung von grober Fahrlässigkeit eines Dritten beinhaltet, wirksam vereinbart werden kann,

393 نصرة, S. 82.
394 نصرة, S. 83.
395 نصرة, S. 82.
396 مرقس, الوافى, Bd. 6, S. 175; السنهوري, الوسيط, Bd. 1, S. 674, Fn. 1 a. E., 676.

ohne hierbei zwischen vertraglicher und deliktischer Haftung zu differenzieren.[397] Demnach kann der Schuldner – im Unterschied zu Art. 217 II 1. HS. ÄZGB und der Haftung für eigenes Verschulden – im Rahmen der Haftung für Erfüllungsgehilfen die Haftung für Vorsatz, grobe Fahrlässigkeit und deliktisches Handeln der von ihm eingesetzten Erfüllungsgehilfen ausschließen. Folglich ist der Schuldner, der sich bei der Vertragserfüllung der Hilfe Dritter bedient, bei der Frage der Zulässigkeit von Haftungsausschlüssen und Beschränkungen bessergestellt, als wenn er den Vertrag ohne fremde Hilfe durchführte.[398]

b) Ausschluss der deliktischen Haftung für Dritte

Im Bereich der Geschäftsherrenhaftung nach Art. 184 ÄZGB ist in der ägyptischen Rechtsliteratur ebenfalls wie im Rahmen der vertraglichen Haftung für Vorsatz und grobe Fahrlässigkeit umstritten, ob Haftungsausschlüsse zulässig sind. Wie bereits oben dargestellt wurde, ist davon auszugehen, dass der Schuldner aufgrund von Art. 217 II 2. HS. ÄZGB die Geschäftsherrenhaftung für Dritte vertraglich abbedingen kann. Insoweit ist der Anwendungsbereich von Art. 217 III ÄZGB teleologisch zu reduzieren.

c) Zusammenfassung

Mithin ist im Bereich der Haftung für Dritte im Unterschied zu Haftungsausschlüssen für eigenes Verschulden der Ausschluss jeglicher Haftung möglich.

II. Ausschluss und Beschränkung der Haftung bei im Rahmen von öffentlichen Ausschreibungen abgeschlossenen Verträgen und Musterverträgen

1. Öffentliche Ausschreibungen

Fraglich ist, wie sich die oben dargestellten Haftungsbeschränkungen im Rahmen des öffentlichen Rechts gestalten. Im ÄAG und in der Durchführungsverordnung

397 Ägyptischer Kassationsgerichtshof, Entscheidung vom 3.6.1969, Jahrgang 20, und Entscheidung vom 19.12.1977, Jahrgang 28, beide zitiert bei طلبة, المطول, Bd. 4, S. 246.

398 طلبة kritisiert die in Art. 217 II 2. HS. ÄZGB getroffene Regelung deshalb scharf, weil diese sogar den Ausschluss der Haftung für Straftaten Dritter erlaube. Siehe طلبة, المطول, Bd. 4, S. 236.

lassen sich außer den Regelungen zu den sogenannten „Verzögerungsstrafen", die unten noch näher untersucht werden sollen, keine Bestimmungen zu Haftungsbeschränkungen und -ausschlüssen finden.[399]

Im Falle einer Regelungslücke in den Ausschreibungsbestimmungen finden grundsätzlich die allgemeinen zivilrechtlichen Regelungen Anwendung, falls keine speziellen Regelungen für den Themenkomplex notwendig sind.[400] Somit kann auf die obige Darstellung der Zulässigkeit und Schranken von Haftungsbeschränkungen und Haftungsausschlüssen verwiesen werden. Allerdings ist zweifelhaft, ob sich die ägyptische Seite bei den Vertragsverhandlungen auf Haftungsbeschränkungen und -ausschlüsse einlassen wird.[401]

Beachtenswert ist dabei, dass im Anwendungsbereich des ÄAG wegen der näher darzustellenden Verzugsstrafe grundsätzlich immer eine Gesamthaftungsbeschränkung in Form einer Haftungshöchstgrenze vereinbart werden sollte, da die Verzugsstrafe nach Art. 23 III ÄAG und Art. 83 V der Durchführungsverordnung nicht an die Stelle des Anspruchs auf Schadensersatz tritt, sondern zusätzlich zu diesem geltend gemacht werden kann, da sie als Mindestbetrag konzipiert ist.

2. FIDIC-Bedingungen

Die FIDIC-Bedingungen enthalten jeweils in Unterklausel 17.6[402] eine Gesamthaftungsbeschränkung in Form einer Haftungshöchstsumme zugunsten

---

399 Insbesondere sind solche nicht in den Art. 79 II, 80 der Durchführungsverordnung enthalten, denn diese kodifizieren lediglich eine besondere deliktische Haftung gegenüber Dritten für Personen- und Gesundheitsschäden, die der Werkunternehmer – wie bereits oben dargestellt – sowieso nicht vertraglich ausschließen kann. Die Frage, ob diese Bestimmungen eine zusätzliche Beschränkung für Haftungsbeschränkung und -ausschlüsse enthalten, erübrigt sich damit.

400 So für die Anwendung des zivilrechtlichen Werkvertragsrechts im Anwendungsbereich des ÄZGB bei Regelungslücken: der Beraterausschuss in seinem Gutachten Nr. 876 vom 28.5.1950, zitiert bei Sarie-Eldin, International Lawyer 28 (1994), S. 951, 955, Fn. 20.

401 Zusätzlich muss beachtet werden, dass die hierfür zuständige Abteilung des ägyptischen Staatsrats etwaigen Abweichungen, Abänderungen und dem Hinzufügen von Bestimmungen – wie hier Haftungsbegrenzungen und -ausschlüssen – zustimmen muss, falls der infrage stehende Vertrag auf allgemeinen und besonderen von ihr herausgegebenen Vertragsbestimmungen basiert. Siehe Art. 139 der Durchführungsverordnung zum ÄAG.

402 Siehe auch Unterklausel 1.1.4.3 der FIDIC-Bedingungen hinsichtlich des Ausschlusses von Folgeschäden und Unterklausel 17.8 FIDIC-Bedingungen (Gold Book).

des Bauunternehmers und des Ausschlusses der Haftung für Folgeschäden (*consequential losses*).[403] Fraglich ist, wie sich die Wirksamkeit dieser Haftungsbeschränkungen nach ägyptischem Recht beurteilt, insbesondere, ob sie die durch das ÄZGB vorgegebenen Schranken für Haftungsbeschränkungen einhalten. Unterklausel 17.6 I beinhaltet selbst Schranken, denn sie stellt mit dem in ihr enthaltenen Verweis auf Unterklausel 17.1 klar, dass sie für Personenschäden, die fahrlässig und vorsätzlich herbeigeführt worden sind, nicht gilt, und sie nimmt in ihrem dritten Absatz grobe Fahrlässigkeit und betrügerisches Verhalten ausdrücklich aus ihrem Anwendungsbereich. Zum einen sollte hinsichtlich Unterklausel 17.6 III der FIDIC-Bedingungen in jedem Fall klargestellt werden, dass es sich hierbei um das schadensursächliche Verhalten handeln muss, denn dies ergibt sich nicht eindeutig aus der Klausel.[404] Daneben sollten absichtlich verschleierte Sachmängel ausdrücklich bei den Ausnahmen des Anwendungsbereichs von Unterklausel 17.6 erwähnt werden.[405] Zum anderen ist Unterklausel 17.6 der FIDIC-Bedingungen im Hinblick auf die Beschränkung der verschuldensunabhängigen decennalen Haftung unwirksam, denn diese kann nach Art. 653 ÄZGB weder vertraglich ausgeschlossen noch beschränkt werden. Folglich muss Unterklausel 17.6 III der FIDIC-Bedingungen dahin gehend in Absatz 3 abgeändert werden, dass auch die decennale Haftung nicht von Unterklausel 17.6 I der FIDIC-Bedingungen erfasst ist.

Die eben gemachten Ausführungen gelten ebenso für im Rahmen von öffentlichen Ausschreibungen abgeschlossene Verträge, da bei diesen – wie bereits oben dargestellt – dieselben Zulässigkeitsschranken gelten wie im Rahmen des ÄZGB.

3. Allgemeine Geschäftsbedingungen

Wie in den meisten arabischen Ländern gibt es keine allgemeine AGB-Kontrolle, sondern nur eine Überprüfung im Rahmen der gesetzlichen Regelung bezüglich unfairer Vertragsbedingungen; das ÄZGB übernimmt dafür die aus dem französischen Recht bekannte Rechtsfigur des „contrat d'adhésion“

403 Die Haftungshöchstsumme kann sich entweder auf den Vertragspreis oder einen bestimmten Prozentsatz des Vertragspreises belaufen.

404 Brück, in: Vertragsbuch Privates Baurecht, S. 888, 972.

405 Ob ein Richter diese unter das Tatbestandsmerkmal des Betrugs subsumieren wird, ist nämlich nicht ausgemacht.

(*'aqd al-iḏ'ān*).[406] Einschlägig ist bezüglich der Inhaltskontrolle nur Art. 149 ÄZGB; danach kann der zuständige Richter einzelne AGBs, die die AGB stellende Partei einseitig bevorteilen, aufheben oder nach den Grundsätzen der Billigkeit abändern.[407] Demnach wird der Richter, der zu dem Ergebnis kommt, dass es sich bei dem zugrunde liegenden Vertrag um einen Adhäsionsvertrag handelt, unter Umständen eine Haftungsbeschränkung oder einen Haftungsausschluss für unwirksam erklären, selbst wenn diese die allgemeinen Grenzen für Haftungsbeschränkungen einhält.[408]

III. Gestaltung von Vertragsklauseln

Bei Berücksichtigung der oben dargestellten Grundsätze können Haftungsbeschränkungen und -ausschlüsse nie für Vorsatz, grobe Fahrlässigkeit, absichtlich verschleierte Sachmängel, Personenschäden und im Bereich von decennaler Haftung und Delikt vereinbart werden. Selbst wenn eine Vertragsklausel diese Grenzen überschreitet, ist jedoch nicht zu erwarten, dass sie für vollständig unzulässig erklärt wird, vorausgesetzt, sie beinhaltet im Übrigen einen zulässigen Haftungsausschluss oder eine zulässige Haftungsbeschränkung.[409]

B. Das jordanische/VAE-Modell

Nun sollen Haftungsbeschränkungen in Gesetz und Rechtsprechung im jordanischen/VAE-Modell dargestellt werden.

---

406 Zimmermann, S. 113, 114. Andere Artikel des ÄZGB, die Regelungen zum Adhäsionsvertrag beinhalten, sind Art. 100 und Art. 151 ÄZGB.

407 Zimmermann, S. 114. Laut Bälz ist das ÄZGB an dieser Stelle vom französischen Code civil abgewichen, da dieser zur Zeit des Inkrafttretens des ÄZGB keine Kontrolle von Adhäsionsverträgen vorsah. Siehe Bälz, Versicherungsrecht in den Arabischen Staaten, S. 112.

408 Der ägyptische Kassationsgerichtshof hat beispielsweise Art. 149 ÄZGB auf einen Haftungausschluss angewendet, der im Zusammenhang mit einem am Telefon abgeschlossenen Vertrag vereinbart worden war. Siehe Entscheidung Nr. 1556 vom 26.3.1989, zitiert bei طلبة, المطول, Bd. 4, S. 249, 250.

409 Siehe Art. 143 1. HS. ÄZGB. Dem Verfasser ist kein Fall bekannt, in dem ein ägyptisches Gericht einen Haftungsausschluss vollständig für unzulässig erklärt hätte.

I. Haftungsbeschränkungen und -ausschlüsse im Gesetz und in der Rechtsprechung

1. Ausschluss der Vertragshaftung

a) Generelle Zulässigkeit

Das JZGB und VAEZGB enthalten keine ausdrücklichen Regelungen zur Zulässigkeit des Ausschlusses der vertraglichen Haftung.[410]

Eine Meinung in der jordanischen Literatur ist der Ansicht, dass sich die Unwirksamkeit jeglicher Haftungsausschlüsse aus Art. 270 JZGB/Art. 296 VAEZGB und Art. 364 II JZGB/Art. 390 II VAEZGB ergeben würde.[411] Für diese Ansicht könnte man zum einen die systematische Auslegung des JZGB/VAEZGB unter Berücksichtigung der Bestimmungen zum pauschalierten Schadensersatz anführen. Denn wenn man dieser Ansicht nicht folgt, kommt man zu dem Ergebnis, dass dem pauschalierten Schadensersatz als weniger einschneidender Art einer Haftungsbeschränkung keine Wirkung einer Haftungsbeschränkung zukommt, wohingegen der allgemeine Haftungsausschluss als weitreichendere Einschränkung der Rechte des Gläubigers aufgrund des Nichtgreifens von Art. 364 II JZGB/Art. 390 II VAEZGB die Haftung ausschließt. Zum anderen argumentiert man, dass Art. 364 II JZGB/Art. 390 II VAEZGB dem Gericht schließlich einräume, dass es die Höhe des Schadensersatzanspruchs nach dem tatsächlich eingetretenen Schaden ausrichtet.[412] Hierfür spricht letztlich die Berücksichtigung der Intention des jordanischen/VAE-Gesetzgebers, das JZGB/VAEZGB stark an das islamische Recht anzulehnen. Man könnte in diesem Zusammenhang vortragen, dass Art. 364 II JZGB/Art. 390 II VAEZGB das islamische Prinzip *lā ḍarar wa lā ḍirār* (das in Art. 42 I VAEZGB kodifiziert worden ist)[413] und das aus diesem entwickelte

---

410 Allgemein zum Ausschluss der vertraglichen Haftung im JZGB/VAEZGB: الفضل, S. 231–234; الجبوري, الوجيز, Bd. 1, S. 426–432; خوالده S. 70–72; العربي, S. 233, 234.

411 سلطان, مصادر الإلتزام, S. 359; العلايلي, النظرية العامة للعقود, Bd. 2, S. 89, 90.

412 سلطان, مصادر الإلتزام, S. 359.

413 Das Prinzip *lā ḍarar wa lā ḍirār* kodifiziert auch Art. 19 der Mağalla; das JZGB enthält keine entsprechende Regelung. Der Grundsatz beinhaltet zum einen das Verbot, einem anderen Schaden zuzufügen; zum anderen untersagt er, Schaden durch die Zufügung des gleichen Schadens auszugleichen. Allgemein zum Prinzip *lā ḍarar wa lā ḍirār*: أبو جزر, S. 55; حيدر, شرح مجلة الأحكام, Bd. 1, S. 36, 37.

Prinzip *aḍ-ḍarar yuzāl* (das man in Art. 42 II VAEZGB niedergelegt hat)[414] widerspiegelt und es deshalb dem Richter in jedem Fall einer Haftungsbeschränkung – auch bei einem Haftungsausschluss – gestattet sein müsste, die Absprachen zwischen den Parteien so anzupassen, dass der geschuldete Schadensersatz dem wirklichen Schaden entspricht.[415]

Gegen diese Ansicht spricht zunächst, dass in Art. 364 JZGB/Art. 390 VAEZGB selbst die Möglichkeit von Haftungsbeschränkungen zwingend vorausgesetzt wird.[416] Zusätzlich behandelt der Wortlaut von Art. 364 I JZGB/Art. 390 I VAEZGB die Begrenzung „der Höhe der Haftung“ (*qīmat aḍ-ḍamān*), also die Modifikation der Rechtsfolgen der Haftung und nicht den Ausschluss der vertraglichen Haftung an sich. Aus der jeweiligen Gesetzesbegründung ergibt sich, dass unter „Höhe der Haftung“ die vorherige Absprache über die „Höhe des Schadensersatzes“ (*miqdār at-taʿwīḍ*) zu verstehen ist und nicht die Beschränkung der Haftung an sich.[417] Damit sprechen die besseren Gründe dafür, davon auszugehen, dass Absatz Art. 364 II JZGB/Art. 390 II VAEZGB nur für pauschalierten Schadensersatz gilt.[418] Zusätzlich lässt sich gegen diese Ansicht die teleologische Auslegung von Art. 364 II JZGB/Art. 390 II VAEZGB anführen, denn die Meinung, die Haftungsbeschränkungen und pauschalierten Schadensersatz gleichsetzt, verkennt, dass es sich bei der Vereinbarung von pauschaliertem Schadensersatz und dem Ausschluss der vertraglichen Haftung um zwei unterschiedliche vertragliche Absprachen handelt.[419] Ersterer zielt nach seinem Sinn und Zweck darauf ab, den Schuldner dazu zu bewegen, seine vertraglichen Verpflichtungen zu erfüllen, wohingegen Letzterer die vertragliche Haftung des Schuldners bei einer teilweisen oder vollständigen Verletzung seiner Verpflichtungen entfallen lässt.[420] Zwar hat der jordanische/VAE-Gesetzgeber das Verhältnis von allgemeinen Haftungsbeschränkungen zu pauschaliertem Schadensersatz nicht festgelegt, jedoch spricht

414 Das Prinzip *aḍ-ḍarar yuzāl* enthält daneben Art. 20 der Mağalla. Danach muss ein verursachter Schaden stets behoben werden. Das JZGB enthält keine entsprechende Regelung dazu.

415 Gemei, in: Legal Pluralism in the Arab World, S. 125, 129, Fn. 5; العلايلي, النظرية العامة للعقود, Bd. 2, S. 90.

416 Dies räumt selbst سلطان ein. Siehe مصادر الإلتزام, S. 360.

417 JZGB-Gesetzesbegründung, Bd. 1, S. 403; VAEZGB-Gesetzesbegründung, S. 394. Der hier verwendete Begriff *ḍamān* ist eigentlich als Haftung zu übersetzen. Siehe Hans Wehr, A Dictionary of Modern Written Arabic.

418 أبو البصل, S. 338–340; خوالده, S. 68.

419 خوالده, S. 70, 71.

420 خوالده, S. 71.

gegen die Anwendung der richterlichen Eingriffsbefugnisse, die für den pauschalierten Schadensersatz gelten, dass dieser eine Art spezielle Haftungsbeschränkung ist, der die Grenzen allgemeiner Haftungsbeschränkungen einhalten muss und nicht umgekehrt.[421] Zusätzlich spricht gegen die oben dargestellte Ansicht die Existenz von Art. 270 JZGB/Art. 296 VAEZGB, der zeigt, dass der jordanische/VAE-Gesetzgeber das Problem der Zulässigkeit von Haftungsbeschränkungen und -ausschlüssen erkannt hat und sie nur im Bereich der deliktischen Haftung für unwirksam erklärt hat.[422] Aus Art. 270 JZGB/Art. 296 VAEZGB kann der Umkehrschluss gezogen werden, dass Haftungsausschlüsse und -beschränkungen im Bereich der vertraglichen Haftung grundsätzlich zulässig sind.[423] Darüber hinaus spricht entscheidend für die Zulässigkeit von Haftungsausschlüssen eine systematische Auslegung des JZGB/VAEZGB. Zunächst lassen sich die Grundsätze *pacta sunt servanda* nach Art. 213 JZGB/Art. 257 VAEZGB sowie die in Art. 199 JZGB/Art. 243 VAEZGB verankerte Vertragsfreiheit für die Zulässigkeit von Haftungsausschlüssen anführen.[424] Darüber hinaus beinhaltet Art. 164 II JZGB/Art. 206 VAEZGB den Grundsatz, dass die Vertragsparteien dem Vertrag Nebenabreden hinzufügen können, es sei denn, diese verstoßen gegen das Gesetz, die öffentliche Ordnung oder die geltenden Moralvorstellungen.[425] Daneben hat der jordanische/VAE-Gesetzgeber den Vertragsparteien im Kaufrecht nach Art. 514 IV JZGB/Art. 545 IV VAEZGB die Möglichkeit eingeräumt, die Haftung für versteckte Sachmängel grundsätzlich vollständig auszuschließen. Hieraus lässt sich der Schluss ziehen, dass er grundsätzlich von der Zulässigkeit von Haftungsausschlüssen ausgeht.[426] Entscheidend gegen die vorstehende Ansicht spricht letztlich Art. 358 I 2 JZGB/Art. 383 I 2 VAEZGB, der ausdrücklich die Möglichkeit vorsieht, den im Rahmen der Verpflichtung zur Anwendung gehöriger Sorgfalt geschuldeten Sorgfaltsmaßstab vertraglich abzuändern.[427] Richtigerweise ist nach Ansicht des Verfassers daher anzunehmen, dass Haftungsausschlüsse grundsätzlich im Geltungsbereich des JZGB/VAEZGB vereinbart werden können.[428]

421 Vgl. Art. 223 ÄZGB, der besagt, dass unter anderem Art. 217 ÄZGB auf den pauschalierten Schadensersatz Anwendung findet.

422 الجبوري, الوجيز, Bd. 1, S. 428.

423 Ebd.

424 خاطر/السرحان, S. 319, 320, 323; الجبوري, الوجيز, Bd. 1, S. 427.

425 الجبوري, الوجيز, Bd. 1, S. 427.

426 خاطر/السرحان, S. 320.

427 Ebd.

428 So الفضل, S. 233; الجبوري, الوجيز, Bd. 1, S. 427; خوالده, S. 71; خاطر/السرحان, S. 320.

Letzterer Ansicht folgt auch die höchstrichterliche Rechtsprechung in den VAE. Sowohl der VAE-Verfassungsgerichtshof als auch der Kassationsgerichtshof Dubai halten Haftungsausschlüsse für zulässig; beispielsweise hat der VAE-Verfassungsgerichtshof im Zusammenhang mit Haftungsausschlüssen ausgeführt:

„Es ist allgemein anerkannt, dass den Vertragsparteien grundsätzlich die Freiheit eingeräumt wird, die Bestimmungen der vertraglichen Haftung zu verändern [...]“.[429]

Weniger eindeutig sind die höchstrichterlichen Urteile der jordanischen Rechtsprechung, die dem Verfasser vorliegen. Im Grundsatz wird die Zulässigkeit von Haftungsbeschränkungen anerkannt, weitgehend unklar bleibt jedoch deren Wirkung.[430] Der jordanische Kassationsgerichtshof hat im Zusammenhang mit Gesamthaftungsbeschränkungen Folgendes entschieden:

„Wenn die Vertragsparteien durch vorherige Vereinbarung die Einschätzung des Schadens oder die entstandenen Schäden im Falle einer Nichterfüllung des Vertrags beschränken, handelt es sich hierbei um eine zulässige Vereinbarung, es sei denn, sie verstößt gegen das Gesetz oder die öffentliche Ordnung; sie bindet die Vertragsparteien.“[431]

In einem anderen Urteil hat der jordanische Kassationsgerichtshof folgende Ausführungen gemacht:

„Es ist zulässig, dass der Vertrag eine Beschränkung der Haftung enthält oder eine solche nachträglich vereinbart wird, allerdings steht dem Gericht in allen Fällen das Recht zu, auf Antrag einer der Parteien diese Absprache dahin gehend einzuschränken, dass sie dem eingetretenen Schaden entspricht.“[432]

Folglich ist davon auszugehen, dass die Parteien sowohl nach der herrschenden Meinung in der Rechtsliteratur als auch nach der jordanischen/VAE-Rechtsprechung grundsätzlich einen Ausschluss ihrer Haftung wirksam vereinbaren können.

---

429 VAE-Verfassungsgerichtshof, Entscheidung Nr. 68/15, zitiert bei Eltom, S. 42. Ebenso der Kassationsgerichtshof Dubai. Siehe Entscheidung Nr. 21/1997 und Entscheidung Nr. 205/2002, zitiert bei Eltom, S. 42, 43.

430 Jordanischer Kassationsgerichtshof, Entscheidung Nr. 2141/99, zitiert bei الفار, S. 72, Fn. 3, und Entscheidung Nr. 221/1991, zitiert bei أبو حسن, S. 23.

431 Jordanischer Kassationsgerichtshof, Entscheidung Nr. 221/1991, zitiert bei أبو حسن, S. 23.

432 Jordanischer Kassationsgerichtshof, Entscheidung Nr. 2141/99, zitiert bei الفار, S. 72, Fn. 3.

b) Wirkung und Funktion eines Haftungsausschlusses

Fraglich ist, welche Funktionen einem zulässigen vertraglichen Haftungsausschluss nach dem JZGB/VAEZGB zukommen.

Nach einhelliger Meinung kommt einem Haftungsausschluss die Funktion einer Beweislastumkehr zu.[433] Daneben schließt er aufgrund des unten noch näher dargestellten Vorrangs der vertraglichen Haftung gegenüber der deliktischen Haftung – außer für Vorsatz und grobe Fahrlässigkeit – auch die deliktische Haftung aus.

Ob einem Haftungsausschluss darüber hinaus die Wirkung eines echten Haftungsausschlusses für fahrlässige Pflichtverletzungen zukommt, ist in Jordanien/den VAE – wie schon die Frage der Zulässigkeit an sich – umstritten. Eine Meinung in der Literatur, die von der Unzulässigkeit von Haftungsausschlüssen ausgeht, argumentiert in diesem Zusammenhang, dass selbst wenn man von deren Zulässigkeit ausgehe, wegen der richterlichen Eingriffsmöglichkeit nach Art. 364 II JZGB/Art. 390 II VAEZGB jegliche Art von Haftungsbeschränkung zumindest nutzlos sei; sie lehnt somit die Wirkung eines echten Haftungsausschlusses ab.[434] Demnach können Parteien durch die Vereinbarung einer Haftungsbeschränkung lediglich die Art der zu erfüllenden Pflicht verändern.[435] Die besseren Gründe sprechen dafür, dass auch im Rahmen des jordanischen/VAE-Haftungsregimes davon ausgegangen werden kann, dass Haftungsbeschränkungen echte Haftungsausschlüsse darstellen und nicht lediglich eine Beweislastumkehr bewirken, denn wenn man die Zulässigkeit von Haftungsausschlüssen mit der herrschenden Meinung bejaht, stimmt die Ausgangskonstellation der Zulässigkeit von Haftungsausschlüssen und deren Schranken, wie noch zu zeigen sein wird, mit der in Ägypten überein, wo Haftungsausschlüssen die Wirkung eines echten Haftungsausschlusses zukommt.[436] Zum anderen muss berücksichtigt werden, dass der jordanische/VAE-Gesetzgeber die Wirkung von Haftungsausschlüssen über einen weiter gefassten Wortlaut des Art. 364 II JZGB/Art. 390 II VAEZGB hätte einschränken können, hiervon aber abgesehen hat. Letztlich spricht entscheidend für die

---

433 خاطر/السرحان, S. 319; الجبوري, الوجيز, Bd. 1, S. 431. Kassationsgerichtshof Dubai, Entscheidung Nr. 48/2005 und Entscheidung Nr. 64/2005 vom 29.5.2005, zur Verfügung gestellt von Dr. Klaiber.

434 Mosmar, S. 171, 172; سلطان, مصادر الإلتزام, S. 359. In diese Richtung geht auch die bereits oben zitierte Entscheidung des jordanischen Kassationsgerichtshof, Entscheidung Nr. 2141/99, zitiert bei الفار, S. 72, Fn. 3.

435 سلطان, مصادر الإلتزام, S. 360.

436 الجبوري, الوجيز, Bd. 1, S. 431; خوالده, S. 71.

Wirkung eines echten Haftungsausschlusses für Fahrlässigkeit, dass die Art. 364 II JZGB/Art. 390 II VAEZGB, wie bereits oben dargestellt, wegen der unterschiedlichen Wirkung von pauschaliertem Schadensersatz und Haftungsausschlüssen nicht auf Haftungsausschlüsse Anwendung finden können. Mithin ist die Ansicht, die den Haftungsausschluss für nutzlos ansieht und eine Wirkung als echten Haftungsausschluss verneint, abzulehnen. Richtigerweise ist der Meinung zu folgen, die annimmt, dass ein wirksamer Haftungsausschluss die Haftung für einfache Fahrlässigkeit im Bereich der vertraglichen Haftung grundsätzlich ausschließt, ihm also die Wirkung eines echten Haftungsausschlusses zukommt.[437] Diese Ansicht vertritt auch die höchstrichterliche Rechtsprechung in den VAE; sie sieht nur Vorsatz und grobe Fahrlässigkeit als Schranken von Haftungsbeschränkungen an.[438] Beachtenswert ist, dass in Jordanien aufgrund der nicht ganz eindeutigen Rechtsprechung des jordanischen Kassationsgerichtshofs zu Haftungsausschlüssen durchaus die Gefahr besteht, dass ein lokales Gericht dem Haftungsausschluss die Wirkung eines echten Haftungsausschlusses nicht zuerkennt.

c) Kein Ausschluss der vertraglichen Hauptleistungspflicht

Es ist davon auszugehen, dass die Vertragsparteien die vertraglichen Kardinalspflichten nicht vertraglich abbedingen können.[439] Die Unzulässigkeit derartiger Haftungsausschlüsse lässt sich zum einen aus einem Umkehrschluss aus den Artikeln 164 JZGB und 206 VAEZGB herleiten, die besagen, dass eine Nebenabrede zulässig ist, wenn sie die gesetzlich vorgesehene Wirkung des Vertrags unterstützt. Zum anderen lässt sich deren Unzulässigkeit mit einer Analogie zu Art. 506 I JZGB/Art. 537 I VAEZGB begründen.[440]

d) Ausschluss der Haftung für Fahrlässigkeit und Leichtfertigkeit

Nach der hier vertretenen Ansicht ist davon auszugehen, dass die Parteien ihre Haftung für Fahrlässigkeit und Leichtfertigkeit vertraglich ausschließen können.

437 الجبوري, الوجيز, Bd. 1, S. 431; خوالده, S. 71.

438 So der VAE-Verfassungsgerichtshof, Entscheidung Nr. 68/15, und der Kassationsgerichtshof Dubai, Entscheidung Nr. 205/2002, beide zitiert bei Eltom, S. 42, 43.

439 نصرة, S. 123; الجبوري, الوجيز, Bd. 1, S. 429.

440 نصرة, S. 123. Nach Art. 506 I JZGB/Art. 537 I VAEZGB kann der Anspruch des Käufers auf Rückzahlung des Kaufpreises im Falles eines Rücktritts wegen eines Rechtsmangels nicht vertraglich abbedungen werden.

e) Kein Ausschluss der Haftung für grobe Fahrlässigkeit oder Vorsatz

Der Ausschluss der vertraglichen Haftung für Pflichtverletzungen ist auch im jordanischen/VAE-Recht nicht unbegrenzt möglich. Unter analoger Anwendung von Art. 358 II JZGB/Art. 383 II VAEZGB, der an sich den Anspruch auf Erfüllung und nicht den Schadensersatzanspruch betrifft, schränkt die höchstrichterliche VAE-Rechtsprechung und die einschlägige Rechtsliteratur zum JZGB/VAEZGB die Möglichkeit von Haftungsausschlüssen ein; folglich können die Vertragsparteien die Haftung des Schuldners für Vorsatz und grobe Fahrlässigkeit nicht ausschließen.[441] Die Unabdingbarkeit der Haftung für Vorsatz und grobe Fahrlässigkeit leiten sie daraus ab, dass die vertragliche Haftung für Vorsatz und grobe Fahrlässigkeit der deliktischen Haftung zugerechnet werden muss, die der öffentlichen Ordnung unterfällt.[442] Ein Eingehen auf die Begriffe Vorsatz und grobe Fahrlässigkeit erübrigt sich an dieser Stelle, da diese im Rahmen des JZGB/VAEZGB ebenso definiert werden wie im ÄZGB.[443] Auch die Begründung der Schranke „grobe Fahrlässigkeit/Vorsatz“ entspricht der ägyptischen Literatur und Gesetzgebung. So rechtfertigt die VAE-Rechtsprechung die Vorsatz/grobe Fahrlässigkeit Schranke damit, dass es der schädigenden Vertragspartei ohne diese Schranke erlaubt wäre, sich absichtlich einseitig ihrer vertraglichen Verantwortung zu entziehen.[444] Ebenso argumentiert die jordanische Rechtsliteratur; obwohl einige Regelungen die Unwirksamkeit von Haftungsausschlüssen nur bei Vorsatz vorsehen, handelt es sich um eine Schranke für Vorsatz und grobe Fahrlässigkeit, weil Vorsatz und grobe Fahrlässigkeit gleichzusetzen sind.[445]

f) Kein Ausschluss der Haftung für Personenschäden

Es ist davon auszugehen, dass die Haftung für Personenschäden nicht vertraglich ausgeschlossen werden kann, weil die körperliche Gesundheit der öffentlichen Ordnung zugeordnet werden muss.[446]

---

441 Siehe bzgl. des JZGB: خاطر/السرحان, S. 321, 322; الجبوري, الوجيز, Bd. I, S. 428; خواله, S. 89. Siehe bezüglich der VAEZGB: VAE-Verfassungsgerichtshof, Entscheidung Nr. 68/15, und Kassationsgerichtshof Dubai, Entscheidung Nr. 21/1997 und Entscheidung Nr. 205/2002, alle zitiert bei Eltom, S. 41–43.

442 خاطر/السرحان, S. 321; الجبوري, الوجيز, Bd. 1, S. 428.

443 Siehe خاطر/السرحان, S. 321; الجبوري, الوجيز, Bd. 1, S. 419, 420; خواله, S. 72–85.

444 VAE-Verfassungsgerichtshof, Entscheidung Nr. 68/15, zitiert bei Eltom, S. 41, 42.

445 خاطر/السرحان, S. 323; الجبوري, الوجيز, Bd. 1, S. 428; خواله, S. 89.

446 خاطر/السرحان, S. 324, 325; الجبوري, الوجيز, Bd. 1, S. 429.

g) Zusammenfassung

Zusammengefasst ist nach der hier vertretenen Meinung der rechtsgeschäftliche Ausschluss der Vertragshaftung außer für Vorsatz, grobe Fahrlässigkeit und Personenschäden auch im jordanischen/VAE-Recht grundsätzlich als zulässig anzusehen. Folgt man dieser Ansicht, bewirkt ein Haftungsausschluss eine Beweislastumkehr, den Ausschluss der Haftung für leichte Fahrlässigkeit sowie einen Ausschluss der deliktischen Haftung, vorausgesetzt, es liegen weder Vorsatz noch grobe Fahrlässigkeit oder ein Personenschaden vor.

2. Ausschluss der Gewährleistungsrechte im Kauf-, Werkliefer- und Werkvertragsrecht

a) Ausschluss der Gewährleistungsrechte für versteckte Sachmängel im Kauf- und Werkliefervertragsrecht

i) Zulässigkeit und Schranken

Im Bereich der Gewährleistungsrechte für versteckte Sachmängel des jordanischen/VAE-Kaufrechts kann die Mängelgewährleistung beim Kauf nach Art. 514 IV JZGB/Art. 545 IV VAEZGB eingeschränkt oder ausgeschlossen werden, denn sie ist nicht Teil der öffentlichen Ordnung.[447] Bei Berücksichtigung von Art. 194 JZGB/Art. 238 VAEZGB wird deutlich, dass auch das Rücktrittsrecht des Käufers vertraglich ausgeschlossen werden kann. Der Ausschluss ist jedoch als unzulässig anzusehen, wenn der Verkäufer den Mangel absichtlich verschleiert hat oder der Käufer davon abgehalten worden ist, den Mangel zu entdecken.[448] Ein absichtliches Verschleiern ist gegeben, wenn der Verkäufer die Entdeckung des Mangels derart verhindert, dass dieser von einer durchschnittlichen Person oder

447 Der jordanische Gesetzgeber ist damit der hanafitischen und malikitischen Rechtsschule – die unten noch näher dargestellt werden – gefolgt. Die Hanafiten und Malikiten gehen davon aus, dass es den Parteien grundsätzlich möglich ist, die Gewährleistungsrechte des Käufers vertraglich auszuschließen. Siehe الزحيلي, S. 77; Art. 342 der Mağalla. Allgemein zum Gewährleistungsausschluss für versteckte Sachmängel im JZGB/VAEZGB: Gemei, in: Legal Pluralism in the Arab World, S. 125, 128; الزحيلي, S. 76, 77; جمعه, S. 473, 474.

448 Siehe hierzu جمعه, S. 473, 474. Es entspricht der hanafitischen und malikitischen Rechtsschule, dass ein Mängelgewährleistungsausschluss im Falle eines absichtlichen Verschleierns unwirksam ist.

einem Experten nicht erkannt werden kann.[449] Ein Abhalten des Käufers davon, den Mangel zu entdecken, ist gegeben, wenn dem Käufer bei Vertragsschluss weder die Möglichkeit an sich noch die Mittel zur Entdeckung des Mangels zur Verfügung stehen.[450]

Die vorhandene Literatur und Rechtsprechung differenziert bei der Frage der Zulässigkeit des Gewährleistungsausschlusses bisher nicht zwischen privaten und berufs- oder gewerbsmäßigen Verkäufern. Deshalb ist davon auszugehen, dass für beide Gruppen dieselben Grenzen für den Gewährleistungsausschluss im Kaufrecht gelten müssen.

Demnach ist der Ausschluss von Gewährleistungsrechten für versteckte Sachmängel im Kaufrecht – außer im Falle des absichtlichen Verschleierns des Mangels oder falls der Käufer von der Entdeckung des Mangels abgehalten wird – zulässig.

Dasselbe gilt nach der hier vertretenen Meinung für den Ausschluss der Gewährleistungsrechte im Werkliefervertragsrecht.

ii) Wirkung

Es ist davon auszugehen, dass einem vertraglichen Ausschluss der Gewährleistungsrechte des Käufers für versteckte Mängel – ausgenommen im Falle eines absichtlichen Versteckens des Mangels und eines Abhaltens des Käufers von der Entdeckung des Mangels – die Wirkung eines Ausschlusses für sämtliche Sachmängel zukommt.

iii) Anwendung der allgemeinen Grenzen für Haftungsbeschränkungen

Es ist davon auszugehen, dass im Falle eines Ausschlusses der Gewährleistungsrechte für versteckte Mängel die allgemein für Haftungsbeschränkungen geltenden Grenzen keine Anwendung finden, da die kaufvertraglichen Regelungen insoweit die spezielleren Bestimmungen darstellen. Umgekehrt geht der Verfasser davon aus, dass mangels entsprechender eigener Vorschriften zum Schadensrecht

---

449 جمعه, S. 474. Beachtenswert ist, dass zusätzlich zu dem absichtlichen Verschleiern schon dem Wortlaut nach kein absichtliches Verschleiern auf betrügerische Art und Weise vorausgesetzt wird.

450 Gemei, in: Legal Pluralism in the Arab World, S. 125,128. Gemei merkt an, dass dem Käufer aufgrund dieser zweiten Tatbestandsalternative ein relativ hoher Schutz vor unfairen Vertragsbedingungen zuteilwird.

im Kaufrecht Art. 514 IV JZGB und Art. 545 IV VAEZGB keine Anwendung auf allgemeine Haftungsbeschränkungen finden.[451]

b) Ausschluss der Gewährleistungsrechte für versteckte Mängel im Werkvertragsrecht

Fraglich ist, wie sich der Ausschluss der Gewährleistungsrechte für Mängel im jordanischen/VAE-Werkvertragsrecht gestaltet.[452] Dieses enthält keine Regelungen, die die Möglichkeit eines Gewährleistungsausschlusses und dessen Schranken im Werkvertragsrecht vorsehen. Dennoch sprechen gute Gründe dafür, anzunehmen, dass der Ausschluss der Gewährleistungsrechte des Bestellers für versteckte Mängel generell zulässig ist; so ergibt sich im Umkehrschluss aus Art. 790 JZGB/Art. 882 VAEZGB, dass der Gesetzgeber nur die decennale Haftung der öffentlichen Ordnung zuordnen wollte, die normale werkvertragliche Haftung jedoch weiterhin abdingbar gelten soll. Darüber hinaus lässt sich die grundsätzliche Zulässigkeit eines Gewährleistungsausschlusses auf eine Analogie zu Art. 514 IV JZGB/Art. 545 IV VAEZGB stützen.[453] Wohl deshalb geht die herrschende Meinung in der Rechtsliteratur davon aus, dass diese Regelungen nicht Teil der öffentlichen Ordnung sind und daher der Ausschluss der Haftung für versteckte Mängel im Werkvertragsrecht grundsätzlich zulässig ist. Nicht ganz eindeutig ist dabei, welche Schranken hierbei gelten sollen. Teilt man die hier vertretene Ansicht, dass allgemeine Haftungsfreizeichnungsklauseln zulässig sind, dann finden die für sie geltenden Schranken Anwendung; d. h., die Haftung für Vorsatz, grobe Fahrlässigkeit, Personenschäden und Delikt kann nicht vertraglich ausgeschlossen werden, da sie der öffentlichen Ordnung zugeordnet wird.[454] Geht man von der Anwendbarkeit von Art. 364 II JZGB/Art. 390 II VAEZGB auf allgemeine Haftungsausschlüsse aus und leitet die Zulässigkeit von Gewährleistungsausschlüssen aus dem Kaufrecht her, so muss gelten, dass die Gewährleistung nicht für absichtlich verschleierte Sachmängel ausgeschlossen werden kann.[455]

---

451 Letztlich spielt dies allerdings keine große Rolle, da die Fälle eines absichtlichen Verschleierns eines versteckten Mangels problemlos unter den Begriff des Vorsatzes subsumiert werden können.

452 Allgemein zum Ausschluss der Gewährleistungsansprüche des Bestellers für Sachmängel im Werkvertragsrecht des JZGB/VAEZGB: الشهاوى, S. 152, 153; السرحان, S. 69.

453 السرحان, S. 69.

454 الشهاوى, S. 152, 153.

455 السرحان, S. 69.

3. Ausschluss der decennalen Haftung

Die decennale Haftung kann nach Art. 790 JZGB/Art. 882 VAEZGB nicht abbedungen werden, weil sie einen Teil der öffentlichen Ordnung darstellt; eine entsprechende Vereinbarung ist nichtig.[456]

4. Ausschluss der deliktischen Haftung

Jegliche Beschränkung der deliktischen Haftung ist nach Art. 270 JZGB/Art. 296 JZGB nichtig. Art. 270 JZGB/Art. 296 VAEZGB kann deshalb nicht abbedungen werden, weil er als Teil der öffentlichen Ordnung anzusehen ist.[457]

a) Abgrenzung vertragliche/deliktische Haftung

Um die Reichweite dieses Verbotes zu bestimmten, soll wie bereits im Rahmen des ÄZGB an dieser Stelle zunächst die Abgrenzung vertragliche/deliktische Haftung im jordanischen/VAE-Schuldrechtsmodell vorgenommen werden. Im Gesetz finden sich hierzu keine Anhaltspunkte.

Nach einer Ansicht in der Literatur soll die deliktische Haftung im Rahmen der vertraglichen Haftung in den Bereichen Anwendung finden, in denen der jordanische/VAE-Gesetzgeber keine Regelungen für die vertragliche Haftung getroffen hat; dies seien insbesondere der Schadensersatz für immaterielle Schäden und die Haftung für dritte Personen.[458] Gegen diese Meinung spricht jedoch entscheidend, dass sie zu einer nicht gewollten Überschneidung von vertraglicher und deliktischer Haftung führen würde. Folglich ist sie abzulehnen.

In den Vereinigten Arabischen Emiraten wird die Abgrenzung zwischen vertraglicher und deliktischer Haftung durch die höchstrichterliche Rechtsprechung im Gleichlauf mit der ägyptischen Rechtsprechung vorgenommen. Der Kassationsgerichtshof Dubai vertritt die Auffassung, dass im Rahmen von Vertragsverletzungen der Rückgriff auf deliktische Ansprüche ausgeschlossen ist, es sei denn,

456 Allgemein zum Ausschluss der decennalen Haftung im JZGB/VAEZGB: الزحيلي, S. 278; الجبوري, الوجيز, Bd. 1, S. 428.

457 الجبوري, الوجيز, Bd. 1, S. 629. Laut Kassationsgerichtshof Dubai liegt der Grund, warum die deliktische Haftung nicht wirksam ausgeschlossen werden kann, darin, dass der Sinn und Zweck von Art. 296 VAEZGB durch die öffentliche Ordnung vorgegeben sei, nämlich das Gebot, dass man vorsichtig handelt. Kassationsgerichtshof Dubai, Entscheidung Nr. 121/1993 vom 7.11.1993, zur Verfügung gestellt von Dr. Klaiber.

458 خاطر/السرحان, S. 356.

der Schaden wird durch grobe Fahrlässigkeit, Vorsatz oder Delikt verursacht.[459] Die Rechtsliteratur unterstützt eine derartige Abgrenzung mit dem Argument, dass eine weitere Aufweichung der Trennung dazu führen würde, dass die zwischen den Parteien vereinbarten Bestimmungen nicht hinreichend zum Tragen kommen.[460] In Jordanien fragt der Kassationsgerichtshof im Rahmen der Abgrenzung danach, wo der Schaden letztlich seinen Ursprung hat. Falls er auf einer Handlung beruht, die mit der Vertragserfüllung verbunden ist, ist die deliktische Haftung ausgeschlossen, es sei denn, der Schaden wurde grob fahrlässig oder vorsätzlich verursacht.[461]

Richtigerweise ist deshalb davon auszugehen, dass die deliktische Haftung im Bereich der vertraglichen Haftung – ausgenommen Fälle von Vorsatz und grober Fahrlässigkeit – keine Anwendung findet.[462]

b) Ausschluss der deliktischen Haftung für eigene leichte Fahrlässigkeit

Wie im Rahmen des ÄZGB muss hier gelten, dass die Unzulässigkeit des Ausschlusses der deliktischen Haftung für jegliche Art von Fahrlässigkeit gelten muss, weil für eine derartige teleologische Reduktion des Art. 270 JZGB/Art. 296 JZGB hinsichtlich eigener leicht fahrlässig verursachter Schäden keine Anhaltspunkte gegeben sind.

459 Kassationsgerichtshof Dubai, Entscheidung Nr. 195/2003 vom 22.6.2003; Entscheidung Nr. 138/94 vom 13.11.1994, zitiert bei Price/Tamimi, S. 391–394; Kassationsgerichtshof Dubai, Entscheidung Nr. 334/1995 und Entscheidung Nr. 56/2004, beide zitiert bei Eltom, S. 12, 13. Ausnahmsweise ist ein Rückgriff auf die deliktische Haftung möglich, falls der Gläubiger seinen Anspruch ursprünglich irrigerweise in der ersten Instanz auf die falsche Anspruchsgrundlage stützt; das Berufungsgericht darf dann – ohne Verstoß gegen die Regeln der Abgrenzung der vertraglichen zur deliktischen Haftung – die Anspruchsgrundlagen austauschen. Siehe Kassationsgerichtshof Dubai, Entscheidung Nr. 290/1990, zitiert bei Eltom, S. 11.

460 Eltom, S. 13.

461 سلطان, مصادر الإلتزام, S. 282, 288, 289.

462 Des Weiteren sprechen in Jordanien/den VAE die im Rahmen der Ausführungen zum ÄZGB an entsprechender Stelle angeführten Gründe dafür, anzunehmen, dass bei einer teleologischen Reduktion der Art. 270 JZGB/Art. 296 VAEZGB im Falle eines Haftungsausschlusses im Rahmen eines Vertrags zugunsten Dritter ebenfalls im Verhältnis Subunternehmer/Sublieferant der Grundsatz gelten muss, dass der Subunternehmer/Sublieferant in Fällen leichter Fahrlässigkeit nicht gegenüber dem Besteller haftet.

c) *Zusammenfassung*

Zusammenfassend lässt sich festhalten, dass die deliktische Haftung grundsätzlich nicht ausgeschlossen werden kann, außer im Rahmen eines Vertragsverhältnisses. Die Haftung für eigene leichte Fahrlässigkeit kann im Bereich der deliktischen Haftung nicht ausgeschlossen werden.

5. Haftungsausschluss durch Verkürzung der Verjährung

Die Haftung kann nicht durch die Verkürzung der Verjährung ausgeschlossen werden, bevor das Recht entstanden ist; laut Art. 463 I JZGB/Art. 487 I VAEZGB ist jede gegenläufige Regelung nichtig. Insbesondere die im Kaufrecht geltende sechsmonatige Gewährleistungsfrist nach Art. 521 JZGB/Art. 555 VAEZGB kann nicht verkürzt werden, weil sie Teil der öffentlichen Ordnung ist.[463] Mithin kann die Verjährung weder für die allgemeine Haftung noch für die Gewährleistungsrechte verkürzt werden. Etwas anderes gilt für die Verkürzung der Gewährleistungsfrist beim Handelskauf in den VAE; hier erklärt Art. 111 I VAEHGB die sechsmonatige Verjährungsfrist ausdrücklich für disponibel. Das JHGB beinhaltet dagegen keine entsprechende Regelung; deshalb gilt aufgrund von Art. 59 I JZGB dasselbe wie im Zivilrecht.

6. Beschränkung des Haftungsumfangs

a) *Generelle Zulässigkeit*

Im Bereich der Beschränkung des Haftungsumfangs finden sich keine Regelungen im JZGB und VAEZGB. Wie oben bereits angemerkt, erkennen die jordanischen und VAE-Gerichte jedoch einen allgemeinen Haftungsausschluss grundsätzlich aufgrund der anerkannten Vertragsfreiheit an.[464] Daher ist auch von der Zulässigkeit einer Beschränkung des Haftungsumfangs aufgrund der Vertragsfreiheit auszugehen.[465]

---

463 So Gemei zu Art. 555 VAEZGB, in: Legal Pluralism in the Arab World, S. 125, 128.

464 Ausnahmen von gesetzlichen Haftungsmindestsummen werden dagegen nicht für wirksam erachtet. Siehe Kassationsgerichtshof Dubai, Entscheidung Nr. 12/1989, zitiert bei Eltom, S. 43, 44.

465 Obwohl nach dem Wortlaut der jeweiligen Vorschriften zum Haftungsumfang mittelbare Schäden und entgangener Gewinn im Anwendungsbereich der vertraglichen Haftung nicht ersatzfähig sind, sollte seitens des Schuldners wegen der bereits oben skizzierten Unsicherheiten hinsichtlich des Haftungsumfangs im jordanischen/

b) Schranken

Nach den hier ebenfalls geltenden allgemeinen Schranken können die Haftung für Vorsatz und grobe Fahrlässigkeit, Delikt, Personenschäden sowie die decennale Haftung durch eine Begrenzung des Haftungsumfangs nicht beschränkt werden.[466]

c) Zusammenspiel mit den Regelungen zum pauschalierten Schadensersatz

Inwieweit ein Gericht darüber hinaus von den in Art. 364 II JZGB/Art. 390 II VAEZGB eingeräumten Eingriffsbefugnissen Gebrauch machen wird, ist fraglich. Eine Ansicht in der Rechtsliteratur geht – wohl gestützt auf den Wortlaut von Art. 364 I JZGB/Art. 390 I VAEZGB – davon aus, dass jegliche Art von Haftungsbeschränkungen unter Art. 364 I JZGB/Art. 390 I VAEZGB mit dem Ergebnis fällt, dass die Art. 364 II JZGB/Art. 390 II VAEZGB anwendbar sind.[467] Für eine Gleichbehandlung von pauschaliertem Schadensersatz und Beschränkungen des Haftungsumfangs lässt sich vorliegend vortragen, dass die Verkürzung des Haftungsumfangs spiegelbildlich faktisch mit einer Eingrenzung des ersatzfähigen Betrags einhergeht; insoweit könnte man durchaus zu einer Bejahung des Tatbestandsmerkmals der Begrenzung der „Höhe der Haftung" i. S. d. Art. 364 I JZGB/ Art. 390 I VAEZGB kommen. Daneben betrifft die Beschränkung des Haftungsumfangs die Rechtsfolgenseite des Anspruchs wie der pauschalierte Schadensersatz.[468] Gegen eine solche Auslegung sprechen jedoch die jeweiligen Gesetzesbegründungen. Nach diesen soll von Art. 364 I JZGB/Art. 390 I VAEZGB die vorherige Absprache hinsichtlich der Höhe des Schadensersatzes erfasst sein, also die Vereinbarung von pauschaliertem Schadensersatz. Haftungsbeschränkungen an sich sind dagegen gerade nicht erwähnt.[469] Für eine Nichterfassung der Beschränkung des Haftungsumfangs spricht aus Sicht des Verfassers darüber hinaus, dass die Beschränkung des Haftungsumfangs gerade nicht die Höhe des Schadensersatzes festlegt, sondern nur einzelne Schadenspositionen für nicht ersatzfähig erklärt. Letztlich wäre es systematisch gesehen – wenn man wie der Verfasser vertritt, dass Haftungsausschlüsse nicht unter Art. 364 I JZGB/Art. 390 I VAEZGB

VAE-Modell in jedem Fall darauf hingewirkt werden, dass die Haftung für mittelbare Schäden und entgangenen Gewinn im Bereich der vertraglichen Haftung ausdrücklich ausgeschlossen wird. So Dr. Klaiber, Interview mit dem Verfasser, 28.4.2011, Dubai.

466 Siehe Art. 358 II, 270, Art. 514 IV, 790 JZGB/Art. 383 II, 296, 545 IV, 882 VAEZGB.

467 خوالده, S. 130, 131 m. w. N.

468 خوالده, S. 131.

469 JZGB-Gesetzesbegründung, Bd. 1, S. 403; VAEZGB-Gesetzesbegründung, S. 394.

fallen – unlogisch, alle sonstigen Haftungsbeschränkungen den weitreichenden Eingriffsbefugnissen des Richters zu unterwerfen. Somit ist richtigerweise davon auszugehen, dass Art. 364 II JZGB/Art. 390 II VAEZGB auf die Begrenzung des Haftungsumfangs keine Anwendung findet. Es besteht allerdings durchaus die Gefahr, dass ein lokales Gericht die entgegengesetzte Meinung vertritt.

d) Zusammenfassung

Zusammenfassend lässt sich feststellen, dass die Vereinbarung einer Beschränkung des Haftungsumfanges, außer im Falle von Vorsatz, grober Fahrlässigkeit, Personenschäden, Delikt und im Bereich der decennalen Haftung, zulässig ist. Folgt man der Ansicht des Verfassers, dass die Beschränkung des Haftungsumfangs nicht unter Art. 364 I JZGB/Art. 390 I VAEZGB subsumiert werden kann, kommt man zu dem Ergebnis, dass Art. 364 II JZGB/Art. 390 II VAEZGB auf eine Beschränkung des Haftungsumfangs keine Anwendung findet.

7. Gesamthaftungsbeschränkung als *overall limitation of liability*

a) Generelle Zulässigkeit

Die Gesamthaftungsbeschränkung als Haftungshöchstsumme ist im jordanischen/VAE-Modell nicht gesetzlich geregelt. Ihre Vereinbarung ist dennoch, gestützt auf den Grundsatz der Vertragsfreiheit, möglich. Ebenso lassen sich die Artikel 364 I JZGB und 390 I VAEZGB für deren generelle Zulässigkeit anführen, wonach die Parteien durch vorherige Absprache die Höhe des Schadensersatzes im Vertrag regeln können.[470]

b) Schranken

Die Gesamthaftungsbeschränkung als *overall limitation of liability* fällt unter die allgemeinen Schranken für Haftungsbeschränkungen. Sie ist dann unwirksam, wenn sie die Haftung für Vorsatz und grobe Fahrlässigkeit, Personenschäden, Delikt oder die decennale Haftung betrifft.

c) Zusammenspiel mit den Regelungen zum pauschalierten Schadensersatz

Problematisch ist an dieser Stelle, ob ein Gericht die Gesamthaftungsbeschränkung in Form einer Haftungshöchstsumme unter Art. 364 II JZGB/Art. 390 II

470 خوالده, S. 130.

VAEZGB fassen wird.[471] Die Gesamthaftungsbeschränkung lässt sich durchaus unter die vorherige Absprache der Höhe des Schadensersatzes i. S. d. Art. 364 II JZGB/Art. 390 II VAEZGB subsumieren. Daneben hat sie auch dieselbe Funktion wie der pauschalierte Schadensersatz, nämlich nur eine Beweislastumkehr.[472] Daher sprechen nach Ansicht des Verfassers die besseren Gründe dafür, die Regelungen zum pauschalierten Schadensersatz auf die Gesamthaftungsbeschränkung als Haftungshöchstsumme anzuwenden.[473]

d) Zusammenfassung

Gesamthaftungsbeschränkungen als *overall limitation of liability* sind grundsätzlich wirksam; allerdings können diese für Vorsatz, grobe Fahrlässigkeit, Personenschäden, Delikt und im Bereich der decennalen Haftung nicht vereinbart werden. Die Haftungshöchstsumme kann nach der hier vertretenen Meinung nach Art. 364 II JZGB/Art. 390 II VAEZGB nach oben oder unten dem tatsächlich eingetretenen Schaden angepasst werden. Somit hat die Gesamthaftungsbeschränkung als Haftungshöchstsumme außer einer Beweislastumkehr keine rechtliche Wirkung. Dennoch ist ihre Vereinbarung ratsam, da ein lokales Gericht unter Umständen davon ausgeht, dass die Art. 364 II JZGB/Art. 390 II VAEZGB keine Anwendung finden.

8. Gesamthaftungsbeschränkung als *sole remedy clause*

a) Generelle Zulässigkeit

Es existiert keine ausdrückliche Regelung; dennoch ist die Vereinbarung einer Gesamthaftungsbeschränkung als *sole remedy clause* nach Ansicht des Verfassers aufgrund der Vertragsfreiheit grundsätzlich möglich.

b) Schranken

Zunächst muss die Gesamthaftungsbeschränkung als *sole remedy clause* als Haftungsbeschränkung die allgemeinen Grenzen einhalten, d. h., der Ausschluss der Haftung ist für Vorsatz und grobe Fahrlässigkeit, Personenschäden, absichtlich

471 خوالده, S. 131.

472 Der pauschalierte Schadensersatz hat – wie im Folgenden noch näher dargestellt wird – weder eine Pauschalierungsfunktion noch wirkt er als Höchstbetrag, weil der Richter ihn nach Art. 364 II JZGB/Art. 390 II VAEZGB bei dem Beweis des Auseinanderfallens von eingetretenem Schaden und pauschaliertem Schaden stets anpassen muss.

473 خوالده, S. 130, 131.

verschleierte Mängel (falls sie die Gewährleistungsrechte des Käufers beschränkt), Delikt und im Bereich der decennalen Haftung unzulässig.

c) Zusammenspiel mit den Regelungen zum pauschalierten Schadensersatz

Die Regelungen zum pauschalierten Schadensersatz finden dann Anwendung, wenn die Gesamthaftungsbeschränkung als *sole remedy clause* auf die Bezahlung eines pauschalierten Betrags gerichtet ist. In diesem Fall ist eine Bestimmung der „Höhe des Haftung" i. S. d. Art. 364 I JZGB/Art. 390 I VAEZGB gegeben. Deshalb stehen dem Gericht die unten noch näher darzustellenden Eingriffsbefugnisse nach Art. 364 II JZGB/Art. 390 II VAEZGB zu.

d) Zusammenfassung

Vor diesem Hintergrund ist es schwer vorhersehbar, ob das Gericht eine Gesamthaftungsbeschränkung als *sole remedy clause* als wirksam ansehen wird; in jedem Fall ist sie bei Vorsatz, grober Fahrlässigkeit, Delikt oder absichtlich verschwiegenen Mängeln unwirksam. Ihre Vereinbarung ist dennoch empfehlenswert, da immer die Möglichkeit besteht, dass der jeweilige Richter die Klausel doch aufrechterhält.[474]

9. Ausschluss der Produkthaftung

Im jordanischen Recht bestimmt sich der Ausschluss der Produkthaftung mangels einer Kodifizierung nach den allgemeinen Regeln, d. h., die Haftung kann nach der hier vertretenen Meinung grundsätzlich im Bereich der vertraglichen Haftung für leichte Fahrlässigkeit ausgeschlossen werden.[475] Dagegen kann ein Produzent seine Haftung für Vorsatz und grobe Fahrlässigkeit, Delikt, absichtlich verschleierte Mängel und Personenschäden vertraglich nicht ausschließen.

Art. 16 des VAE-Produkthaftungsgesetzes legt ausdrücklich fest, dass die Parteien die sich aus dem Produkthaftungsgesetz ergebenden Ansprüche nicht vertraglich abbedingen können. Daher steht ein Produzent in den VAE, anders als in Jordanien, schlechter da als ein normaler Verkäufer.

474 Dr. Klaiber, Interview mit dem Verfasser, 28.4.2011, Dubai.

475 Die jordanische Rechtsliteratur verweist hier zwar auf die französische Rechtsprechung zur Produzentenhaftung; über deren Rezeption durch die jordanische Rechtsprechung liegen dem Autor dieser Arbeit allerdings keine Informationen vor. Siehe خاطر/السرحان, S. 324.

10. Ausschluss der Haftung für Dritte

Sowohl im JZGB als auch im VAEZGB fehlt es an einer Vorschrift, die den Parteien die Möglichkeit des Ausschlusses der Haftung für Dritte einräumt.[476]

a) Ausschluss der vertraglichen Haftung für Dritte

Fraglich ist, ob im Bereich der vertraglichen Haftung ein Haftungsausschluss für Dritte für zulässig zu erachten ist. Dafür spricht neben der Vertragsfreiheit, dass die Rechtsprechung durch die analoge Anwendung von Art. 358 II JZGB/Art. 383 II VAEZGB die Möglichkeit von allgemeinen Haftungsausschlüssen bei Vorsatz und grober Fahrlässigkeit für unzulässig erachtet und so zu demselben Ergebnis wie Art. 217 II 1. HS. ÄZGB gelangt. Lässt man nun den Ausschluss der Haftung für eigene Pflichtverletzungen im Bereich der vertraglichen Haftung zu, muss dies erst recht für die vertragliche Haftung dritter Personen gelten, der sich der Schuldner bei Erfüllung seiner Verbindlichkeit bedient. Richtigerweise ist daher davon auszugehen, dass der Ausschluss der vertraglichen Haftung für Dritte zulässig ist.[477] Allerdings müssen hier nach Ansicht des Verfassers mangels einer Art. 217 II 2. HS. ÄZGB entsprechenden Vorschrift dieselben Schranken gelten wie bei allgemeinen Haftungsfreizeichnungsklauseln, d. h., der Schuldner kann analog Art. 358 II JZGB/Art. 383 II VAEZGB seine vertragliche Haftung für Dritte für vorsätzlich und grob fahrlässig herbeigeführte Schäden nicht abbedingen.

b) Ausschluss der deliktischen Haftung für Dritte

Es stellt sich die Frage, ob die deliktische Haftung für dritte Personen ausgeschlossen werden kann. Zum einen lässt sich gestützt auf Art. 270 JZGB/Art. 296 VAEZGB argumentieren, dass den Parteien der Ausschluss der deliktischen Haftung nicht möglich ist, da Art. 270 JZGB/Art. 296 VAEZGB nicht zwischen der Haftung für eigenes Fehlverhalten und dem Fehlverhalten dritter Personen differenziert. Zum anderen existiert im JZGB/VAEZGB keine Art. 217 II 2. HS. ÄZGB entsprechende Ausnahmevorschrift für die Haftung für Dritte. Deshalb ist richtigerweise der Ausschluss der deliktischen Haftung für Dritte als nichtig anzusehen.[478] Folglich kommt es auf die Abgrenzung der Geschäftsherrenhaftung von der vertraglichen Haftung für Dritte an. Der Verfasser geht bei Zugrundelegung der

---

476 Allgemein zum Ausschluss der Haftung für Dritte im JZGB/VAEZGB: الفضل, S. 233.

477 الفضل, S. 233.

478 Hiervon geht auch الفضل aus, ohne zwischen vertraglicher und deliktischer Haftung für Dritte zu differenzieren; siehe S. 233.

bereits oben dargestellten Abgrenzung von vertraglicher und deliktischer Haftung davon aus, dass die Geschäftsherrenhaftung bei gleichzeitigem Vorliegen der vertraglichen Haftung für Dritte ausgeschlossen ist und daher ihr Ausschluss indirekt über den Ausschluss der vertraglichen Haftung für Dritte möglich ist.[479]

c) Zusammenfassung

Die besseren Gründe sprechen dafür, anzunehmen, dass die vertragliche Haftung für Personen außer für vorsätzlich und grob fahrlässig herbeigeführte Schäden ausgeschlossen werden kann. Daneben geht der Verfasser davon aus, dass sich ein Schuldner von seiner Geschäftsherrenhaftung überhaupt nicht freizeichnen kann. Dennoch kann die Geschäftsherrenhaftung nach der hier vertretenen Meinung indirekt über die Freizeichnung von der vertraglichen Haftung für Dritte aufgehoben werden.

II. Ausschluss und Beschränkung der Haftung bei im Rahmen von öffentlichen Ausschreibungen abgeschlossenen Verträgen und Musterverträgen

1. Öffentliche Ausschreibungen

Weder die JAR noch die dazugehörige Durchführungsverordnung von 1987 beinhalten Bestimmungen zu Haftungsbeschränkungen und –ausschlüssen. Daher ist davon auszugehen, dass, soweit die jordanischen Standardverträge keine entsprechenden Regelungen enthalten, auf die entsprechenden Ausführungen im JZGB Rückgriff genommen werden kann.

Der jordanische Standardvertrag enthält keine Regelungen zu Haftungsbeschränkungen und -ausschlüssen. Für die generelle Möglichkeit, Haftungsbeschränkungen und -ausschlüsse im Rahmen des jordanischen Standardvertrags zu vereinbaren, spricht entscheidend, dass dessen Einleitung der öffentlich-rechtlichen Seite ausdrücklich die Möglichkeit einräumt, den jordanischen Standardvertrag abzuändern. Damit gelten für die Zulässigkeit und Schranken von Haftungsbeschränkungen die unter I. erfolgten Ausführungen.

Dagegen enthält der jordanische Standardvertrag für Bauprojekte in Unterklausel 17.6 der allgemeinen Bestimmungen – wie Unterklausel 17.6 der FIDIC-Bedingungen – in Absatz 1 eine Beschränkung des Haftungsumfangs und in

479 Dem Verfasser liegt insoweit keine einschlägige Rechtsprechung vor. Es kann daher nicht ausgeschlossen werden, dass ein Gericht in Jordanien/den VAE zu einem anderen Ergebnis kommt.

Absatz 2 eine Gesamthaftungsbeschränkung in Form einer Haftungshöchstsumme. Aufgrund der Klarstellung in Unterklausel 17.6 III hält er die für Haftungsbeschränkung geltenden Grenzen grundsätzlich ein, denn dieser besagt, dass die Beschränkung des Haftungsumfangs und die Gesamthaftungsbeschränkung als *overall limitation of liability* im Falle von Vorsatz und grober Fahrlässigkeit keine Anwendung finden. Hinsichtlich der Wirkung von Unterklausel 17.6 bestehen jedoch seitens des Verfassers erhebliche Zweifel. Zum einen ist nach der von dem Verfasser vertretenen Ansicht davon auszugehen, dass die Gesamthaftungsbeschränkung als *overall limitation of liability* unter die Eingriffsbefugnisse des Richters nach Art. 364 II JZGB fällt. Zum anderen ist sowohl die Beschränkung des Haftungsumfangs als auch die Gesamthaftungsbeschränkung im Hinblick auf die decennale Haftung nach Art. 790 JZGB als nichtig anzusehen. Mithin besteht die Gefahr, dass ein jordanisches Gericht die in Unterklausel 17.6 enthaltenen Haftungsbeschränkungen nicht aufrechterhält.

In den VAE enthalten weder das VAEAG noch das Handbuch zu öffentlichen Ausschreibungen in Abu Dhabi oder das Ausschreibungsgesetz Dubai Ausführungen zu Haftungsbeschränkungen und -ausschlüssen. Insoweit ist auf die im Rahmen des VAEZGB gemachten Ausführungen Rückgriff zu nehmen.[480]

Der dubaier Standardvertrag für Bauprojekte sieht in Art. 8 a) seiner allgemeinen Bestimmungen für die decennale Haftung eine Gesamthaftungsbeschränkung auf die Kosten der Wiederherstellung vor. Die Wirksamkeit einer derartigen Haftungsbeschränkung ist im Hinblick auf Art. 882 VAEZGB höchst zweifelhaft; es besteht die Gefahr, dass ein dubaier Gericht eine derartige Haftungsbeschränkung für nichtig erklärt. Dasselbe gilt für die in Art. 22.1 b) der allgemeinen Bestimmungen enthaltenen Gesamthaftungsbeschränkungen für die Schadloshaltung bei Personenschäden oder Schäden am Eigentum außer dem Werk, denn nach den im VAEZGB geltenden Regeln kann die Haftung für Personenschäden und die deliktische Haftung wegen Art. 296 VAEZGB nicht beschränkt werden. Selbst wenn man die jeweilige Gesamthaftungsbeschränkung als wirksam ansieht, besteht die Gefahr, dass ein Gericht in den VAE seine Eingriffsbefugnisse nach Art. 390 II VAEZGB für die Abänderung der Höhe der Gesamthaftungsbeschränkung nutzt.

480 Angemerkt sei an dieser Stelle, dass aufgrund der Konzeption der Vertragsstrafe als Mindestbetrag auf Bundesebene sowie in Dubai und Abu Dhabi der Schuldner in jedem Fall auf das Einfügen einer Gesamthaftungsbeschränkung als Haftungshöchstsumme im Rahmen der Vertragsverhandlungen hinwirken sollte, selbst wenn man davon ausgeht, dass ihr nur die Wirkung einer Beweislastumkehr zukommt.

Hinsichtlich des abu-dhabischen Standardvertrags für Bauprojekte sei auf die zum jordanischen Standardvertrag erfolgten Ausführungen verwiesen, da beide Verträge dieselben Bestimmungen in Unterklausel 17.6 ihrer allgemeinen Bestimmungen enthalten.

2. FIDIC-Bedingungen

Die in Unterklausel 17.6 der FIDIC-Bedingungen enthaltene Beschränkung des Haftungsumfangs und die Gesamthaftungsbeschränkung sind im Hinblick auf die decennale Haftung nichtig.[481] Darüber hinaus besteht Gefahr, dass ein jordanisches/VAE-Gericht von seinen Eingriffsbefugnissen nach Art. 364 II JZGB/Art. 390 II VAEZGB zumindest hinsichtlich der Gesamthaftungsbeschränkung Gebrauch macht. Um Wiederholungen zu vermeiden, sei im Übrigen auf die im Rahmen des jordanischen Standardvertrags für Bauprojekte erfolgten Ausführungen verwiesen. Nach alledem bietet Unterklausel 17.6 der FIDIC-Bedingungen dem Werkunternehmer nur begrenzt Schutz.

3. Allgemeine Geschäftsbedingungen

Das JZGB/VAEZGB enthält keine Regelungen zu AGBs. Allerdings räumen Art. 204 JZGB/Art. 248 VAEZGB bei Bejahung eines Adhäsionsvertrags dem Richter Eingriffsbefugnisse ein, durch die dieser einen Vertrag entsprechend anpassen kann.[482] Liegt ein Adhäsionsvertrag vor und enthält er ungerechte Vertragsbedingungen in Form einer Haftungsbegrenzung oder eines Haftungsausschlusses, kann der Richter die Haftungsbeschränkung oder den Haftungsausschluss entweder anpassen oder für nichtig erklären.[483]

III. Gestaltung von Vertragsklauseln

Nach alledem muss ein Haftungsausschluss oder eine Haftungsbegrenzung, um vollständig wirksam zu sein, die Haftung für Vorsatz, grobe Fahrlässigkeit, absichtlich verschleierte Mängel, die decennale Haftung, Delikt und die Haftung

---

481 So für die VAE: Klaiber, S. 88.

482 Zum Adhäsionsvertrag sei auf die im Rahmen des ÄZGB erfolgten Ausführungen verwiesen.

483 Es sprechen gute Gründe dafür, anzunehmen, dass ein Haftungsausschluss oder eine Haftungsbegrenzung eine ungerechte Vertragsbedingung darstellen. Eine solche liegt dann vor, wenn einem Konsumenten aufgrund seiner schwachen Verhandlungsposition die ihm nach dem Gesetz zustehenden Rechte vorenthalten werden.

für Personenschäden aus seinem/ihrem Anwendungsbereich herausnehmen. Angemerkt sei, dass selbst wenn die Vertragsklausel einen Haftungsausschluss oder eine Haftungsbeschränkung enthält, der/die unwirksam ist, es in der Regel zu erwarten ist, dass das Gericht diesen/diese im Übrigen aufrechterhalten wird.[484]

C. Das saudi-arabische Modell

In dem letzten Teil zu Haftungsausschlüssen und -beschränkungen soll das saudi-arabische Modell untersucht werden.

I. Haftungsbeschränkungen und -ausschlüsse im islamischen Recht und in der Rechtsprechung

1. Ausschluss der Vertragshaftung

a) Generelle Zulässigkeit

Mangels einer Kodifizierung zum allgemeinen Schuldrecht in Saudi-Arabien gibt es keine Bestimmung zu der Zulässigkeit und Schranken von Haftungsausschlüssen und -beschränkungen.[485] Zur Beantwortung, ob diese im islamischen Recht zulässig sind, soll in einem ersten Schritt erläutert werden, ob Nebenabreden (*šurūṭ*) nach islamischem Recht überhaupt zulässig sind, um in einem zweiten Schritt zu klären, ob Haftungsausschlüsse innerhalb der für Nebenabreden bestehenden Grenzen zulässig sind.[486]

i) Die Zulässigkeit von Nebenabreden nach islamischem Recht

Es stellt sich zunächst die Frage, ob Nebenabreden, die nur einer Vertragspartei nutzen, nach islamischem Recht zulässig sind.[487]

---

484 Dem Autor dieser Arbeit sind keine Fälle bekannt, in denen ein jordanisches/VAE-Gericht einen Haftungsausschluss vollständig für unzulässig erklärt hätte.

485 Krüger, FS Geimer, S. 485, 494.

486 Grund hier ist, dass die klassische Lehre die Zulässigkeit der vom Nominalvertrag abweichenden Regelungen nicht unter dem Stichwort der Vertragsfreiheit abhandelt, sondern vielmehr unter der Zulässigkeit von Nebenabreden. Siehe Rayner, S. 91.

487 Allgemein zur Zulässigkeit von Nebenabreden: Arabi, S. 39–62; Comair-Obeid, S. 31–40; Rayner, S. 90–100; السنهوري, مصادر الحق, Bd. 3, S. 101–176; اليمني, S. 68–127;

(1) Der hanafitische, schafiitische und malikitische Standpunkt

Die Hanafiten, Schafiiten und Malikiten teilten Nebenabreden in vier Kategorien ein; die ersten drei Kategorien sind wirksam, wohingegen die vierte Kategorie nichtig ist.[488] Auf alle Kategorien soll im Folgenden näher eingegangen werden.

Der ersten Kategorie von Nebenabreden gehören die Nebenabreden an, die der Vertrag bedingt (*aš-šarṭ al-laḏī yaqtaḍīh al-'aqḍ*); sie liegen in der Natur des Vertrags und beinhalten keine über die von der Scharia vorgesehenen Wirkungen des Vertrags.[489] Die zweite Kategorie von Nebenabreden setzt sich aus Nebenabreden zusammen, die nicht durch die Natur des Vertrags bedingt sind, aber dem Interesse des Vertrags dienen (*aš-šarṭ al-mulā'im lī l-'aqḍ*).[490] Bei der dritten Kategorie handelt es sich um Nebenabreden, die gemäß der allgemeinen Übung, also gewohnheitsrechtlich anerkannt sind (*aš-šarṭ al-laḏī fī t-ta'āmul*).[491]

Im Gegensatz zu den ersten drei Kategorien gibt es eine vierte Kategorie von Nebenvereinbarungen, die stets unwirksam sind (*aš-šarṭ al-fāsid*) und zur Unwirksamkeit des Vertrags führen. Innerhalb dieser Gruppe unterscheiden die drei Rechtsschulen zwischen unsicheren, unfairen Nebenabreden, Nebenabreden, die gegen islamische Verbote verstoßen, und Nebenabreden, die nur für eine Vertragspartei von Nutzen sind.[492] Zur Begründung der Unwirksamkeit letzterer Unterkategorie von Nebenabreden führen die Hanafiten zum einen das Prophetenwort an, demzufolge ein Vertrag innerhalb eines anderen

---

Gutachten des Rats der Islamgelehrten, مجلة البحوث الإسلامية 2 (1395–1396 H.), S. 59, 97–139.

488 Für eine diffizile Übersicht über die Zulässigkeit von Nebenabreden in der hanafitischen, schafiitischen und malikitischen Rechtsschule siehe: السنهوري, مصادر الحق, Bd. 3, S. 121–160; اليمني, S. 74–97.

489 الكاساني, بدائع, Bd. 5, S. 171; السنهوري, مصادر الحق, Bd. 3, S. 106–108; Art. 186 der Mağalla. الكاساني führt als Beispiel die Eigentumsübertragung im Rahmen eines Kaufvertrags an.

490 الكاساني, بدائع, Bd. 5, S. 171; السنهوري, مصادر الحق, Bd. 3, S. 108–118. Siehe auch Art. 187 der Mağalla. Die Malikiten und Schafiiten sind bei der Bestimmung des Anwendungsbereichs dieser Kategorie deutlich großzügiger als die Hanafiten. Siehe السنهوري, مصادر الحق, Bd. 3, S. 112–116. Nach der hanafitischen Rechtsschule sind diese Nebenabreden grundsätzlich verboten, können allerdings ausnahmsweise durch das sogenannte istiḥsān-Prinzip für zulässig erklärt werden. Siehe السنهوري, مصادر الحق, Bd. 3, S. 116. Allgemein zum Begriff istiḥsān: Rohe S. 64–66.

491 السنهوري, مصادر الحق, Bd. 3, S. 118–120. الكاساني begründet die Wirksamkeit einer derartigen Nebenabrede damit, dass die allgemeine Übung mehr wiege als das Analogieverbot. Als Beispiel hierfür nennt er den istiṣnā'-Vertrag. Siehe بدائع, Bd. 5, S. 172. Siehe auch Art. 188 der Mağalla.

492 Arabi, S. 49; الكاساني, بدائع, Bd. 5, S. 168.

Vertrags unwirksam sei.[493] Zum anderen tragen sie vor, dass eine Nebenabrede, die weder durch den Vertrag noch durch allgemeine Übung bedingt sei und nur eine Vertragspartei begünstige, deshalb unwirksam sei, weil sie gegen das ribā-Verbot[494] verstoße.[495]

Zusammenfassend lässt sich sagen, dass die Anhänger der klassischen hanafitischen, schafiitischen und malikitischen Rechtsschule Nebenabreden nur ausnahmsweise für zulässig erklären. Insbesondere Nebenabreden, die nur einer Vertragspartei zum Nutzen gereichen, sind nichtig.

(2) Die hanbalitische Rechtsschule

Im Gegensatz hierzu stehen die Ausführungen zu Nebenabreden der herrschenden Meinung innerhalb der hanbalitischen Rechtsschule.[496] Die Hanbaliten gehen zwar grundsätzlich von der gleichen Einteilung der Nebenabreden wie die anderen drei Rechtsschulen aus, denn sie unterteilen diese in Nebenabreden, die die Natur des Vertrags bedingt, Nebenabreden, die dem Vertrag dienen, und solchen Nebenabreden, die weder unter die erste noch die zweite Kategorie fallen, aber gewohnheitsrechtlich anerkannt sind.[497] Allerdings gehen sie innerhalb der letzten Gruppe davon aus, dass Nebenabreden, die nur zum Vorteil einer der Vertragsparteien vereinbart werden, solange als wirksam anzusehen sind, bis der Beweis dafür erbracht werden kann, dass die Scharia diese verbietet und

493 Arabi, S. 50; الكاساني, بدائع, Bd. 5, S. 173.

494 Nach geläufiger Definition ist hierunter Folgendes zu verstehen: „der unzulässige Profit oder Gewinn, der aus einem Ungleichgewicht des Gegenwerts zweier gegenseitiger Vorteile während des Austausches zweier oder mehrerer Artikel derselben Art oder Gattung, die von demselben wirksamen Grund reguliert werden, entsteht“. Siehe Saleh, Unlawful Gain and Legitimate Profit in Islam, S. 16. Allgemein zum ribā-Verbot: Amereller, Hintergründe des „Islamic Banking“, S. 44–71; Ballantyne, Commercial Law in the Middle East, S. 121–128; Comair-Obeid, S. 43–54; الجزيري, كتاب الفقه على المذاهب الأربعة, Bd. 2, S. 221–242; Rayner, S. 266–289; Rohe, S. 112–114; Saleh, Unlawful Gain and Legitimate Profit in Islamic Law, S. 11–43; Schacht, Introduction to Islamic Law, S. 145, 146; ders., Grundzüge des islamischen Rechts, S. 62 ff.; السنهوري, مصادر الحق, Bd. 3, S. 186–249; Vogel/Hayes, S. 73–87; Wichard, S. 180–215.

495 Arabi, S. 51; الكاساني, بدائع, Bd. 5, S. 169.

496 Allgemein zur Zulässigkeit von Nebenabreden in der hanbalitischen Rechtsschule: Krüger, ZVglRWiss 1998, S. 360, 366, 367; السنهوري, مصادر الحق, Bd. 3, 161–172; اليمني, S. 98–106.

497 السنهوري, مصادر الحق, Bd. 3, 161–163; اليمني, S. 98, 99.

sie daher nichtig sind.[498] Unter anderem werden hierfür Prophetenworte angeführt, die den Grundsatz ausdrücken, dass Muslime an ihre vertraglich vereinbarten Bedingungen gebunden sind (*al-muslimūn ʿalā šurūṭihim*).[499] Gemäß Ibn Taīmīya sind Nebenabreden nur in zwei Fällen unwirksam: Erstens dürfen sie nicht die rechtlich vorgesehenen Wirkungen des Vertrags verhindern und zweitens dürfen sie nicht gegen im Koran oder in einem Prophetenwort ausdrücklich enthaltene Verbote verstoßen.[500] Folglich geht die hanbalitische Rechtsschule davon aus, dass nur solche Nebenabreden unzulässig und damit unwirksam sind, die gegen das ġarar-Verbot[501], das ribā-Verbot oder die Grundlagen des Vertrags verstoßen.[502]

---

498 مجمعات فتاوى, بن تيمية, Bd. 3, S. 327–329, 336, 337. Folglich gehen die Hanbaliten gleichzeitig davon aus, dass Vertragsparteien nicht auf die bestehenden Nominalverträge beschränkt sind. Siehe auch Laoust, S. 445, 447, 449, 452; بن قيم الجوزية, الموقعين عن رب العالمين إعلام, Bd. 1, S. 299 ff.

499 Es handelt sich hierbei um eine islamisch-rechtliche Version von *pacta sunt servanda*. So auch Dr. Faḍl, Interview mit dem Verfasser, 11.12.2012, Riad. Für eine ausführliche Darstellung der Prophetenworte siehe اليمني, S. 99–102.

500 Siehe das Gutachten des Rats der Islamgelehrten zur Zusammenfassung der Ansicht von بن تيمية, البحوث الإسلامية مجلة 2 (1395–1396 H.), S. 59, 130–132. السنهوري setzt diesen Test mit den aus dem westlichen Recht bekannten Schranken „Gesetz und öffentliche Ordnung" gleich. Siehe مصادر الحق, Bd. 3, S. 172.

501 Allgemein ist unter *ġarar* jedes Element im Zusammenhang mit einer Chance, Unsicherheit, Risiko oder einer anderen Art von Spekulation zu verstehen, das zu einem unzulässigen Gewinn führt, der durch die religiösen und damit moralischen Grundregeln ausgeschlossen ist. Siehe Comair-Obeid, S. 58. Im Rahmen des ġarar-Verbots kommen drei Elemente zusammen: Risiko, Unsicherheit und Spekulation. Zulässig sind deshalb nur solche Geschäfte, bei denen die Vertragsleistung hinreichend bestimmt und erfüllbar ist. Das Verbot resultiert daraus, dass ein solcher Erwerb zu einem Risiko führt, das mit großer Wahrscheinlichkeit das Gleichgewicht des Vertrags zugunsten der einen Vertragspartei und zulasten der anderen Vertragspartei verschiebt. Das ġarar-Verbot wurde zwar anhand von Fallbeispielen zum Kaufvertrag entwickelt, wird allerdings im Wege der Analogie auf andere Kaufverträge übertragen. Über den genauen Anwendungsbereich des ġarar-Verbots besteht Uneinigkeit unter den Fiqh-Gelehrten. Zur Bestimmung, wann ein Verstoß gegen das ġarar-Verbot vorliegt, haben die Rechtsschulen eine Vielzahl von Fallgruppen entwickelt. Haftungsausschlüsse werden dabei allerdings nicht behandelt. Siehe zu allem: Comair-Obeid, S. 58–64; Coulson, Commercial Law in the Gulf States – The Islamic Legal Tradition, S. 44; Rohe, S. 114; Saleh, Unlawful Gain and Legitimate Profit in Islamic Law, S. 62–106; Vogel/Hayes, Islamic Law and Finance, S. 63, 64; Wichard, S. 148–179. Siehe auch Art. 197, 198, 200, 213 der Maǧalla.

502 السنهوري, مصادر الحق, Bd. 3, 163–172; اليمني, S. 103.

Sowohl der saudische Gesetzgeber als auch die saudische Rechtsprechung und der Rat der Islamgelehrten erkennen die grundsätzliche Zulässigkeit von Nebenabreden im Gleichlauf zur hanbalitischen Rechtsschule und damit die Vertragsfreiheit an.[503] Nach alledem ist davon auszugehen, dass nach hanbalitischem Recht Nebenabreden, die nur einer der Vertragsparteien nutzen, wirksam vereinbart werden können.[504]

ii) Zulässigkeit von Haftungsausschlüssen als Nebenabreden

Es stellt sich die Frage, ob Haftungsausschlüsse überhaupt wirksam vereinbart werden können. Eine Ansicht geht davon aus, dass Haftungsausschlüsse und -begrenzungen im islamischen Recht generell unzulässig sind.[505] Hintergrund dieser Ansicht sind wohl die bereits oben dargestellten Prinzipien *lā ḍarar wa lā ḍirār* und *aḍ-ḍarar yuzāl*. Aus der oben erfolgten Darstellung, insbesondere dem Grundsatz, dass „Muslime an ihre Vertragsbedingungen gebunden sind", folgt eindeutig, dass Nebenabreden wie Haftungsausschlüsse grundsätzlich wirksam vereinbart werden können.[506] Folglich ist die Ansicht, die Haftungsausschlüsse im islamischen Recht generell für unzulässig erklärt, abzulehnen. Vielmehr können der nach der hanbalitischen Rechtsschule anerkannte Grundsatz der Vertragsfreiheit sowie der des *pacta sunt servanda* fruchtbar gemacht werden, um zu begründen, dass Haftungsausschlüsse und Haftungsbeschränkungen wirksam vereinbart werden können.[507]

Des Weiteren ist darauf einzugehen, ob ein Verstoß gegen ein ausdrückliches Verbot des islamischen Rechts, insbesondere das ġarar-Verbot und das ribā-Verbot, gegeben ist.[508]

---

503 So bestimmt bspw. Art. 5 der handelsrechtlichen Regelungen von 1931 (Königliche Verordnung Nr. 32 v. 1350 H./1931 i. d. F. von Königliche Verordnung Nr. M/2 v. 1390/1970), dass Verträge zwischen Kaufleuten wirksam sind, vorausgesetzt, keine ihrer Bestimmungen verstößt gegen die Scharia. Siehe auch Gutachten des Rats der Islamgelehrten, مجلة البحوث الإسلامية 2 (1395–1396 H.), S. 59, 140.

504 Selbst die heutigen Anhänger der hanafitischen Rechtsschule haben sich der hanbalitischen Rechtsschule und dem Grundsatz der Vertragsfreiheit angenähert.

505 العلايلي, النظرية العامة للعقود, Bd. 2, S. 90.

506 السنهوري, مصادر الحق, Bd. 3, 151; Dr. Faḍl, Interview mit dem Verfasser, 11.12.2012, Riad; az-Zubaīr, Interview mit dem Verfasser, 12.12.2012, Riad.

507 Dr. Faḍl, Interview mit dem Verfasser, 11.12.2012, Riad; az-Zubaīr, Interview mit dem Verfasser, 12.12.2012, Riad.

508 Gutachten des Rats der Islamgelehrten, مجلة البحوث الإسلامية 2 (1395–1396 H.), S. 59, 128–132.

(1) Kein Verstoß gegen das ġarar-Verbot

Es stellt sich zunächst die Frage, ob ein solcher Haftungsausschluss nicht gegen das für Nebenabreden geltende ġarar-Verbot verstößt. Insbesondere stellt sich die Frage, ob sich ein Verbot von Haftungsausschlüssen aus einer Analogie zum Verbot des Risikokaufvertrags (*baīy' al-ġarar*) herleiten lässt. Die Mehrheit der klassischen Stimmen in der hanbalitischen Rechtsschule sieht den teilweisen und vollständigen Ausschluss der Gewährleistungsrechte (*baīy' al-bar'a*) des Käufers als nichtig an.[509] Zur Begründung der Nichtigkeit lässt sich wohl das baīy' al-ġarar-Verbot[510] heranziehen, weil ein solcher Gewährleistungsausschluss für alte Mängel einen zukünftigen Mangel impliziere.[511] Ein Kaufvertrag mit einem Gewährleistungsausschluss stelle einen verbotenen Risikokaufvertrag dar.[512] Bei Berücksichtigung dieser Ansicht könnte man im Wege einer Analogie einen Haftungsausschluss wegen eines Verstoßes gegen das ġarar-Verbot für unzulässig erklären. Gegen diese Ansicht spricht zum einen, dass man aufgrund des Gewährleistungsausschlusses durchaus dazu kommen kann, dass ein an sich verbotener *baīy' al-ġarar* vorliegt, weil dieser den Käufer dem Risiko ausgesetzt, dass er mit einer mangelhaften Sache belastet wird, aber der Sinn und Zweck des Verbots des *baīy' al-ġarar* nicht greift.[513] Dessen Sinn und Zweck ist es, die Gefahr eines Streits zu verhindern.[514] Es soll Unsicherheiten vorbeugen, die einen Rechtsstreit zwischen Käufer und Verkäufer auslösen können, und dadurch die Erfüllung des Kaufvertrags verhindern.[515] Im Gegensatz zu den Folgen eines Risikokaufvertrags wird bei einem Kaufvertrag, der einen Gewährleistungsausschluss beinhaltet, die Gefahr eines Rechtsstreits nicht erhöht, sondern beseitigt oder zumindest verringert.[516] Zum anderen kann zur Begründung der Wirksamkeit von Gewährleistungsausschlüssen ein Erst-recht-Schluss aus der einschränkenden Auslegung des Prinzips der hinreichenden Konkretisierung des

509 Art. 429 der al-Qārī Maǧalla; الزحيلي, S. 77, Fn. 1 m. w. N. Daher ist die Aussage von Nerz, S. 51, dass eine Beschränkung der kaufrechtlichen Gewährleistungsrechte für versteckte Sachmängel grundsätzlich zulässig ist, nur hinsichtlich der hanafitischen Rechtsschule richtig. In Bezug auf die in Saudi-Arabien geltende hanbalitische Rechtsschule ist sie falsch.

510 Zum Begriff des *baīy' al-ġarar* siehe Wichard, S. 162.

511 Az-Zubaīr, Interview mit dem Verfasser, 12.12.2012, Riad.

512 Ebd.

513 Wiedensohler, S. 101.

514 Ebd.

515 Wichard, S. 149.

516 باز, شرح المجلة, Bd. 1, S. 184; Wiedensohler, S. 101, 102.

Kaufobjektes der hanbalitischen Rechtsschule gezogen werden.[517] Wiedensohler argumentiert hierbei wie folgt:

> *„Es ist unzweifelhaft, dass die Parteien rechtsgültig auf die Konkretisierung des Kaufobjekts verzichten können, wenn das Geschäft in dieser bestimmten Form, [...], das Risiko eines Prozesses gegenüber dem Kauf der konkretisierten Ware nicht erhöht. Der Verzicht auf die Gewissheit, d. h. auf den Ausschluss der Haftung für bestimmte Mängel, müsse daher erst recht zulässig sein, wenn das Risiko eines Rechtsstreits nicht nur das Gleiche bleibt, sondern wie im Falle eines globalen Haftungserlasses vermindert wird."*[518]

Das Argument, dass ein Verstoß gegen das ġarar-Verbot aufgrund der Verringerung des Risikos eines Rechtsstreits nicht gegeben ist, überzeugt, denn Haftungsausschlüsse führen grundsätzlich zu Sicherheit und Fairness bei Rechtsgeschäften sowie wirtschaftlicher Gleichberechtigung der Vertragsparteien.[519] Folglich geht der Verfasser davon aus, dass ein Haftungsausschluss grundsätzlich nicht gegen das ġarar-Verbot verstößt. Allerdings besteht durchaus die Gefahr, dass ein saudisches Gericht anderer Meinung ist und die Nichtigkeit des Haftungsausschlusses mit einer Analogie zum baīy' al-ġarar-Verbot begründet.

(2) Kein Verstoß gegen das ribā-Verbot

Darüber hinaus ist zu klären, ob ein Haftungsausschluss gegen das ribā-Verbot verstößt. Für einen Verstoß gegen das ribā-Verbot spricht, dass er den Schuldner einseitig übervorteilt. Gegen das Vorliegen von ribā lässt sich allerdings anführen, dass die hanbalitische Rechtsschule hinsichtlich Nebenabreden – wie bereits oben dargestellt – die Ansicht vertritt, dass es bei der Beurteilung der Rechtmäßigkeit einer wie hier vorliegenden Nebenabrede einzig auf die rechtmäßigen

517 Das Prinzip der hinreichenden Konkretisierung des Kaufobjekts besagt, dass der Kaufgegenstand seinem Wesen, seiner Natur und seinem Wert nach hinreichend konkretisiert sein muss. Siehe الكاساني, بدائع, Bd. 5, S. 156; Rayner, S. 139–141. Die Hanbaliten legen das Prinzip der hinreichenden Konkretisierung des Kaufobjekts dahin gehend aus, dass dieses nur aleatorische Verträge untersagt. Laut بن تيمية muss das Vertragsobjekt zum Zeitpunkt des Vertrags noch nicht existieren; vorausgesetzt wird lediglich, dass es sofort lieferbar und genau bestimmbar ist. Siehe Rayner, S. 40, 130.

518 Wiedensohler, S. 102.

519 Die hanafitische Rechtslehre geht davon aus, dass ein Ausschluss der kaufrechtlichen Gewährleistungsrechte zulässig ist. Siehe Art. 342 der Mağalla; باز, شرح المجلة, Bd. 1, S. 184, 185; حيدر, شرح مجلة الأحكام, Bd. 1, S. 348, 349; الكاساني, بدائع, Bd. 5., S. 276, 277; الزحيلي, S. 77.

Motive der Vertragsparteien ankommt.[520] Würde man generell das ribā-Verbot zur Begründung der Unzulässigkeit eines Haftungsausschlusses anwenden, so würde man die Ansicht der Hanbaliten zur Zulässigkeit von Nebenabreden aus den Angeln heben. Mithin ist richtigerweise davon auszugehen, dass ein Haftungsausschluss grundsätzlich nicht gegen das ribā-Verbot verstößt – vorausgesetzt, die Motive des durch den Haftungsausschluss begünstigten Schuldner sind rechtmäßig.

(3) Zusammenfassung

Nach alledem ist nach der vom Verfasser vertretenen Auffassung von der grundsätzlichen Zulässigkeit eines Haftungsausschlusses in Saudi-Arabien auszugehen.[521] Er stellt generell keinen Verstoß gegen das ġarar- und ribā-Verbot dar.

b) Wirkung des Ausschlusses der vertraglichen Haftung

Dem Autor dieser Arbeit liegt keine Rechtsprechung vor, die sich mit der Wirkung von Haftungsausschlüssen auseinandersetzt. Berücksichtigt man die Ausgestaltung der vertraglichen Haftung im islamischen Recht als Garantiehaftung, so ist davon auszugehen, dass ein Haftungsausschluss einen echten Haftungsausschluss darstellt, weil es auf ein Verschulden und damit auf eine Beweislastumkehr nicht ankommt.[522]

520 Arabi, S. 56, 57.

521 Angemerkt sei an dieser Stelle, dass laut der von Prof. al-Jarbou für den Verfasser interviewten saudischen Richter Haftungsausschlüsse und -beschränkungen in Verträgen zwischen saudischen Vertragsparteien – unabhängig von der Frage deren Zulässigkeit – in der Praxis kaum vereinbart werden, da man diese als moralisch verwerflich ansieht. Vor Ort vertritt man die Ansicht, dass derartige Klauseln implizieren würden, dass die jeweilige Vertragspartei den Vertrag nicht erfüllt. Einzig in Verträgen mit ausländischen Vertragspartnern würde sich damit die Frage der Zulässigkeit von Haftungsausschlüssen und -beschränkungen stellen. So Prof. al-Jarbou, Interview mit dem Verfasser, 13.12.2012, Riad.

522 So die von dem Verfasser interviewten Praktiker: Dr. Faḍl, Interview mit dem Verfasser, 11.12.2012, Riad; az-Zubaīr, Interview mit dem Verfasser, 12.12.2012, Riad.; Prof. al-Jarbou, Interview mit dem Verfasser, 13.12.2012, Riad. Folgt man der Ansicht, nach der im Rahmen der Haftung ein Verschulden vorausgesetzt wird, hat der Haftungsausschluss neben dem Ausschluss der Haftung für Fahrlässigkeit darüber hinaus die Wirkung einer Beweislastumkehr. So Prof. al-Jarbou, Interview mit dem Verfasser, 13.12.2012, Riad.

c) Schranken

Es stellt sich die Frage, wann ein Haftungsausschluss nach islamischem Recht in der Ausprägung des hanbalitischen Rechts unzulässig ist.[523] In Bezug auf das Vertragsrecht gibt es – wie bereits oben dargestellt – drei Grenzen, nämlich die Verhinderung der rechtlichen Wirkung des Vertrags sowie das ribā- und das ġarar-Verbot.[524]

i) Verhinderung der rechtlich vorgesehenen Wirkung des Vertrags

(1) Es ist in der Praxis in Saudi-Arabien umstritten, inwieweit die Grenze, dass eine Nebenabrede nicht die rechtlich vorgesehene Wirkung des Vertrags verhindern darf, auch Haftungsausschlüssen Schranken setzt.[525] Laut dem von dem Verfasser interviewten Rechtsanwalt Dr. Faḍl haben sich im Lager der Befürworter der Zulässigkeit von Haftungsausschlüssen über die Zeit zwei Ansichten hinsichtlich der Schranken von Haftungsausschlüssen herauskristallisiert, was wiederum darauf zurückzuführen ist, dass beide

523 Das Board of Grievances hat zwar wiederholt klargestellt, dass es sich bei einer Gesamthaftungsbeschränkung in Form einer Haftungshöchstgrenze grundsätzlich nicht um eine die öffentliche Ordnung verletzende Vorschrift handelt. Allgemeine Ausführungen zu Haftungsausschlüssen sucht man in den Urteilen jedoch vergebens. In einigen Urteilen hat es im Zusammenhang mit in Frachtpapieren enthaltenen Gesamthaftungsbeschränkungen als Haftungshöchstgrenze deren Zulässigkeit bejaht, ohne jedoch in diesem Zusammenhang genauer auf die Zulässigkeit dieser Haftungsbeschränkung nach islamischem Recht einzugehen. Siehe Board of Grievances, elfte Handelsgerichtskammer, Entscheidung Nr. 9/DTG/11,1420 H., und neunte Handelsgerichtskammer, Entscheidung Nr. 166/D/TG/9, 1419 H., zur Verfügung gestellt von Haberbeck. Aufgrund der unterschiedlichen Wirkung von Gesamthaftungsbeschränkungen und Haftungsausschlüssen kann die Rechtsprechung des Board of Grievances zu Gesamthaftungsbeschränkungen allerdings sowieso nicht zur Begründung der Zulässigkeit von Haftungsausschlüssen fruchtbar gemacht werden. Ebenso wenig geht das Gutachten des Rats der Islamgelehrten zur Zulässigkeit von pauschaliertem Schadensersatz, مجلة البحوث الإسلامية 2 (1395–1396 H.), S. 59–144, auf die Zulässigkeit von Haftungsbeschränkungen ein, obwohl es sich bei pauschaliertem Schadensersatz um eine Haftungsbeschränkung handelt. Selbst bei السنهوري, مصادر الحق, Bd. 3, S. 151, findet man nur die wenig hilfreiche Aussage, dass Haftungsfreizeichnungsklauseln im islamischen Recht – im Gegensatz zum westlichen Recht – nur begrenzt zulässig sind.

524 Laoust, S. 449; Wichard, S. 236.

525 Dr. Faḍl, Interview mit dem Verfasser, 11.12.2012, Riad; az-Zubaīr, Interview mit dem Verfasser, 12.12.2012, Riad.

Ansichten von einer unterschiedlichen Konzeption der Haftung im islamischen Recht ausgehen.[526]
Die erste Gruppe der Befürworter der Zulässigkeit von Haftungsausschlüssen geht davon aus, dass es sich bei der vertraglichen Haftung im islamischen Recht nicht um eine Garantiehaftung handelt, und differenziert folgerichtig bei der Frage der Zulässigkeit von Haftungsausschlüssen nicht zwischen Haftungsausschlüssen und Haftungsbeschränkungen.[527] Letztere Meinung ist jedoch – wie bereits oben dargestellt worden ist – abzulehnen, weil die vertragliche Haftung im islamischen Recht eine Garantiehaftung darstellt.[528] Danach ist ein Verschulden im Rahmen der Haftung nicht erforderlich und eine Modifizierung des vertraglichen Sorgfaltsmaßstabs weder möglich noch nötig.[529]
Richtigerweise ist der zweiten Ansicht zu folgen, die der Zulässigkeit von Haftungsausschlüssen über eine extensive Auslegung des bereits oben angeführten Grundsatzes zur Beschränkung von Nebenabreden, nämlich dass Nebenabreden nicht die rechtlich vorgesehene Wirkung des Vertrags verhindern dürfen, enge Grenzen setzt. Diese Ansicht vertritt folgende zwei Grundsätze: Erstens ist zwischen Haftungsausschlüssen und Haftungsbeschränkungen zu differenzieren, denn Haftungsbeschränkungen verhindern grundsätzlich nicht die rechtlich vorgesehene Wirkung des Vertrags.[530] Zweitens sind solche Haftungsausschlüsse als unzulässig anzusehen, die die rechtlich vorgesehene Wirkung des Vertrags verhindern – was bei einem Großteil der Klauseln der Fall sein wird.[531]
Nach Aussage des vom Verfasser interviewten Rechtsanwalts az-Zubair lässt sich eine derartige extensive Auslegung des Grundsatzes, dass ein Haftungsausschluss als Nebenabrede nicht die rechtlich vorgesehene Wirkung des Vertrags verhindern darf, damit rechtfertigen, dass man andernfalls durch die Hintertür die vertraglichen Kardinalspflichten ausschließen könnte und der Haftungsausschluss dadurch den eigentlichen Zweck des Vertrags aufhöbe; letztlich könnte man so den oben genannten Grundsatz aus den Angeln

526 Dr. Faḍl, Interview mit dem Verfasser, 11.12.2012.
527 Ebd.
528 Dr. Faḍl, Interview mit dem Verfasser, 11.12.2012, Riad; az-Zubaīr, Interview mit dem Verfasser, 12.12.2012, Riad.
529 Ebd.
530 Ebd. Die unten noch näher dargestellte Rechtsprechung des Board of Grievances zu Haftungsbeschränkungen deutet ebenfalls in die gleiche Richtung.
531 Ebd.

heben.[532] Darüber hinaus lässt sich das im islamischen Recht geltende Prinzip anführen, dass die vertraglichen Bestimmungen stets fair und gerecht sein müssen; ungerechte Haftungsausschlüsse sind unwirksam.[533] Es ist deshalb davon auszugehen, dass ein Haftungsausschluss dann unzulässig ist, wenn er die rechtlich vorgesehene Wirkung des Vertrags verhindert.[534]

(2) Wann ist jedoch eine Verhinderung der rechtlich vorgesehenen Wirkung des Vertrags gegeben? Aus dem klassischen islamischen Recht ergibt sich – wie bereits oben dargestellt – nur, dass eine Verhinderung der rechtlich vorgesehenen Wirkung des Vertrags bei Abbedingung der vertraglichen Kardinalpflichten gegeben ist.[535] Ebenso wenig lässt sich aus der dem Verfasser bekannten Rechtsprechung des Board of Grievances herleiten, wann eine Verhinderung der rechtlich vorgesehenen Wirkung des Vertrags bei Haftungsausschlüssen gegeben ist.
Richtigerweise ist bei der Beantwortung der Frage der Zulässigkeit von Haftungsausschlüssen auf die Natur der zugrunde liegenden Verpflichtung, die ausgeschlossen werden soll, abzustellen, denn andernfalls könnte – wie bereits angemerkt – der oben genannte Grundsatz, dass durch vertragliche Nebenabreden die rechtlich vorgesehene Wirkung des Vertrags nicht verhindert werden darf, aus den Angeln gehoben werden.[536] Für eine solche Auslegung dieser Schranke für Nebenabreden lässt sich der Rechtsgedanke des Art. 120 IV des sudanesischen Gesetzes über zivilrechtliche Rechtsgeschäfte[537] – das,

532 Az-Zubaīr, Interview mit dem Verfasser, 12.12.2012, Riad.

533 Ebd.

534 Dr. Faḍl, Interview mit dem Verfasser, 11.12.2012, Riad; az-Zubaīr, Interview mit dem Verfasser, 12.12.2012, Riad.

535 Wie immer existieren hierzu im islamischen Recht nur Fallgruppen. Beispielsweise sieht die hanbalitische Rechtsschule das Recht auf Rückgabe der Kaufsache bei einem alten Mangel als eine der Grundlagen des Vertrags an. Siehe الجزيري, كتاب الفقه على المذاهب الأربعة, Bd. 2, S. 229, 230.

536 Dr. Faḍl, Interview mit dem Verfasser, 11.12.2012, Riad; az-Zubaīr, Interview mit dem Verfasser, 12.12.2012, Riad.

537 Ob Art. 120 IV des sudanesischen Gesetzes über zivilrechtliche Rechtsgeschäfte dabei auf dem islamischen Recht oder dem englischen Recht (das ursprünglich nach der Doctrine-of-fundamental-breach-Methode davon ausging, dass ein Haftungsausschluss für sog. grundlegende Verpflichtungen nicht wirksam ist) beruht, lässt sich nicht abschließend beurteilen. Für eine Rezeption des englischen Rechts könnte sprechen, dass das englische Recht, das vor Inkrafttreten des sudanesischen Gesetzes über zivilrechtliche Rechtsgeschäfte im Sudan gegolten hat, eben zu jenem Ergebnis

wie oben bereits angemerkt, die wohl mit am stärksten an das islamische Recht angelehnte Kodifikation darstellt – anführen. Art. 120 IV des sudanesischen Gesetzes über zivilrechtliche Rechtsgeschäfte behandelt die Abbedingung der vertraglichen Kardinalpflichten und deren Haftungsausschluss gleich; er besagt Folgendes:

„Das Gericht kann es jederzeit ablehnen, einen Haftungsausschluss [...] anzuwenden, falls es der Meinung ist, dass der Haftungsausschluss [...] der Vertragspartei ihre Rechte nimmt, wegen derer sie den Vertrag abgeschlossen hat [...].“

(3) Somit stellt sich die Frage, wann ein Haftungsausschluss der anderen Vertragspartei die Rechte nimmt, wegen derer sie den Vertrag abgeschlossen hat. Wieder sucht man in der islamischen Rechtsliteratur hierzu Ausführungen vergeblich. Die vom Verfasser interviewten Praktiker stellen – wie ursprünglich auch das House of Lords im englischen Recht,[538] das ebenso wie das islamische Recht eine Garantiehaftung bei der Haftung für rechtzeitige und vertragsgemäße Leistungserbringung vorsieht – bei der Beurteilung der Frage, ob der Haftungsausschluss der Vertragspartei die Rechte nimmt, wegen derer sie den Vertrag abgeschlossen hat, darauf ab, ob sich der Haftungsausschluss auf eine grundlegende, das Wesen des Vertrags ausmachende Verpflichtung bezieht.[539] Betrifft der Haftungsausschluss eine solche Pflicht, ist er unzulässig und unwirksam.[540]

---

gekommen ist. Siehe Zaki, J.A.L. 12 (1968), S. 146, 158–165. Für das islamische Recht spricht, dass Art. 120 IV des sudanesischen Gesetzes über zivilrechtliche Rechtsgeschäfte an dieser Stelle letztlich eine der Grenzen für Nebenabreden in Bezug auf Haftungsausschlüsse kodifiziert; nämlich, dass durch den Haftungsausschluss dem Gläubiger keine Rechte genommen werden dürfen, wegen derer er den Vertrag abgeschlossen hat. Sicher ist jedenfalls, dass an dieser Stelle das islamische Recht und das vor Inkrafttreten des Gesetzes über zivilrechtliche Rechtsgeschäfte geltende sudanesische Richterrecht gleichgelaufen sind.

538 Siehe zur Rechtsprechung des englischen House of Lords: Alexander v. Railway Executive [1951] 2 K.B. 882; Butterworth v. Kingsway Motors Ltd [1954] 2 All ER. 694; Karlsales Ltd. v. Wallis [1956] Weekly L.R. 936 (C.A.); Suisse Atlantique Société d'Armement Maritime S.A. v. N.V. Rotterdamsche Kolen Centrale [1965] 1 Lloyds Report, S. 533. Angemerkt sei, dass die *fundamental breach doctrine* seit der Entscheidung Photo Production Limited v. Securior Transport Ltd. nicht mehr vom House of Lords vertreten wird. Siehe auch Schöne, S. 178; Treitel, Law of Contract, S. 720.

539 Dr. Faḍl, Interview mit dem Verfasser, 11.12.2012, Riad; az-Zubaīr, Interview mit dem Verfasser, 12.12.2012, Riad.

540 Ebd.

(4) Damit stellt sich die Frage, wann ein saudisches Gericht davon ausgeht, dass sich der Haftungsausschluss auf eine grundlegende, das Wesen des Vertrags ausmachende Verpflichtung bezieht. Nach Ansicht der vom Verfasser interviewten Praktiker lässt sich dies nur schwer abschließend beurteilen, da dem jeweiligen Richter bei seiner Einschätzung ein weiter Beurteilungsspielraum zukommt.[541] Als Richtschnur kann hier die von Schöne zum englischen Recht entwickelte Definition der Verletzung einer grundlegenden, das Wesen des Vertrags ausmachenden Verpflichtung dienen; er definiert die Verletzung einer grundlegenden, das Wesen des Vertrags ausmachenden Verpflichtung als

> *„[...] Verletzung einer Vertragsklausel, die im Hinblick auf das Gesamtwerk von essenzieller Bedeutung ist und damit den Kern des Vertrags darstellt (goes to the root of the contract)“.*[542]

Nach Ansicht des Verfassers kann auf diese Definition von Schön zurückgegriffen werden, da ihm hinter vorgehaltener Hand vor Ort seine Vermutung bestätigt worden ist, dass sich die Ansicht, dass ein Haftungsausschluss nicht die rechtlich vorgesehene Wirkung des Vertrags verhindern darf, bei ihrer Argumentation und Auslegung dieses Prinzips im Hinblick auf Haftungsausschlüsse am englischen Recht (und der obsoleten *fundamental breach doctrine*) orientiert.

Folglich ist davon auszugehen, dass ein Haftungsausschluss als Nebenabrede wegen der Verhinderung der rechtlich vorgesehenen Wirkung des Vertrags dann nichtig ist, wenn sich der Haftungsausschluss auf eine grundlegende, das Wesen des Vertrags ausmachende Verpflichtung bezieht; Letzteres ist dann der Fall, wenn die verletzte Vertragsklausel im Hinblick auf das Gesamtwerk von essenzieller Bedeutung ist und damit den Kern des Vertrags darstellt.

ii) Kein Ausschluss von Vorsatz und grober Fahrlässigkeit wegen des Prinzips der Gerechtigkeit und Billigkeit

Fraglich ist, ob sich der Schuldner von der Haftung für vorsätzlich und fahrlässig verursachte Schäden freizeichnen kann. Nach Ansicht der vom Verfasser befragten Praktiker und Prof. al-Jarbou ist ein Haftungsausschluss auch dann unwirksam, wenn er „ungerecht“ (*muǧḥif*) ist, weil er dann den im islamischen Recht anerkannten Grundsatz verletzt, dass die Vertragsparteien im Rahmen ihrer

541 Ebd.
542 Schöne, S. 177.

Rechtsgeschäfte das Prinzip der Gerechtigkeit und Billigkeit einhalten müssen.[543] Zur Begründung kann man sich wieder auf den Rechtsgedanken von Art. 120 IV des sudanesischen Gesetzes über zivilrechtliche Rechtsgeschäfte stützen. Er besagt im Hinblick auf ungerechte Haftungsausschlüsse Folgendes:

> *„Das Gericht kann es jederzeit ablehnen, einen Haftungsausschluss [...] anzuwenden, falls es der Meinung ist, dass der Haftungsausschluss [...] eindeutig gegenüber der anderen Vertragspartei, der gegenüber er geltend gemacht wird, ungerecht ist [...].“*

Letztlich kann ein saudischer Richter über diese Schranke Haftungsausschlüsse einer weitreichenden Inhaltskontrolle unterziehen.

Die herrschende Meinung in Saudi-Arabien geht deshalb davon aus, dass die Haftung für Vorsatz und grobe Fahrlässigkeit nicht ausgeschlossen werden kann, weil bei einem Haftungsausschluss für Vorsatz und grobe Fahrlässigkeit eine Ungerechtigkeit zu bejahen ist.[544] Hierfür spricht entscheidend, dass man bei Berücksichtigung der Umstände des Einzelfalls und der öffentlichen Ordnung und Moral zu dem Ergebnis kommt, dass ein derartiger Haftungsausschluss zu einem unrechtmäßigen Vorteil auf Seiten des Schuldners und damit zu einem Verstoß gegen das ribā-Verbot führt.[545] Mithin wird ein saudisches Gericht einen

---

543 Dr. Faḍl, Interview mit dem Verfasser, 11.12.2012, Riad; az-Zubaīr, Interview mit dem Verfasser, 12.12.2012, Riad.

544 Diese Meinung vertreten sämtliche von Prof. al-Jarbou für den Verfasser befragten Richter des Board of Grievances sowie der Handelsgerichte und Prof. al-Jarbou selbst. So Prof. al-Jarbou, Interview mit dem Verfasser, 13.12.2012, Riad. Ebenso bestätigten die von dem Verfasser befragten Rechtsanwälte diese Auffassung: Dr. Faḍl, Interview mit dem Verfasser, 11.12.2012, Riad; az-Zubaīr, Interview mit dem Verfasser, 12.12.2012, Riad. Selbst wenn man den Standpunkt vertritt, dass das saudische Recht eine vom Verschuldensmaßstab abhängige Begrenzung der Haftungsfreizeichnungsmöglichkeiten nicht kennt – weil es sich bei der Haftung im islamischen Recht um eine Garantiehaftung handelt –, kommt man zu diesem Ergebnis.

545 Dr. Faḍl, Interview mit dem Verfasser, 11.12.2012, Riad. Schreiben von Prof. al-Jarbou an den Verfasser vom 9.11.2012. Die Unzulässigkeit der Abbedingung der Haftung für Vorsatz und grobe Fahrlässigkeit lässt sich nach Ansicht des Verfassers darüber hinaus aus einer Analogie zum Kaufrecht herleiten. Liegt ein Betrug im Rahmen eines Kaufvertrags vor und führt dies zu einem Schaden seitens des Gläubigers, kommen die Rechtsschulen übereinstimmend zu dem Ergebnis, dass der Kaufvertrag unwirksam ist. Letztlich beruht dies darauf, dass sich als Resultat des Betrugs das Vertragsgleichgewicht ungerechtfertigt in Richtung des Schuldners verschiebt und deshalb ein Verstoß gegen das ribā-Verbot zu bejahen ist. Es sprechen gute Gründe dafür, anzunehmen, dass nichts anderes für Haftungsausschlüsse gelten kann.

Haftungsausschluss für nichtig erklären, wenn die verursachten Schäden auf Vorsatz oder grober Fahrlässigkeit des Schuldners beruhen.

iii) Kein Ausschluss der Haftung für Personenschäden

Ebenso wenig kann die Haftung für Personenschäden im islamischen Recht abbedungen werden, weil ein derartiger Haftungsausschluss eine Ungerechtigkeit und damit einen Verstoß gegen das islamisch-rechtliche Prinzip der Gerechtigkeit und Billigkeit in Rechtsgeschäften darstellt.[546]

d) Zusammenfassung

Ein Ausschluss der Vertragshaftung stellt nach der herrschenden Meinung in Saudi-Arabien generell eine zulässige Nebenabrede dar. Er wirkt wie ein echter Haftungsausschluss, d. h., er schließt die Haftung vollständig aus. Etwas anderes gilt für Haftungsausschlüsse hinsichtlich der Verletzung einer grundlegenden, das Wesen des Vertrags ausmachenden Verpflichtung; ein derartiger Haftungsausschluss ist wegen der Verhinderung der rechtlich vorgesehenen Wirkung des Vertrags nichtig.[547] Haftungsfreizeichnungen für Vorsatz und grobe Fahrlässigkeit sowie Personenschäden sind ebenfalls nichtig, weil solche Haftungsausschlüsse ungerecht sind. Beachtenswert ist, dass sich die saudische Praxis nach Ansicht des Verfassers bei ihrer Beurteilung der Zulässigkeit und Schranken von Haftungsausschlüssen zu einem großen Teil auf das sudanesische Gesetz über zivilrechtliche Rechtsgeschäfte und die mittlerweile obsolete Rechtsprechung zu Haftungsausschlüssen des englischen House of Lords stützt.[548] Die Ansicht, die bei Haftungsausschlüssen nur nach der Art der zugrunde liegenden Verpflichtung differenziert und als Schranke für Haftungsausschlüsse lediglich Vorsatz und grobe Fahrlässigkeit nennt, ist dagegen eher an das ägyptische Recht angelehnt. Festzuhalten bleibt, dass sich die hanbalitische Rechtsschule damit hinsichtlich der Beurteilung der Zulässigkeit und Schranken von Haftungsausschlüssen gegenüber den anderen sunnitischen Rechtsschulen in Saudi-Arabien durchgesetzt hat.

---

546 Dr. Faḍl, Interview mit dem Verfasser, 11.12.2012, Riad; az-Zubaīr, Interview mit dem Verfasser, 12.12.2012, Riad.

547 Grundsätzlich bleibt der restliche Vertrag im Falle eines unwirksamen Haftungsausschlusses bestehen, es sei denn, das Gericht kommt zu dem Ergebnis, dass die Vertragsparteien den Vertrag nicht ohne den Haftungsausschluss abgeschlossen hätten. So az-Zubaīr, Interview mit dem Verfasser, 12.12.2012, Riad.

548 Es verwundert nicht, dass diese Ansicht vor allem von Anwälten mit einem sudanesischen Hintergrund vertreten wird. Oft haben eben jene Anwälte auch einen Abschluss im englischen Recht erworben.

2. Ausschluss der Gewährleistungsrechte im Kauf-, Werkliefer- und Werkvertragsrecht

a) Ausschluss der Gewährleistungsrechte für versteckte Sachmängel im Kauf- und Werkliefervertragsrecht

Problematisch ist, inwieweit der Ausschluss der kaufrechtlichen Gewährleistungsrechte zu einem Ausschluss der Haftung für die Verletzung einer grundlegenden, das Wesen des Vertrags ausmachenden Verpflichtung führt. Man könnte sich auf den Standpunkt der hanafitischen Rechtsschule stellen und den Ausschluss der kaufrechtlichen Gewährleistungsrechte grundsätzlich für zulässig erklären. Die Hanafiten vertreten die Ansicht, dass ein kaufrechtlicher Gewährleistungsausschluss nicht die rechtliche Wirkung des Kaufvertrags verhindert.[549] Der Ausschluss der Gewährleistungsrechte sei nur dann unwirksam, wenn der Verkäufer den Mangel absichtlich verschleiert.[550] Die Anhänger der hanbalitischen Rechtsschule und die wohl überwiegende Meinung der saudischen Praktiker gehen dagegen davon aus, dass ein Gewährleistungsausschluss im Kaufrecht unabhängig von einem Betrug des Verkäufers stets nichtig ist.[551] Begründet wird die Nichtigkeit damit, dass er die rechtlich vorgesehene Wirkung des Vertrags verhindert, indem er zu einem Ausschluss des Rechts zur Rückgabe der Kaufsache im Fall eines alten Mangels, was eine der Grundlagen des Vertrags darstellt, und damit zu einem Ausschluss der Haftung für die Verletzung einer grundlegenden, das Wesen des Vertrags ausmachenden Verpflichtung führt.[552] Somit ist davon auszugehen, dass die Gewährleistungsrechte des Käufers für alte Sachmängel nicht vertraglich abbedungen werden können.

---

549 Siehe Art. 342 der Mağalla.

550 Für letztere Ansicht spricht, dass die Gewährleistung im Falle eines Betrugs der öffentlichen Ordnung zuzuordnen ist und somit nicht vertraglich beschränkt oder ausgeschlossen werden kann. Darüber hinaus ist in einem solchen Fall – wie bereits oben dargestellt – ein Verstoß gegen das ribā-Verbot und den Grundsatz der Gerechtigkeit und Billigkeit zu bejahen. So Prof. al-Jarbou in einem Schreiben an den Verfasser vom 9.11.2012.

551 Art. 429 der al-Qārī Mağalla; بن قدامة, المغني, Bd. 4, S. 178, zitiert bei الزحيلي, S. 77; Dr. Faḍl, Interview mit dem Verfasser, 11.12.2012, Riad; az-Zubaīr, Interview mit dem Verfasser, 12.12.2012, Riad.

552 Dr. Faḍl, Interview mit dem Verfasser, 11.12.2012, Riad; az-Zubaīr, Interview mit dem Verfasser, 12.12.2012, Riad. Siehe zur Einordnung das Recht der Rückgabe der Kaufsache bei einem alten Mangel als eine der Grundlagen des Vertrags nach der hanbalitischen Rechtsschule: الجزيري, كتاب الفقه على المذاهب الأربعة, Bd. 2, S. 229, 230.

Ebenso verhält es sich bei der Frage der Zulässigkeit eines Gewährleistungsausschlusses für versteckte Mängel im Werkliefervertragsrecht. Die von dem Verfasser befragten Praktiker in Saudi-Arabien gehen in Analogie zum Kaufrecht davon aus, dass ein Ausschluss der Gewährleistung für versteckte Mängel deshalb unzulässig ist, weil er zu einem Ausschluss der Haftung für die Verletzung einer grundlegenden, das Wesen des Vertrags ausmachenden Verpflichtung führt.[553]

b) Ausschluss der Gewährleistungsrechte für versteckte Mängel im Werkvertragsrecht

Analog zum Kaufrecht setzt sich der Streit über die Zulässigkeit von Gewährleistungsausschlüssen im Werkvertragsrecht fort. Hier könnte man sich zum einen – in Übereinstimmung mit der hanafitischen Rechtsschule – auf den Standpunkt stellen, dass ein Gewährleistungsausschluss grundsätzlich wirksam ist, es sei denn, der Werkunternehmer verschleiert den Mangel absichtlich. Die herrschende Ansicht in der Praxis in Saudi-Arabien geht dagegen davon aus, dass der Ausschluss der werkvertraglichen Gewährleistungsrechte, die zur Grundlage des Werkvertrags gehören, zu einem Ausschluss der Haftung für die Verletzung einer grundlegenden, das Wesen des Vertrags ausmachenden Verpflichtung führt und daher nichtig ist.[554] Dabei kann man die Unzulässigkeit eines Gewährleistungsausschlusses auch aus einer Analogie zur Nichtigkeit von Gewährleistungsausschlüssen bei im Rahmen von öffentlichen Ausschreibungen abgeschlossenen Verträge herleiten, denn die Art. 53 I c) der SAR und Art. 107, 108 der Ausführungsbestimmungen können wegen Art. 154 der Ausführungsbestimmungen nicht abgeändert werden. Da im saudischen Recht grundsätzlich alle rechtlichen Regelungen nach dem Grundgesetz der Herrschaft im Einklang mit dem islamischen Recht stehen müssen, lässt sich hieraus ableiten, dass die herrschende Meinung in Saudi-Arabien davon ausgeht, dass die Gewährleistungsrechte des Bestellers im islamischen Recht nicht ausgeschlossen werden können. Folglich ist davon auszugehen, dass die Haftung für versteckte Sachmängel im Werkvertragsrecht nicht ausgeschlossen werden kann.

3. Ausschluss der decennalen Haftung

Problematisch ist, ob die Parteien die decennale Haftung ausschließen oder begrenzen können, denn das klassische islamische Recht kennt, wie bereits oben angemerkt,

553 Dr. Faḍl, Interview mit dem Verfasser, 11.12.2012, Riad; az-Zubaīr, Interview mit dem Verfasser, 12.12.2012, Riad.

554 Dr. Faḍl, Interview mit dem Verfasser, 11.12.2012, Riad.

das Konzept der decennalen Haftung nicht. Man könnte die Position der hanafitischen Rechtsschule zur Begründung der Zulässigkeit des Ausschlusses von Gewährleistungsansprüchen im Kaufrecht zur Begründung der Zulässigkeit eines Gewährleistungsausschlusses im Bereich der decennalen Haftung anführen. Erstens spricht gegen diese Meinung, dass die hanbalitische Rechtsschule, wie oben bereits ausgeführt worden ist, einen Ausschluss für Gewährleistungsrechte für unzulässig hält. Dasselbe muss im Bereich des Werkvertragsrechts und damit der decennalen Haftung gelten. Zweitens lässt sich anführen, dass der saudische Gesetzgeber zumindest im Bereich von im Rahmen von öffentlichen Ausschreibungen abgeschlossenen Verträgen davon ausgeht, dass die decennale Haftung wegen Art. 76 der SAR i. V. m. Art. 154 der Ausführungsbestimmungen der SAR nicht vertraglich ausgeschlossen werden kann. Gestützt auf das saudische Grundgesetz der Herrschaft, lässt sich hieraus ableiten, dass die herrschende Meinung in Saudi-Arabien davon ausgeht, dass die Vertragsparteien die Haftung für Mängel, die unter den Begriff der decennalen Haftung fallen, nicht abbedingen können.[555] Drittens argumentieren die von dem Verfasser interviewten Praktiker damit, dass ein Haftungsausschluss für die Verpflichtung, das bauliche Konstrukt ohne versteckte Fehler zu errichten, die zu dessen Einsturz führen, einen Haftungsausschluss für die Verletzung einer grundlegenden, das Wesen des Vertrags ausmachenden Verpflichtung darstellt.[556] Er verhindert daher die rechtliche vorgesehene Wirkung des Vertrags und ist deshalb nichtig.[557] Nach alledem ist davon auszugehen, dass die Parteien die decennale Haftung in Saudi-Arabien in privatrechtlichen Verträgen nicht ausschließen können.[558]

4. Ausschluss der deliktischen Haftung

Es ist davon auszugehen, dass die deliktische Haftung nach dem islamischen Recht weder vertraglich beschränkt noch ausgeschlossen werden kann.[559] Die Unzulässigkeit von derartigen Haftungsausschlüssen lässt sich damit begründen, dass ein derartiger Ausschluss ungerecht ist und damit einen Verstoß gegen das islamisch-rechtliche Gebot der Gerechtigkeit und Billigkeit in Rechtsgeschäften darstellen würde.[560]

---

555 Prof. al-Jarbou, Interview mit dem Verfasser, 13.12.2012, Riad.

556 Dr. Faḍl, Interview mit dem Verfasser, 11.12.2012, Riad; az-Zubaīr, Interview mit dem Verfasser, 12.12.2012, Riad.

557 Ebd.

558 Ebd.

559 Ebd.

560 Ebd.

a) Abgrenzung vertragliche/deliktische Haftung

Es stellt sich die Frage, wie die vertragliche Haftung von der deliktischen Haftung abzugrenzen ist. Grundsätzlich fallen nämlich unter den Begriff des schädigenden Handelns sowohl die vertragliche als auch die deliktische Haftung.[561] Darum findet die deliktische Haftung eigentlich auch im Rahmen von Verträgen Anwendung. Zusätzlich könnte man gegen eine Differenzierung vortragen, dass es im klassischen islamischen Recht im Bereich der Haftung für einen Schadensersatzanspruch nie auf ein Verschulden des Schuldners ankommt und einzig das Vorliegen eines Rechtsbruchs entscheidend ist. Gegen diese Ansicht spricht jedoch, dass auch das islamische Recht bei dem Umfang des zu ersetzenden Schadens die Differenzierung zwischen direkten und indirekten, schuldhaft herbeigeführten Schäden kennt.[562] Außerdem kann das Prinzip angeführt werden, dass die Ausübung eines Rechts – wie bei Vorliegen eines Vertrags – nicht gleichzeitig eine deliktische Haftung verursachen kann.[563] Insbesondere im kaufrechtlichen Gewährleistungsrecht existieren im Bereich des vertraglichen Gewährleistungsrechts Sonderregelungen, die gegenüber der deliktischen Haftung vorrangig sind.[564] Letztlich kann man mithilfe des Allgemeinwohlprinzips (*maṣlaḥa*)[565] dahin gehend argumentieren, dass die deliktische Haftung im Rahmen von Verträgen keine Anwendung finden kann.[566] Folglich ist nach Ansicht des Verfassers davon auszugehen, dass die deliktische Haftung bei Bejahung der vertraglichen Haftung keine Anwendung findet.

b) Ausschluss der Haftung für eigene leichte Fahrlässigkeit

Die Frage nach dem Ausschluss für eigene leichte Fahrlässigkeit stellt sich im saudischen Recht nach der hier vertretenen Ansicht erst gar nicht, weil es sich bei der deliktischen Haftung um eine Garantiehaftung handelt.

---

561 الهبوب, مجلة القضائية 3 (1432 H.), S. 278, 282.

562 Siehe Art. 92, 93 der Mağalla.

563 Masoodi, Islamic Law Quarterly Review 12 (1992), S. 34, 43. Diese Ansicht, die vor allem von den Hanafiten vertreten wird (siehe Art. 91 der Mağalla), ist allerdings nicht unumstritten.

564 الهبوب, مجلة القضائية 3 (1432 H.), S. 278, 282.

565 Zum Allgemeinwohlprinzip: Rohe, S. 196–202.

566 Masoodi, Islamic Law Quarterly Review 12 (1992), S. 34, 44, 49.

c) Zusammenfassung

Die deliktische Haftung kann vertraglich nicht abbedungen werden, weil ein solcher Haftungsausschluss ungerecht und daher nach islamischem Recht unzulässig ist; faktisch ist es nach der hier vertretenen Meinung jedoch möglich, wenn man wie der Verfasser davon ausgeht, dass die deliktische Haftung im Bereich der vertraglichen Haftung keine Anwendung findet.[567]

5. Ausschluss der Haftung durch Verkürzung der Verjährung

Es stellt sich die Frage, ob die Parteien den Ausschluss der Haftung durch Verkürzung der Verjährung vereinbaren können. Hierfür könnten die bereits oben hergeleiteten, im islamischen Recht anerkannten Grundsätze der Vertragsfreiheit und des *pacta sunt servanda* sprechen. Darüber hinaus könnte man anführen, dass Art. 107 der Ausführungsbestimmungen der SAR eine Verjährungsfrist für Mängelgewährleistungsansprüche im Werkvertragsrecht von einem Jahr ab der vorläufigen Abnahme vorsieht. Das Board of Grievances hat jedoch wiederholt entschieden, dass vertragliche Bestimmungen, die eine Verjährung vorsehen, als unzulässig anzusehen sind.[568] Es begründet seine Ansicht damit, dass solche Klauseln gegen die öffentliche Ordnung in Saudi-Arabien verstoßen.[569] Zusätzlich trägt man für die Unzulässigkeit derartiger Haftungsausschlüsse nach Aussage von Praktikern vor, dass das islamische Recht das Prinzip der Verjährung – ausgenommen Ansprüche gegenüber dem Staat –, wie bereits oben dargestellt, nicht kennt.[570] Somit ist davon auszugehen, dass die Parteien ihre Haftung nicht durch die Verkürzung der Verjährung ausschließen können.[571]

567 Angemerkt sei, dass Abgrenzungsprobleme zwischen vertraglicher und deliktischer Haftung wegen der weiten Grenzen für Haftungsausschlüsse im saudischen Recht eine geringere Rolle spielen als im ÄZGB bzw. im JZGB/VAEZGB.

568 Board of Grievances, Entscheidungen vom 12.10.1992 und 3.3.1996, zitiert bei Jahili, ICLR 13 (1996), S. 488, 491, 492.

569 Ebd.

570 Dr. Faḍl, Interview mit dem Verfasser, 11.12.2012, Riad; az-Zubaīr, Interview mit dem Verfasser, 12.12.2012, Riad.

571 Jahili, ICLR 13 (1996), S. 488, 491, 493; Dr. Faḍl, Interview mit dem Verfasser, 11.12.2012, Riad; az-Zubaīr, Interview mit dem Verfasser, 12.12.2012, Riad.

6. Beschränkung des Haftungsumfangs

a) Generelle Zulässigkeit

Problematisch ist die Zulässigkeit der Beschränkung des Haftungsumfangs. Für die Zulässigkeit der Beschränkung des Haftungsumfangs lassen sich zunächst die im islamischen Recht in Ausprägung der hanbalitischen Rechtsschule anerkannten Grundsätze der Vertragsfreiheit, *pacta sunt servanda* und das Gewohnheitsrecht (*'urf*) – schließlich beinhalten eine Vielzahl gegenwärtiger Verträge in Saudi-Arabien derartige Klauseln – anführen. Die Zulässigkeit der Beschränkung des Haftungsumfangs muss eindeutig bejaht werden, wenn hiervon indirekte Schäden wie entgangener Gewinn betroffen sind, die nach herrschender Meinung in Saudi-Arabien ohnehin nicht ersatzfähig sind.[572]

Fraglich ist, inwieweit eine Haftungsbegrenzung als Nebenabrede im Übrigen die rechtliche Wirkung des Vertrags verhindert und sich hieraus eine Unzulässigkeit ergibt. Nach der herrschenden Ansicht der vom Verfasser befragten saudischen Praktiker kann sich die Unzulässigkeit einer Haftungsbeschränkung grundsätzlich nicht daraus ergeben, dass sie die rechtlich vorgesehene Wirkung des Vertrags verhindert, denn die Haftungsbeschränkung bewirkt keinen Ausschluss einer grundlegenden, das Wesen des Vertrags ausmachenden Verpflichtung.[573] Vielmehr handelt es sich nur um die Beschränkung einer solchen Verpflichtung, die grundsätzlich nicht die rechtliche Wirkung des Vertrags verhindert.[574] Zur Begründung dieser

---

572 Laut Prof. al-Jarbou besteht allerdings stets das Risiko, dass ein saudisches Gericht den eingetretenen Schaden als wirklichen Verlust und nicht als entgangenen Gewinn einordnet. So Prof. al-Jarbou in einem Schreiben an den Verfasser vom 9.11.2012. In diesem Fall würde eine solche Haftungsbegrenzung leerlaufen. Im Zusammenhang mit der Vereinbarung des unten noch näher dargestellten pauschalierten Schadensersatzes erscheint eine Beschränkung des Haftungsumfangs sogar ratsam, weil hierdurch klargestellt wird, dass der pauschalierte Schadensersatz keine Pauschalierung nach islamischem Recht unzulässiger Schadenspositionen enthält. Praktiker empfehlen, die Schadenspositionen, die ausgeschlossen werden sollen, möglichst einzeln in der Haftungsbegrenzung aufzulisten. So Dr. Faḍl, Interview mit dem Verfasser, 11.12.2012, Riad; az-Zubaīr, Interview mit dem Verfasser, 12.12.2012, Riad.

573 Dr. Faḍl, Interview mit dem Verfasser, 11.12.2012, Riad; az-Zubaīr, Interview mit dem Verfasser, 12.12.2012, Riad.

574 Insoweit steht auch der Rechtsgedanke des Art. 120 IV des sudanesischen Gesetzes über zivilrechtliche Rechtsgeschäfte nicht entgegen. Zwar gilt dieser seinem Wortlaut nach sowohl für Haftungsausschlüsse als auch -beschränkungen. Jedoch stellt er bei der Beurteilung darauf ab, ob der benachteiligten Partei die Rechte genommen werden, wegen derer sie den Vertrag abgeschlossen hat. Eine

Ansicht kann auf die Rechtsprechung des Board of Grievances zu Gesamthaftungsbeschränkungen als Haftungshöchstsumme zurückgegriffen werden; in den zugrunde liegenden Urteilen bejaht es die Zulässigkeit von Haftungsbeschränkungen, ohne hierbei auf die Frage einzugehen, ob die Gesamthaftungsbeschränkung die rechtlich vorgesehene Wirkung des Vertrags verhindert.[575] Etwas anderes muss dann gelten, wenn die Haftungsbegrenzung derart niedrig angesetzt ist, dass durch sie quasi dieselbe Wirkung wie bei einem Haftungsausschluss für eine grundlegende, das Wesen des Vertrags ausmachende Verpflichtung herbeigeführt wird.[576] In diesem Fall muss richtigerweise der Ausschluss einer grundlegenden, das Wesen des Vertrags ausmachenden Verpflichtung und damit die Nichtigkeit der Beschränkung des Haftungsumfangs bejaht werden, weil die Haftungsbeschränkung genauso wie ein entsprechender Haftungsausschluss wirkt.

Folglich stellt sich die Frage, wie sich begründen lässt, dass eine Beschränkung des Haftungsumfangs nicht gegen das ribā- oder ġarar-Verbot verstößt. Insoweit kann ähnlich wie bei der Begründung der Zulässigkeit und Schranken von pauschaliertem Schadensersatz argumentiert werden, denn es hat wenig Sinn, den pauschalierten Schadensersatz nach dem islamischen Recht für zulässig zu erklären und die Gesamthaftungsbeschränkung als Haftungshöchstsumme dagegen nicht. Zunächst liegt in einer solchen Klausel kein Verstoß gegen das ġarar-Verbot und den Grundsatz, dass es keine Unwissenheit einer Partei bezüglich irgendeines Punktes in dem Vertrag geben darf, vor und es handelt sich auch um kein unzulässiges Wettspiel, denn die Begrenzung des Haftungsumfangs führt zu keiner Unsicherheit, sondern vielmehr zu mehr Sicherheit, schließlich kann der Schuldner einplanen, in welcher Höhe er maximal haften muss.[577] Ebenso wenig liegt nach Ansicht des Verfassers ein Verstoß gegen den Grundsatz, sich am Reichtum anderer zu bereichern, vor, denn bis zur Höhe der Haftungsbegrenzung wird der eingetretene Schaden als Schadensersatz ersetzt. Darüber hinaus ist in einer solchen Klausel kein Verstoß gegen den Grundsatz, dass die Einschätzung der Höhe des Schadensersatzes als Ausgleich für den Schaden stets dem Richter obliegt,

---

Haftungsbeschränkung nimmt aber keine Rechte, sie beschränkt sie nur. Folglich findet diese Tatbestandsalternative nach Ansicht des Verfassers keine Anwendung auf Haftungsbeschränkungen.

575 Board of Grievances, neunte Handelskammer, Entscheidung Nr. 114/9/1414 H., zur Verfügung gestellt von Haberbeck.

576 Hierzu kann auf den Rechtsgedanken von Art. 120 IV des sudanesischen Gesetzes über zivilrechtliche Rechtsgeschäfte zurückgegriffen werden.

577 So zum pauschalierten Schadensersatz: أبو جزر, S. 61; الحموي, S. 180; شعبان, مجلة الحقوق والشريعة 2 (1977), S. 119, 138.

zu sehen, weil dem Richter die Bemessung des Schadensersatzanspruchs obliegt; es wird lediglich der Umfang des Schadensersatzanspruchs nach oben hin begrenzt. Letztlich verletzt die Beschränkung des Haftungsumfangs nicht das Prophetenwort *la ḍarar wa la ḍirār* und das daraus entwickelte Prinzip *aḍ-ḍarar yuzāl*, da zum Zeitpunkt der Vereinbarung der Begrenzung des Haftungsumfangs nicht klar ist, ob der Schuldner nicht trotz der Beschränkung des Haftungsumfangs sämtliche ersatzfähigen Schadensposten ersetzt bekommt.

Mithin sprechen nach Ansicht des Verfassers die besseren Gründe dafür, dass eine Beschränkung des Umfangs der Haftung in Saudi-Arabien wirksam vereinbart ist, vorausgesetzt, die im Folgenden näher dargestellten Schranken werden eingehalten.

b) Schranken

In jedem Fall ist davon auszugehen, dass eine solche Klausel nichtig ist, wenn sie ungerecht ist, d. h., in ihr ein Verstoß gegen das Prinzip der Gerechtigkeit und Billigkeit in Rechtsgeschäften zu sehen ist. Eine Ungerechtigkeit ist – wie bereits oben dargestellt worden ist – dann zu bejahen, wenn die Beschränkung des Haftungsumfangs zu einer Begrenzung der Haftung für Vorsatz und grobe Fahrlässigkeit, Personenschäden, der decennalen Haftung oder der deliktischen Haftung führt.[578]

c) Zusammenspiel mit den Regelungen über pauschalierten Schadensersatz

Es stellt sich die Frage, ob die Vereinbarung der Begrenzung des Haftungsumfangs derselben richterlichen Inhaltskontrolle unterliegt wie pauschalierter Schadensersatz. Zwar handelt es sich in beiden Fällen um eine Haftungsbeschränkung, indes werden im Falle der Haftungsbegrenzung bestimmte Schadensposten aus dem Haftungsumfang herausgenommen, wohingegen beim pauschalierten Schadensersatz die Haftung insgesamt auf einen bestimmten Betrag festgesetzt wird.[579] Der Begrenzung des Haftungsumfangs fehlt somit – nach der hier vertretenen Ansicht – die dem pauschalierten Schadensersatz zugrundeliegende Pauschalierungsfunktion. Folglich kann der pauschalierte Schadensersatz nicht mit der Begrenzung des Haftungsumfangs gleichgesetzt werden. Mithin ist nach Ansicht des Verfassers

578 Schreiben von Prof. al-Jarbou an den Verfasser vom 9.11.2012.

579 Für eine detaillierte Darstellung der Funktionen und Wirkung des pauschalierten Schadensersatzes im islamischen Recht in Saudi-Arabien sei auf die Ausführungen im nächsten Kapitel verwiesen.

davon auszugehen, dass ein saudisches Gericht seine Eingriffsbefugnisse, die ihm hinsichtlich der Vereinbarung von pauschaliertem Schadensersatz zukommen, nicht auf eine Begrenzung des Haftungsumfangs anwenden wird.

d) Zusammenfassung

Die Begrenzung des Haftungsumfangs ist grundsätzlich zulässig – außer bei Bejahung einer Ungerechtigkeit, wie in Fällen des Ausschlusses der Haftung für Vorsatz, grobe Fahrlässigkeit, Personenschäden und im Bereich der decennalen Haftung. Ihre Nichtigkeit kann sich grundsätzlich nicht daraus ergeben, dass sie die vertraglich vorgesehene Wirkung verhindert. Der Verfasser vertritt die Meinung, dass ein saudischer Richter eine solche Vereinbarung nicht über seine Eingriffsbefugnisse hinsichtlich der Vereinbarung von pauschaliertem Schadensersatz modifizieren kann.

7. Gesamthaftungsbeschränkungen als *overall limitation of liability*

a) Generelle Zulässigkeit

Es stellt sich die Frage, ob Gesamthaftungsbeschränkungen als Haftungshöchstgrenze nach dem in Saudi-Arabien geltenden islamischen Recht als zulässig anzusehen sind. Das Board of Grievances hat in der Vergangenheit die Wirksamkeit von Gesamthaftungsbeschränkungen als *overall limitation of liability* mehrmals bejaht.[580] Dabei zog das Board of Grievances zur Begründung der Zulässigkeit von Gesamthaftungsbeschränkungen die islamisch-rechtliche Version von *pacta sunt servanda* heran; es begründet die generelle Wirksamkeit dabei wie folgt:

> *„Muslime sind an ihre Vertragsbedingungen gebunden.“*[581]

580 Board of Grievances, neunte Handelskammer, Entscheidung Nr. 114/9/1414 H. und Entscheidung Nr. 115/9/1414 H., beide zur Verfügung gestellt von Haberbeck. Bei dem ersten Fall war die Haftungsbeschränkung in einem Frachtpapier enthalten; sie begrenzte die Haftung des Frachtführers auf 100 britische Pfund pro Paket.

581 Allgemein zum Grundsatz *pacta sunt servanda* im islamischen Recht: Habachy, Colum. L. Rev. 62 (1962), S. 450, 463–467; Wehberg, the American Journal of International Law 53 (1959), S. 775. Ebenso ging das Schiedsgericht in dem Schiedsverfahren Saudi-Arabien gegen die Arabian-American Oil Company in einem Schiedsspruch von der Geltung dieses Grundsatzes nach der hanbalitischen Rechtsschule aus. Siehe S. 146–147 des Schiedsspruchs, zitiert bei Rayner, S. 99.

Des Weiteren hat das Board of Grievances folgende Ausführungen gemacht:

> *„Sie* [die Gesamthaftungsbeschränkung] *ist im Einklang mit den Regeln der Scharia, weil die Menschen an die von ihnen geschlossenen Verträge gebunden sind. "*[582]

Daneben geht der Verfasser davon aus, dass in der Vereinbarung von Gesamthaftungsbeschränkungen als Haftungshöchstsumme weder ein Verstoß gegen das ribā- noch das ġarar-Verbot liegt. Um Wiederholungen zu vermeiden, sei hier auf die zur Beschränkung des Haftungsumfangs gemachten Ausführungen verwiesen, die im Hinblick auf Gesamthaftungsbeschränkungen ebenfalls fruchtbar gemacht werden können. Ihre Zulässigkeit kann darüber hinaus mit einer Analogie zu dem nach herrschender Meinung nach islamischem Recht zulässigen pauschalierten Schadensersatz begründet werden.[583]

b) Schranken

Gesamthaftungsbeschränkungen als Haftungshöchstgrenze sind allerdings nicht schrankenlos gültig. Das Board of Grievances hat klargestellt, dass eine Gesamthaftungsbeschränkung als *overall limitation of liability* nicht die öffentliche Ordnung verletzt, allerdings nicht ohne Einschränkungen:

> *„Vertragsabreden sind grundsätzlich wirksam, es sei denn, sie verstoßen gegen die öffentliche Ordnung im Königreich oder werden aus anderen Gründen für unzulässig erklärt. "*[584]

Der Verfasser nimmt mit der oben im Rahmen von Haftungsausschlüssen dargestellten Meinung an, dass nach dem in Saudi-Arabien geltenden Recht zwischen Haftungsausschlüssen und -beschränkungen differenziert werden muss. Deshalb gelten für Gesamthaftungsbeschränkungen nicht dieselben Schranken wie für einfache Haftungsausschlüsse und ihre Unzulässigkeit kann sich nicht grundsätzlich daraus ergeben, dass sie eine grundlegende, das Wesen des Vertrags ausmachende Verpflichtung beschränken.[585] Etwas anderes muss nach der

---

582 Board of Grievances, neunte Handelskammer, Entscheidung Nr. 114/9/1414 H. und Entscheidung Nr. 115/9/1414 H., beide zur Verfügung gestellt von Haberbeck.

583 Az-Zubaīr, Interview mit dem Verfasser, 12.12.2012, Riad.

584 Board of Grievances, neunte Handelskammer, Entscheidung Nr. 114/9/1414 H., zur Verfügung gestellt von Haberbeck.

585 Die dem Verfasser vorliegenden Urteile des Board of Grievances zu Gesamthaftungsbeschränkungen gehen insoweit mit keinem Wort auf eine Unwirksamkeit der Gesamthaftungsbeschränkung wegen der Verhinderung der rechtlich vorgesehenen Wirkung des Vertrags ein.

hier vertretenen Meinung allerdings dann gelten, wenn die Gesamthaftungsbeschränkung so niedrig angesetzt ist, dass sie quasi wie ein Haftungsausschluss wirkt. In einem solchen Fall muss gelten, dass die quasi wie ein Haftungsausschluss wirkende Gesamthaftungsbeschränkung einen nichtigen Ausschluss der Haftung für eine grundlegende, das Wesen des Vertrags ausmachende Verpflichtung darstellt; ansonsten könnte die für den Vertrag rechtlich vorgesehene Wirkung über die Vereinbarung einer extrem niedrigen Gesamthaftungsbeschränkung ausgehebelt werden.

Allerdings muss auch für Gesamthaftungsbeschränkungen als Haftungshöchstgrenze gelten, dass sie dann unzulässig sind, wenn das Gericht zu der Überzeugung gelangt, dass sie ungerecht sind, weil in einem solchen Fall das im islamischen Recht anerkannte Prinzip der Gerechtigkeit und Billigkeit in Rechtsgeschäften verletzt ist.[586] Die Bejahung einer Ungerechtigkeit ist dann höchstwahrscheinlich, wenn die Gesamthaftungsbeschränkung als *overall limitation of liability* die Haftung des Schuldners für Vorsatz und grobe Fahrlässigkeit, Personenschäden, Delikt oder die decennale Haftung beschränkt.[587]

c) Zusammenspiel mit den Regelungen zum pauschalierten Schadensersatz

Der Verfasser geht dagegen nicht davon aus, dass die Grundsätze des islamischen Rechts zu pauschaliertem Schadensersatz auf eine Gesamthaftungsbeschränkung als Haftungshöchstgrenze Anwendung finden, da der pauschalierte Schadensersatz und die Gesamthaftungsbeschränkung unterschiedliche Funktionen erfüllen. Der pauschalierte Schadensersatz hat nach der hier vertretenen Auffassung eine Pauschalierungsfunktion, die die Gesamthaftungsbeschränkung nicht hat. Es kann jedoch nicht gänzlich ausgeschlossen werden, dass ein Richter die hinsichtlich des pauschalierten Schadensersatzes zustehenden Eingriffsbefugnisse analog auf eine Gesamthaftungsbeschränkung als Haftungshöchstsumme anwendet.[588]

586 So Prof. al-Jarbou in einem Schreiben an den Verfasser vom 9.11.2012.

587 Ebd.

588 Insbesondere wenn ein Richter die Zulässigkeit der Gesamthaftungsbeschränkung in einer Analogie zum pauschalierten Schadensersatz begründet, ist eine richterliche Inhaltskontrolle analog zu den Prinzipien zum pauschalierten Schadensersatz nicht auszuschließen.

d) Zusammenfassung

Gesamthaftungsbeschränkungen als *overall limitation of liability* sind nach dem in Saudi-Arabien geltenden islamischen Recht nach herrschender Meinung zulässig. Nach der hier vertretenen Meinung gelten für sie nicht vollständig dieselben Schranken wie für Haftungsausschlüsse. Wie Haftungsausschlüsse sind sie jedoch nichtig, wenn das Gericht sie als ungerecht einstuft. Dies ist dann der Fall, wenn die Gesamthaftungsbeschränkung die Haftung für Vorsatz, grobe Fahrlässigkeit, Personenschäden, die decennale Haftung oder Delikt beschränkt. Der Verfasser ist der Meinung, dass die richterlichen Eingriffsbefugnisse, die für pauschalierten Schadensersatz gelten, keine Anwendung auf Gesamthaftungsbeschränkungen als Haftungshöchstgrenze finden.

8. Gesamthaftungsbeschränkung als *sole remedy clause*

a) Generelle Zulässigkeit

Auch die andere Art der Gesamthaftungsbeschränkung, als *sole remedy clause*, ist im Lichte der obigen Ausführungen zur Einhaltung der Grenzen des islamischen Rechts und der Rechtsprechung des Board of Grievances richtigerweise als zulässige Nebenabrede anzusehen; zur Begründung sei auf die Ausführungen zur Zulässigkeit der Gesamthaftungsbeschränkung in Form einer Haftungshöchstsumme verwiesen. Ebenso ist die Gesamthaftungsbeschränkung als *sole remedy clause* in der Ausgestaltung als pauschalierter Schadensersatz als zulässig anzusehen, weil pauschalierter Schadensersatz nach der herrschenden Meinung in Saudi-Arabien zulässig vereinbart werden kann.[589] Insoweit sei auf die Ausführungen im nächsten Kapitel verwiesen.

b) Schranken

Ein saudischer Richter wird eine Gesamthaftungsbeschränkung als *sole remedy clause* dann für unwirksam erklären, wenn diese die Haftung wegen Vorsatz,

589 Gutachten des Rats der Islamgelehrten, مجلة البحوث الإسلامية 2 (1395–1396 H.), S. 59–144; Entscheidung der islamischen Fiqh-Akademie Nr. 109 (12/3), 12. Sitzung, 1421 H., Riad; أبو جزر, S. 51–64; Mahmoud, in: Arab Comparative & Commercial Law, Vol. I (1987), S. 43, 55; سوار, الإتجاهات, S. 220; شعبان, مجلة الحقوق والشريعة 2 (1977), S. 119, 134–135. Board of Grievances, Entscheidungen Nr. 47/t/1 1413 H., Nr. 47/t/1 1412 H. und Nr. 65/t/2 1413 H., allesamt zur Verfügung gestellt von Prof. al-Jarbou.

grober Fahrlässigkeit, Personenschäden, der decennalen Haftung oder Delikt beschränkt, weil er eine solche Gesamthaftungsbeschränkung für ungerecht und damit unzulässig halten wird.[590] Außer im Fall einer extrem niedrig angesetzten Gesamthaftungsbeschränkung als *sole remedy clause* ist darüber hinaus nach Ansicht des Verfassers nicht zu erwarten, dass ein saudischer Richter die Gesamthaftungsbeschränkung wegen eines Ausschlusses einer grundlegenden, das Wesen des Vertrags ausmachenden Verpflichtung für nichtig erklärt.

c) Zusammenspiel mit den Regelungen zum pauschalierten Schadensersatz

Grundsätzlich sind die Regeln zum pauschalierten Schadensersatz nach Ansicht des Verfassers nicht anzuwenden, weil insoweit zwischen Gesamthaftungsbeschränkungen und der Vereinbarung von pauschaliertem Schadensersatz aufgrund ihrer unterschiedlichen Funktion differenziert werden muss. Etwas anders muss dann gelten, wenn die Gesamthaftungsbeschränkung als *sole remedy clause* gleichzeitig eine Schadenspauschalierung darstellt; in einem solchen Fall greifen die auch im islamischen Recht eingeräumten Eingriffsbefugnisse des Richters.

d) Zusammenfassung

Zusammenfassend lässt sich feststellen, dass die Gesamthaftungsbeschränkung als *sole remedy clause* generell zulässig ist, es sei denn, sie beschränkt die Haftung wegen Vorsatz, grober Fahrlässigkeit, Personenschäden, der decennalen Haftung oder Delikt. Außer in dem Fall, in dem die Gesamthaftungsbeschränkung als pauschalierter Schadensersatz ausgestaltet ist, finden die richterlichen Eingriffsbefugnisse gemäß den Grundsätzen des pauschalierten Schadensersatzes im islamischen Recht nach der hier vertretenen Meinung keine Anwendung.

9. Ausschluss der Produkthaftung

Nachdem das saudische Recht kein eigenes Produkthaftungsgesetz aufweist, richten sich Haftungsbegrenzungen und -ausschlüsse in diesem Bereich nach den oben dargestellten Grundsätzen für die Zulässigkeit und Schranken des Ausschlusses der vertraglichen und deliktischen Haftung.[591]

---

590 So Prof. al-Jarbou in einem Schreiben an den Verfasser vom 9.11.2012.

591 Die Haftung eines Produzenten im Rahmen einer Lieferkette wird oft daran scheitern, dass – wie bereits oben angemerkt – der direkte Schädiger im islamischen Recht immer vor dem indirekten Verursacher haftet.

10. Ausschluss der Haftung für Dritte

Problematisch ist die Frage, ob die Haftung für dritte Personen vertraglich ausgeschlossen oder beschränkt werden kann. Die von dem Verfasser befragten saudischen Praktiker gehen davon aus, dass für den Ausschluss der vertraglichen Haftung und Geschäftsherrenhaftung dieselben Voraussetzungen gelten wie für die Haftungsausschlüsse und -beschränkungen für eigenes Handeln.[592] Begründet wird dies damit, dass der Gläubiger durch den Einsatz des Dritten nicht schlechter oder besser dastehen soll, als wenn er die vertragliche Verpflichtung selbst erfüllt hätte; würde man einen Ausschluss für jegliche Pflichtverletzung des Dritten akzeptieren, würde dies zu einer unfairen und nach islamischem Recht unzulässigen Verschiebung des vertraglichen Gleichgewichts führen.[593] Deshalb gelten die oben genannten Zulässigkeitsschranken hier ebenfalls.[594]

II. Ausschluss und Beschränkung der Haftung bei im Rahmen von öffentlichen Ausschreibungen abgeschlossenen Verträgen und Musterverträgen

1. Öffentliche Ausschreibungen

Fraglich ist, ob die Vertragsparteien im Rahmen des Anwendungsbereichs der SAR Haftungsbegrenzungen und -ausschlüsse vereinbaren können. Zunächst sei angemerkt, dass die saudischen Ausschreibungsregelungen keine allgemeine Regelung zu Haftungsbegrenzungen und -ausschlüssen beinhalten.[595] Grundsätzlich gilt zwar, dass Haftungsausschlüsse und -beschränkungen in Verträgen mit der öffentlichen Hand parallel zu solchen in privatrechtlichen Rechtsgeschäften grundsätzlich zulässig sein müssen, weil das islamische Recht nicht zwischen Verträgen mit der öffentlichen Hand und privatrechtlichen Verträgen differenziert.[596] Aufgrund von Art. 154 der Ausführungsbestimmungen der SAR ist jedoch zu erwarten, dass

592 Dr. Faḍl, Interview mit dem Verfasser, 11.12.2012, Riad; az-Zubaīr, Interview mit dem Verfasser, 12.12.2012, Riad.

593 Ebd.

594 Dr. Faḍl, Interview mit dem Verfasser, 11.12.2012, Riad.

595 Aus formaler Sicht können die Parteien von den Bestimmungen der SAR abweichen, vorausgesetzt, diese Abweichung wird durch den saudischen König nach Art. 79 der SAR genehmigt.

596 Prof. al-Jarbou, Interview mit dem Verfasser, 13.12.2012, Riad. Siehe auch Rayner, S. 100.

das saudische Finanzministerium seine Zustimmung zu einem Haftungsausschluss oder einer Haftungsbeschränkung verweigert, wenn eine Abweichung von entsprechenden Haftungstatbeständen der SAR oder der Ausführungsbestimmungen der SAR gegeben ist; im Übrigen ist zu erwarten, dass aus denselben Gründen ein saudisches Gericht entsprechende Klauseln als nichtig ansehen würde.[597]

Folglich ist davon auszugehen, dass die Sachmängelgewährleistung nach Art. 107, 108 a) i. V. m. Art. 154 der Ausführungsbestimmungen der SAR weder beschränkt noch ausgeschlossen werden kann. Ebenso wenig kann die einjährige Gewährleistungsfrist des Art. 107 i. V. m. Art. 154 der Ausführungsbestimmungen der SAR verkürzt werden. Darüber hinaus kann die decennale Haftung nach Art. 76 der SAR i. V. m. Art. 154 der Ausführungsbestimmungen der SAR weder verkürzt noch beschränkt werden.[598] Zusätzlich ist wegen Art. 71 S. 3 der SAR und Art. 102 der Ausführungsbestimmungen der SAR jeweils i. V. m. Art. 154 der Ausführungsbestimmungen der SAR davon auszugehen, dass Haftungsbeschränkungen und Gesamthaftungsbeschränkungen als *overall limitation of liability* unzulässig sind.[599] Es ist für den Fall eines Rücktritts nicht möglich, eine Gesamthaftungsbeschränkung in Form einer *sole remedy clause* für Verzug und Nichtleistung zu vereinbaren, weil die Vertragsstrafe ab diesem Zeitpunkt wegen Art. 86 der Ausführungsbestimmungen der SAR als Mindestbetrag konzipiert ist.[600]

Selbst wenn das saudische Finanzministerium oder ein saudisches Gericht den Haftungsausschluss oder die Haftungsbegrenzung für zulässig ansehen sollte, ist

---

597 Prof. al-Jarbou, Interview mit dem Verfasser, 13.12.2012, Riad. Erforderlich ist gemäß Art. 154 der Ausführungsbestimmungen der SAR, dass die vertragliche Regelung nicht von den SAR oder den dazugehörigen Ausführungsbestimmungen abweicht. Damit kann man davon ausgehen, dass sich die SAR in jedem Fall gegenüber günstigeren Bestimmungen in der jeweiligen Absprache durchsetzen. So zum alten saudischen Ausschreibungsrecht Berrer/Eicher in: Deutsche Unternehmen in den arabischen Golfstaaten, S. 169, 173.

598 Prof. al-Jarbou, Interview mit dem Verfasser, 13.12.2012, Riad. In jedem Fall sollte deshalb im jeweiligen Einzelvertrag versucht werden, die sehr weite decennale Haftung auf das eigentliche Bauteil zu beschränken. Siehe Berrer/Eicher, in: Deutsche Unternehmen in den arabischen Golfstaaten, S. 169, 182.

599 Prof. al-Jarbou, Interview mit dem Verfasser, 13.12.2012, Riad. Art. 71 der SAR besagt, dass der Werkunternehmer stets zusammen mit seinem Subunternehmer für die Erfüllung des Vertrags haftet. Dagegen sieht Art. 102 der Ausführungsbestimmungen der SAR vor, dass der Werkunternehmer im Falle einer Kündigung des Bestellers für sämtliche Schäden des Bestellers haftet.

600 Die Vereinbarung einer solchen wäre wegen Art. 53 b) der SAR und Art. 86 der Ausführungsbestimmungen der SAR eigentlich zu empfehlen.

davon auszugehen, dass die Haftung für Vorsatz, grobe Fahrlässigkeit, Personenschäden und die deliktische Haftung im Gleichlauf mit den für privatrechtliche Verträge geltenden Schranken weder vertraglich ausgeschlossen noch beschränkt werden.[601]

Mithin ist es im Wesentlichen nicht möglich, die Haftung in im Rahmen von öffentlichen Ausschreibungen abgeschlossenen Verträgen zu beschränken oder auszuschließen.[602] Prof. al-Jarbou empfiehlt dennoch, zumindest eine Gesamthaftungsbeschränkung als *overall limitation of liability* zu vereinbaren, weil immer die Möglichkeit besteht, dass das saudische Finanzministerium oder ein saudisches Gericht eine solche Klausel trotz Art. 154 der Ausführungsbestimmungen der SAR für zulässig ansieht.[603]

2. FIDIC

Es stellt sich die Frage, wie sich die Wirksamkeit der Unterklausel 17.6 der FIDIC-Bedingungen nach dem in Saudi-Arabien geltenden islamischen Recht beurteilt. Die in ihr enthaltene Beschränkung der Haftung durch den Ausschluss von Folgeschäden ist in jedem Fall wirksam, weil Folgeschäden nach dem islamischen Recht nicht ersatzfähig sind. Bei Berücksichtigung der obigen Darstellung ist davon auszugehen, dass die in Unterklausel 17.6 der FIDIC-Bedingungen enthaltene Gesamthaftungsbeschränkung als Haftungshöchstsumme außer im Fall der decennalen Haftung wirksam ist.[604]

Für im Rahmen von öffentlichen Ausschreibungen abgeschlossene Verträge ergibt sich die Nichtigkeit der in Unterklausel 17.6 der FIDIC-Bedingungen enthaltenen Gesamthaftungsbeschränkung im Hinblick auf die decennale Haftung aus Art. 76 der SAR i. V. m. Art. 154 der Ausführungsbestimmungen der SAR. Im Übrigen gelten die im ersten Absatz erfolgten Ausführungen.

3. Allgemeine Geschäftsbedingungen

Die Zulässigkeit und Schranken allgemeiner Geschäftsbedingungen werden in Saudi-Arabien nicht gesondert geregelt. Dem saudischen Recht ist die

601 Prof. al-Jarbou, Interview mit dem Verfasser, 13.12.2012, Riad.

602 Ebd.

603 Ebd.

604 Die Schranke, dass durch einen Haftungsausschluss nicht eine grundlegende, das Wesen des Vertrags ausmachende Verpflichtung ausgeschlossen werden kann, gilt – wie bereits oben dargestellt – für Gesamthaftungsbeschränkungen nicht.

AGB-Kontrolle über das Prinzip des Adhäsionsvertrags unbekannt; es existieren nur Ausführungen zum Monopol.[605] Somit ist davon auszugehen, dass bei in AGBs enthaltenen Haftungsbeschränkungen und -ausschlüssen die oberen Ausführungen Anwendung finden.

III. Gestaltung von Vertragsklauseln

Angesichts bestehender Unsicherheit hinsichtlich Zulässigkeit und Grenzen von Haftungsausschlüssen und -beschränkungen nach dem islamischen Recht und des daraus resultierenden weiten Beurteilungsspielraums des saudischen Richters ist es relativ schwierig, pauschale Aussagen hinsichtlich der Gestaltung von Vertragsklauseln zu treffen. Zunächst sollte die Klausel keinen Haftungsausschluss für eine grundlegende, das Wesen des Vertrags ausmachende Verpflichtung beinhalten. Die besseren Gründe sprechen dafür, die Haftung für Vorsatz, grobe Fahrlässigkeit, Personenschäden sowie die decennale Haftung in jedem Fall aus dem Anwendungsbereich von Haftungsausschlüssen und -beschränkungen herauszunehmen. Folgt man der Ansicht, dass auch der Ausschluss für grundlegende, das Wesen des Vertrags ausmachende Verpflichtungen zulässig ist, sollte man zur Sicherheit für dieselbe Vertragsverletzung zusätzlich eine Gesamthaftungsbeschränkung als Haftungshöchstsumme für den Fall vereinbaren, dass ein saudisches Gericht die entgegengesetzte Ansicht vertritt. Es ist grundsätzlich zu erwarten, dass selbst wenn die Vertragsklausel einen Haftungsausschluss oder eine Haftungsbeschränkung enthält, der bzw. die für nichtig erklärt wird, das Gericht die Klausel und den Vertrag im Übrigen aufrechterhalten wird.

D. Auswertung

Aus der Darstellung der Regelungen des ägyptischen und des jordanischen/VAE-Rechts sowie des in Saudi-Arabien geltenden islamischen Rechts wird deutlich,

---

605 السنهوري, مصادر الحق, Bd. 2, S. 77–87. Für die Annahme, dass das auf dem lā ḍarar wa lā ḍirār- basierende istiġlāl-Prinzip bei der Verwendung allgemeiner Geschäftsbedingungen Anwendung findet, liegen dem Verfasser keine Angaben vor. Siehe zum istiġlāl-Prinzip: Rayner, S. 254–258. Danach kann unter anderem eine schwache Vertragspartei den Rücktritt von einem Vertrag erklären, falls ein grobes Ungleichgewicht zwischen den vertraglichen Verpflichtungen zulasten der schwächeren Partei besteht.

dass sich das ägyptische Zivilrechtsmodell, das jordanische/VAE-Zivilrechtsmodell und das saudische Zivilrechtsmodell bei der Beurteilung der Zulässigkeit von Haftungsausschlüssen und -beschränkungen und der Festlegung von deren Schranken zum Teil stark unterscheiden. Im Ergebnis besteht in Jordanien/den VAE und Saudi-Arabien ein geringerer Spielraum zur vertraglichen Minimierung von Haftungsrisiken durch Haftungsausschlüsse und -beschränkungen als in Ägypten.

Vorangestellt sei angemerkt, dass allen drei Zivilrechtssystemen gemeinsam ist, dass die Vertragsparteien und insbesondere der Schuldner sich solange nicht sicher sein können, ob die Haftungsbeschränkung oder der Haftungsausschluss durchsetzbar sind, bis ein Richter sie für durchsetzbar erklärt. Diese Unsicherheit ergibt sich daraus, dass die Wirksamkeit der Haftungsbeschränkung oder des Haftungsausschlusses von Gesichtspunkten abhängig ist, die die Vertragsparteien beim Verfassen der jeweiligen Bestimmung noch überhaupt nicht wissen können. Hierbei spielt insbesondere die rechtliche Grundlage des Anspruchs des Gläubigers eine entscheidende Rolle, denn die Zulässigkeit und Schranken von Haftungsbeschränkungen und -ausschlüssen unterscheiden sich je nach Vertragsverstoß, auf den der Gläubiger seinen Anspruch stützt. Darüber hinaus ist deutlich geworden, dass die Zulässigkeit von Haftungsausschlüssen und -beschränkungen – ausgenommen der Verkürzung der Verjährung – sowohl im allgemeinen Schuldrecht als auch im Handelsrecht und im Recht der allgemeinen Geschäftsbedingungen gleich beurteilt wird; eine dreiteilige Gliederung besteht gerade nicht.

Zusammengefasst stellen sich die Unterschiede und Gemeinsamkeiten wie folgt dar:

I. Ausschluss der Vertragshaftung

Grundsätzlich ist es nur in Ägypten und Jordanien/den VAE erlaubt, sich von jeglicher vertraglicher Haftung für Pflichtverletzungen freizuzeichnen oder die Art der Verpflichtung zu verändern. Im ÄZGB und im JZGB/VAEZGB wird dieses Ergebnis auf den Grundsatz der Vertragsfreiheit gestützt. Die grundsätzliche Zulässigkeit von Haftungsausschlüssen wird in Saudi-Arabien auf die Zulässigkeit als Nebenabrede bei Zugrundelegung der im islamischen Recht anerkannten Prinzipien der Vertragsfreiheit und *pacta sunt servanda* gestützt. Im Unterschied zum ÄZGB ergibt sich die Zulässigkeit von Haftungsausschlüssen in Jordanien/den VAE nicht aus einer gesetzlichen Regelung – Art. 217 II 1. HS. ÄZGB –, sondern aus der analogen Anwendung von Art. 358 II JZGB/Art. 383 II VAEZGB bzw. Richterrecht; die Zulässigkeit von Haftungsausschlüssen ist hier generell umstritten. Sowohl im ÄZGB als auch im JZGB/VAEZGBB spielen etwaige vom islamischen Recht gesetzte Grenzen im Unterschied zu Saudi-Arabien keine Rolle.

Übereinstimmend bewirkt nach der hier vertretenen Ansicht ein Haftungsausschluss in allen drei Systemen nach der hier vertretenen Ansicht eine Beweislastumkehr, den Ausschluss der deliktischen Haftung im Bereich der vertraglichen Haftung – ausgenommen Vorsatz und grobe Fahrlässigkeit – und einen echten Haftungsausschluss für Fahrlässigkeit. Die Wirkung von Haftungsausschlüssen ist in Jordanien/VAE und Saudi-Arabien mangels einer Kodifizierung deutlich umstrittener als in Ägypten. Es besteht die Gefahr, dass ein Richter diese über die ihm im Rahmen von pauschaliertem Schadensersatz eingeräumten Modifizierungsmöglichkeiten aus den Angeln hebt.

Allen Rechtskreisen ist gemeinsam, dass die Parteien ihre vertragliche Hauptverpflichtung weder einschränken noch ausschließen können, wobei diese Regel in Saudi-Arabien deutlich weiter ausgelegt wird als in Ägypten und Jordanien/den VAE.

Beschränkt wird die Zulässigkeit von Haftungsausschlüssen der Parteien richtigerweise in allen drei Rechtsordnungen dadurch, dass ein Haftungsausschluss für Vorsatz und grobe Fahrlässigkeit nichtig ist. Darüber hinaus kann die Haftung für Personenschäden nicht vertraglich abbedungen werden. Die Unzulässigkeit derartiger Klauseln ergibt sich im ÄZGB sowie JZGB/VAEZGB bereits aus dem Gesetz, wohingegen in Saudi-Arabien mit dem islamischen Prinzip der Gerechtigkeit und Billigkeit in Rechtsgeschäften argumentiert wird. Die wohl bemerkenswerteste Besonderheit im Rahmen der Schranken von Haftungsausschlüssen im Unterschied zu den anderen hier untersuchten Modellen besteht in Saudi-Arabien nach der hier vertretenen Meinung darin, dass die Haftung für eine grundlegende, das Wesen des Vertrags ausmachende Verpflichtung in einem saudischem Recht unterliegenden Vertrag nach der herrschenden Meinung nicht ausgeschlossen werden kann, weil ein solcher Ausschluss die rechtlich vorgesehene Wirkung des Vertrags verhindern würde und damit nichtig ist. Hintergrund dieser weitreichenden Einschränkung von Haftungsausschlüssen ist die Ausgestaltung der vertraglichen Haftung als Garantiehaftung und eine Orientierung an dem sudanesischen Gesetz über zivilrechtliche Rechtsgeschäfte sowie, wenn auch nicht offiziell, dem englischen Recht.

II. Ausschluss der Gewährleistungsrechte im Kauf-, Werkliefervertrags- und Werkvertragsrecht

Aus der zuletzt genannten Besonderheit ergeben sich in Ägypten, Jordanien/den VAE und in Saudi-Arabien ebenso Unterschiede hinsichtlich der Zulässigkeit und Schranken des Ausschlusses der Gewährleistungsrechte für Sachmängel im

Kauf- und Werkvertrags- und Werkliefervertragsrecht. In Ägypten sowie Jordanien/den VAE wird dieser Ausschluss im Kaufrecht/Werkliefervertragsrecht im Prinzip als zulässig angesehen, es sei denn, der Verkäufer/Werklieferant verschleiert den Mangel absichtlich. Obwohl das ÄZGB dem Wortlaut der einschlägigen Regelung nach ein Verschleiern auf betrügerische Art und Weise voraussetzt, wird dieses Tatbestandsmerkmal nicht weiter berücksichtigt und man kommt zu denselben Ergebnissen wie im JZGB/VAEZGB. Auffallend ist, dass im Anwendungsbereich des JZGB/VAEZGB ein Ausschluss der Gewährleistungsrechte für versteckte Sachmängel im Unterschied zu Ägypten auch dann nichtig ist, wenn der Käufer davon abgehalten worden ist, den Mangel zu entdecken. Bemerkenswert ist daneben, dass die im JZGB/VAEZGB für Gewährleistungsausschlüsse vorgegebenen Schranken mangels eines kaufrechtlichen Schadensrechts, außer im Hinblick auf die Gesamthaftungsbeschränkung als *sole remedy clause*, auf allgemeine Haftungsbeschränkungen keine Anwendung finden.

Momentan existiert in Ägypten und Jordanien/den VAE noch keine Rechtsprechung, die bei der Beurteilung der Zulässigkeit von Haftungsbeschränkungen danach differenziert, ob der Verkäufer berufs- oder gewerbsmäßig handelt; insbesondere wird nicht – wie nach der französischen Rechtsprechung – darauf abgestellt, ob Käufer und Verkäufer einen vergleichbaren Kenntnisstand aufweisen. Richtigerweise ist somit davon auszugehen, dass gewerbs- und berufsmäßige Verkäufer denselben Beschränkungen unterliegen wie private Verkäufer.

Im Werkvertragsrecht sind Haftungsfreizeichnungsklauseln grundsätzlich möglich, es sei denn, es liegen Fälle von Vorsatz, grober Fahrlässigkeit oder deliktischem Handeln vor.

Im Gegensatz hierzu ist in Saudi-Arabien weder im Kauf- noch im Werkliefervertrag noch in Werkverträgen ein Gewährleistungsausschluss möglich, denn derartige Absprachen sind nichtig; durch sie würde eine grundlegende, das Wesen des Vertrags ausmachende Verpflichtung ausgeschlossen und letztlich die rechtlich vorgesehene Wirkung des Vertrags verhindert.

III. Ausschluss der decennalen Haftung

Jeder Haftungsausschluss und jede Haftungsbeschränkung im Bereich der decennalen Haftung ist in allen der hier behandelten Modelle nichtig. Sowohl im ÄZGB als auch im JZGB/VAEZGB wird die Nichtigkeit damit begründet, dass die decennale Haftung der öffentlichen Ordnung zuzuordnen ist, wobei sich dieses Ergebnis sowohl in Ägypten als auch in Jordanien/den VAE aus dem Gesetz ergibt. Im Unterschied hierzu lässt sich die Nichtigkeit der Abbedingung der Haftung für derartige Mängel in Saudi-Arabien aus dem saudischen Ausschreibungsrecht und dem Grundsatz, dass durch den Haftungsausschluss nicht die rechtlich vorgesehene Wirkung des Vertrags verhindert werden darf, herleiten.

IV. Ausschluss der deliktischen Haftung

Die deliktische Haftung für eigenes Fehlverhalten darf als Teil der öffentlichen Ordnung in keinem der drei behandelten Schuldrechtsmodelle ausgeschlossen werden; in Ägypten sowie Jordanien/den VAE ergibt sich dieses Ergebnis aus dem Gesetz, wohingegen sich die Unzulässigkeit in Saudi-Arabien aus dem islamisch-rechtlichen Prinzip der Gerechtigkeit und Billigkeit in Rechtsgeschäften ergibt. Allerdings kommen die ägyptische, jordanische/VAE- und (nach Ansicht des Verfassers) die herrschende Meinung in Saudi-Arabien aufgrund des Grundsatzes der Nichtanwendbarkeit der deliktischen Haftung neben der vertraglichen Haftung doch dazu, dass das unabdingbare Deliktsrecht letztlich – zumindest im Bereich von Verträgen – doch abbedungen werden kann.

V. Haftungsausschluss durch Verkürzung der Verjährung

Ein Haftungsausschluss durch Verkürzung der Verjährung ist in Ägypten, Jordanien/den VAE und Saudi-Arabien nichtig. Dies muss insbesondere auch für den Bereich des Gewährleistungsrechts für versteckte Mängel im Kaufrecht gelten, obwohl hier die einschlägigen Artikel des ÄZGB/JZGB/VAEZGB ihrem Wortlaut nach einen solchen Haftungsausschluss durchaus zulassen würden. Ebenso ist im Rahmen von privatrechtlichen Verträgen in Saudi-Arabien davon auszugehen, dass die Parteien keine Vereinbarung über Verjährung von Ansprüchen treffen können, da das islamische Recht das Institut der Verjährung nicht kennt und deshalb deren Einführung und Verkürzung als unzulässig anzusehen ist. Etwas anderes gilt nur in Ägypten und den VAE im Hinblick auf Handelskäufe; hier ist die Gewährleistungsfrist disponibel ausgestaltet. Beachtenswert ist, dass es hier zum einzigen Auseinanderfallen der Behandlung von Haftungsbeschränkungen in zivil- und handelsrechtlichen Rechtsgeschäften innerhalb der im Rahmen dieser Arbeit untersuchten Klauseln kommt.

VI. Beschränkung des Haftungsumfangs

Die Beschränkung des Haftungsumfangs ist sowohl nach dem ÄZGB als auch nach dem JZGB/VAEZGB und dem in Saudi-Arabien geltenden islamischen

Recht, gestützt auf die Vertragsfreiheit und den Grundsatz *pacta sunt servanda*, zulässig. Im Rahmen des ÄZGB und JZGB/VAEZGB und in Saudi-Arabien sind allerdings diejenigen Beschränkungen des Haftungsumfangs nichtig, die die Haftung für Vorsatz, grobe Fahrlässigkeit und Personenschäden, absichtlich verschleierte Mängel oder die decennale und deliktische Haftung beschränken. Dabei ist die Beschränkung des Haftungsumfangs in Jordanien/den VAE größeren Unsicherheiten unterworfen als in Ägypten und Saudi-Arabien, denn der jeweilige Richter kann entgegen der hier vertretenen Ansicht dazu kommen, seine hinsichtlich der Anpassung pauschalierten Schadensersatzes eingeräumten Eingriffsbefugnisse auf die Beschränkung des Haftungsumfangs anzuwenden. Beachtenswert ist dabei, dass eine Beschränkung des Haftungsumfangs auch in Jordanien/den VAE in den Vertrag aufgenommen werden soll, da trotz des im Vergleich zu Ägypten unterschiedlichen Wortlauts der Vorschriften zum Umfang der vertraglichen Haftung mit der herrschenden Meinung von der Ersatzfähigkeit entgangenen Gewinns auszugehen ist. Im Gegensatz hierzu ist die Beschränkung des Haftungsumfangs in Saudi-Arabien zumindest hinsichtlich indirekter Schäden wie entgangenem Gewinn unproblematischer als in Ägypten und Jordanien/den VAE, weil diese Schadensposten nach der herrschenden Meinung in Saudi-Arabien bereits nicht ersatzfähig sind.

VII. Gesamthaftungsbeschränkungen als *overall limitation of liability*

Gesamthaftungsbeschränkungen als *overall limitation of liability* können als Ausfluss der Vertragsfreiheit und des Grundsatzes *pacta sunt servanda* sowohl in Ägypten als auch in Jordanien/den VAE und Saudi-Arabien grundsätzlich vereinbart werden. Dabei sind Gesamthaftungsbeschränkungen in Saudi-Arabien und Jordanien/den VAE nach der hier vertretenen Meinung im Unterschied zu Ägypten grundsätzlich nicht den gleichen Regeln wie Haftungsausschlüsse unterworfen. In Saudi-Arabien ist die Zulässigkeit von Gesamthaftungsbeschränkungen umso wahrscheinlicher, wenn durch diese indirekte Schäden, die nach islamischem Recht nicht ersatzfähig sind, ausgeschlossen werden.

In den drei untersuchten Zivilrechtsmodellen ist die Zulässigkeit von Haftungshöchstgrenzen dadurch begrenzt, dass die Haftung für Vorsatz, grobe Fahrlässigkeit, Personenschäden, absichtlich verschleierte Mängel, Delikt und die decennale Haftung nicht durch die Gesamthaftungsbeschränkung als Haftungshöchstbetrag beschränkt werden kann.

Unterschiede hinsichtlich der Wirkung von Gesamthaftungsbeschränkungen ergeben sich nach Ansicht des Verfassers daneben daraus, dass ein Gericht die Vorschriften zum pauschalierten Schadensersatz zur Überprüfung der Haftungshöchstgrenze in Ägypten und Saudi-Arabien nicht heranziehen wird, in Jordanien/den VAE aufgrund der weiten Ausgestaltung der Vorschriften zum pauschalierten Schadensersatz und der mit diesen zusammenhängenden richterlichen Eingriffsbefugnisse dagegen schon.

VIII. Gesamthaftungsbeschränkungen als *sole remedy clause*

In allen drei Zivilrechtsmodellen lassen sich, gestützt auf die Vertragsfreiheit und den Grundsatz *pacta sunt servanda*, Gesamthaftungsbeschränkungen als *sole remedy clause* vereinbaren.

Beschränkt wird diese Möglichkeit wiederum dadurch, dass die Haftung für Vorsatz, grobe Fahrlässigkeit, Personenschäden, Delikt und absichtlich verschleierte Mängel (in Ägypten) oder die decennale Haftung nicht beschränkt werden kann.

Daneben ist davon auszugehen, dass – vorausgesetzt, die *sole remedy clause* besteht aus der Festlegung eines pauschalierten Schadensersatzes – die jeweiligen Vorschriften bzw. (im Fall von Saudi-Arabien) die entwickelten Prinzipien zum pauschalierten Schadensersatz Anwendung finden werden, d. h., die Wirkung einer Gesamthaftungsbeschränkung als *sole remedy clause* ist in Jordanien/den VAE aufgrund der weiteren Eingriffsbefugnisse der jordanischen/VAE-Gerichte als wesentlich niedriger einzuschätzen, denn sie ist gerichtlich voll überprüfbar. In Ägypten und Saudi-Arabien kann dieser nur unter bestimmten Umständen erhöht und gesenkt werden.

IX. Ausschluss der Produkthaftung

Im Rahmen der Produkthaftung zeigt sich, dass im Falle von Ägypten und den VAE, die jeweils ein Produkthaftungsgesetz in Kraft gesetzt haben, die sich aus diesen ergebende Haftung nicht ausgeschlossen oder begrenzt werden kann. Der Produzent wird dadurch schlechtergestellt als der normale Verkäufer. Saudi-Arabien und Jordanien weisen dagegen kein Produkthaftungsgesetz auf. Deshalb richten sich Haftungsausschlüsse in diesen Ländern nach den allgemeinen Regeln. Die Produzentenhaftung kann damit durchaus innerhalb der oben dargestellten Grenzen vertraglich abbedungen werden.

X. Ausschluss der Haftung für Dritte

Es sprechen gute Gründe dafür, anzunehmen, dass der Ausschluss und die Beschränkung der Haftung für Dritte sowohl in Saudi-Arabien, Jordanien/den VAE als auch in Ägypten grundsätzlich im vertraglichen Bereich, gestützt auf die Vertragsfreiheit und den Grundsatz *pacta sunt servanda*, möglich ist. In Ägypten kann sich der Schuldner nach Art. 217 II 2. HS. ÄZGB vollständig von seiner Haftung für Dritte freizeichnen. Im Unterschied dazu mangelt es im JZGB/VAEZGB an einer Art. 217 II 2. HS. ÄZGB entsprechenden Vorschrift. Es ist daher nach der hier vertretenen Auffassung davon auszugehen, dass der Ausschluss der Haftung für Vorsatz und grobe Fahrlässigkeit im Rahmen der Haftung für dritte Personen im JZGB/VAEZGB im Gegensatz zu Ägypten nichtig ist. Letzteres gilt auch für Saudi-Arabien, wo die herrschende Meinung davon ausgeht, dass der Ausschluss und die Beschränkung der Haftung für dritte Personen denselben Schranken unterliegen wie der Ausschluss und die Beschränkung der Haftung für eigenes Handeln. Daher ist hier ebenfalls der Ausschluss der Haftung für vorsätzlich oder grob fahrlässig durch dritte Personen herbeigeführte Schäden nichtig.

XI. Ausschluss und Beschränkung der Haftung bei im Rahmen von öffentlichen Ausschreibungen abgeschlossenen Verträgen

Bei der Möglichkeit des Ausschlusses und der Beschränkung der Haftung bei im Rahmen von öffentlichen Ausschreibungen abgeschlossenen Verträgen ergeben sich ebenfalls größere Differenzen.

Die ägyptischen Regelungen, die JAR und die dazugehörige Durchführungsverordnung von 1987 und die Regelungen auf Bundesebene in den VAE enthalten hierbei die wenigsten Vorschriften über Haftungsbeschränkungen und -ausschlüsse, deshalb gelten hier die Bestimmungen des ÄZGB bzw. des JZGB/VAEZGB sowie die dazu erfolgten Ausführungen.

Der jordanische Standardvertrag für Bauprojekte und der abu-dhabische Standardvertrag für Bauprojekte beruhen auf den FIDIC-Bedingungen. Deshalb sei dazu auf die Ausführungen im nächsten Punkt verwiesen. Darüber hinaus können weitere Haftungsbeschränkungen und Haftungsausschlüsse im Rahmen der allgemeinen Grenzen des JZGB/VAEZGB vereinbart werden. Der dubaier Standardvertrag für Bauprojekte enthält ebenfalls Haftungsbeschränkungen, wobei deren Wirksamkeit insbesondere im Hinblick auf die Nichtigkeit der Beschränkung der decennalen Haftung äußerst fragwürdig ist.

Am schwierigsten gestaltet sich die Rechtslage in Saudi-Arabien. Hier kann man weder die Gewährleistungsrechte noch die Dauer der gewöhnlichen Verjährung ausschließen noch eine Begrenzung des Haftungsumfangs, eine Gesamthaftungsbeschränkung als Haftungshöchstbetrag oder eine Gesamthaftungsbeschränkung in Form einer *sole remedy clause* für den Fall eines Rücktritts bei Verzug und Nichtleistung vereinbaren, weil Art. 154 der Ausführungsbestimmungen der SAR die betroffenen Regelungen für nicht disponibel erklärt.

XII. Ausschluss der Haftung durch Vereinbarung der FIDIC-Bedingungen

Die Parteien können eine Beschränkung des Haftungsumfangs und eine Gesamthaftungsbeschränkung als Haftungshöchstsumme durch Vereinbarung der Geltung der FIDIC-Bedingungen und damit Unterklausel 17.6 nur begrenzt herbeiführen. In privatrechtlichen Verträgen sind die in Unterklausel 17.6 der FIDIC-Bedingungen enthaltenen Gesamthaftungsbeschränkungen als *overall limitation of liability* in allen der hier behandelten Zivilrechtsmodelle bei Greifen der decennalen Haftung nichtig. Dasselbe gilt für die in Unterklausel 17.6 der FIDIC-Bedingungen vorgeschriebene Beschränkung des Haftungsumfangs bzgl. Ägypten und Jordanien/den VAE. Im Unterschied dazu ist die Beschränkung des Haftungsumfangs in Saudi-Arabien stets zulässig, weil Folgeschäden sowieso nicht ersatzfähig sind.

XIII. Ausschluss der Haftung durch allgemeine Geschäftsbedingungen

Keine der vorliegend untersuchten Rechtskreise kennt eine allgemeine AGB-Kontrolle. In Ägypten und Jordanien/den VAE kann der Richter bei Bejahung eines Adhäsionsvertrags den Haftungsausschluss bzw. die Haftungsbegrenzung entweder abändern oder für unzulässig erklären. Im islamischen Recht fehlt es an entsprechenden Grundsätzen zum Adhäsionsvertrag.

Kapitel 5. Pauschalierter Schadensersatz

Im Folgenden sollen Gesetzeslage, Rechtsprechung und Literatur zum pauschalierten Schadensersatz im ÄZGB, JZGB/VAEZGB und im islamischen Recht in seiner Anwendung in Saudi-Arabien miteinander verglichen werden.

A. Pauschalierter Schadensersatz in den einzelnen Zivilrechtsordnungen

Um einen Vergleich der jeweiligen Regelungen zu ermöglichen, sollen zunächst die Zulässigkeit der Vereinbarung von pauschaliertem Schadensersatz und die Reichweite der jeweiligen richterlichen Eingriffsmöglichkeit dargestellt werden.

I. Zulässigkeit der Vereinbarung von pauschaliertem Schadensersatz für Verzug und Nicht-/Schlechtleistung

1. Das ägyptische Modell

a) Generelle Zulässigkeit

Das ägyptische Recht regelt in Art. 223 ÄZGB[606], dass die Vertragsparteien die Höhe des Schadensersatzes, den der Gläubiger geltend machen kann, festlegen können.[607] Es differenziert dabei, wie auch das französische Recht, nicht zwischen Vertragsstrafe und Schadenspauschalierungen; in der Literatur wird entsprechend der Begriff der Strafklausel (*aš-šarṭ al-ǧazāʾī*) verwendet.[608] Um Unklarheiten

606 Art. 223 ÄZGB beruht auf Art. 301 des einleitenden Entwurfs und Art. 230 des endgültigen Entwurfs des ÄZGB. Siehe السنهوري, الوسيط, Bd. 2, S. 853, Fn. 1. Art. 223–225 ÄZGB entsprechen im ägyptischen Rechtskreis weitgehend: Art. 170 II, III des irakischen ZGB, Art. 266 II, III des libanesischen ZGB, Art. 226–228 des libyschen ZGB, Art. 224–226 des syrischen ZGB.

607 Allgemein zum pauschalierten Schadensersatz in Ägypten: أبو ليلي, التعويض الاتفاقي في القانون المدني, دراسة مقارنة, العربي, S. 125–134; مرقس, الوافى, Bd. 6, S. 177–195; السنهوري, الوسيط, Bd. 2, S. 851–879; زكي, مشكلات المسؤولية المدنية, Bd. 2, S. 188–227; طلبة, المطول, Bd. 4, S. 294–324.

608 Art. 1152, 1226–1233 des französischen Code civil enthalten Regelungen zur *clause pénale*. Allgemein zur *clause pénale* im französischen Recht: Ferid, Das französische

vorzubeugen, soll im Folgenden dennoch der Begriff „pauschalierter Schadensersatz“ statt des Begriffs „Strafklausel“ verwendet werden, weil die Strafklausel – wie pauschalierter Schadensersatz – keine Drohfunktion innehaben darf, um durchsetzbar zu sein.[609] Ebenso wenig wird zwischen pauschaliertem Schadensersatz für Verzug und Nichtleistung differenziert; beide unterfallen dem Anwendungsbereich des Art. 223 ÄZGB. Ebenso fällt die Vereinbarung von Einzelbeträgen für die Verletzung einzelner Vertragspflichten nach dem Sinn und Zweck von Art. 223 ÄZGB unter diesen, obwohl von seinem Wortlaut nur die Vereinbarung einer Gesamtsumme erfasst ist.[610] Angemerkt sei darüber hinaus, dass das ÄHGB keine Sonderregelungen zum pauschalierten Schadensersatz für Rechtsgeschäfte zwischen Kaufleuten enthält.

b) Wirkung und Funktion

Im ÄZGB kommen der Vereinbarung pauschalierten Schadensersatzes drei Funktionen zu: eine Pauschalierungsfunktion, eine Beweislastumkehr und eine haftungsbegrenzende Funktion. Es handelt sich folglich eher um ein gläubigerbegünstigendes Rechtsinstitut.

Die Pauschalierungsfunktion ergibt sich daraus, dass der pauschalierte Schadensersatz eine vertragliche Festlegung des im Leistungsfall zu zahlenden Betrags enthält, ohne dass es eines Schadensnachweises bedarf.[611] Er tritt an die Stelle des gesetzlichen Schadensersatzanspruchs mit der Konsequenz, dass weder der Schuldner einen höheren Schadensersatz zahlen muss, noch der Gläubiger einen über den Strafbetrag hinausgehenden Schaden liquidieren kann. Aus dem französischen Recht ist diese Wirkung als das sog. „Forfait-Prinzip“ bekannt.[612] All das verdeutlicht, dass sich der ägyptische Gesetzgeber im Rahmen der Vereinbarung von pauschaliertem Schadensersatz von dem Prinzip verabschiedet hat, dass die Höhe des Schadensersatzanspruchs immer dem eingetretenen Schaden

Schuldrecht, Bd. 2, S. 201 ff.; Planiol/Ripert/Esmein Bd. 7, Nr. 866 ff.; Niggemann/Jonglez de Ligne, RIW 2011, S. 351, 356.

609 Dasselbe gilt für die Ausführungen zum JZGB/VAEZGB und dem in Saudi-Arabien geltenden islamischen Recht.

610 Zimmermann, S. 112.

611 السنهوري, الوسيط, Bd. 2, S. 854; Zimmermann, S. 112, 113.

612 Aus dem Forfait-Prinzip leitet man im französischen Recht die Funktion des pauschalierten Schadensersatzes als Haftungsbeschränkung sowie als Drohmittel ab. Siehe zu allem Fischer, S. 118–119.

entsprechen muss.[613] Der pauschalierte Schadensersatz nimmt dem Richter die Festlegung der Schadenshöhe ab, grundsätzlich ohne dass dieser den pauschalierten Schadensersatz erhöhen oder senken darf.[614] Folglich stellt der pauschalierte Schadensersatz einerseits einen Höchstbetrag dar, denn der Gläubiger darf grundsätzlich keine höhere Summe bekommen.[615]

Andererseits bewirkt die Vereinbarung von pauschaliertem Schadensersatz hinsichtlich der Höhe des Schadens, wie unten zu zeigen sein wird, eine Beweislastumkehr zugunsten des Gläubigers.[616] Denn die Vereinbarung von pauschaliertem Schadensersatz hat die Folge, dass der Schuldner nach Art. 224 I, II ÄZGB[617] die Beweislast dafür trägt, dass dem Gläubiger kein Schaden entstanden bzw. die Vereinbarung der Höhe nach zu einem groben Grad übertrieben ist; gelingt ihm dies nicht, so gilt der pauschalierte Schaden als verwirklicht.[618]

Letztlich ergibt sich aus der Konzeption als Höchstbetrag die Wirkung als Haftungsbeschränkung, falls der pauschalierte Schadensersatz niedriger angesetzt wird als die mögliche Schadenshöhe. Der Gläubiger kann nach Art. 225 1. HS. ÄZGB außer in den gesetzlich vorgesehenen Fällen nicht mehr fordern, als vereinbart worden ist.

---

613 سوار, الإتجاهات, S. 222.

614 Dies ist ständige Rechtsprechung des ägyptischen Kassationsgerichtshofs, Entscheidung Nr. 1223 vom 5.3.1989, Jahrgang 52; Entscheidung Nr. 743 vom 11.1.1983, Jahrgang 49; Entscheidung Nr. 1806 vom 18.3.1987; Entscheidung Nr. 1293 vom 16.3.1986, Jahrgang 54; Entscheidung Nr. 743 vom 11.1.1983, Jahrgang 49, alle zitiert bei نصار, S. 549; Entscheidung Nr. 129 vom 7.12.1996, zitiert bei العربي, S. 129.

615 خوالده, S. 72.

616 مرقس, الوافي, Bd. 6, S. 178; زكي, مشكلات المسؤولية المدنية, Bd. 2, S. 209, 218.

617 Art. 224 ÄZGB basiert auf Art. 302 des einleitenden Entwurfs und auf Art. 231 des abschließenden Entwurfs des ÄZGB. Siehe السنهوري, الوسيط, Bd. 2, S. 868, Fn. 1.

618 Dies ist ständige Rechtsprechung und herrschende Meinung in der Literatur: Ägyptischer Kassationsgerichtshof, Entscheidung Nr. 873 vom 8.12.1983, zitiert bei مرقس, الوافي, Bd. 6, S. 188, Fn. 164; Entscheidung Nr. 288 vom 11.1.1982, Jahrgang 48, zitiert bei طلبة, المطول, Bd. 4, S. 295, 296. Siehe auch السنهوري, الوسيط, Bd. 2, S. 858. Hier wird ein weiterer Unterschied zum französischen Code civil deutlich, denn im ägyptischen Rechtskreis muss zumindest ein Schaden vorliegen, damit der pauschalierte Schadensersatz verlangt werden kann; im französischen Recht ist dies nicht der Fall. Siehe zum französischen Recht Fischer, S. 139, 140. Vor Inkrafttreten des ÄZGB war dies in der ägyptischen Rechtsprechung umstritten; einige Gerichte wollten einen Gleichlauf mit der französischen Rechtslage erreichen. Wie Art. 224 I ÄZGB zeigt, hat sich letztlich die Ansicht durchgesetzt, die das Vorliegen eines Schadens für die Geltendmachung des pauschalierten Schadensersatzes voraussetzt. Siehe zu allem مرقس, الوافي, Bd. 6, S. 187, 188.

Beachtenswert ist, dass dem pauschalierten Schadensersatz keine Pönalisierungsfunktion bzw. Drohfunktion zur Erfüllungssicherung – wie einer Vertragsstrafe – zukommen darf, da bei Drohbedingungen (*aš-šarṭ at-tahdīdī*) nach der Rechtsprechung des ägyptischen Kassationsgerichtshofs und der herrschenden Lehre stets eine grobe Übertreibung zu bejahen ist; das Gericht bestimmt in einem solchen Fall den Schaden nach den allgemeinen gesetzlichen Regelungen.[619] Unter Drohbedingungen sind Bedingungen zu verstehen, denen die Funktion eines Druckmittels zukommt.[620] Wie sind nun Drohbedingungen und pauschalierter Schadensersatz voneinander abzugrenzen? Hierzu finden sich keine Ausführungen in den dem Autor dieser Arbeit vorliegenden Werken. Nach der hier vertretenen Ansicht des Verfassers muss zur Ermittlung des von den Vertragsparteien Gewollten die jeweilige Bestimmung ausgelegt werden, wobei auf den Zeitpunkt des Vertragsschlusses abzustellen ist.[621] Sicherlich ist schon bei der verwendeten Terminologie Vorsicht geboten. Allerdings ist eher davon auszugehen, dass die Bezeichnung allein nur ein Indiz ist; sie wird jedoch nicht ausschlaggebend bei der Einordnung sein.[622] Gegen eine Drohbedingung spricht eine Gestaltung des pauschalierten Schadensersatzes dahin gehend, dass er zwischen verschiedenen Vertragsverletzungen und deren Intensität differenziert. Für eine Drohbedingung kann beispielsweise sprechen, dass der pauschalierte Schadensersatz auf eine Vielzahl von Vertragsverletzungen ohne Differenzierung Anwendung findet; dies zeigt, dass die Vertragsparteien den pauschalierten Schadensersatz nicht konkret

---

619 Ägyptischer Kassationsgerichtshof, Entscheidung Nr. 323 vom 17.2.1955, Jahrgang 21, zitiert bei طلبة, المطول, Bd. 4, S. 302. Siehe auch مرقس, الوافى, Bd. 6, S. 178; السنهوري, الوسيط, Bd. 2, S. 874, 875. Letztlich ist die ägyptische Rechtsprechung nach Ansicht des Verfassers an dieser Stelle inkonsequent, weil der ägyptische Gesetzgeber durch seine Entscheidung für das Forfait-Prinzip indirekt die Drohfunktion der Vertragsstrafe toleriert. In der französischen Rechtsliteratur ist es dagegen umstritten, ob der *clause pénale* auch eine Drohfunktion zukommen darf; die herrschende Meinung bejaht eine Doppelfunktion. Siehe Fischer, S. 122, Fn. 8; Le Goff, S. 23; Loksaier, S. 17 ff.

620 Ägyptischer Kassationsgerichtshof, Entscheidung Nr. 323 vom 17.2.1955, Jahrgang 21, zitiert bei طلبة, المطول, Bd. 4, S. 302.

621 Bei den Abgrenzungsmerkmalen stützt sich der Verfasser auf die englische Rechtsprechung zur Abgrenzung von *liquidated damages* und *penalties*. Siehe die House of Lords Entscheidung Biodiesel Producers Limited (ACN 099 165 876) v. Stewart [2007] FCA 722 vom 16.5.2007, teilweise wiedergegeben bei Hök, S. 390, 391.

622 So zum ägyptischen Recht: Sarie-Eldin, The International Lawyer 28 (1994), S. 951, 968.

an dem möglicherweise eintretenden Schaden ausgerichtet haben.[623] Angemerkt sei, dass die Frage, ob eine Drohbedingung vorliegt oder nicht, im ÄZGB nicht entscheidend ist, weil ein ägyptischer Richter im Rahmen einer Inhaltskontrolle nach Art. 224 I, II ÄZGB den pauschalierten Schadensersatz ohnehin an den tatsächlichen Schaden anpassen kann.

Darüber hinaus muss berücksichtigt werden, dass die Vereinbarung von pauschaliertem Schadensersatz das Kündigungsrecht des Gläubigers nach Art. 157 ÄZGB grundsätzlich nicht ausschließt.[624] Kündigt der Gläubiger, so richtet sich die Haftung des Schuldners nach Deliktsrecht. Deshalb muss die Vereinbarung des pauschalierten Schadensersatzes ebenso wie eine Gesamthaftungsbeschränkung als *sole remedy clause* konzipiert werden.

c) Voraussetzung der Geltendmachung

Voraussetzung für die Geltendmachung des pauschalierten Schadensersatzes ist das Vorliegen eines wirksamen Vertrags. Die Abhängigkeit des pauschalierten Schadensersatzes von der ihm zugrunde liegenden Verpflichtung zeigt sich darin, dass der pauschalierte Schadensersatz nach stetiger Rechtsprechung und herrschender Ansicht in der Rechtsliteratur bei Folgendem nicht geltend gemacht werden kann: bei Unwirksamkeit des zugrunde liegenden Vertrags,[625] beim Beweis des Vorliegens von Unmöglichkeit oder höherer Gewalt im Falle der Nichterfüllung seitens des Schuldners,[626] solange dem Schuldner noch ein Anspruch auf Vertragserfüllung eingeräumt wird (im Falle des pauschalierten Schadensersatzes für Nichtleistung),[627] oder bei Beantragung der Vertragsauflösung durch

623 Siehe die House of Lords Entscheidung Biodiesel Producers Limited (ACN 099 165 876) v. Stewart [2007] FCA 722 vom 16.5.2007, teilweise wiedergegeben bei Hök, S. 390, 391. Besondere Vorsicht ist deshalb bei Meilensteinvereinbarungen (*milestones*) geboten. Deren Wirksamkeit ist umso wahrscheinlicher, wenn eine exakte Kalkulationsgrundlage gegeben ist und der jeweilige Schadensbetrag sich genau ermitteln lässt. Siehe Hök, S. 391, Fn. 218.

624 Amkhan, ALQ 10 (1995), S. 17, 29.

625 Ägyptischer Kassationsgerichtshof, Entscheidung Nr. 4901 vom 6.4.1995, Jahrgang 64, zitiert bei نصار, S. 552. Siehe auch السنهوري, الوسيط, Bd. 2, S. 862, 863; طلبة, المطول, Bd. 4, S. 296.

626 Ägyptischer Kassationsgerichtshof, Entscheidung vom 14.11.1967, zitiert bei الفضل, S. 129. Siehe auch مرقس, الوافى, Bd. 6, S. 181, Fn. 182; السنهوري, الوسيط, Bd. 2, S. 860, 861.

627 السنهوري, الوسيط, Bd. 2, S. 861. Damit kann der Schuldner bei der Vereinbarung eines pauschalierten Schadensersatzes nicht alternativ zwischen der Zahlung von

den Gläubiger[628]. Der Richter kann, muss aber nicht in diesem Fall die Höhe des pauschalierten Schadensersatzes als Indiz bei der Bemessung des Schadens heranziehen.[629]

Daneben müssen die allgemeinen Haftungsvoraussetzungen, d. h. Fehlverhalten, Schaden, Kausalität und Mahnung, erfüllt sein, denn die Vereinbarung des pauschalierten Schadensersatzes ersetzt nicht die Erfüllung der Voraussetzung des Schadensersatzanspruchs, sondern modifiziert lediglich dessen Höhe.[630] Dieses Ergebnis ergibt sich wegen des Verweises des Art. 223 ÄZGB auf die Art. 215–220 ÄZGB und Art. 224 I ÄZGB aus dem Gesetz selbst.[631] Zusätzlich erfordert die Geltendmachung des pauschalierten Schadensersatzes laut ägyptischem Kassationsgerichtshof die eigene Vertragstreue des Gläubigers.[632] Bei zusätzlichem Vorliegen eines allgemeinen Haftungsausschlusses kann der Schuldner die Geltendmachung des pauschalierten Schadensersatzes dadurch abwehren, dass er beweist, dass er wegen des Vorliegens von lediglich leichter Fahrlässigkeit nicht haftet.[633]

---

pauschaliertem Schadensersatz und der Vertragserfüllung wählen. Im Gegensatz dazu hat der ägyptische Kassationsgerichtshof hinsichtlich des pauschalierten Schadensersatzes für Verzug mehrmals dahin gehend entschieden, dass der Gläubiger hier pauschalierten Schadensersatz für Verzug und die Erfüllung des Vertrags verlangen kann. Siehe ägyptischer Kassationsgerichtshof, Entscheidung vom 12.6.2001, Jahrgang 70, S. 861, 862, 865, 870, abrufbar unter www.tashreaat.com. In Frankreich ergibt sich dieses Ergebnis bereits aus Art. 1229 S. 2 des französischen Code civil.

628 Ägyptischer Kassationsgerichtshof, Entscheidung Nr. 2328 vom 1.4.1991, Jahrgang 57, und Entscheidung Nr. 206 vom 10.1.1988, Jahrgang 54, beide zitiert bei طلبة, المطول, Bd. 4, S. 296. Siehe auch مرقس, الوافى, Bd. 6, S. 181, Fn. 182; السنهوري, الوسيط, Bd. 2, S. 863, 864, 875; طلبة, المطول, Bd. 4, S. 294. Die Höhe des Schadensersatzes im Falle der Vertragsauflösung bestimmt sich nach den allgemeinen Regeln. Die automatische Unwirksamkeit der Vereinbarung des pauschalierten Schadensersatzes im Falle der Unwirksamkeit des zugrunde liegenden Vertrags wie im französischen Zivilrecht (vgl. Art. 1226 des französischen Code civil) wurde im ägyptischen Recht nicht ausdrücklich geregelt.

629 طلبة, المطول, Bd. 4, S. 296.

630 Ägyptischer Kassationsgerichtshof, Entscheidung vom 12.6.2001 und Entscheidung vom 14.11.1967, beide zitiert bei العربي, S. 128. Siehe auch مرقس, الوافى, Bd. 6, S. 184–190; السنهوري, الوسيط, Bd. 2, S. 854–861; زكي, مشكلات المسؤولية المدنية, Bd. 2, S. 197, Fn. 13; طلبة, المطول, Bd. 4, S. 294, 295.

631 زكي, مشكلات المسؤولية المدنية, Bd. 2, S. 197, Fn. 13.

632 Ägyptischer Kassationsgerichtshof, Entscheidung Nr. 92 vom 19.12.1957, Jahrgang 23, zitiert bei أبو ليلي, S. 14.

633 زكي, مشكلات المسؤولية المدنية, Bd. 2, S. 198.

Die Art. 223–225 enthalten keine Fristenregelung für die Geltendmachung des pauschalierten Schadensersatzes.

d) Schranken

Wegen des Verweises des Art. 223 ÄZGB auf die Art. 215–220 ÄZGB muss die Vereinbarung pauschalierten Schadensersatzes insbesondere die Schranke des Art. 217 III ÄZGB einhalten, d. h., durch die Vereinbarung von pauschaliertem Schadensersatz kann die eigene deliktische Haftung nicht ausgeschlossen oder beschränkt werden.[634] Die Schranke des Art. 217 II 1. HS. ÄZGB gilt über den unten noch dargestellten Art. 225 2. HS. ÄZGB direkt.

2. Das jordanische/VAE-Modell

a) Generelle Zulässigkeit

Die Vereinbarung eines vertraglich geschuldeten Schadensersatzes bestimmt sich im jordanischen/VAE-Recht nach Art. 364 I JZGB/Art. 390 I VAEZGB.[635] Dieser findet seinem Wortlaut nach – wie oben bereits angemerkt – auf die Begrenzung der „Höhe der Haftung" Anwendung; hierunter ist laut den jeweiligen Gesetzesbegründungen die vorherige Vereinbarung von pauschaliertem Schadensersatz für Verzug oder Nichtleistung zu subsumieren.[636] Die Vereinbarung eines pauschalierten Schadensersatzes ist demnach grundsätzlich zulässig.[637] Die Parteien können den Schadensersatz im Vertrag oder in einer nachfolgenden Vereinbarung bestimmen. Auffällig ist, dass Art. 364 I JZGB/Art. 390 I VAEZGB Strafklauseln ohne eine Differenzierung zwischen pauschaliertem Schadensersatz und Vertragsstrafe erfasst.

---

634 زكي, مشكلات المسؤولية المدنية, Bd. 2, S. 225–227.

635 Allgemein zum pauschalierten Schadensersatz im JZGB/VAEZGB: أبو ليلي, التعويض الاتفاقي في القانون المدني دراسة مقارنة; Eltom, S. 61–65; الفار, S. 73–75; الكسواني, S. 139–143; محمود, التعليق, Bd. 1, S. 857–862; سوار, الإتجاهات, S. 220, 221; الجبوري, الوجيز, Bd. 2, S. 242–258.

636 JZGB-Gesetzesbegründung, Bd. 1, S. 403; VAEZGB-Gesetzesbegründung, S. 394. Siehe auch الجبوري, الوجيز, Bd. 2, S. 242.

637 Die Scharia-Kammer der Zivilrechtskammer des VAE-Verfassungsgerichtshofs hat entschieden, dass die Vereinbarung von pauschaliertem Schadensersatz nicht gegen islamisches Recht verstößt. Siehe Scharia-Kammer, Zivilrechtskammer des VAE-Verfassungsgerichtshof, Entscheidung Nr. 48 vom 28.11.1992, zitiert bei محمود, التعليق, Bd. 1, S. 860, 861.

b) Wirkung und Funktion

Im Folgenden stellt sich die Frage nach der Funktion und Wirkung von pauschaliertem Schadensersatz im JZGB/VAEZGB.

Zunächst sei angemerkt, dass die weitreichende Möglichkeit der richterlichen Inhaltskontrolle die Vereinbarung von pauschaliertem Schadensersatz nicht entbehrlich macht. Durch diese wird nach der jordanischen/VAE-Rechtsprechung eine Beweislastumkehr zugunsten des Gläubigers erreicht.[638] Er muss weder den Eintritt noch Höhe und Ausmaß des eingetretenen Schadens beweisen.[639] Vielmehr liegt es an dem Schuldner, zu beweisen, dass der wirklich eingetretene Schaden nicht dem pauschalierten Schadensersatz entspricht.[640]

Geht man rein vom Wortlaut der Vorschriften aus, kann man allerdings nicht von einer Pauschalierungsfunktion sprechen, weil der jordanische/VAE-Gesetzgeber die Eingriffsbefugnisse des jeweiligen Richters nach Art. 364 II JZGB/Art. 390 II VAEZGB, die im Folgenden noch näher dargestellt werden sollen, nicht an bestimmte Kriterien gebunden hat. Der Richter kann und muss den pauschalierten Schadensersatz im Falle eines entsprechenden Antrags und des Beweises des Auseinanderfallens von tatsächlichem und vereinbartem Schaden stets abändern; sowohl der Gläubiger als auch der Schuldner können einen entsprechenden Antrag stellen.[641] Ebenso streiten die Gesetzesbegründungen und die vorhandene Rechtsprechung gegen eine Pauschalierungsfunktion und die Wirkung des pauschalierten Schadensersatzes als ein Höchstbetrag. Die Zivilrechtskammer der Scharia-Kammer des VAE-Verfassungsgerichtshof rechtfertigt die weitreichende Möglichkeit einer Inhaltskontrolle durch den Richter damit, dass sie Ausdruck des aus dem islamischen Recht bekannten Prinzips des vollständigen Schadensausgleichs (*aḍ-ḍarar yuzāl*) ist.[642] Der jordanische Gesetzgeber begründet die zum

638 Zur VAE-Rechtsprechung: Zivilrechtskammer des VAE-Verfassungsgerichtshofs, Entscheidung Nr. 414 vom 27.3.2001, zitiert bei محمود, التعليق, Bd. 1, S. 861; Kassationsgerichtshof Dubai, Entscheidung Nr. 138/1994, zitiert bei Eltom, S. 62, 63; Entscheidung Nr. 177/1998, zitiert bei Eltom, S. 63. Siehe auch Eltom, S. 65. Zur jordanischen Rechtsprechung: Jordanischer Kassationsgerichtshof, Entscheidung Nr. 582/91, zitiert bei الفار, S. 73.

639 Eltom, S. 61, 62.

640 Kassationsgerichtshof Dubai, Entscheidung Nr. 138/1994, zitiert bei Eltom, S. 62.

641 سلطان, مصادر الإلتزام, S. 269; العلايلي, النظرية العامة للعقود, Bd. 2, S. 81, Fn. 1.

642 Scharia-Kammer der Zivilrechtskammer des VAE-Verfassungsgerichtshofs, Entscheidung Nr. 48 vom 28.11.1992, zitiert bei محمود, التعليق, Bd. 1, S. 860, 861. So auch العلايلي, النظرية العامة للعقود, Bd 2, S. 81, Fn. 1. Angemerkt sei, dass keine unbeträchtliche Zahl von Stimmen in der Literatur sich gegen die weitreichende Inhaltskontrolle,

ÄZGB unterschiedliche Ausgestaltung damit, dass die im JZGB/VAEZGB getroffene Regelung der richterlichen Inhaltskontrolle fairer als die entsprechende Regelung im ÄZGB sei.[643] Folglich hat der pauschalierte Schadensersatz in Jordanien/den VAE keine Pauschalierungsfunktion und ist weder als Höchst- noch als Mindestbetrag ausgestaltet.[644]

Darüber hinaus darf der pauschalierte Schadensersatz keine Drohwirkung haben, weil bei dieser immer der tatsächliche und der pauschalierte Schaden auseinanderfallen. Allerdings ist hier der Streit um die Zulässigkeit der Drohfunktion des pauschalierten Schadensersatzes nicht weiterführend, weil der Richter stets den pauschalierten Schadensersatz an den tatsächlichen Schaden nach Art. 364 II JZGB/Art. 390 II VAEZGB anpassen kann.

Zusammenfassend lässt sich sagen, dass der pauschalierte Schadensersatz nur beschränkt als Haftungsbeschränkung wirkt – nämlich in Form einer Beweislastumkehr – und eine abschließende Regelung der Störungsfolgen von Verträgen durch ihn daher nur bedingt erreicht werden kann. Daher wirkt die Vereinbarung von pauschaliertem Schadensersatz eher wenig als gläubigerbegünstigendes Rechtsinstitut.

c) Voraussetzung der Geltendmachung

Die Voraussetzungen für eine Geltendmachung des pauschalierten Schadensersatzes sind identisch mit denen des ÄZGB. Vorausgesetzt werden Fehlverhalten, Schaden, Kausalität und eine Mahnung.[645] Um Wiederholungen zu vermeiden, sei deshalb auf die obige Darstellung verwiesen.

---

wie sie der jordanische/VAE-Gesetzgeber für die Vereinbarung von pauschaliertem Schadensersatz vorsieht, wendet. Diese basierten eben nicht auf islamischem Recht, weil sie weder auf den Koran noch auf Prophetenworte zurückzuführen seien. Es handele sich vielmehr um iǧtihād, der vorliegend aufgrund seines Widerspruchs zum islamischen Recht abzulehnen sei. Siehe سوار, الإتجاهات, S. 222; خوالده, S. 72, Fn. 1 m. w. N. Für diese Ansicht lässt sich letztlich anführen, dass in Saudi-Arabien, wo das islamische Recht direkt gilt, dem Richter keine derart weiten Eingriffsbefugnisse bei pauschaliertem Schadensersatz eingeräumt werden.

643 JZGB-Gesetzesbegründung, Bd. 1, S. 403.

644 سوار, الإتجاهات, S. 222.

645 Siehe zu den Voraussetzungen der Geltendmachung: JZGB-Gesetzesbegründung, Bd. 1, S. 403; الفضل, S. 128, 129; الجبوري, الوجيز, Bd. 2, S. 244–249, 255, 256; الكسواني, S. 140; VAEZGB-Gesetzesbegründung, S. 395; VAE-Verfassungsgerichtshof, Entscheidungen Nr. 184 und 286 vom 23.12.2003, Jahrgang 23, zitiert bei محمود, التعليق, Bd. 1, S. 859, 860.

d) Schranken

Art. 364 II JZGB/Art. 390 II VAEZGB enthält an sich keine Schranken für die Vereinbarung von pauschaliertem Schadensersatz. In Analogie zu Art. 358 II JZGB/Art. 383 II VAEZGB ist jedoch richtigerweise mit der herrschenden Lehre davon auszugehen, dass die Vereinbarung von pauschaliertem Schadensersatz nichtig ist, wenn der Gläubiger beweist, dass der Schuldner den Schaden durch Vorsatz oder grobe Fahrlässigkeit verursacht hat.[646] Dafür spricht entscheidend, dass der Schuldner andernfalls die für Haftungsausschlüsse geltenden Grenzen über die Vereinbarung von pauschaliertem Schadensersatz umgehen könnte. Wegen Art. 270 JZGB/Art. 296 VAEZGB ist davon auszugehen, dass durch die Vereinbarung pauschalierten Schadensersatzes nicht die deliktische Haftung eingeschränkt werden kann. Letztlich besteht zumindest im Anwendungsbereich des JZGB die Gefahr, dass ein Gericht pauschalierten Schadensersatz für entgangenen Gewinn mit dem Argument, dass entgangener Gewinn nicht ersatzfähig sei, für unzulässig erklärt; in den VAE ist bei Berücksichtigung der höchstrichterlichen Rechtsprechung – insbesondere in Dubai – damit zu rechnen, dass die Schadenspauschalierung auch entgangenen Gewinn mit umfassen darf.[647]

3. Das saudi-arabische Modell

a) Generelle Zulässigkeit

Als problematisch erweist sich die Frage, ob die Vereinbarung von pauschaliertem Schadensersatz in privatrechtlichen Verträgen in Saudi-Arabien zulässig ist.[648] Das klassische islamische Recht enthält keine Ausführungen zu dem erst in jüngster Zeit bekannt gewordenen Institut des pauschalierten Schadensersatzes.[649] Somit obliegen die Frage der Zulässigkeit und Schranken des pauschalierten Schadensersatzes der Rechtsprechung und dem Fiqh.

---

646 الكسواني, S. 143.

647 Um Unklarheiten zu vermeiden, sollte der Vertrag eine Beschränkung des Haftungsumfangs dahin gehend enthalten, dass die Haftung für entgangenen Gewinn hinsichtlich sämtlicher Schadensersatzansprüche ausgeschlossen ist.

648 Allgemein zum pauschalierten Schadensersatz im islamischen Recht: سوار, الإتجاهات, S. 219, 220; اليمني, الشرط الجزائي وأثره في العقود المعاصرة, دراسة فقهية مقارنة; Gutachten des Rats der Islamgelehrten, مجلة البحوث الإسلامية 2 (1395–1396 H.), S. 60–144.

649 Gutachten des Rats der Islamgelehrten, مجلة البحوث الإسلامية 2 (1395–1396 H.), S. 60, 61; اليمني, S. 126.

i) Die Zulässigkeit von pauschaliertem Schadensersatz als Nebenabrede

Nebenabreden, die weder durch die Natur des Vertrags bedingt sind noch seiner Erfüllung dienen, jedoch durch die allgemeine Übung anerkannt werden, sind nach islamischem Recht in seiner Auslegung durch die hanbalitische Rechtsschule – wie oben bereits dargestellt – grundsätzlich zulässig; unter diese Kategorie von Nebenabrede fällt grundsätzlich die Vereinbarung pauschalierten Schadensersatzes. Es stellt sich allerdings die Frage, ob der pauschalierte Schadensersatz nicht wegen eines Verstoßes gegen ein Verbot des islamischen Rechts unwirksam ist.

ii) Die Zulässigkeit von pauschaliertem Schadensersatz

Im islamischen Fiqh sind, wie oben bereits angemerkt, die Zulässigkeit und Wirksamkeit von Haftungsbeschränkungen umstritten und der Streit setzt sich auch im Bereich des pauschalierten Schadensersatzes fort. Dabei wird zwischen Darlehensverträgen und sonstigen Verträgen differenziert. Bei Darlehensverträgen im Rahmen des Islamic Banking, die die Vereinbarung von pauschaliertem Schadensersatz zur Sicherung der Rückzahlungspflicht enthalten, ist die Frage der Zulässigkeit von pauschaliertem Schadensersatz nach Ansicht des Verfassers einfach zu beantworten. Nach der herrschenden Meinung stellt die Vereinbarung von pauschaliertem Schadensersatz zur Sicherung der Rückzahlungsverpflichtung des Darlehens einen Verstoß gegen das ribā-Verbot dar und ist daher nichtig.[650] Um den Umfang der vorliegenden Arbeit nicht zu sprengen, soll nur die Zulässigkeit von pauschaliertem Schadensersatz in Verträgen, die nicht als Darlehensvertrag zu kategorisieren sind, Gegenstand der nachfolgenden Untersuchung sein.

(1) Ablehnende Meinung

Eine Ansicht geht davon aus, dass die Vereinbarung von pauschaliertem Schadensersatz ebenso in sonstigen Verträgen grundsätzlich nichtig ist.[651] Etwas anderes

650 Für einen Verstoß gegen das ribā-Verbot spricht insbesondere, dass durch die Vereinbarung von pauschaliertem Schadensersatz zur Sicherung der Rückzahlungsverpflichtung im Rahmen von Darlehensverträgen das in Saudi-Arabien geltende Zinsverbot umgangen wird. Zum Streit über die Zulässigkeit der Vereinbarung von pauschaliertem Schadensersatz im Rahmen von Darlehensverträgen, siehe statt aller: اليمني, S. 209–216.

651 Dr. Faḍl, Interview mit dem Verfasser, 11.12.2012, Riad; الدريني, S. 226; Sanusi, IIUM Law Journal 6 (1998), S. 129, 137; Soumrany/Khalaf, in: Business Law in Saudi Arabia, Abschnitt 10–15; اليمني, S. 224; Gutachten der Konferenz über die Entwicklung in der Fiqh im Bereich der islamischen Finanzgeschäfte in Jordanien, 2.-4.5.1994, zitiert bei سوار, الإتجاهات, S. 220, Fn. 4; Gutachten der Al-Baraka

gelte nur dann, wenn der pauschalierte Schadensersatz exakt dem eingetretenen Schaden entspreche.[652] Für die Nichtigkeit der Vereinbarung von pauschaliertem Schadensersatz wird eine Reihe von Argumenten angeführt:[653]

Erstens verletze die Vereinbarung von pauschaliertem Schadensersatz das ribā-Verbot, weil der pauschalierte Schadensersatz als ribā an-nasīʾa[654] zu kategorisieren sei.[655]

Zweitens liege in der Vereinbarung einer solchen Klausel ein Verstoß gegen das ġarar-Verbot, denn das ġarar-Verbot verbiete die Schätzung des Schadens vor seiner Entstehung.[656] In diesem Zusammenhang sei auch der Grundsatz verletzt, dass es keine Unwissenheit (*ǧahāla*) einer Partei bezüglich irgendeines Punktes in dem Vertrag geben darf. Es handele sich um ein unzulässiges Wettspiel und einen Verstoß gegen den Grundsatz, sich nicht am Reichtum anderer zu bereichern, weil die Klausel stets einen höheren oder niedrigeren Schadensersatzanspruch als den tatsächlich eingetretenen Schaden beinhalte.[657]

Drittens führe die Vereinbarung von pauschaliertem Schadensersatz zu Streitigkeiten und Uneinigkeit.[658] In keinem Fall verringere sie Rechtsstreitigkeiten oder verhindere gar, dass die Parteien ihre Streitigkeiten vor Gericht austragen; selbst die Möglichkeit, den pauschalierten Schadensersatz im Falle einer Übertreibung zu senken, ändere hieran nichts.[659] Die Einschätzung der Höhe des Schadensersatzes

Investment & Development Co. Islamic Banking and Finance, zitiert bei Rohe, S. 238, 239; Entscheidung der islamischen Fiqh-Akademie Nr. 89 (9/2), 9. Sitzung, 1415 H., Abu Dhabi, zitiert bei أبو جزر, S. 62. Mittlerweile ist die internationale islamische Fiqh-Akademie von dieser Meinung abgerückt und erklärt pauschalierten Schadensersatz ausdrücklich für zulässig. Siehe أبو جزر, S. 62–64.

652 اليمني, S. 228.

653 Für einen ausführlichen Überblick zu den Argumenten der Gegner des pauschalierten Schadensersatzes siehe: أبو جزر, S. 55–57; اليمني, S. 217–233.

654 Unter dem Begriff des *ribā an-nasīʾa* ist nach klassischem islamischem Recht das Verbot, Güter zeitlich verzögert auszutauschen, zu verstehen. Siehe Amereller, Hintergründe des „Islamic Banking“, S. 54–56.

655 Gutachten der Konferenz über die Entwicklung in der Fiqh im Bereich der islamischen Finanzgeschäfte, 2.-4.5.1994, zitiert bei سوار, الإتجاهات, S. 220, Fn. 4; Gutachten der Al-Baraka Investment & Development Co., Islamic Banking and Finance, zitiert bei Rohe, S. 237.

656 Dr. Faḍl, Interview mit dem Verfasser, 11.12.2012, Riad. Siehe auch اليمني, S. 219, 222, 224–226.

657 اليمني, S. 219, 222, 224–226.

658 اليمني, S. 226, 227.

659 Ebd.

als Ausgleich für den Schaden stehe stets allein dem Richter zu.[660] Eine eigene Einschätzung der Vertragsparteien sei nicht erlaubt.[661] Deshalb sei es verboten, die Bemessung des Schadensersatzes durch den Richter derart zu verhindern, wie es bei der Vereinbarung von pauschaliertem Schadensersatz der Fall ist.

Viertens werde durch die Vereinbarung von pauschaliertem Schadensersatz der Grundsatz *lā ḍarar wa lā ḍirār* verletzt.[662] Dieser beinhalte, dass der Geschädigte erst nach Schadenseintritt entschädigt werde.[663] Er garantiere zusätzlich, dass der Geschädigte stets alle ihm verursachten Schäden im Wege des Schadensersatzes ersetzt bekomme.[664] Darüber hinaus verletze pauschalierter Schadensersatz den durch den Fiqh entwickelten Grundsatz, dass jeder verursachte Schaden vollständig beseitigt werden muss (*aḍ-ḍarar yuzāl*).[665]

Folglich ist nach dieser Ansicht die Vereinbarung von pauschaliertem Schadensersatz sinnlos, schließlich sei dieser nur dann wirksam, wenn der pauschalierte Schaden dem eingetretenen Schaden entspreche.[666] Dies gelte selbst für den Fall einer Befürwortung der Zulässigkeit des pauschalierten Schadensersatzes, weil der Richter in so gut wie allen Fällen den pauschalierten Schadensersatz senken könne.[667]

(2) Bejahende Meinung

Eine andere Meinung bejaht die Zulässigkeit von pauschaliertem Schadensersatz für Nichtleistung und für Verzug.[668] Danach handelt es sich bei der Vereinbarung von pauschaliertem Schadensersatz um eine zulässige Nebenabrede, die grundsätzlich Berücksichtigung finden muss.[669] Ausgenommen seien nur solche Fälle, in denen sich der Schuldner auf eine Rechtfertigung für die Nichterfüllung

---

660 اليمني, S. 226; الزرقا, مجلة الإقتصاد الإسلامي 1 (1409 H.), S. 89, 97.
661 Ebd.
662 اليمني, S. 228.
663 Ebd.
664 Ebd.
665 Ebd.
666 Ebd., S. 230, 233.
667 Ebd., S. 230.
668 Gutachten des Rats der Islamgelehrten, مجلة البحوث الإسلامية 2 (1395–1396 H.), S. 59–144; Entscheidung der islamischen Fiqh-Akademie Nr. 109 (12/3), 12. Sitzung, 1421 H., Riad; أبو جزر, S. 51–64; Mahmoud, in: Arab Comparative & Commercial Law, Vol. I (1987), S. 43, 55; سوار, الإتجاهات, S. 220; شعبان, مجلة الحقوق والشريعة 2 (1977), S. 119, 134, 135; Board of Grievances, Entscheidungen Nr. 47/t/1 1413 H., Nr. 47/t/1 1412 H. und Nr. 65/t/2 1413 H., allesamt zur Verfügung gestellt von Prof. al-Jarbou.
669 Ebd.

berufen kann; hierunter fällt die Einwendung der höheren Gewalt.[670] Dem Verfasser liegen darüber hinaus einige Urteile des Board of Grievances vor, in denen es, gestützt auf das unten zitierte Gutachten des Rats der Islamgelehrten, die Vereinbarung von pauschaliertem Schadensersatz für zulässig erklärt hat, ohne allerdings selbst vertieft auf die Frage nach deren Zulässigkeit im islamischen Recht einzugehen.[671] Auch der Rat der Islamgelehrten geht von der Zulässigkeit von pauschaliertem Schadensersatz nach islamischem Recht aus:

> *„Die Vereinbarung von pauschaliertem Schadensersatz, die in Verträgen enthalten ist, ist wirksam und muss ernst genommen werden. Falls es für die Verletzung der vertraglichen Verpflichtung keine Rechtfertigung gibt, ist diese im Einklang mit der Scharia als zulässig zu erachten; diese Rechtfertigung geht der Verpflichtung vor, es sei denn, sie entfällt.“*[672]

Nachfolgend sollen die Argumente der Befürworter einzeln dargestellt werden.

Zunächst könnte man sich auf den Standpunkt stellen, in Analogie zu Art. 48 ff. der SAR und Art. 77 ff. der Ausführungsvorschriften zum SAR sei die Vereinbarung von pauschaliertem Schadensersatz zumindest für Verzug wirksam; dort wird die Vereinbarung von sogenannten Verzugsstrafen (*ġarāma at-tāḫīr*) ausdrücklich für zulässig erklärt.[673] Gegen eine Analogie zur Verzugsstrafe im Ausschreibungsrecht spricht jedoch, dass bei der Frage der Zulässigkeit von pauschaliertem Schadensersatz in Saudi-Arabien zwischen Streitigkeiten aus im Rahmen von öffentlichen Ausschreibungen abgeschlossenen Verträgen und privatrechtlichen Verträgen differenziert werden muss.[674] Während es sich bei dem sogenannten allgemeinen Gerichten bzw. Schiedsgerichten um Gerichte handelt, von denen erwartet wird, dass sie die bereits dargelegten Scharia-Grundsätze anwenden, ist das Board of Grievances kein allgemeines Gericht, sondern vor allem für Streitigkeiten aus Verträgen

670 Gutachten des Rats der Islamgelehrten, مجلة البحوث الإسلامية 2 (1395–1396 H.), S. 60, 141, 142.

671 Board of Grievances, Entscheidung Nr. 47/t/1 1413 H., Entscheidung Nr. 47/t/1 1412 H. und Entscheidung Nr. 65/t/2 1413 H., allesamt zur Verfügung gestellt von Prof. al-Jarbou; Board of Grievances, fünfzehnte Handelskammer, Dammam, Entscheidung Nr. 97/D/T/J, 1426 H., zur Verfügung gestellt von Haberbeck.

672 Gutachten des Rats der Islamgelehrten, مجلة البحوث الإسلامية 2 (1395–1396 H.), S. 60, 141, 142.

673 Dr. Faḍl, Interview mit dem Verfasser, 11.12.2012, Riad; az-Zubaīr, Interview mit dem Verfasser, 12.12.2012, Riad. So auch Krüger in seinem Schreiben an Nerz vom 27.1.2003. Siehe Nerz, S. 57.

674 Hundt, Öffentliche Ausschreibungen in Saudi-Arabien, S. 11; Nerz, S. 57.

mit der öffentlichen Hand zuständig.[675] Somit ist ausgeschlossen, dass ein allgemeines Gericht jemals über die Wirksamkeit der Vereinbarung von pauschaliertem Schadensersatz bei einem im Rahmen von öffentlichen Ausschreibungen abgeschlossenen Vertrag entscheidet.[676] Für die Möglichkeit der Begründung der Zulässigkeit von pauschaliertem Schadensersatz über eine Analogie zur Verzugsstrafe im saudischen Ausschreibungsrecht spricht, dass bei einer ausdrücklichen Gestattung von Verzugsstrafen im saudischen Ausschreibungsrecht davon auszugehen ist, dass die herrschende Meinung in Saudi-Arabien von der Zulässigkeit der Verzugsstrafe nach dem islamischen Recht ausgeht.[677] Es leuchtet jedoch ein, dass die Analogie zum öffentlich-rechtlichen Ausschreibungsrecht ein schwaches Argument darstellt, denn pauschalierter Schadensersatz und Verzugsstrafe haben – wie unten noch näher dargestellt wird – eine unterschiedliche Wirkung und Funktion.

Gewichtiger sind die anderen Argumente, die von den Befürwortern der Zulässigkeit des pauschalierten Schadensersatzes nach islamischem Recht vorgebracht werden.

Erstens wird angeführt, dass der pauschalierte Schadensersatz nicht durch die Scharia, Prophetenworte oder eine Gelehrtenaussage verboten worden sei. Zunächst merken die Befürworter der Zulässigkeit von pauschaliertem Schadensersatz an, dass die von der ablehnenden Meinung angeführten Beweise unrichtig seien. Vielmehr gebe es Beweise für die Zulässigkeit von pauschaliertem Schadensersatz; deshalb lieferten die Gegner des pauschalierten Schadensersatzes keinen Beweis aus den Rechtsquellen des islamischen Rechts für einen etwaigen Verstoß gegen ein Verbot des islamischen Rechts.[678] Der Rat der Islamgelehrten führt für die Zulässigkeit der Vereinbarung von pauschaliertem Schadensersatz eine von al-Buḫārī[679] wiedergegebene Gelehrtenaussage an, erzählt von Ibn Sīrī, die wie folgt lautet:

„Ein Mann sagte zu einem Tierverleiher: ‚Halte Deine Reisetiere bereit und falls ich nicht mit Dir reisen sollte an diesem Tag, so soll ich hundert Dirham zahlen‘;

675 Art. 12 des königlichen Dekrets Nr. M/78 vom 19/9/1428 H.

676 Nerz, S. 57.

677 Dr. Faḍl, Interview mit dem Verfasser, 11.12.2012, Riad; az-Zubaīr, Interview mit dem Verfasser, 12.12.2012, Riad. Gemäß Art. 7 des saudischen Grundgesetzes der Herrschaft müssen alle in Kraft gesetzten Regularien stets dem islamischen Recht entsprechen. Wären Verzugsstrafen nach der Scharia unzulässig, hätte der saudische Gesetzgeber sie nicht für zulässig erklärt.

678 أبو جزر, S. 57, 58; الضرير, مجلة مجمع الفقه الإسلامي 2, Teil 2, S. 50; الحموي, S. 176. Die ablehnende Meinung hält wiederum die Beweise der Befürworter für unrichtig. Siehe اليمني, S. 219.

679 Al-Buḫārī war ein Hadith-Sammler. Siehe Rohe, S. 54.

aber er ging nicht an diesem Tag. Šuraīyḥ sagte: ‚Wenn sich jemand einer Nebenabrede freiwillig ohne Druck unterwirft, so muss er diese auch einhalten.‘“[680]

Al-Amine gibt den Rest der bei al-Buḫārī wiedergegebenen Gelehrtenaussage wieder, der ebenfalls für die Zulässigkeit von pauschaliertem Schadensersatz streitet; sie besagt Folgendes:

„Darüber hinaus wird von Ayyūb über Ibn Sīrī erzählt: ‚Ein Mann verkaufte Nahrungsmittel und der Käufer sagte dem Verkäufer, dass falls er nicht am Mittwoch zu ihm kommen werde, der Vertrag aufgehoben sei; und er kam nicht an diesem Tag.‘ Šuraīyḥ sagte zu dem Käufer: ‚Du hast Dein Versprechen gebrochen‘ und gab dem Urteil gegen ihn statt.“[681]

Darüber hinaus sind nach Ansicht der Befürworter der Zulässigkeit von pauschaliertem Schadensersatz im islamischen Recht keine der nachfolgend behandelten Verbote und Grenzen des islamischen Rechts verletzt.

Gegen die Einordnung des pauschalierten Schadensersatzes als einen Verstoß gegen das ribā-Verbot und eine Qualifikation des pauschalierten Schadensersatzes als *ribā an-nasī'a* lässt sich anführen, dass das islamische Recht den Terminkauf (*salam*) oder die Sach- und Personenmiete zur Herstellung von Werken und Dienstleistungen (*iǧāra*) mit dem Argument des Bedarfs und der Praktikabilität (*al-ḥāǧa tanzil minzala aḍ-ḍurūra*)[682] für zulässig erklärt, obwohl hier die Verpflichtungen nicht Zug um Zug erfüllt werden, sondern zu einem zukünftigen Zeitpunkt.[683] Der pauschalierte Schadensersatz ist insoweit mit einer Miete und einem Terminkauf vergleichbar, weil die Verpflichtung der Bezahlung des pauschalierten Schadensersatzes bereits vor dem Eintritt des Schadens begründet wird.[684] Die Ablehnung eines Verstoßes gegen das ribā-Verbot kann daher auf eine Analogie zu den nach islamischem Recht zulässigen Rechtsgeschäften der Miete und des Terminkaufs gestützt werden.[685]

---

680 Gutachten des Rats der Islamgelehrten, مجلة البحوث الإسلامية 2 (1395–1396 H.), S. 59, 139. Laut dem Gutachten des Rats der Islamgelehrten handelt es sich hierbei um die erstmalige Umschreibung der Vereinbarung von pauschaliertem Schadensersatz im islamischen Recht.

681 Al-Amine, ALQ 16 (2001), S. 22, 34.

682 Zu dem Grundsatz der Notwendigkeit als Unterkategorie des Rechtsfindungsinstruments der Berücksichtigung des allgemeinen Nutzens: Rohe, S. 66; السيوطي, S. 88; اليمني, S. 221.

683 اليمني, S. 222; الشهري, S. 162.

684 أبو جزر, S. 59.

685 أبو جزر, S. 59; im Ergebnis ebenso die Entscheidung der islamischen Fiqh-Akademie Nr. 109 (12/3), 12. Sitzung, 1421 H., Riad. Gegen eine Analogie trägt اليمني vor, dass

Darüber hinaus liegt auch kein Verstoß gegen das ġarar-Verbot vor, also gegen den Grundsatz, dass es keine Unwissenheit einer Partei bezüglich irgendeines Punktes in dem Vertrag geben darf, das Verbot von Wettspielen sowie den Grundsatz, sich nicht am Reichtum anderer zu bereichern. Diese Verbote wollen letztlich sicherstellen, dass der Schadensersatz dem eingetretenen Schaden entspricht.[686] Zum Zeitpunkt der Vereinbarung des pauschalierten Schadensersatzes ist noch überhaupt nicht klar, ob der pauschalierte Schadensersatz dem eingetretenen Schadensersatz entspricht oder nicht. Übersteigt dann der pauschalierte Schadensersatz den eingetretenen Schaden, so kann der Richter diesen immer noch im Nachhinein senken.[687] Im Übrigen lässt sich anführen, dass der pauschalierte Schadensersatz die Gefahr eines Rechtsstreits eher verringert, denn die Parteien können so einvernehmlich vor Eintritt des Schadens bereits festlegen, wie hoch der Schadensersatz im Schadensfalle ausfallen soll. Der Rat der Islamgelehrten führt hierzu Folgendes aus:

> *„Der pauschalierte Schadensersatz ist ein Ausgleich für das Brechen der vertraglichen Verpflichtung, weil man bei einem solchen einen Schaden oder einen entgangenen Nutzen erwartet. Und es ist richtig, zu sagen, dass der pauschalierte Schadensersatz Chaos und die Spekulation mit den Rechten der Diener Gottes verhindert.“*[688]

Daneben führt der pauschalierte Schadensersatz nicht zwingend zu Streit; eher hat er eine Vielzahl nützlicher Wirkungen, denn er stellt die Vertragserfüllung sicher und unterstützt so den Vertrag.[689] Er dient damit der Notwendigkeit und Praktikabilität (*ḥağa wa maṣlaḥa*).[690]

---

erstens schon keine Notwendigkeit für eine solche bestehe, daneben durch eine Analogie nicht eine unzulässige Nebenabrede wie der pauschalierte Schadensersatz für zulässig erklärt werden könne und der Terminkauf sowie die Sach- und Personenmiete sowieso von بن تيمية für unzulässig erklärt worden seien. Siehe اليمني, S. 222. Die von اليمني vorgetragenen Argumente sind jedoch vernachlässigenswert, weil nach heute herrschender Meinung in der Fiqh sowohl der Terminkauf als auch die Sach- und Personenmiete wirksam vereinbart werden können.

686 أبو جزر, S. 60, 61; الحموي, S. 182.

687 Ebd.

688 Gutachten des Rats der Islamgelehrten, مجلة البحوث الإسلامية 2 (1395-1396 H.), S. 59, 141.

689 أبو جزر, S. 61; الحموي, S. 180; شعبان, مجلة الحقوق والشريعة 2 (1977), S. 19, 164.

690 Hiergegen spricht nicht das von اليمني vorgetragene Argument, dass vorliegend ein Abstellen auf diesen Grundsatz nicht möglich sei, weil das islamische Recht den pauschalierten Schadensersatz verbiete und der pauschalierte Schadensersatz im Widerspruch zu dem Grundsatz stehe, dass der Richter und nicht die Vertragsparteien die Höhe des Schadensersatzes festzulegen habe. Siehe اليمني, S. 220, 221. Zum einen liegt, wie bereits oben gezeigt wurde, kein Verstoß gegen das islamische Recht vor, zum anderen nimmt der pauschalierte Schadensersatz dem Richter nicht völlig die

Schließlich verletzt die Vereinbarung von pauschaliertem Schadensersatz nicht den Grundsatz *lā ḍarar wa lā ḍirār*. Vielmehr unterstützt sie dessen Durchsetzung, denn sie stellt sicher, dass der Schuldner für sämtliche Schadensposten, die durch Nichtleistung oder Verzug verursacht worden sind, wirklich haften muss.[691]

Zweitens lässt sich die Zulässigkeit des pauschalierten Schadensersatzes nach islamischem Recht aus einem Erst-recht-Schluss zu der Vereinbarung eines Reugelds (*'arbūn*), die nach der hanbalitischen Rechtsschule zulässig ist, herleiten.[692] Hierzu räumt der Rat der Islamgelehrten ein, dass der Prophet angeblich ausgeführt haben soll, dass es sich bei der Vereinbarung von Reugeld im Rahmen eines Kaufvertrags um eine nichtige Nebenabrede handele.[693] Allerdings stellt er klar, dass das eben genannte Prophetenwort auf einer schwachen Beweiskette basiert und er vielmehr mit Aḥmad (dem Gründer der hanbalitischen Rechtsschule) von der Zulässigkeit von Nebenabreden in Form der Vereinbarung eines Reugelds ausgeht.[694] Aḥmad stütze sich hierbei auf ein Gelehrtenwort von 'Omar und halte es für wünschenswert, dass derjenige, der etwas im Rahmen eines Kaufvertrags zurückgibt, hierfür Schadensersatz zahlt.[695]

Eine Bejahung der Zulässigkeit des pauschalierten Schadensersatzes über eine Analogie zum unstreitig zulässigen Reugeld ist gerechtfertigt, weil zum einen sowohl der pauschalierte Schadensersatz als auch das Reugeld durch ein Verhalten des Schuldners ausgelöst werden; sie sehen beide eine Strafe für denjenigen vor, der gegen die Nebenabrede verstößt. Zum anderen ist die Vereinbarung von pauschaliertem Schadensersatz im Gegensatz zum Reugeld sogar

---

Möglichkeit, die Höhe des Schadensersatzanspruchs festzulegen. Letztlich verringert der pauschalierte Schadensersatz das Streitpotenzial zwischen den Parteien. Zum Grundsatz der Berücksichtigung des allgemeinen Nutzens als Mittel der Rechtsfindung: Rohe, S. 66, 67.

691 Gutachten des Rats der Islamgelehrten, مجلة البحوث الإسلامية 2 (1395–1396 H.), S. 59, 141; الحموي, S. 165

692 Gutachten des Rats der Islamgelehrten, مجلة البحوث الإسلامية 2 (1395–1396 H.), S. 59, 136, 137. Allgemein zum Reugeld im islamischen Recht: السنهوري, مصادر الحق, Bd. 2, S. 90–96.

693 Gutachten des Rats der Islamgelehrten, مجلة البحوث الإسلامية 2 (1395–1396 H.), S. 59, 136, 137.

694 Gutachten des Rats der Islamgelehrten, مجلة البحوث الإسلامية 2 (1395–1396 H.), S. 59, 137. So auch السنهوري, مصادر الحق, Bd. 2, S. 96.

695 Gutachten des Rats der Islamgelehrten, مجلة البحوث الإسلامية 2 (1395–1396 H.), S. 59, 137. Siehe أبو جزر, S. 58, für weitere Nachweise der Gültigkeit des Reugelds nach islamischem Recht.

weniger einschneidend; sie kann im Unterschied zum Reugeld nur dann geltend gemacht werden, wenn der Gläubiger einen Schaden erleidet, wobei der Richter den pauschalierten Schadensersatz unter bestimmten Umständen sogar erhöhen oder senken kann. Das Reugeld kann dagegen nicht gesenkt werden.[696]

Drittens stützt man sich darauf, dass der pauschalierte Schadensersatz die Vertragserfüllung sicherstellt.[697] Der Rat der Islamgelehrten führt aus, dass

> *„die Vereinbarung* [von pauschaliertem Schadensersatz] *zulässig ist, wenn sie dazu dient, die Erfüllung des Vertrags bei Fälligkeit sicherzustellen“,* und
> *„ein Grund der Gründe* [für dessen Zulässigkeit] *ist, dass er einen Anreiz zur Erfüllung von Verpflichtungen und Verträgen schafft“.*[698]

Letztlich stützt sich der Rat der Islamgelehrten (und ebenso das Board of Grievances) hierbei auf die islamisch-rechtliche Version des Grundsatzes *pacta sunt servanda.*[699]

Viertens kann die Zulässigkeit von pauschaliertem Schadensersatz mit dem Gewohnheitsrecht (*'urf*)[700] begründet werden; der Rat der Islamgelehrten führt insoweit aus:

> *„Für die Zulässigkeit der Vereinbarung von pauschaliertem Schadensersatz streitet eine lange Tradition, sie ist eine Drohung mit einer Geldstrafe und sie ist weit von den durch die Scharia gesetzten Grenzen entfernt, denn sie steht für Gerechtigkeit, für den entgangenen Nutzen und das Recht, das verletzt worden ist.“*[701]

---

696 Gutachten des Rats der Islamgelehrten, مجلة البحوث الإسلامية 2 (1395-1396 H.), S. 59, 137; الضرير, مجلة مجمع الفقه الإسلامي 2, S. 50 ff.

697 Gutachten des Rats der Islamgelehrten, مجلة البحوث الإسلامية 2 (1395-1396 H.), S. 59, 141; al-Amine, ALQ 16 (2001), S. 22, 34; الحموي, S. 176; شعبان, مجلة الحقوق والشريعة 2 (1977), S. 19, 164; Board of Grievances, fünfzehnte Handelskammer, Dammam, Entscheidung Nr. 97/D/T/J, 1426 H., zur Verfügung gestellt von Haberbeck.

698 Gutachten des Rats der Islamgelehrten, مجلة البحوث الإسلامية 2 (1395–1396 H.), S. 59, 141.

699 أبو جزر, S. 55; al-Amine, ALQ 16 (2001), S. 22, 34. Dieses Prinzip ergibt sich – wie bereits oben dargestellt – unter anderem aus dem Prophetenwort, das besagt, dass jeder „*Muslim an seine Vertragsbedingungen gebunden ist, es sei denn, die Vertragsbedingung ist verboten oder verletzt ein Verbot*“.

700 Allgemein zum Gewohnheitsrecht als Rechtsquelle im islamischen Recht: Rohe, S. 68–70.

701 Gutachten des Rats der Islamgelehrten, مجلة البحوث الإسلامية 2 (1395-1396 H.), S. 59, 141; الحموي, S. 177. Die Gegenseite lehnt dieses Argument deshalb ab, weil sie eben davon ausgeht, dass der pauschalierte Schadensersatz gegen die Verbote des islamischen Rechts verstößt. Siehe اليمني, S. 220.

Das hierzu bestehende Gewohnheitsrecht ist anzuerkennen, weil es in keinem Widerspruch zur Scharia steht.[702] Vorliegend ist – wie oben bereits aufgezeigt worden ist – weder ein ausdrückliches Verbot noch ein Verstoß gegen islamisch-rechtliche Verbote gegeben. Folglich liegen die Voraussetzungen einer Anerkennung des bestehenden Gewohnheitsrechts vor.[703]

Es wird deutlich, dass pauschalierter Schadensersatz als Nebenabrede – zumindest falls es sich bei dem zugrunde liegenden Rechtsgeschäft nicht um ein Darlehen handelt – mangels eines Verstoßes gegen die Grenzen der Scharia in die dritte Kategorie von Nebenabreden fällt, nämlich in die Kategorie der durch allgemeine Übung anerkannten Nebenabreden.[704] Die Vereinbarung von pauschaliertem Schadensersatz ist nicht sinnlos, wie al-Yamanī behauptet, weil ihm die unten näher erläuterten Funktionen zukommen.[705] Eine Differenzierung zwischen pauschaliertem Schadensersatz für Verzug als auch für Nichtleistung wird nicht vorgenommen. Folglich sprechen die besseren Gründe dafür, anzunehmen, dass nach dem islamischen Recht in der Ausprägung der hanbalitischen Rechtsschule in Saudi-Arabien im Bereich privatrechtlicher Verträge, die keine Darlehensverträge darstellen, die Vereinbarung von pauschaliertem Schadensersatz sowohl für Verzug als auch für Nichtleistung zulässig ist.[706]

b) Wirkung und Funktion

Fraglich ist, welche Wirkung und Funktion pauschaliertem Schadensersatz nach islamischem Recht zukommt, vorausgesetzt, man geht – wie der Verfasser – von deren Zulässigkeit aus.

Unstreitig ist, dass die Vereinbarung von pauschaliertem Schadensersatz eine Beweislastumkehr zulasten des Schuldners bewirkt.[707]

Darüber hinaus stellt sich die Frage, ob davon auszugehen ist, dass der pauschalierte Schadensersatz eine Pauschalierungsfunktion hat und er deshalb als

702 Rohe, S. 68.

703 Die Gegenseite lehnt dieses Argument ab, weil sie eben davon ausgeht, dass der pauschalierte Schadensersatz gegen die Verbote des islamischen Rechts verstößt. Siehe اليمني, S. 220.

704 Gutachten des Rats der Islamgelehrten, مجلة البحوث الإسلامية 2 (1395–1396 H.), S. 59, 139.

705 Diese Aussage von اليمني ist wohl darauf zurückzuführen, dass er sich nicht hinreichend mit den Funktionen des pauschalierten Schadensersatzes auseinandersetzt.

706 سوار, الإتجاهات, S. 220.

707 Dies gilt umso mehr, wenn man nur Strafklauseln in Form der Verzugsstrafe für zulässig hält, denn hier gilt, dass die Verzugsstrafe eine Beweislastumkehr zugunsten des Gläubigers bewirkt. Siehe اليمني, S. 335.

Höchst- und/oder Mindestbetrag konzipiert ist. Gegen eine Pauschalierungsfunktion könnte die JZGB-Gesetzesbegründung sprechen, in der im Zusammenhang mit Art. 364 JZGB ausgeführt wird, dass ein Richter jederzeit den pauschalierten Schadensersatz an den tatsächlichen Schaden anpassen müsse.[708] Geht man davon aus, dass das JZGB das am stärksten an das islamische Recht angelehnte Zivilgesetzbuch ist, könnte man diesen Rechtsgedanken durchaus auch in Saudi-Arabien anwenden.[709] Allerdings entspricht diese Argumentation, wie bereits oben dargelegt worden ist, nach herrschender Meinung in Saudi-Arabien nicht dem islamischen Recht. Vielmehr verstößt sie gegen dieses und ist daher abzulehnen.[710] Für eine Pauschalierungsfunktion spricht entscheidend, dass die herrschende Meinung in Saudi-Arabien davon ausgeht, dass der pauschalierte Schadensersatz nur dann entfällt, wenn dem Gläubiger entweder kein Schaden entstanden ist oder dieser eine krasse Überhöhung (*ziyāda fāḥiša*) bzw. grobe Übertreibung im Verhältnis zum tatsächlich eingetretenen Schaden darstellt.[711] Nach Ansicht des Verfassers ist nach alledem davon auszugehen, dass dem pauschalierten Schadensersatz eine Pauschalierungsfunktion zukommt und er als Höchstbetrag konzipiert ist. Mithin hat er nach der hier vertretenen Meinung die Funktion einer Haftungsbeschränkung.

Dabei stellt sich auch die Frage, ob dem pauschalierten Schadensersatz in privatrechtlichen Verträgen im saudischen Zivilrechtsmodell eine Drohfunktion zukommen kann. Der Rat der Islamgelehrten vertritt in diesem Rahmen, dass die Vereinbarung von pauschaliertem Schadensersatz, die eine finanzielle Bedrohung (*at-tahdīd al-mālī*) darstellt, nichtig ist, weil eine solche Bedrohung gegen die Grundsätze der Scharia, insbesondere den Grundsatz *lā ḍarar wa lā ḍirār*, verstoßen würde.[712] In der Praxis wird dagegen überwiegend die Ansicht vertreten, dass dem pauschalierten Schadensersatz, um wirksam zu sein, in Analogie zur nach dem in Saudi-Arabien geltenden islamischen Recht zulässigen Verzugsstrafe zwingend eine Drohfunktion zukommen muss.[713] Nach Ansicht des Verfassers

708 JZGB-Gesetzesbegründung, Bd. 1, S. 403; Hayajneh, EJSS 14 (2010), S. 606, 609.

709 اليمني, S. 230.

710 Siehe سوار, الإتجاهات, S. 222; خوالده, S. 72, Fn. 1 m. w. N. Die Aussage von Loksaier, dass im saudischen Recht das Gleiche gelten müsse wie im Rahmen des JZGB, ist daher falsch. Siehe Loksaier, S. 68, 69.

711 أبو جزر, S. 53, Fn. 4 m. w. N.

712 Gutachten des Rats der Islamgelehrten, مجلة البحوث الإسلامية 2 (1395–1396 H.), S. 59, 142.

713 Dr. Faḍl, Interview mit dem Verfasser, 11.12.2012, Riad; az-Zubaīr, Interview mit dem Verfasser, 12.12.2012, Riad. In der Praxis wollen die meisten Vertragsparteien in Saudi-Arabien dem pauschalierten Schadensersatz gerade eine Drohfunktion

sprechen die oben verwendeten Argumente zur Begründung der Zulässigkeit des pauschalierten Schadensersatzes, insbesondere der Grundsatz *pacta sunt servanda* und die Sicherstellung der Vertragserfüllung, eher dafür, dass der pauschalierte Schadensersatz eine Drohfunktion innehaben muss. Weiterhin ist es widersprüchlich, beim pauschalierten Schadensersatz eine Drohfunktion für nichtig zu erklären und sie bei der Verzugsstrafe zu gestatten. Letztlich spielt dieser Streit eine geringe Rolle und kann daher offengelassen werden, da der saudische Richter den pauschalierten Schadensersatz nach der hier vertretenen Meinung einer Inhaltskontrolle unterziehen kann.

c) Voraussetzungen der Geltendmachung

Die Voraussetzungen der Geltendmachung unterscheiden sich insoweit nicht von denen des ÄZGB, weil der pauschalierte Schadensersatz nach der herrschenden Meinung in Saudi-Arabien weitgehend gleich ausgestaltet ist wie der pauschalierte Schadensersatz i. S. d. Art. 223–225 ÄZGB.[714] Deshalb sei auf die im Rahmen des ÄZGB gemachten Ausführungen verwiesen.

d) Schranken

Nun muss geklärt werden, welche Schranken für pauschalierten Schadensersatz nach dem islamischen Recht gelten.

Fraglich ist, ob ein Gericht den pauschalierten Schadensersatz senken wird, wenn der Schuldner nachweist, dass dem Gläubiger kein Schaden entstanden ist. Dagegen könnte eine Analogie zur Verzugsstrafe sprechen, bei der ein Schaden nicht nachgewiesen werden muss. Die herrschende Meinung geht dennoch davon aus, dass der Gläubiger bei Nichtvorliegen eines Schadens den pauschalierten Schadensersatz nicht geltend machen kann.[715] Begründen lässt sich dies zum einen

geben. Der Verfasser stützt dies auf die Aussage einiger von اليمني befragten Richter des obersten Gerichts in Riad. Laut der Richter vereinbaren die Vertragsparteien den pauschalierten Schadensersatz meistens, um mit diesem der anderen Vertragspartei zu drohen. اليمني führt weiter aus, dass der pauschalierte Schadensersatz mit einer Drohfunktion meistens nicht gefordert würde, weil ein Vergleich dahin gehend abgeschlossen werde, dass entweder der Vertrag erfüllt oder aber der Fehler behoben wird. Siehe اليمني, S. 231.

714 Die herrschende Meinung in Saudi-Arabien geht auf diesen Punkt in ihren Ausführungen zur Zulässigkeit des pauschalierten Schadensersatzes nicht ein.

715 Gutachten des Rats der Islamgelehrten, مجلة البحوث الإسلامية 2 (1395–1396 H.), S. 60, 142. Siehe أبو جزر, S. 53, Fn. 4 m. w. N.

damit, dass – falls dem Gläubiger kein Schaden entstanden ist – bei einer Geltendmachung des pauschalierten Schadensersatzes ein Verstoß gegen das ribā-Verbot vorliegt, weil die alleinige Verspätung ohne den Eintritt eines Schadens zu einem Anspruch führt, der eine unrechtmäßige Bereicherung des Gläubigers darstellt.[716] Zum anderen würde die Geltendmachung des pauschalierten Schadensersatzes bei Nichtvorliegen eines Schadens gegen den Grundsatz *lā ḍarar wa lā ḍirār* verstoßen.[717] Letztlich wird in einem solchen Fall eine grobe bzw. krasse Übertreibung zu bejahen sein und der Richter wird den pauschalierten Schadensersatz mittels seiner Eingriffsbefugnisse senken.

Darüber hinaus hat das Board of Grievances für Strafklauseln, die als Verzugsstrafe konzipiert sind, in einem dem Verfasser vorliegenden Urteil bestimmt, dass der pauschalierte Schadensersatz nicht den kompletten Vertragswert erreichen darf.[718]

Zusätzlich ist der pauschalierte Schadensersatz dann unzulässig, wenn er das ribā-Verbot umgeht. Eine diesbezügliche Gefahr besteht immer dann, wenn der pauschalierte Schadensersatz Zinsen ersetzen soll, die aufgrund des in Saudi-Arabien geltenden Zinsverbots nicht ersatzfähig sind.[719] Sicherlich ist die Vereinbarung des pauschalierten Schadensersatzes daneben nichtig, wenn sie entgangenen Gewinn oder indirekte Schäden, die – wie bereits oben gezeigt wurde – nach islamischem Recht nicht ersatzfähig sind, mit umfasst.[720] Begründen lässt sich dies damit, dass eine solche Schadenspauschalierung zum einen eine nicht ersatzfähige Schadensposition enthält und zum anderen ein extremes Risiko für den Schuldner darstellt; sie verstößt damit gegen das ġarar-Verbot.[721]

Letztlich ist nach Ansicht des Verfassers davon auszugehen, dass durch pauschalierten Schadensersatz keine Begrenzung der deliktischen Haftung, der

716 Vogel, in: Contracts in General, International Encyclopedia of Comparative Law Vol. 7, S. 51.

717 Gutachten des Rats der Islamgelehrten, مجلة البحوث الإسلامية 2 (1395–1396 H.), S. 60, 142.

718 Board of Grievances, Entscheidung Nr. 47/t/1 1413 H., zur Verfügung gestellt von Prof. al-Jarbou.

719 Mahmoud, Arab Comparative & Commercial Law 1 (1987), S. 43, 55.

720 Vogel, in: Contracts in General, International Encyclopedia of Comparative Law Vol. 7, S. 51. اليمني stellt sich inkonsequenterweise auf den Standpunkt, dass die Einbeziehung dieser Schadenspositionen noch nicht für die Unwirksamkeit des pauschalierten Schadensersatzes spreche, weil in diesem Bereich vieles umstritten sei. Siehe اليمني, S. 227.

721 Vogel, in: Contracts in General, International Encyclopedia of Comparative Law Vol. 7, S. 51.

Haftung für Personenschäden oder der decennalen Haftung herbeigeführt werden kann, denn die Vereinbarung einer solchen Schadenspauschalierung würde von einem saudischen Richter höchstwahrscheinlich als ungerecht und damit nichtig angesehen.

II. Reichweite der richterlichen Eingriffsmöglichkeiten

1. Das ägyptische Modell

a) Zeitpunkt für die Beurteilung

Die Art. 223–225 ÄZGB geben den Zeitpunkt für eine Beurteilung des Greifens der richterlichen Eingriffsmöglichkeiten nicht vor. Die besseren Gründe sprechen jedoch dafür, dass hierfür allein der Zeitpunkt des gerichtlichen Verfahrens und nicht der Zeitpunkt des Vertragsschlusses infrage kommt, weil nur zu diesem Zeitpunkt abschließend beurteilt werden kann, inwieweit eine grobe Übertreibung bzw. Vorsatz und Fahrlässigkeit des Schuldners vorliegen oder dem Gläubiger überhaupt kein Schaden entstanden ist.[722] Etwas anderes gilt allein für die Beurteilung des Vorliegens einer unzulässigen Drohfunktion.

b) Reduzierung des pauschalierten Schadensersatzes

Nach Art. 224 II ÄZGB ist die Schadenspauschalierung einer allgemeinen richterlichen Billigkeitskontrolle unterworfen; der Richter kann pauschalierten Schadensersatz reduzieren, wenn der Schuldner beweist, dass der tatsächlich aufgrund der Vertragsverletzung erlittene Schaden geringer ausgefallen ist als die vereinbarte Entschädigungspauschale und sich der Unterschied als unverhältnismäßig darstellt oder dass er seine Verpflichtung teilweise erfüllt hat.[723]

---

722 Auf diesen Zeitpunkt stellt ebenso der französische Kassationsgerichtshof in einer Entscheidung vom 10.3.1998 ab. Siehe Dalloz, Art. 1152 Nr. 44. Eine andere Möglichkeit wäre es, auf den Zeitpunkt des Vertragsschlusses abzustellen. Auf jenen Zeitpunkt müsste man abstellen, wenn man der unten dargestellten Ansicht folgt, dass zur Beurteilung einer groben Übertreibung auch subjektive Kriterien, die zum Zeitpunkt des Vertragsschlusses vorgelegen haben, heranzuziehen sind.

723 Insoweit wich Art. 224 II ÄZGB von dem alten französischen Code civil und der vor dem Inkrafttreten des ÄZGB bestehenden Gesetzeslage ab, da dort dem Richter in keinem der beiden Fälle die Möglichkeit zur Reduzierung des pauschalierten Schadensersatzes eingeräumt wurde. Es galt vielmehr der Grundsatz der Unveränderlichkeit (*principe de l'irréductibilité*). In Frankreich wurde den Gerichten erst im

Die Eingriffsbefugnis wegen einer teilweisen Erfüllung gemäß Art. 224 II 2. HS. ÄZGB setzt voraus, dass der pauschalierte Schadensersatz für den Fall einer Nichtleistung vereinbart worden ist.[724] Dagegen findet der Tatbestand keine Anwendung im Falle der Vereinbarung des pauschalierten Schadensersatzes für Verzug, in diesem Fall verbleibt dem Richter die Eingriffsbefugnis bei Vorliegen einer groben Übertreibung.[725] Bemerkenswert ist, dass dem Richter keine Vorgaben bei der Ausübung dieser Anpassungsbefugnis an die Hand gegeben werden.[726] Laut ägyptischem Kassationsgerichtshof ist der pauschalierte Schadensersatz auf den Betrag zu senken, der dem Schaden entspricht, den der Schuldner erleidet.[727]

Bei Betrachtung von Art. 224 II 1. HS. ÄZGB fällt auf, dass der ägyptische Gesetzgeber im Übrigen darauf verzichtet hat, einzelne konkret umschriebene Kriterien hinsichtlich der Voraussetzungen der richterlichen Herabsetzungsbefugnisse zu kodifizieren. Vielmehr hat er den unbestimmten Begriff der „groben

---

Rahmen einer Reform im Jahre 1985 ein Modifizierungsrecht eingeräumt. Siehe dazu Fischer, S. 117, 118; Le Goff, S. 24, 25; مرقس, الوافى, Bd. 6, S. 190, Fn. 166. Dagegen sah die nationale ägyptische Rechtsprechung im Gleichlauf mit der heutigen Gesetzeslage eine Reduktionsmöglichkeit für Fälle grober Übertreibungen vor; jene Rechtsprechung wurde letztlich mit Art. 224 II ÄZGB kodifiziert. Siehe مرقس, الوافى, Bd. 6, S. 191; السنهوري, الوسيط, Bd. 2, S. 871–874; زكي, مشكلات المسؤولية المدنية, Bd. 2, S. 203–210. Ägyptische Gerichte müssen ihre Entscheidung nur begründen, wenn sie den pauschalierten Schadensersatz herab- bzw. heraufsetzen wollen. Dem liegt der Grundsatz zugrunde, dass das Gericht den Willen der Parteien grundsätzlich zu beachten habe. Vgl. Art. 223 ÄZGB. Die Entscheidung bedarf demnach keiner Begründung, wenn sie mit dem Parteiwillen übereinstimmt. Sie ist nicht durch Rechtsmittel angreifbar. Siehe السنهوري, الوسيط, Bd. 2, S. 875.

724 Damit wird die Pauschalierungsfunktion des pauschalierten Schadensersatzes nicht durchbrochen, denn diese Möglichkeit der Herabsetzung des pauschalierten Schadensersatzes beruht auf dem Grundsatz, dass der Gläubiger nicht gleichzeitig Erfüllung und Schadensersatz hinsichtlich derselben Verpflichtung verlangen kann.

725 زكي, مشكلات المسؤولية المدنية, Bd. 2, S. 210 und S. 210, Fn. 3. زكي stützt sich dabei auf die Rechtsprechung des französischen Kassationsgerichtshofs.

726 Im französischen Recht hat der Gesetzgeber die Eingriffsbefugnisse des Richters für den Fall der teilweisen Erfüllung mit Art. 1231 Code civil flexibler gestaltet als der ägyptische Gesetzgeber, denn Ersterer erlaubt die Senkung des pauschalierten Schadensersatzes um den Betrag, der dem Gläubiger die teilweise Erfüllung wert ist. Siehe hierzu زكي, مشكلات المسؤولية المدنية, Bd. 2, S. 210, 211, der deshalb Art. 1231 Code civil als fairere Regelung gegenüber Art. 224 II ÄZGB ansieht.

727 Ägyptischer Kassationsgerichtshof, Entscheidung vom 17.2.1955, zitiert bei زكي, مشكلات المسؤولية المدنية, Bd. 2, S. 210, 211.

Übertreibung" (*mubālaġan fīhi ilā daraǧa kabīra*) verwendet. Aus dem Wortlaut von Art. 224 II 1. HS. ÄZGB ergibt sich darüber hinaus, dass es im Ermessen des Richters liegt, ob er die Schadenspauschalierung senkt oder nicht.[728]

Es stellt sich die Frage, wann eine grobe Übertreibung vorliegt. Vorab sei angemerkt, dass eine grobe Übertreibung nicht allein im Übersteigen des pauschalierten Schadensersatzes des tatsächlich eingetretenen Schadens liegt.[729] Es besteht die Möglichkeit, bei der Beurteilung der Frage nach dem Vorliegen einer groben Übertreibung entweder allein auf objektive oder aber auch auf subjektive Gesichtspunkte abzustellen. Man könnte, wie der französische Kassationsgerichtshof, bei der Beurteilung des Vorliegens einer groben Übertreibung alleine auf objektive Kriterien abstellen; dann kommt es allein auf die Höhe des tatsächlich eingetretenen Schadens im Vergleich zur Höhe des vereinbarten pauschalierten Schadens an.[730] Für eine parallele Auslegung des Art. 224 II 1. HS ÄZGB spricht zunächst, dass eine gegenteilige Auslegung den Wortlaut des Art. 224 II 1. HS. ÄZGB überspannt, der einzig auf ein grobes Auseinanderfallen des eingetretenen Schadens mit dem vereinbarten Schadensersatz abstellt. Hierfür spricht darüber hinaus eine systematische Auslegung, denn Art. 224 I und II ÄZGB stellen beide auf objektive Kriterien ab. Man könnte sich im Unterschied hierzu auf den Standpunkt stellen, dass bei der Beurteilung, ob eine grobe Übertreibung vorliegt, sowohl auf objektive als auch subjektive Kriterien abzustellen ist; entscheidend wären somit

728 Der ursprüngliche Wortlaut von Art. 302 des einleitenden Entwurfs zum ÄZGB stellte darauf ab, ob die Übertreibung einen krassen Grad (*ziyāda fāḥiša*) erreicht. Das ägyptische Parlament änderte den Wortlaut entsprechend dem heutigen Wortlaut mit der Begründung ab, dass der Begriff des krassen Grades den Fall meine, in dem die Einschätzung krass übertrieben und das Ergebnis nicht zu tragen sei, wohingegen hier eigentlich eine unpassende Einschätzung gemeint sein soll. Siehe السنهوري, الوسيط, Bd. 2, S. 868, Fn. 1; زكي, مشكلات المسؤولية المدنية, Bd. 2, S. 213. Die Inhaltskontrolle des Richters greift beispielsweise im Irak oder im Libanon nur bei einer Übertreibung zu einem krassen Grad. Siehe Art. 170 II des irakischen ZGB und Art. 266 S. 4 des libanesischen ZGB.

729 Hierfür lässt sich die oben dargestellte Pauschalierungsfunktion und das damit verbundene Forfait-Prinzip anführen. Siehe ägyptischer Kassationsgerichtshof, Entscheidung Nr. 195/323 vom 5.12.1968, zitiert bei مرقس, الوافي, Bd. 6, S. 193, Fn. 180. Siehe auch السنهوري, الوسيط, Bd. 2, S. 876.

730 السنهوري, الوسيط, Bd. 2, S. 875. Zur französischen Rechtsprechung: Entscheidung des französischen Kassationsgerichtshofs vom 2.10.1979, Bull. Civ. IV Nr. 242, 3.3.1979, zitiert bei Le Goff, S. 25. Die Stimmen in der französischen Rechtsliteratur, die diesem Grundsatz folgen, berücksichtigen die Drohfunktion erst im Rahmen der Ermessensausübung des Richters.

die Umstände des Einzelfalls.[731] Für die Ansicht, die sowohl auf obejektive als auch subjektive Kriterien bei der Beurteilung einer groben Übertreibung abstellt, spricht, dass der ägyptische Gesetzgeber bewusst den unbestimmten Rechtsbegriff der groben Übertreibung verwendet hat, der dem Richter ein hohes Maß an Flexibilität einräumt, um dem Einzelfall gerecht werden zu können. Stellt man nur auf das objektive Kriterium des quantitativen Unterschieds ab, so wird dies der Intention des Gesetzgebers nicht gerecht. Darüber hinaus kann man für diese Ansicht vorbringen, dass dem pauschalierten Schadensersatz keine Drohfunktion zukommen darf und eben dieser Grundsatz bei einem reinen Abstellen auf den tatsächlich eingetretenen Schaden außer Acht gelassen würde. Gemäß einer dritten Ansicht ist eine grobe Übertreibung dann gegeben, wenn beide Vertragsparteien von einer falschen Schadenseinschätzung ausgegangen sind oder Druck auf den Schuldner ausgeübt wurde, diese zu akzeptieren, wobei er wusste, dass er unfair behandelt worden ist.[732] Für diese Ansicht spricht, dass der Wortlaut von Art. 224 II 1. HS. ÄZGB eindeutig auf das Vorliegen einer falschen Schadenseinschätzung abstellt, sie gleichzeitig aber der herrschenden Meinung in Ägypten gerecht wird, indem sie verhindert, dass dem pauschalierten Schadensersatz eine Drohfunktion

731 Als Kriterien bei der Beurteilung einer groben Übertreibung können neben dem tatsächlich eingetretenen Schaden die Stärke der Parteien, die Umstände des Vertragsschlusses, die Gesamtbalance des Vertrags, das Interesse des Gläubigers an der Erfüllungssicherung, die finanzielle Situation der Parteien, der tatsächlich entstandene Schaden sowie der Verschuldensgrad des Schuldners dienen. Man findet diese unterschiedlichen Bestimmungsmerkmale in der französischen Rechtsliteratur. Ebenso hat die französische untergerichtliche Rechtsprechung in der Vergangenheit zum Teil auf diese zurückgegriffen. Siehe Fischer, S. 140–142, 146–149. Wichtig ist dabei, dass aufgrund des Wortlauts von Art. 224 II 1. HS. ÄZGB trotz eines Abstellens auf subjektive Kriterien stets ein Auseinanderfallen von pauschaliertem Schadensersatz und eingetretenem Schaden gegeben sein muss; allein subjektive Kriterien können eine grobe Übertreibung nicht rechtfertigen. So die französische Rechtsprechung. Siehe Urteil eines Kommunalgerichts vom 11.2.1997, zitiert bei Dalloz, Art. 1152, Nr. 45.

732 السنهوري, الوسيط, Bd. 2, S. 875. In ersterem Fall bejaht die Rechtsliteratur eine grobe Übertreibung, wenn der pauschalierte Schadensersatz den Wert der grundlegenden Verpflichtung um das Zweifache übersteigt. Siehe السنهوري, الوسيط, Bd. 2, S. 875; طلبة, المطول, Bd. 4, S. 311. Laut Auskunft einer ägyptischen Praktikerin wird eine grobe Übertreibung in der Regel ab einem 50-prozentigen Übersteigen des pauschalierten Schadensersatzes im Verhältnis zum tatsächlichen Schaden angenommen. Dr. Rasekh, Interview mit dem Verfasser, 27.5.2011, München.

zukommt und er dadurch zu einer unzulässigen Drohbedingung wird.[733] Richtigerweise ist daher der Ansicht zu folgen, die bei der Beurteilung einer groben Übertreibung auf das objektive Kriterium des Auseinanderfallens von pauschaliertem und vereinbartem Schaden abstellt, aber bei der Einschätzung einer Drohfunktion subjektive Kriterien ebenso berücksichtigt.

Im Falle der Bejahung einer groben Übertreibung ist der Richter befugt, den pauschalierten Schadensersatz auf einen angemessenen Betrag zu senken.[734] Zur Präzisierung der Ermessensausübung können hierbei jetzt die bereits oben genannten, zur Bestimmung einer groben Übertreibung verwendeten subjektiven Kriterien herangezogen werden.[735] Beachtenswert ist, dass der Richter den pauschalierten Schadensersatz nicht auf das Maß des tatsächlich erlittenen Schadens herabzusetzen braucht, denn dem pauschalierten Schadensersatz soll sein Sanktionscharakter nicht vollständig entzogen werden.[736] Im Ergebnis wird der Richter demnach Schadensersatz zusprechen, der zwischen dem ursprünglich vereinbarten pauschalierten Schadensersatz und dem tatsächlich eingetretenen Schaden liegt.

Art. 224 II ÄZGB ist wegen Art. 224 III ÄZGB nicht einem Ausschluss durch Parteivereinbarung zugänglich; er ist als Teil der öffentlichen Ordnung anzusehen.[737]

c) Erhöhung des pauschalierten Schadensersatzes

Nach Art. 225 2. HS. ÄZGB kann der Richter den pauschalierten Schadensersatz zugunsten des Gläubigers auf den wirklich eingetretenen Schaden erhöhen, falls dieser nachweist, dass der Schuldner grob fahrlässig oder vorsätzlich gehandelt

733 Die Abgrenzung von pauschaliertem Schadensersatz zum pauschalierten Schadensersatz mit einer Drohfunktion, die für den zweiten Fall von entscheidender Bedeutung ist, ist bereits oben vorgenommen worden.

734 السنهوري, الوسيط, Bd. 2, S. 871.

735 سعد, S. 75; زكي, مشكلات المسؤولية المدنية, Bd. 2, S. 215–218. Hierbei könnte durchaus eine Rolle spielen, dass dem Gläubiger im Falle von Vorsatz und grober Fahrlässigkeit nach Art. 221 ÄZGB ein Anspruch auf Ersatz nicht vorhersehbarer Schäden zusteht. Es ist zu erwarten, dass ein ägyptischer Richter den pauschalierten Schadensersatz um ein geringeres Maß senkt. Zum französischen Recht siehe Fischer, S. 142–143.

736 السنهوري, الوسيط, Bd. 2, S. 876. Parallel verläuft die Rechtsprechung des französischen Kassationsgerichtshofs. Siehe Entscheidung vom 13.3.1979, zitiert bei Dalloz, Art. 1152, Nr. 48; Loksaier, S. 163 m. w. N.

737 Ägyptischer Kassationsgerichtshof, Entscheidung Nr. 328 vom 31.12.1975, Jahrgang 26, zitiert bei زكي, مشكلات المسؤولية المدنية, Bd. 2, S. 211, Fn. 10. Siehe auch السنهوري, الوسيط, Bd. 2, S. 876.

hat.[738] Andere Fälle, in denen es zu einer Erhöhung des pauschalierten Schadensersatzes kommt, werden nicht anerkannt.[739] Ratio von Art. 225 2. HS. ÄZGB ist es, dass jede Vereinbarung eines pauschalierten Schadensersatzes gleichzeitig eine Haftungsbeschränkung darstellt, bei der sich der Schuldner nicht für die Haftung für Vorsatz und grobe Fahrlässigkeit wegen Art. 217 II 1. HS. ÄZGB freizeichnen kann; der Schuldner soll keinen Freibrief für die grob fahrlässige und vorsätzliche Verletzung seiner vertraglichen Pflichten erhalten.[740] Der Gläubiger trägt die Beweislast für das Vorliegen von Vorsatz und grober Fahrlässigkeit.[741] Gelingt dem Gläubiger der Beweis, hebt der Richter den pauschalierten Schadensersatz auf den wirklich eingetretenen Schaden an.[742]

Dasselbe gilt für den Fall der deliktischen Haftung des Gläubigers; sie kann wegen Art. 217 III ÄZGB nicht über die Vereinbarung eines pauschalierten Schadensersatzes begrenzt werden.[743] Außerdem ist davon auszugehen, dass die Haftung für absichtlich verschleierte Mängel, Personenschäden oder die decennale Haftung über die Vereinbarung von pauschaliertem Schadensersatz ebenso wenig beschränkt werden können.[744]

In Bezug auf Vorsatz und grobe Fahrlässigkeit dritter, vom Schuldner eingesetzter Personen ist es im Gegensatz dazu möglich, die Haftung für Dritte bei Vorsatz, grober Fahrlässigkeit oder Delikt über die Vereinbarung einer Schadenspauschalierung zu beschränken. Diese Möglichkeit lässt sich aus Art. 217 II 2. HS. ÄZGB herleiten.[745]

Ebenso wie Art. 224 II, III ÄZGB ist Art. 225 ÄZGB Teil der öffentlichen Ordnung.[746] Folglich kann er nicht durch Parteivereinbarung abbedungen werden.

738 Art. 225 ÄZGB entspricht Art. 303 des einleitenden Entwurfs und Art. 232 des endgültigen Entwurfs des ÄZGB. Siehe السنهوري, الوسيط, Bd. 2, S. 868, Fn. 1. Art. 225 ÄZGB beruht auf französischer Rechtsliteratur und Rechtsprechung. Siehe زكي, مشكلات المسؤولية المدنية, Bd. 2, S. 198. Im Gegensatz zum ägyptischen Recht stellt Art. 1152 des französischen Code civil im Falle einer Erhöhung darauf ab, ob der Schadensersatz unverhältnismäßig niedrig ist. Siehe Le Goff, S. 26.

739 مرقس, الوافى, Bd. 6, S. 194.

740 مرقس, الوافى, Bd. 2, S. 877, Bd. 6, S. 195.

741 السنهوري, الوسيط, Bd. 2, S. 878; زكي, مشكلات المسؤولية المدنية, Bd. 2, S. 198.

742 Ebd.

743 Ebd.

744 Siehe Art. 453 und Art. 653 ÄZGB.

745 زكي, مشكلات المسؤولية المدنية, Bd. 2, S. 198; طلبة, المطول, Bd. 4, S. 319.

746 طلبة, المطول, Bd. 4, S. 320.

d) Zusammenfassung

Die Vereinbarung von pauschaliertem Schadensersatz ist grundsätzlich zulässig. Die richterliche Inhaltskontrolle von pauschaliertem Schadensersatz ist darauf beschränkt, dass eine teilweise Erfüllung oder eine grobe Übertreibung vorliegt, oder die für Haftungsbeschränkungen geltenden Schranken nicht eingehalten werden. Insgesamt gewährt der ägyptische Gesetzgeber den Vertragsparteien in diesem Bereich ein erhöhtes Maß an Rechtssicherheit, dem Richter ein erhöhtes Maß an Flexibilität und der Vertragsfreiheit genügend Raum.

2. Das jordanische/VAE-Modell

a) Zeitpunkt der Beurteilung

Bereits aus Art. 364 II JZGB/Art. 390 II VAEZGB ergibt sich, dass allein der Zeitpunkt des Verfahrens entscheidend ist, denn eine andere Auslegung wäre nicht mit den weiten richterlichen Eingriffsbefugnissen gemäß dem Wortlaut von Art. 364 II JZGB/Art. 390 II VAEZGB, der allein auf das Auseinanderfallen von pauschaliertem und tatsächlichem Schaden abstellt, vereinbar. Letztere Beurteilung ist zum Zeitpunkt des Verfahrens überhaupt erst möglich.

b) Reduzierung des pauschalierten Schadensersatzes

Art. 364 II JZGB/Art. 390 II VAEZGB bestimmt, dass das Gericht auf Antrag einer der Vertragsparteien die Höhe des pauschalierten Schadensersatzes in jedem Fall so anpassen kann, dass sie dem tatsächlich erlittenen Schaden entspricht. Diese richterlichen Eingriffsbefugnisse können gemäß Art. 364 II JZGB/Art. 390 II VAEZGB nicht vertraglich abbedungen werden; sie sind Teil der öffentlichen Ordnung.[747] Der Wortlaut von Art. 364 II JZGB/Art. 390 II VAEZGB setzt den Eingriffsbefugnissen des Richters keine Grenze. Es heißt dort ausdrücklich, dass es dem Gericht in „allen Situationen" (*fī ǧamīʿ al-aḥwāl*) auf Antrag einer Partei gestattet ist, den pauschalierten Schadensersatz zu modifizieren.

Man könnte sich auf den Standpunkt stellen, Art. 364 II JZGB/Art. 390 II VAEZGB im Wege einer teleologischen Reduktion zur Konkretisierung dahin gehend auszulegen, dass das zuständige Gericht den pauschalierten Schadensersatz nur dann reduzieren kann, wenn der Unterschied zwischen tatsächlichem und vereinbartem Schadensersatz „krass" bzw. „übertrieben" ist. Für diese Meinung kann

747 الجبوري, الوجيز, Bd. 2, S. 255.

angeführt werden, dass nur durch eine solche teleologische Reduktion von Art. 364 II JZGB/Art. 390 II VAEZGB der Vertragsfreiheit der Parteien Geltung verschafft wird. Wendet man Art. 364 II JZGB/Art. 390 II VAEZGB uneingeschränkt an, so hat die Vereinbarung von pauschaliertem Schadensersatz nur noch die Funktion einer Beweislastumkehr. Darüber hinaus wäre diese Auslegung praktikabler, da sie dem Richter bei seiner Entscheidung griffigere Kriterien an die Hand gibt. Diese Ansicht ist jedoch abzulehnen, da die Voraussetzungen einer teleologischen Reduktion nicht gegeben sind. Der Wortlaut der Vorschrift, die Gesetzesbegründung und die Rechtsprechung streiten entscheidend dafür, dass die Möglichkeit der Inhaltskontrolle durch den Richter bei pauschaliertem Schadensersatz unbeschränkt ist. Der Gesetzgeber führt in der JZGB-Gesetzesbegründung bei Art. 364 JZGB Folgendes aus:

> *„Wenn ein Schadensersatzanspruch entsteht und er nicht dem entspricht, was die Parteien als Schaden eingeschätzt haben, weil er ihn entweder übersteigt oder darunter liegt, kann der Richter diesen* [den pauschalierten Schadensersatz] *bei einem entsprechenden Antrag einer der Vertragsparteien senken oder erhöhen, denn dies entspricht den Regeln der Fiqh, dass der Schadensersatz stets dem eingetretenen Schaden entsprechen muss.“*[748]

Ebenso gehen die jordanische/VAE-Rechtsprechung und die herrschende Lehre von uneingeschränkten Eingriffsbefugnissen des Richters aus.[749] Der jordanische Kassationsgerichtshof führt in diesem Zusammenhang aus, dass das Gericht den pauschalierten Schadensersatz zuzusprechen hat,

> *„es sei denn, er ist krass übertrieben oder übersteigt den tatsächlichen Schaden […]“.*[750]

Die Annahme uneingeschränkter Eingriffsbefugnisse des Richters steht auch im Einklang mit der mehrheitlich vertretenen Ansicht, dass der pauschalierte Schadensersatz in Jordanien/den VAE weder einen Höchst- noch einen Mindestbetrag darstellt. Richtigerweise ist deshalb davon auszugehen, dass der Richter stets bei

---

748 JZGB-Gesetzesbegründung, Bd. 1, S. 403. Der jordanische Gesetzgeber stützt sich nach eigener Aussage hierbei auf الخفيف, الضمان, Bd. 1, S. 56, 57.

749 Jordanischer Kassationsgerichtshof, Entscheidung Nr. 560/83 vom 12.2.1984, zitiert bei محمود, التعليق, Bd. 1, S. 861, 862; Scharia-Kammer der Zivilrechtskammer des VAE-Verfassungsgerichtshofs, Entscheidung Nr. 48 vom 28.11.1992, zitiert bei محمود, التعليق, Bd. 1, S. 860, 861. Siehe auch Eltom, S. 65; الكسواني, S. 142; الجبوري, الوجيز, Bd. 2, S. 252.

750 Jordanischer Kassationsgerichtshof, Entscheidung Nr. 560/83 vom 12.2.1984, zitiert bei محمود, التعليق, Bd. 1, S. 861, 862.

Vorhandensein eines entsprechenden Beweises den pauschalierten Schadensersatz an den eingetretenen Schaden anpassen muss.

Des Weiteren geht die jordanische/VAE-Rechtsprechung davon aus, dass der pauschalierte Schadensersatz zu senken ist, falls der Schuldner seine Verpflichtung schon zum Teil erfüllt hat.[751] Dabei kann sie sich auf Art. 364 II JZGB/Art. 390 II VAEZGB stützen, denn bei einer Teilerfüllung werden pauschalierter und tatsächlicher Schaden meist auseinanderfallen. Wie im Rahmen des ÄZGB spielt diese Alternative nur eine Rolle im Rahmen der Vereinbarung von pauschaliertem Schadensersatz für Nichtleistung.

Beachtenswert ist, dass es bei einer Reduzierung des Schadensersatzes nach Art. 364 II JZGB/Art. 390 II VAEZGB nicht auf subjektive Kriterien ankommt. Entscheidend ist allein das objektive Kriterium des Auseinanderfallens von tatsächlich eingetretenem Schaden und dem pauschalierten Schadensersatz.

Bemerkenswert ist darüber hinaus, dass die „Erlaubnis“, den pauschalierten Schadensersatz zu reduzieren, dahin gehend auszulegen ist, dass der Richter bei Vorliegen eines entsprechenden Antrags und einem Auseinanderfallen von pauschaliertem Schaden und tatsächlich eingetretenem Schaden Ersteren vollständig anpassen muss; er hat kein Ermessen und kann nicht die Umstände des Einzelfalls abwägen.[752] Zudem hat der Gesetzgeber kein Ermessen hinsichtlich des „Wie“ der Anpassung des pauschalierten Schadensersatzes eingeräumt; zwischen pauschaliertem Schadensersatz und dem eingetretenen Schaden darf nach der Anpassung kein Unterschied bestehen.[753] Dieser Auslegung folgt auch die jordanische/VAE-Rechtsprechung, die bekräftigt, dass das Gericht der ersten Instanz stets die Einschätzung des Schadens ohne Berücksichtigung einer Begrenzung vornehmen kann, solange der Antragsteller beweist, dass der tatsächliche und der pauschalierte Schadensersatz auseinanderfallen.[754] Der jordanische Kassationsgerichtshof hat entschieden, dass unter der Voraussetzung des Auseinanderfallens von pauschaliertem Schadensersatz und tatsächlichem Schadensersatz

751 Jordanischer Kassationsgerichtshof, Entscheidung Nr. 502/95, مجلة نقابة المحامين (1995), S. 1933. So auch الكسواني, S. 142.

752 سوار, الإتجاهات, S. 221.

753 Ebd.

754 Jordanischer Kassationsgerichtshof, Entscheidung Nr. 702/82, zitiert bei الفار, S. 75, Fn. 3, und Entscheidung Nr. 560/83 vom 12.2.1984, zitiert bei محمود, التعليق, Bd. 1, S. 861, 862. VAE-Verfassungsgerichtshof, Entscheidung Nr. 184 vom 23.12.2003, zitiert bei محمود, التعليق, Bd. 1, S. 859, 860.

„es dem Richter erlaubt ist, Schadensersatz in Höhe des Schadens zuzusprechen […].“[755]

Mithin ist davon auszugehen, dass ein jordanischer/VAE-Richter den pauschalierten Schadensersatz auf den tatsächlich eingetretenen Schaden senken muss, falls der Schuldner beweist, dass der tatsächliche und der vereinbarte Schaden auseinanderfallen. Er hat hierbei weder ein Ermessen hinsichtlich des „Ob“ noch des „Wie“.

Nach Art. 364 II 2. HS. JZGB/Art. 390 II 2. HS. VAEZGB ist jede vertragliche Regelung, die die richterliche Inhaltskontrolle beschränkt, nichtig. Art. 364 II JZGB/Art. 390 II VAEZGB ist damit als Teil der öffentlichen Ordnung anzusehen.

c) Erhöhung

Ebenso wie hinsichtlich einer Senkung setzt der Wortlaut von Art. 364 II JZGB/ Art. 390 II VAEZGB der Inhaltskontrolle des Richters bei der Erhöhung keine Grenzen; insbesondere werden weder Vorsatz noch grobe Fahrlässigkeit des Schuldners vorausgesetzt.

Fraglich ist, ob die Erhöhung des pauschalierten Schadensersatzes an bestimmte Voraussetzungen gebunden ist. Man könnte sich wieder im Wege einer teleologischen Reduktion auf den Standpunkt stellen, dass der Richter den pauschalierten Schaden nur dann erhöhen können soll, wenn der Schuldner vorsätzlich oder grob fahrlässig handelt. Hierfür könnte man vortragen, dass andernfalls der Grundsatz der Vertragsfreiheit zu sehr eingeschränkt würde. Zusätzlich lässt sich vortragen, dass wegen der Qualifikation des pauschalierten Schadensersatzes als Haftungsbeschränkung nur die für diese geltenden Grenzen gelten können. Die Parteien wollen durch die Vereinbarung des pauschalierten Schadensersatzes ihre Haftung beschränken, daher kann bei einer Behandlung als Haftungsbeschränkung die Erhöhung analog Art. 358 II JZGB/Art. 383 II VAEZGB nur im Falle von Vorsatz und grober Fahrlässigkeit gestattet werden. Diese Argumentation ist jedoch abzulehnen, da die Voraussetzungen einer teleologischen Reduktion nicht gegeben sind: Sowohl der Wortlaut des Art. 364 II JZGB/Art. 390 II VAEZGB als auch die Intention des Gesetzgebers lassen keine Zweifel darüber bestehen, dass die weiten Eingriffsbefugnisse des Richters zur Erhöhung des pauschalierten Schadensersatzes gewollt sind. Darüber hinaus spricht die oben dargestellte Rechtsprechung für eine unbeschränkte richterliche Inhaltskontrolle.

755 Entscheidung Nr. 560/83 vom 12.2.1984, zitiert bei محمود, التعليق, Bd. 1, S. 861, 862.

Art. 364 II JZGB/Art. 390 II VAEZGB sieht keine Möglichkeit vor, den pauschalierten Schadensersatz bei Vorsatz und grober Fahrlässigkeit zu erhöhen, es wird einzig darauf abgestellt, ob der tatsächliche und der pauschalierte Schadensersatz auseinanderfallen. Dennoch ist mit der herrschenden Meinung in der Literatur davon auszugehen, dass das Gericht vor dem Hintergrund von Art. 270, 358 II JZGB/Art. 296, 383 II VAEZGB den pauschalierten Schadensersatz erhöhen kann, wenn der Gläubiger beweist, dass dem Schuldner Vorsatz oder grobe Fahrlässigkeit zur Last gelegt werden kann bzw. ein deliktisches Handeln des Schuldners gegeben ist, obwohl kein Auseinanderfallen von pauschaliertem Schadensersatz und tatsächlichem Schaden gegeben ist.[756] Für eine solche Analogie spricht entscheidend, dass andernfalls die für Haftungsausschlüsse geltenden Schranken über die Vereinbarung von pauschaliertem Schadensersatz umgangen werden könnten, obwohl sie auch eine Haftungsbeschränkung darstellen, für die als Unterkategorie der Haftungsausschlüsse dieselben Schranken gelten müssen wie für den Ausschluss der Haftung. Daneben ist davon auszugehen, dass eine Beschränkung der Haftung für pauschalierten Schadensersatz, absichtlich verschleierte Mängel und Personenschäden sowie eine Beschränkung der decennalen Haftung über pauschalierten Schadensersatz nichtig sind.[757]

Die Vereinbarung von pauschaliertem Schadensersatz für die vertragliche Haftung Dritter ist – zumindest nach der hier vertretenen Ansicht – bei Vorsatz oder grober Fahrlässigkeit der dritten Person nichtig.

Wegen Art. 364 II 2. HS. JZGB/Art. 390 II 2. HS. VAEZGB kann hier ebenso wenig die richterliche Inhaltskontrolle vertraglich abbedungen werden.

d) Zusammenfassung

Zusammenfassend lässt sich feststellen, dass die Vereinbarung von pauschaliertem Schadensersatz für Verzug oder Nichtleistung einschließlich Höchstbeträgen grundsätzlich möglich, angesichts der umfassenden Prüfungsbefugnis im Einzelfall aber mit erheblichen Unsicherheiten behaftet ist. Die obige Darstellung verdeutlicht, dass ein jordanisches/VAE-Gericht keine Flexibilität bei der Behandlung von pauschaliertem Schadensersatz genießt; fallen der tatsächliche und der pauschalierte Schaden auseinander, so muss es den pauschalierten Schadensersatz vollständig anpassen. Die für Haftungsausschlüsse geltenden Schranken müssen auch für den pauschalierten Schadensersatz gelten, obwohl der jordanische/

756 أبو عرابي, مجلة دراسات علوم الشريعة والقانون 2 (1998), S. 50, 60; الكسواني, S. 143.
757 Siehe Art. 514 IV JZGB/Art. 545 IV VAEZGB und Art. 790 JZGB/Art. 882 VAEZGB.

VAE-Gesetzgeber dies nicht ausdrücklich vorgesehen hat; der Richter kann in einem solchen Fall den pauschalierten Schadensersatz erhöhen, selbst wenn pauschalierter und tatsächlicher Schaden nicht auseinanderfallen. Im Ergebnis wird deutlich, dass dem jordanischen/VAE-Richter bei der Behandlung von pauschaliertem Schadensersatz keine Flexibilität gewährt wird.[758] Das Rechtsinstitut des pauschalierten Schadensersatzes trägt damit nicht zur Rechtssicherheit der Vertragsparteien bei.

3. Das saudi-arabische Modell

a) Zeitpunkt der Beurteilung

Die dem Verfasser vorliegenden Quellen legen keinen Zeitpunkt für die Beurteilung des Greifens der richterlichen Eingriffsbefugnisse fest. Richtigerweise ist nach Ansicht des Verfassers davon auszugehen, dass der Zeitpunkt des gerichtlichen Verfahrens für die Beurteilung entscheidend ist, weil nur so dem ribā- und dem ġarar-Verbot hinreichend Rechnung getragen wird. Setzt man mit der herrschenden Meinung, wie unten dargestellt, bei der Frage der Reduzierung des pauschalierten Schadensersatzes eine krasse Übertreibung voraus, kann deren Beurteilung nur zum Zeitpunkt des gerichtlichen Verfahrens erfolgen. Etwas anderes könnte lediglich für die Frage gelten, ob der pauschalierte Schadensersatz eine Drohfunktion hat; letztlich ist diese Frage im saudi-arabischen Modell nicht entscheidend, weil nach der hier vertretenen Meinung pauschalierter Schadensersatz eine Drohfunktion haben muss.

b) Reduzierung des pauschalierten Schadensersatzes

Fraglich ist, in welchen Situationen ein saudischer Richter den pauschalierten Schadensersatz senken kann. Die Aussagen des Rats der Islamgelehrten sind hierzu wenig aussagekräftig; demnach

> „*muss der Schadensersatz bei einem Verstoß gegen die Regeln der Scharia* [durch den Richter] *bei Zugrundelegung der Ansichten der Personen mit Einsicht und Erfahrung beurteilt werden*“.[759]

---

758 Auffallend ist, dass Ähnlichkeiten zum britischen Recht bestehen. Dort ist der Richter bei der Inhaltskontrolle von pauschaliertem Schadensersatz ebenfalls unflexibel. Siehe Le Goff, S. 35.

759 سوار, الإتجاهات, S. 220.

Der Rat der Islamgelehrten führt nicht weiter aus, unter welchen Umständen ein Verstoß gegen die Regeln der Scharia gegeben sein soll. Es ist zu erwarten, dass ein Qadī-Gericht den pauschalierten Schadensersatz umso eher wegen der Einschlägigkeit des ribā-Verbots für unwirksam erklären wird, je größer sich die Differenz zwischen pauschaliertem und tatsächlichem Schadensersatz gestaltet. Die wohl herrschende Meinung in der Lehre in Saudi-Arabien spezifiziert die Eingriffsbefugnisse des Richters deshalb dahin gehend, dass der Richter ihn nur dann senken dürfe, wenn er eine krasse Überhöhung (*ziyāda fāḥiša*) darstelle.[760] In dieselbe Richtung geht ein Vorschlag der islamischen Fiqh-Akademie; er besagt Folgendes:

> „*Es ist dem Gericht auf Anfrage einer der beiden Parteien gestattet, den eingeschätzten Schadensersatz* [der Höhe nach] *abzuändern, falls es eine Rechtfertigung hierfür gibt oder dieser sich als übertrieben darstellt.*"[761]

Ebenso stellt das Board of Grievances laut Prof. al-Jarbou bei der Frage der Reduktion des pauschalierten Schadensersatzes darauf ab, ob Letzterer im Verhältnis zum tatsächlichen Schaden eine krasse Überhöhung darstellt.[762] In einem dem Verfasser vorliegenden Urteil führt das Board of Grievances aus, dass die Senkung des pauschalierten Schadensersatzes unter Berücksichtigung des Prinzips der Gerechtigkeit – so wie in dem Gutachten des Rats der Islamgelehrten vorgegeben – erfolgen müsse und man sich hierbei gleichzeitig an den für Vertragsstrafen geltenden Regelungen in den SAR orientieren müsse.[763] Eine Senkung sei insbesondere dann angebracht, wenn der Schuldner trotz der verspäteten Erfüllung seiner vertraglichen Verpflichtungen diese verspätet, aber dennoch erfüllt.[764]

Der Verfasser geht mangels anderweitiger Ausführungen davon aus, dass es bei der Beurteilung des Vorliegens einer krassen bzw. groben Übertreibung wie im Rahmen des ÄZGB allein auf objektive Kriterien ankommt.

---

760 أبو جزر, S. 53, Fn. 4 m. w. N.

761 Entscheidung der islamischen Fiqh-Akademie Nr. 109/4/12, 12. Sitzung, 1421 H., Riad, S. 6, zitiert bei اليمني, S. 229.

762 Prof. al-Jarbou, Interview mit dem Verfasser, 13.12.2012, Riad. Prof. al-Jarbou nennt in einem Schreiben an den Verfasser vom 9.11.2012 folgenden Fall, in dem ein saudisches Gericht den pauschalierten Schadensersatz senken wird: Die Vertragsparteien vereinbaren einen pauschalierten Schadensersatz in Höhe von USD 10.000, dem Gläubiger entsteht jedoch tatsächlich nur ein Schaden in Höhe von USD 5.000.

763 Board of Grievances, Entscheidung Nr. 47/t/1 1412 H., zur Verfügung gestellt von Prof. al-Jarbou.

764 Ebd.

Beachtenswert ist, dass weder das Board of Grievances noch der Rat der Islamgelehrten noch die islamische Fiqh-Akademie fordern, dass das Gericht den pauschalierten Schadensersatz bei einer groben bzw. krassen Übertreibung vollständig auf den eingetretenen Schaden absenkt. Vielmehr scheint dem Gericht hierbei ein Ermessen eingeräumt zu sein.

Vor dem Hintergrund der eben dargestellten Fiqh und der saudischen Rechtsprechung geht der Verfasser davon aus, dass der pauschalierte Schadensersatz dann reduziert werden muss, wenn er im Verhältnis zu dem tatsächlich eingetretenen Schaden eine krasse Überhöhung darstellt oder der Schuldner seine Verpflichtung teilweise erfüllt hat.

Nach Ansicht des Verfassers ist davon auszugehen, dass die Einschränkung der richterlichen Eingriffsbefugnisse hinsichtlich der Reduzierung von pauschaliertem Schadensersatz nichtig ist, weil dann ein Verstoß gegen das ribā-Verbot und die von den Gegnern der Zulässigkeit von pauschaliertem Schadensersatz vorgetragenen Grenzen des islamischen Rechts gegeben wären.

c) Erhöhung des pauschalierten Schadensersatzes

Es stellt sich die Frage, wann ein saudischer Richter den pauschalierten Schadensersatz erhöhen wird. Zunächst ist die Erhöhung des pauschalierten Schadensersatzes bei einem Verstoß gegen das ġarar-Verbot denkbar. Daneben ist aufgrund der Tatsache, dass es sich bei der Vereinbarung von pauschaliertem Schadensersatz um eine Haftungsschränkung handelt, die dafür geltenden Schranken ebenfalls Anwendung finden müssen, die Erhöhung des pauschalierten Schadensersatzes durch einen saudischen Richter wahrscheinlich, wenn er den pauschalierten Schadensersatz als ungerecht ansieht.[765] Letzteres ist – im Einklang mit den im Zusammenhang mit den zu Haftungsausschlüssen und -beschränkungen im islamischen Recht gemachten Ausführungen – dann der Fall, wenn nachgewiesen wird, dass der Schuldner vorsätzlich oder grob fahrlässig oder deliktisch handelt, oder ein Personenschaden oder ein Fall der decennalen Haftung vorliegen.[766]

Nach Ansicht des Verfassers ist davon auszugehen, dass die vertragliche Abbedingung der richterlichen Eingriffsbefugnisse bezüglich der Erhöhung des pauschalierten Schadensersatzes nach islamischem Recht unzulässig ist, denn eine solche würde einen Verstoß gegen das ribā-Verbot und die von den

765 Hier sei wieder auf den Rechtsgedanken des Art. 120 IV des sudanesischen Gesetzes über zivilrechtliche Rechtsgeschäfte verwiesen.

766 Schreiben von Prof. al-Jarbou an den Verfasser vom 9.11.2012.

Gegnern der Zulässigkeit von pauschaliertem Schadensersatz angeführten Grenzen des islamischen Rechts darstellen.

d) Zusammenfassung

Folglich wird ein saudischer Richter den pauschalierten Schadensersatz senken, wenn nachgewiesen wird, dass der Schuldner keinen Schaden erlitten hat oder der pauschalierte Schadensersatz eine grobe Übertreibung darstellt. Dagegen wird er diesen erhöhen, wenn der Schuldner vorsätzlich oder grob fahrlässig handelt, ein Fall der deliktischen oder decennalen Haftung vorliegt oder ein Personenschaden gegeben ist. Zusammenfassend lässt sich daher sagen, dass die herrschende Meinung in Saudi-Arabien dem Richter ein erhöhtes Maß an Flexibilität bei der Beurteilung von pauschaliertem Schadensersatz gewährt. Die Vereinbarung von pauschaliertem Schadensersatz ist daher für die Vertragsparteien ein nützliches Rechtsinstitut.

III. Pauschalierter Schadensersatz bei im Rahmen von öffentlichen Ausschreibungen abgeschlossenen Verträgen und Musterverträgen

1. Öffentliche Ausschreibungen

a) Das ägyptische Modell

i) Zulässigkeit und Wirkung

Es ist grundsätzlich davon auszugehen, dass die Vereinbarung von Verzugsstrafen oder pauschaliertem Schadensersatz für Nichtleistung bei im Rahmen von öffentlichen Ausschreibungen abgeschlossenen Verträgen zulässig ist; ergibt sich die Verzugsstrafe nicht bereits aus dem zugrunde liegenden Vertrag, greifen die gesetzlichen Vorschriften des ÄAG.[767] Die Verzugsstrafe wird ausdrücklich in Art. 23

767 So der oberste ägyptische Verwaltungsgerichtshof allgemein über das Verhältnis von vertraglichen Regelungen zum ÄAG, Entscheidung vom 8.11.1969, zitiert bei العتوم, مجلة الشريعة و القانون 53 (1434 H.), S. 343, 349, 350. Allgemein zur Verzugsstrafe im ägyptischen Ausschreibungsrecht: فتح الباب, S. 354–382. Die Rechtsgrundlage der Verzugsstrafe ist umstritten. Viele Stimmen in der Rechtsliteratur sehen den Vertrag als die Grundlage der Verzugsstrafe an. So bspw. الطماوي, S. 495; حلمي, S. 86; البنا, S. 25; الطيف, S. 72. Siehe auch oberster ägyptischer Verwaltungsgerichtshof, Entscheidung vom 16.12.1961, zitiert bei العتوم, مجلة الشريعة و القانون 53 (1434 H.), S. 343, 356.

ÄAG und Art. 83 der Durchführungsverordnung zum ÄAG festgelegt. Sinn und Zweck der Verzugsstrafe ist es, einen möglichst reibungslosen Ablauf des öffentlichen Lebens zu garantieren.[768]

Für die Vereinbarung von pauschaliertem Schadensersatz für Nichtleistung oder Verzug (der neben der Verzugsstrafe steht) folgt die Zulässigkeit aus Art. 223 ÄZGB, der wiederum wegen einer entsprechenden Lücke im ÄAG Anwendung findet. Pauschalierter Schadensersatz für Verzug und Nichtleistung und Verzugsstrafe können separat vertraglich vereinbart und kumulativ geltend gemacht werden, weil auch der normale Schadensersatzanspruch und die Vertragsstrafe nach Art. 23 III ÄAG und Art. 83 V der Durchführungsverordnung zum ÄAG nebeneinander stehen.[769] Im Unterschied zum pauschalierten Schadensersatz nach den Art. 223–225 ÄZGB muss der Gläubiger einer Verzugsstrafe weder einen Schaden beweisen noch den Schuldner benachrichtigen oder den Anspruch gerichtlich durchsetzen.[770]

Die Verzugsstrafe i. S. d. Art. 23 ÄAG und Art. 83 der Durchführungsverordnung zum ÄAG ist eine echte Vertragsstrafe. Sie pönalisiert und pauschaliert, denn nach Art. 23 III, Art. 83 IV der Durchführungsverordnung zum ÄAG kann sie zusätzlich zu einem Schadensersatzanspruch geltend gemacht werden. Folglich ist sie als Mindestbetrag und nicht als Höchstbetrag konzipiert; sie stellt eine

Eine andere Ansicht und ein Teil der höchstrichterlichen ägyptischen Rechtsprechung gehen dagegen davon aus, dass die Verzugsstrafe allein auf dem Gesetz, also dem ÄAG, basiert. Siehe oberster ägyptischer Verwaltungsgerichtshof, Entscheidung vom 16.12.1961, zitiert bei العتوم, مجلة الشريعة والقانون 53 (1434 H.), S. 343, 356. Eine dritte Ansicht sieht grundsätzlich den Vertrag als Rechtsgrundlage an; enthält dieser keine Regelung, kommen die Bestimmungen zur Verzugsstrafe des ÄAG zur Anwendung. Siehe العتوم, مجلة الشريعة والقانون 53 (1434 H.), S. 343, 357. Letzterer Ansicht ist zuzustimmen, weil sie sowohl den Sinn und Zweck der Verzugsstrafe als auch die Vertragsfreiheit hinreichend berücksichtigt.

768 فتح الباب, S. 359; العتوم, مجلة الشريعة والقانون 53 (1434 H.), S. 343, 353.

769 الطماوي, S. 51.

770 Art. 23 II S. 1 ÄAG und Art. 83 III der Durchführungsverordnung zum ÄAG. Siehe auch oberster ägyptischer Verwaltungsgerichtshof, Entscheidung Nr. 741 vom 28.5.1985, zitiert bei فتح الباب, S. 359, 360. Es bedarf lediglich einer verwaltungsrechtlichen Entscheidung des Gläubigers, um die Verzugsstrafe geltend zu machen. Siehe ägyptischer Verwaltungsgerichtshof, Entscheidung Nr. 1728 vom 17.3.1957, zitiert bei العتوم, مجلة الشريعة والقانون 53 (1434 H.), S. 343, 351. Die bei فتح الباب und العتوم zitierten Entscheidungen sind allesamt zum alten ägyptischen Ausschreibungsgesetz ergangen. Allerdings geht der Verfasser davon aus, dass sie für das ÄAG weiterhin Geltung beanspruchen.

Haftungserweiterung dar. Nach der ägyptischen Rechtsprechung kommt ihr darüber hinaus eine Drohfunktion zu, denn ihr Ziel ist es, den Schuldner zur Erfüllung seiner vertraglichen Verpflichtungen zu den vertraglich abgesprochenen Terminen zu bewegen.[771]

Darüber hinaus hat sie die Wirkung einer Beweislastumkehr, denn der staatliche Gläubiger muss nicht beweisen, dass er überhaupt einen Schaden erlitten hat.[772] Die Verzugsstrafe kann entfallen, wenn der Auftragnehmer beweist, dass der Besteller keinen Schaden erlitten hat oder dass der Auftragnehmer die Verspätung nicht vertreten muss.[773] Letzteres ist der Fall, wenn der Auftragnehmer entweder beweist, dass höhere Gewalt vorliegt, oder, dass der staatliche Auftraggeber die Verzögerung verursacht hat.[774] Formell setzt Art. 23 II 2 ÄAG voraus, dass sich der Schuldner, der eine Aufhebung der Vertragsstrafe herbeiführen will, zunächst an die Rechtsabteilung des Staatsrats wendet.

ii) Schranken

Das ÄAG enthält als Schranke der Vereinbarung von Verzugsstrafen Höchstgrenzen. Die Verzugsstrafe darf im Falle eines Werkvertrags maximal 10 % des Vertragswerts betragen.[775]

Fraglich ist, ob die Vertragsparteien die Verzugsstrafe abbedingen können. Geht man davon aus, dass der Vertrag als die Rechtsgrundlage der Verzugsstrafe anzusehen ist, könnte man argumentieren, dass der Gläubiger, falls der Vertrag keine

771 Oberster ägyptischer Verwaltungsgerichtshof, Entscheidung Nr. 245 vom 12.12.1987, zitiert bei فتح الباب, S. 354, 359. In der Rechtsliteratur sind die Funktionen der Verzugsstrafe umstritten. Die wohl herrschende Ansicht geht von einer Pauschalierungs- und einer Drohfunktion aus. Siehe العتوم, مجلة الشريعة والقانون 53 (1434 H.), S. 343, 346–348 m. w. N.

772 Vgl. Art. 23 II 2 ÄAG. Siehe auch الطماوي, S. 495. Ebenso zum alten ägyptischen Ausschreibungsgesetz: oberster ägyptischer Verwaltungsgerichtshof, Entscheidung Nr. 245 vom 12.12.1987, Entscheidung Nr. 2551 vom 30.5.1989 und Entscheidung Nr. 1772 vom 5.2.1985, alle zitiert bei فتح الباب, S. 354, 359, 361, 362.

773 Art. 23 II 2 ÄAG und Art. 83 III der Durchführungsverordnung zum ÄAG. Siehe auch فتح الباب, S. 366–376; Shalakany, ICLR 6 (1989), S. 266, 274; العتوم, مجلة الشريعة والقانون 53 (1434 H.), S. 343, 364–375.

774 Siehe z. B. das Gutachten der Generalversammlung (*al-ǧamīʿa al-ʿumūmīya*) Nr. 198 vom 23.3.1995, zitiert bei ; العتوم, مجلة الشريعة والقانون 53 (1434 H.), S. 343, 371. Siehe auch oberster ägyptischer Verwaltungsgerichtshof, Entscheidungen vom 12.12.1959; Entscheidung vom 15.2.1969, beide zitiert bei العتوم, مجلة الشريعة والقانون 53 (1434 H.), S. 343, S. 374.

775 Art. 23 I ÄAG und Art. 83 I der Durchführungsverordnung zum ÄAG.

Verzugsstrafe beinhaltet, keine Verzugsstrafe geltend machen kann. Die besseren Gründe sprechen jedoch dafür, dass die im ÄAG vorgesehene Verzugsstrafe nicht vertraglich abbedungen werden kann.[776] Sinn und Zweck der Verzugsstrafe ist es, den reibungslosen Ablauf des öffentlichen Lebens zu gewährleisten. Räumt man den Vertragsparteien die Möglichkeit ein, die Verzugsstrafe abzubedingen, würde dies dem Zweck der Verzugsstrafe widersprechen. Daher ist richtigerweise davon auszugehen, dass es sich bei den Regelungen zur Verzugsstrafe um zwingende Bestimmungen handelt.[777]

Es ist aufgrund der Regelungslücke in dem ÄAG und der Durchführungsverordnung zum ÄAG hinsichtlich des pauschalierten Schadensersatzes für Verzug und Nichtleistung zu erwarten, dass bei einer zusätzlichen Vereinbarung von pauschaliertem Schadensersatz für Verzug oder Nichtleistung die bereits oben dargestellten Schranken Anwendung finden; d. h., die Haftung für Vorsatz, grobe Fahrlässigkeit, Personenschäden, absichtlich verschleierte Mängel, die decennale Haftung und Delikt können nicht durch die Vereinbarung von pauschaliertem Schadensersatz eingeschränkt werden.[778]

iii) Anwendbarkeit der Regelungen zum pauschalierten Schadensersatz im ÄZGB auf die Verzugsstrafe und pauschalierten Schadensersatz bei im Rahmen von öffentlichen Ausschreibungen abgeschlossenen Verträgen

Es stellt sich die Frage, ob die Art. 224, 225 ÄZGB im Falle von Regelungslücken auf die Verzugsstrafe i. S. d. Art. 23 ÄAG und Art. 83 der Durchführungsverordnung zum ÄAG Anwendung finden. Eine Anwendung der Regelungen zum pauschalierten Schadensersatz auf die Verzugsstrafe auf Verträge, die unter das ägyptische Ausschreibungsrecht fallen, wird von der ägyptischen Rechtsprechung und Literatur abgelehnt.[779] Zwar haben beide Bestimmungen gemeinsam, dass sie sich akzessorisch zur verletzten Verpflichtung verhalten und eine Pauschalierung des Schadens enthalten. Gegen eine Gleichsetzung spricht jedoch

---

776 Siehe das Gutachten der Generalversammlung (*al-ǧamīʿa al-ʿumūmīya*) Nr. 424 vom 13.6.1996, zitiert bei فتح الباب, S. 376, 377.

777 Ebd.

778 Siehe Art. 223 ÄZGB i. V. m. Art. 217 II, III ÄZGB, Art. 453 ÄZGB und Art. 653 ÄZGB.

779 So zum alten ägyptischen Ausschreibungsgesetz: oberster ägyptischer Verwaltungsgerichtshof, Entscheidung vom 27.4.1963, zitiert bei مرقس, الوافى, Bd. 6, S. 195. Siehe auch oberster ägyptischer Verwaltungsgerichtshof, Entscheidung Nr. 245 vom 12.12.1987, Entscheidung Nr. 741 vom 28.5.1985, beide zitiert bei فتح الباب, S. 354, 359, 360, sowie Shalakany, ICLR 6 (1989), S. 266, 274.

erstens, dass die Geltendmachung der Verzugsstrafe im Gegensatz zum pauschalierten Schadensersatz keinen Schaden erfordert.[780] Zweitens sieht das ÄAG mit Art. 23 II 2 bzw. Art. 83 III der Durchführungsverordnung zum ÄAG bereits zwei Ausnahmetatbestände für die Verzugsstrafe vor, nämlich den Nachweis, dass dem Besteller kein Schaden entstanden ist, oder den Beweis des Vorliegens höherer Gewalt; demnach besteht keine Regelungslücke, die einen Rückgriff auf die richterliche Inhaltskontrolle nach Art. 224, 225 ÄZGB rechtfertigen würde. Drittens würden die formellen Voraussetzungen einer Entbindung von der Verzugsstrafe umgangen. Viertens lässt sich anführen, dass die sogenannte Verzugsstrafe i. S. d. Art. 23 ÄAG und Art. 83 der Durchführungsverordnung zum ÄAG grundlegend anderer Natur ist als der pauschalierte Schadensersatz für Verzug i. S. d. Art. 223 ÄZGB. Letzterer bewirkt in zivilrechtlichen Verträgen – ebenso wie die Verzugsstrafe i. S. d. Art. 23 ÄAG – zwar eine Beweislastumkehr hinsichtlich der Höhe des ersatzfähigen Schadens. Allerdings kann er im Gegensatz zum pauschalierten Schadensersatz nicht zusätzlich zu einem etwaigen Schadensersatzanspruch geltend gemacht werden. Die Wirkung des pauschalierten Schadensersatzes für Verzug als Höchstbetrag steht in diametralem Unterschied zur Konzeption der Verzugsstrafe als Mindestbetrag. Fünftens kommt der Verzugsstrafe eine Drohfunktion zu, die der pauschalierte Schadensersatz für Verzug im ÄZGB nach der hier vertretenen Meinung gerade nicht aufweisen darf.[781] Mithin geht die ägyptische Rechtsprechung richtigerweise davon aus, dass die richterliche Inhaltskontrolle nach Art. 224, 225 ÄZGB bei der Verzugsstrafe i. S. d. ägyptischen Ausschreibungsgesetzes nicht greift.[782]

Im Gegensatz dazu ist davon auszugehen, dass die Art. 223–225 ÄZGB auf die Vereinbarung von pauschaliertem Schadensersatz für Verzug und Nichtleistung im Rahmen im Rahmen von öffentlichen Ausschreibungen abgeschlossener Verträge Anwendung finden, da diesbezüglich eine Regelungslücke besteht. Demnach kann der Richter den pauschalierten Schadensersatz erhöhen, wenn der Gläubiger beweist, dass der Schuldner vorsätzlich oder grob fahrlässig handelt, ein absichtliches Verschleiern eines Mangels, ein Personenschaden oder deliktisches Handeln

780 اليمني, S. 335; الطماوي, S. 51.

781 اليمني, S. 335.

782 Folgerichtig empfiehlt Shalakany, Unterklausel 8.7 der FIDIC-Bedingungen zum pauschalierten Schadensersatz bei im Rahmen von öffentlichen Ausschreibungen abgeschlossenen Verträgen „as liquidated damages and not as penalty“ durch „as penalty“ zu ersetzen, um eine etwaige Unwirksamkeit der Klausel wegen des Verstoßes gegen Art. 23 ÄAG zu vermeiden. Siehe Shalakany, ICLR 6 (1989), S. 266, 274.

oder ein Fall der decennalen Haftung vorliegt. Eine Reduktion des pauschalierten Schadensersatzes setzt dagegen voraus, dass der Schuldner beweist, dass der Gläubiger keinen Schaden erlitten hat, er seine Verpflichtung teilweise erfüllt hat – im Falle des pauschalierten Schadensersatzes für Nichterfüllung – oder der pauschalierte Schadensersatz eine grobe Übertreibung darstellt.

b) Das jordanische/VAE-Modell

i) Zulässigkeit und Wirkung

(1) Jordanien

Im Rahmen von in öffentlichen Ausschreibungen abgeschlossenen Werkverträgen können Verzugsstrafen vereinbart werden.[783] Liegt keine solche Vereinbarung vor, enthält Artikel 5 V der Durchführungsverordnung von 1987 eine Regelung zur Verzugsstrafe. Zur Geltendmachung der gesetzlichen Verzugsstrafe muss der Gläubiger den Schuldner weder benachrichtigen, noch den Anspruch auf die Verzugsstrafe gerichtlich geltend machen, oder beweisen, dass er einen Schaden erlitten hat.[784]

Der Verfasser geht davon aus, dass der Verzugsstrafe sowohl eine Pauschalierungs- als auch eine Drohfunktion bzw. Pönalisierungsfunktion zukommt und sie als Mindestbetrag ausgestaltet ist. Die jordanische Rechtsprechung geht trotz des Fehlens einer gesetzlichen Regelung davon aus, dass der Vertragsstrafe die Wirkung einer Beweislastumkehr zukommt.[785] Damit handelt es sich bei der Verzugsstrafe i. S. d. Durchführungsverordnung von 1987 um eine echte Vertragsstrafe.

Auffallend ist, dass dem Werkunternehmer weder in den JAR noch in der Durchführungsverordnung von 1987 ausdrücklich die Möglichkeit eingeräumt wird, eine Aufhebung der Verzugsstrafe zu beantragen, wenn er beweist, dass er die Verspätung nicht zu vertreten hat. Die jordanische Rechtsprechung geht davon aus, dass die Vertragsstrafe aufzuheben ist, wenn der Auftragnehmer entweder

783 Allgemein zur Verzugsstrafe im jordanischen Ausschreibungsrecht: الصرايرة, S. 25.

784 Siehe Art. 17 lit. d der Durchführungsverordnung zu den JAR von 1987. Siehe auch jordanischer Kassationsgerichtshof, Entscheidung Nr. 3271/2002 vom 2.2.2003, zitiert bei العتوم, مجلة الشريعة والقانون 53 (1434 H.), S. 343, 353; العتوم, مجلة الشريعة والقانون 53 (1434 H.), S. 343, 352.

785 Jordanischer Kassationsgerichtshof, Entscheidung Nr. 3271/2002 vom 2.2.2003, zitiert bei العتوم, مجلة الشريعة والقانون 53 (1434 H.), S. 343, 353. So auch العتوم, مجلة القانون والشريعة 53 (1434 H.), S. 343, 352.

beweist, dass der staatliche Auftraggeber die Verspätung verursacht hat, oder, dass ein Fall höherer Gewalt vorliegt.[786]

Eine Regelung zum pauschalierten Schadensersatz für Verzug oder Nichtleistung sucht man jedoch im JAR und der Durchführungsverordnung von 1987 vergebens. Der Verfasser geht aufgrund der Konzeption der Verzugsstrafe als Mindestbetrag davon aus, dass die Vertragsparteien neben der Verzugsstrafe pauschalierten Schadensersatz für Verzug vereinbaren können.

Der jordanische Standardvertrag und der jordanische Standardvertrag für Bauprojekte enthalten beide Regelungen zum pauschalierten Schadensersatz. Art. 7.4 I der allgemeinen Bestimmungen des jordanischen Standardvertrags besagt, dass der Auftraggeber im Falle des Verzugs des Werkunternehmers für jeden Tag des Verzugs einen Anspruch auf eine „begrenzte Summe, welche näher im Anhang bestimmt wird", geltend machen kann;[787] auch beim „Schadensersatz für Verspätungen" im Sinne der Unterklausel 8.7 der allgemeinen Bestimmungen des jordanischen Standardvertrags für Bauprojekte können die Vertragsparteien die Höhe des Schadensersatzes selbst im Anhang des Vertrags bestimmen. Bemerkenswerterweise stellen sowohl Art. 7.4 II der allgemeinen Bestimmungen des jordanischen Standardvertrags als auch Unterklausel 8.7 der allgemeinen Bestimmungen des jordanischen Standvertrags für Bauprojekte klar, dass neben dem pauschalierten Schadensersatz keine weiteren Schäden geltend gemacht werden können. Der pauschalierte Schadensersatz ist also jeweils als Gesamthaftungsbeschränkung in Form einer *sole remedy clause* ausgestaltet.

Somit hat der pauschalierte Schadensersatz sowohl im Rahmen des jordanischen Standardvertrags als auch beim jordanischen Standardvertrag für Bauwerke die Funktion einer Beweislastumkehr und eine Pauschalierungsfunktion; er hat die Wirkung eines Höchstbetrags und damit die Wirkung einer Haftungsbeschränkung. Wegen der jeweiligen Konzeption als Gesamthaftungsbeschränkung in Form einer *sole remedy clause* kann die Vereinbarung des pauschalierten Schadensersatzes in Jordanien im Rahmen der Standardverträge nicht als Verzugsstrafe qualifiziert werden.

Die Standardverträge enthalten keine Regelungen für pauschalierten Schadensersatz oder Vertragsstrafen für Nichtleistung. Aufgrund dieser Regelungslücke ist davon auszugehen, dass die Vertragsparteien für den Fall einer

786 Jordanischer Kassationsgerichtshof, Entscheidungen vom 19.6.1996, zitiert bei العتوم, مجلة الشريعة والقانون 53 (1434 H.), S. 343, S. 371; Entscheidung vom 27.9.1975, zitiert bei العتوم, مجلة الشريعة والقانون 53 (1434 H.), S. 343, S. 374.

787 Siehe Anhang 2, S. 39 des jordanischen Standardvertrags.

Nichtleistung pauschalierten Schadensersatz i. S. d. Art. 364 JZGB vereinbaren können. Um Wiederholungen zu vermeiden, sei hier auf die oberen Ausführungen verwiesen.

(2) VAE

Verzugsstrafen können in den VAE sowohl auf Bundes- als auch Emiratsebene bei im Rahmen von öffentlichen Ausschreibungen abgeschlossenen Verträgen vereinbart werden.[788]

Auf Bundesebene sieht das VAEAG eine gesetzliche Verzugsstrafe bei Werkverträgen vor, die nach Dauer des Verzugs gestaffelt ist: In der ersten Woche beträgt sie 1 % des Werts der verzögerten Leistung bzw. – vorausgesetzt, der Verzug betrifft das gesamte Werk – des Vertragswerts, in der zweiten bis vierten Woche 2 %, in der fünften bis sechsten Woche 3 % und für jeden darauffolgenden Monat 5 %.[789] Die Verzugsstrafe ist eine echte Vertragsstrafe, denn der Eintritt eines Schadens wird nicht vorausgesetzt.[790] Der Auftragnehmer kann bei Nachweis höherer Gewalt beantragen, von der Verzugsstrafe befreit zu werden.[791]

Ebenso sehen die Ausschreibungsgesetze von Dubai und Abu Dhabi vor, dass bei Werkverträgen eine Verzugsstrafe bis zu der unten dargestellten Höchstgrenze frei vereinbart werden kann.[792] Es handelt sich auch hier um eine echte Vertragsstrafe, denn der Eintritt eines Schadens wird nicht vorausgesetzt.[793] Beim Beweis des Vorliegens höherer Gewalt kann der Auftragnehmer auf Antrag von der Verzugsstrafe befreit werden.[794]

Die gesetzlichen Verzugsstrafen bei im Rahmen von öffentlichen Ausschreibungen abgeschlossenen Verträgen sind in den VAE echte Vertragsstrafen. Die Verzugsstrafe hat sowohl auf Bundes- als auch auf Emiratsebene in Dubai und Abu Dhabi eine Pauschalierungs- und Pönalisierungs- bzw. Drohfunktion; sie ist

---

788 Art. 111, 117, 118 VAEAG; Art. 41 I Handbuch zu öffentlichen Ausschreibungen in Abu Dhabi; Art. 55 Ausschreibungsgesetz Dubai.

789 Art. 117 I VAEAG.

790 Art. 117 II, III VAEAG.

791 Art. 118 VAEAG.

792 Art. 41 I Handbuch zu öffentlichen Ausschreibungen in Abu Dhabi; Art. 65 I Ausschreibungsgesetz Dubai.

793 Art. 41 II Handbuch zu öffentlichen Ausschreibungen in Abu Dhabi; Art. 65 I Ausschreibungsgesetz Dubai.

794 Art. 41 III Handbuch zu öffentlichen Ausschreibungen in Abu Dhabi; Art. 49 I i. V. m. Art. 65 II Ausschreibungsgesetz Dubai.

als Mindestbetrag ausgestaltet.[795] Darüber hinaus ist davon auszugehen, dass sie eine Beweislastumkehr zugunsten des staatlichen Gläubigers bewirkt; er muss nicht den Eintritt eines Schadens nachweisen.[796] Wegen der Konzeption der Verzugsstrafe als Mindestbetrag ist davon auszugehen, dass die Vertragsparteien jeweils pauschalierten Schadensersatz für den Fall von Verzug vereinbaren können, denn die Vertragsstrafe findet neben einem etwaigen Anspruch auf Schadensersatz Anwendung.[797]

Weder auf Emirats- noch auf Bundesebene finden sich gesetzliche Regelungen zum pauschalierten Schadensersatz für Nichtleistung oder für Verzug bei im Rahmen von öffentlichen Ausschreibungen abgeschlossenen Verträgen. Daher geht der Verfasser davon aus, dass die Vertragsparteien pauschalierten Schadensersatz für Nichtleistung nach Art. 390 VAEZGB vereinbaren können. Zu den Einzelheiten sei auf die im Hinblick auf privatrechtliche Verträge gemachten Ausführungen verwiesen.

Der abu-dhabische Standardvertrag für Bauprojekte enthält mit Unterklausel 8.7 eine Unterklausel der FIDIC-Bedingungen und eine der Unterklausel Art. 8.7 der allgemeinen Bestimmungen des jordanischen Standardvertrags für Bauprojekte entsprechende Bestimmung. Um Wiederholungen zu vermeiden, sei deshalb auf die oberen Ausführungen verwiesen. Der dubaier Standvertrag für Bauprojekte enthält eine Verzugsstrafe in Art. 47.1 der allgemeinen Bestimmungen; die Höhe wird von den Parteien im Anhang festgelegt.

ii) Schranken

Art. 5 V der Durchführungsverordnung der JAR gibt eine Formel zur Berechnung der Verzugsstrafe vor. Daneben wird klargestellt, dass die Verzugsstrafe höchstens 10 % der täglichen durchschnittlichen Produktion betragen darf. Der Verfasser geht aufgrund des Sinn und Zwecks der Verzugstrafe davon aus, dass diese nicht vertraglich abbedungen werden kann.

Ebenso legt der jordanische Standardvertrag in seinem Anhang 2 eine Höchstgrenze von 15 % des Vertragswerts fest.[798] Erfüllt der Schuldner den Vertrag

795 Art. 117 II, III VAEAG; Art. 41 II Handbuch zu öffentlichen Ausschreibungen in Abu Dhabi; Art. 63 II i. V. m. Art. 65 I Ausschreibungsgesetz Dubai.

796 Art. 117 III VAEAG; Art. 41 II Handbuch zu öffentlichen Ausschreibungen in Abu Dhabi; 65 I Ausschreibungsgesetz Dubai.

797 Art. 41 II Handbuch zu öffentlichen Ausschreibungen in Abu Dhabi; Art. 63 II i. V. m. Art. 65 I Ausschreibungsgesetz Dubai.

798 Anhang 2, S. 38 des jordanischen Standardvertrags.

teilweise, muss der Schadensersatz für Verzug nach Art. 7.4 der allgemeinen Bestimmungen des jordanischen Standardvertrags entsprechend dem Teil des Vertragswerts gesenkt werden, der bereits erfüllt worden ist. Im jordanischen Standardvertrag für Bauporojekte kann die Höchstgrenze frei in den speziellen Bestimmungen bestimmt werden.[799] Es ist zu erwarten, dass, wie in privatrechtlichen Verträgen, die Haftung für Vorsatz, grobe Fahrlässigkeit, Personenschäden, Delikt und die decennale Haftung in Verträgen nicht über die Vereinbarung für pauschalierten Schadensersatz für Verzug und Nichtleistung vertraglich abbedungen werden können.

Sowohl auf VAE-Bundes- als auch auf Emiratsebene darf die Summe der gesetzlichen Verzugsstrafe nicht 10 % des Gesamtvertragswerts übersteigen.[800] Beim dubaier Standardvertrag für Bauprojekte wird den Vertragsparteien die Festlegung einer Höchstgrenze im Anhang überlassen; dagegen bestimmt der abu-dhabische Standardvertrag für Bauprojekte in seinem Anhang eine Höchstgrenze von 20 % des Gesamtvertragswerts.[801] Auffallend ist, dass die Höchstgrenze um 10 % höher liegt, als dies bei gesetzlichen Verzugsstrafen in Abu Dhabi erlaubt ist. Der Verfasser geht davon aus, dass die gesetzliche Verzugsstrafe zwingend ist; ihr vertraglicher Ausschluss ist somit nicht möglich.

iii) Anwendbarkeit der Regelungen zum pauschalierten Schadensersatz im JZGB/VAEZGB auf die Verzugsstrafe und pauschalierten Schadensersatz bei im Rahmen von öffentlichen Ausschreibungen abgeschlossenen Verträgen

Fraglich ist, ob die Verzugsstrafe in den VAE bzw. in Jordanien und der pauschalierte Schadensersatz für Verzug bei im Rahmen von öffentlichen Ausschreibungen abgeschlossenen Verträgen den sich aus Art. 364 II JZGB/Art. 390 II VAEZGB ergebenden richterlichen Eingriffsbefugnissen unterliegt. Hierbei muss aufgrund der oben dargestellten unterschiedlichen Gestaltungen zwischen Jordanien und den VAE differenziert werden.

---

799 Unterklausel 8.7 I der allgemeinen Bestimmungen des jordanischen Standardvertrags für Bauprojekte i. V. m. S. 129 der speziellen Bestimmungen des jordanischen Standardvertrags für Bauprojekte.

800 Art. 117 VAEAG enthält zwar keine eigene Höchstgrenze. Die Höchstgrenze von 10 % des Vertragswerts ergibt sich jedoch aus Art. 103 VAEAG analog. So auch Art. 41 I Handbuch zu öffentlichen Ausschreibungen in Abu Dhabi und Art. 65 I Ausschreibungsgesetz Dubai.

801 Art. 47.1 des dubaier Standardvertrags für Bauprojekte; Anhang, S. 12 des abu-dhabischen Standardvertrags für Bauprojekte.

(1) Jordanien

In Jordanien nimmt der Verfasser im Hinblick auf die in der Durchführungsverordnung von 1987 vorgesehenen Verzugsstrafe an, dass Art. 364 II JZGB aufgrund der unterschiedlichen Funktion von pauschaliertem Schadensersatz und der Verzugsstrafe keine Anwendung findet; insoweit sei auf die bereits im Zusammenhang mit dem ÄAG unter 1. a) iii) gemachten Ausführungen verwiesen.[802]

Hinsichtlich Art. 7.4 der allgemeinen Bestimmungen des jordanischen Standardvertrags lässt sich gegen die Anwendbarkeit von Art. 364 II JZGB anführen, dass die Bestimmungen des jordanischen Standardvertrags laut seiner Einleitung auf FIDIC-Bedingungen und damit englischem Recht beruhen.[803] Bei *liquidated damages* werden dem Richter keine Eingriffsbefugnisse zur Senkung oder Erhöhung der *liquidated damages* eingeräumt; der pauschalierte Schadensersatz unterliegt lediglich einer Angemessenheitskontrolle.[804] Darüber hinaus kann man gegen die Anwendung von Art. 364 II JZGB vorbringen, dass Art. 7.4 der allgemeinen Bestimmungen des jordanischen Standardvertrags selbst eine Regelung enthält, die eine Senkung des Schadensersatzes in bestimmten Fällen vorsieht, und diese Bestimmung als abschließend anzusehen sein könnte.[805] Allerdings spricht für die Geltung von Art. 364 II JZGB im Hinblick auf Art. 7.4 der allgemeinen Bestimmungen des jordanischen Standardvertrags, dass es sich nicht um eine Verzugsstrafe handelt, sondern um *liquidated damages*. Entscheidend für die Anwendbarkeit von Art. 364 II JZGB spricht nach Ansicht des Verfassers, dass die im jordanischen Standardvertrag vorgesehenen Regelungen eklatant von Art. 364 II JZGB abweichen. Damit liegt ein Verstoß gegen Art. 364 II JZGB vor und den in ihm enthaltenen Grundsatz vor, dass ein jordanisches Gericht bei einem Nachweis des Auseinanderfallens von pauschaliertem und tatsächlichem Schaden stets den pauschalierten Schadensersatz anpassen muss, mit der Folge, dass gemäß der Einleitung zum jordanischen Standardvertrag das jordanische Recht an sich und damit Art. 364 II JZGB Anwendung finden müsste. Art. 364 II JZGB kann nicht vertraglich abbedungen werden. Nach Ansicht des Verfassers ist daher Art. 364 II JZGB auf den pauschalierten Schadensersatz für Verzug im jordanischen

802 Dem Verfasser ist insoweit keine jordanische Rechtsprechung oder Rechtsliteratur bekannt.

803 Damit handelt es sich bei dem pauschalierten Schadensersatz um *liquidated damages* i. S. d. englischen Rechts.

804 Atiyah, S. 435; Remien, S. 539; Treitel, S. 899 ff.

805 Nach Art. 7.4 des jordanischen Standardvertrags ist der pauschalierte Schadensersatz entsprechend dem durch den Besteller bereits abgenommenen Teil zu senken.

Standardvertrag anwendbar. Demnach hat Art. 7.4 der allgemeinen Bestimmungen des jordanischen Standardvertrags nur die Wirkung einer Beweislastumkehr; im Übrigen ist er nutzlos. Es kann jedoch nicht ausgeschlossen werden, dass ein jordanisches Gericht eine andere Ansicht vertritt.

Einfacher ist diese Frage hinsichtlich des jordanischen Standardvertrags für Bauprojekte zu beantworten, denn dieser enthält keine Bestimmung, die die Senkung des pauschalierten Schadensersatzes für Verzug ermöglicht, aber eine Rechtswahlklausel zugunsten des jordanischen Rechts.[806] Folglich ist davon auszugehen, dass Art. 364 II JZGB – wie auch sonst bei der Vereinbarung der FIDIC-Bedingungen – aufgrund einer Regelungslücke und des Vorliegens einer Vereinbarung über pauschalierten Schadensersatz Anwendung findet.

Vereinbaren die Vertragsparteien pauschalierten Schadensersatz für Nichtleistung im Rahmen des jordanischen Standardvertrags oder des jordanischen Standardvertrags für Bauprojekte, kommt mangels einer anderweitigen Regelung Art. 364 II JZGB mit den oben dargestellten Folgen zur Anwendung.

(2) VAE

Die besseren Gründe sprechen dafür, davon auszugehen, dass Art. 390 II VAEZGB in den VAE sowohl auf Bundes- als auch auf Emiratsebene in Dubai und Abu Dhabi auf die gesetzlichen Verzugsstrafen in im Rahmen von öffentlichen Ausschreibungen abgeschlossenen Verträgen keine Anwendung findet, weil die jeweiligen in den Ausschreibungsgesetzen enthaltenen Ausnahmen als abschließend anzusehen sind.[807] Darüber hinaus lässt sich gegen eine Anwendbarkeit anführen, dass die Verzugsstrafe nicht mit dem pauschalierten Schadensersatz gleichgesetzt werden kann; insoweit kann auf die bereits im Zusammenhang mit dem ÄAG unter 1. a) iii) dargestellten Argumente verwiesen werden.

Etwas anderes muss im Fall des pauschalierten Schadensersatzes für Nichtleistung gelten; hier findet mangels einer Regelung in den Ausschreibungsgesetzen Art. 390 II VAEZGB Anwendung. Dasselbe gilt für die Vereinbarung von pauschaliertem Schadensersatz für Verzug.

Hinsichtlich des abu-dhabischen Standardvertrags für Bauprojekte gilt das zum jordanischen Standardvertrag für Bauprojekte Gesagte; Art. 390 II VAEZGB findet auf Unterklausel 8.7 Anwendung. Dagegen ist hinsichtlich der Verzugsstrafe

806 Unterklausel 1.4 der allgemeinen Bestimmungen in Verbindung mit S. 129 der speziellen Bestimmungen des jordanischen Standardvertrags für Bauprojekte.

807 Art. 118 VAEAG; Art. 41 III, IV Handbuch zu öffentlichen Ausschreibungen in Abu Dhabi; Art. 49 i. V. m. Art. 65 II Ausschreibungsgesetz Dubai.

im dubaier Standardvertrag für Bauprojekte nicht von einer Anwendbarkeit von Art. 390 II VAEZGB auszugehen; hinsichtlich der Rechtfertigung dieser Annahme sei auf die bereits im Zusammenhang mit dem ÄAG unter 1. a) iii) gemachten Ausführungen verwiesen.

c) Das saudi-arabische Modell

i) Zulässigkeit und Wirkung

Die SAR und die Ausführungsbestimmungen der SAR sehen gesetzliche Verzugsstrafen vor, die greifen, falls keine anderweitige vertragliche Regelung getroffen wird.[808] Nach dem bereits oben angesprochenen Gutachten des Rats der Islamgelehrten widerspricht die Verzugsstrafe grundsätzlich weder dem ribā- noch dem ġarar-Verbot. Die Verzugsstrafe kann aufgehoben werden, wenn der Werkunternehmer höhere Gewalt nachweist.[809] Im Rahmen von Werkverträgen nehmen die Ausführungsvorschriften der SAR eine Staffelung nach der Dauer des Verzugs vor: die ersten 15 Tage oder 10 % der Vertragslaufzeit beträgt die Verzugsstrafe ein Viertel des Tageswerklohns; die folgenden 15 Tage oder 15 % der Vertragslaufzeit beträgt die Verzugsstrafe die Hälfte des Tageswerklohns; danach beläuft sie sich auf den vollen Tageswerklohn.[810]

---

808 Art. 48 der SAR, Art. 79–91 der Ausführungsbestimmungen der SAR und Art. 3.2 i. V. m. Art. 39 des saudischen Standardvertrags. Nach Art. 87 der Ausführungsbestimmungen zu den SAR wird der Anspruch auf Vertragsstrafe mit dem Werklohnanspruch verrechnet. Allgemein zur Verzugsstrafe im Rahmen der SAR: أبو جزر, S. 158; Hundt, Öffentliche Ausschreibungen in Saudi-Arabien, S. 11; اليمني, S. 335–337.

809 Art. 51 der SAR und Art. 94 der Ausführungsbestimmungen der SAR. Nach der Rechtsprechung des Board of Grievances zum alten saudischen Ausschreibungsrecht ist die Verzugsstrafe darüber hinaus aufzuheben, wenn der Besteller den Verzug des Werkunternehmers verursacht, weil die Geltendmachung der Verzugsstrafe in diesem Fall ungerecht und unfair ist. Siehe Board of Grievances, Entscheidung Nr. 303/31/k von 1418 H., Entscheidung Nr. 1206/1/K von 1417 H.; Entscheidung Nr. 30471/K von 1406 H., alle zitiert bei Alhudaithy, rights of tenderers and contractors, S. 312. Es ist zu erwarten, dass diese Rechtsprechung im Rahmen der SAR weiterhin Anwendung findet.

810 Art. 84 a, b, c Ausführungsbestimmungen der SAR. Nach Art. 87 der Ausführungsbestimmungen der SAR wird der Anspruch auf Werklohn entsprechend der Verzugsstrafe reduziert. Im Gegensatz hierzu wird die Vertragsstrafe nach Art. 39 des saudischen Standardvertrags wie folgt berechnet: Zunächst werden die durchschnittlichen täglichen Kosten des Projekts ermittelt; hierbei teilt man den Vertragswert durch die Vertragsdauer. Danach sind die Vertragsstrafen je nach Dauer des Verzugs gestaffelt. Die ersten 15 Tage oder 5 % der Vertragsdauer beläuft sich die Vertragsstrafe auf ein

Im Falle eines Rücktritts vom Vertrag durch den Besteller kann die Verzugsstrafe für den Zeitraum des Eintritts des Verzugs bis zur Erklärung des Rücktritts geltend gemacht werden.[811]

Im Übrigen ist davon auszugehen, dass die Vertragsparteien pauschalierten Schadensersatz für Nichtleistung oder Verzug zusätzlich vereinbaren können, denn die Verzugsstrafe steht neben einem etwaigen Anspruch auf Schadensersatz und insoweit besteht eine Regelungslücke im saudischen Ausschreibungsrecht, bei der das islamische Recht Anwendung findet.[812] In diesem Fall können Verzugsstrafe und pauschalierter Schadensersatz für Verzug kumulativ geltend gemacht werden.[813]

Welche Funktionen und Wirkung hat die Verzugsstrafe in im Rahmen von öffentlichen Ausschreibungen abgeschlossenen Verträgen in Saudi-Arabien? Die Verzugsstrafe bewirkt eine Beweislastumkehr zugunsten des staatlichen Gläubigers, da sie auch dann geltend gemacht werden kann, wenn der Gläubiger keinen Schaden erlitten hat.[814] Aufgrund ihrer Qualifikation als Vertragsstrafe hat sie eine Droh- und eine Pauschalierungsfunktion.[815] Die Verzugsstrafe ist als Mindestbetrag konzipiert. [816]

ii) Schranken

Insgesamt darf die Verzugsstrafe bei Werkverträgen höchstens 10 % des Vertragswerts betragen.[817] Die Verzugsstrafe kann mit Zustimmung der Regierungsseite

---

Viertel der Durchschnittstageskosten; die darauffolgenden 15 Tage oder 10 % der Vertragsdauer beträgt sie die Hälfte der Durchschnittstageskosten; bei einem darüber hinaus vorliegenden Verzug beläuft sie sich auf die durchschnittlichen Tageskosten. Als Obergrenze legt Art. 39 10 % des Vertragswerts fest.

811 Art. 86 der Ausführungsbestimmungen der SAR.

812 Prof. al-Jarbou, Interview mit dem Verfasser, 13.12.2012, Riad. So auch اليمني, S. 336. Etwas anderes gilt nur für Vertragsstrafe für Nichtleistung im Rahmen von Dauerschuldverhältnissen. Art. 49 der SAR und Art. 79 der Ausführungsbestimmungen der SAR enthalten hierzu Sonderbestimmungen.

813 البنا, S. 203; اليمني, S. 336. Siehe auch Art. 53 der SAR und Art. 86 der Ausführungsbestimmungen der SAR.

814 اليمني, S. 335.

815 Ebd.

816 Aufgrund der Regelungen der SAR ist es paradoxerweise möglich, dass wenn die Verzugsstrafe die Summe der direkten und eigentlich nicht ersatzfähigen indirekten Schäden übersteigt, der Schuldner eine höhere Vertragsstrafe zahlen muss, als dies bei der Ersatzfähigkeit indirekter Schäden der Fall wäre. So Hamlin, Tex. Int'l LJ 22 (1987), S. 352, 377.

817 Art. 48 der SAR; Art. 84 der Ausführungsbestimmungen der SAR.

sowie des Finanzministeriums aufgehoben werden. Vorausgesetzt wird, dass der Umstand, der den Verzug verursacht, unvorhersehbar oder außerhalb der Kontrolle des Schuldners liegt und der eingetretene Verzug der Dauer dieser Umstände entspricht.[818] Auffallend ist das Fehlen einer Möglichkeit, die Verzugsstrafe zu senken, falls dem Besteller kein Schaden entstanden ist. Wegen Art. 154 der Ausführungsbestimmungen der SAR muss man davon ausgehen, dass die Vertragsparteien die gesetzliche Verzugsstrafe nicht vertraglich ausschließen können.

Beachtenswert ist darüber hinaus, dass dem Richter keine Möglichkeit eingeräumt wird, die Vertragsstrafe in dem Fall zu senken, in dem diese auch indirekte Schäden mit abdeckt, obwohl – wie bereits oben dargestellt – die Ersatzfähigkeit indirekter Schäden, insbesondere von entgangenem Gewinn, im islamischen Recht nicht gegeben ist.

Hinsichtlich der Vereinbarung von pauschaliertem Schadensersatz für Verzug oder Nichtleistung sind die allgemeinen Grenzen des islamischen Rechts zu beachten, d. h., durch die Vereinbarung von pauschaliertem Schadensersatz können die Haftung für vorsätzlich oder grob fahrlässig verursachte Schäden, Personenschäden und die decennale Haftung nicht beschränkt werden.

iii) Anwendbarkeit der Grundsätze zum pauschalierten Schadensersatz auf die Verzugsstrafe und pauschalierten Schadensersatz bei im Rahmen von öffentlichen Ausschreibungen abgeschlossenen Verträgen

Fraglich ist, ob die Grundsätze zum pauschalierten Schadensersatz für Verzug auf die Verzugsstrafe bei vermeintlichen Regelungslücken im saudischen Ausschreibungsrecht anwendbar sind. Für deren Anwendbarkeit spricht zwar, dass die Scharia auch bei im Rahmen von öffentlichen Ausschreibungen abgeschlossenen Verträgen Anwendung findet und ihre für pauschalierten Schadensersatz geltenden Grenzen deshalb an sich ebenfalls für Vertragsstrafen gelten müssten. Gegen die Anwendbarkeit spricht allerdings entscheidend, dass die oben vorgesehenen Ausnahmen als abschließend anzusehen sind und eine Verzugsstrafe aufgrund ihrer teilweise unterschiedlichen Wirkung und Funktion nicht mit pauschaliertem Schadensersatz gleichgesetzt werden kann.[819] Richtigerweise ist deshalb davon auszugehen, dass die Eingriffsbefugnisse des Richters zur Senkung des pauschalierten Schadensersatzes nach der hier vertretenen Ansicht in der Fiqh nicht bei der Verzugsstrafe greifen.

818 Art. 51 der SAR.

819 So أبو جزر zu einer Verzugsstrafe in einem Mustervertrag der Malik-Sa'ud-Universität. Siehe أبو جزر, S. 158.

Etwas anderes gilt für Vereinbarungen von pauschaliertem Schadensersatz für Verzug und Nichtleistung, die nicht in den SAR geregelt sind; hier sprechen die besseren Argumente dafür, davon auszugehen, dass die Scharia und damit die oben dargestellten Regelungen zum pauschalierten Schadensersatz Anwendung finden.[820] Entsprechend kann der Schadensersatz erhöht oder beschränkt werden.

2. FIDIC-Bedingungen

Gegenstand dieses Abschnitts ist der „Schadensersatz für Verzug“ (*delay damages*) in Unterklausel 8.7 der FIDIC-Bedingungen, die auf englischem Recht basieren.[821] Zur Beurteilung ihrer Zulässigkeit ist die Wirkung von *liquidated damages* nach englischem Recht zu berücksichtigen: Erstens haben sie die Wirkung eines pauschalierten Schadensersatzes, dagegen kommt ihnen nicht die Funktion einer Vertragsstrafe zu – die nach englischem Recht unzulässig ist; zweitens ist der tatsächlich eingetretene Schaden im Rahmen der Geltendmachung der *liquidated damages* irrelevant, d. h., der Gläubiger kann die *liquidated damages* gegenüber dem Schuldner selbst dann geltend machen, wenn er keinen oder nur einen im Vergleich zur pauschalisierten Summe geringeren Schaden erlitten hat.[822] Dem Richter werden keine Eingriffsbefugnisse zur Senkung oder Erhöhung der *liquidated damages* eingeräumt; die Klauseln zu *liquidated damages* unterliegen jedoch einer Angemessenheitskontrolle.[823]

a) Das ägyptische Modell

Fraglich ist, ob die Parteien die Unterklausel 8.7 der FIDIC-Bedingungen nach ägyptischem Recht zulässigerweise zum Vertragsinhalt machen könnten.

Eine grobe Übertreibung i. S. d. Art. 224 II 1. HS. ÄZGB, die sich daraus ergeben könnte, dass Unterklausel 8.7 der FIDIC-Bedingungen eine Drohfunktion

---

820 Prof. al-Jarbou, Interview mit dem Verfasser, 13.12.2012, Riad.

821 Hök, S. 493; Sarie-Eldin, The International Lawyer 28 (1994), S. 951, 967. Probleme sind dadurch vorprogrammiert, weil das ÄZGB bzw. das JZGB/VAEZGB sowie das islamische Recht nicht auf dem Common Law basieren. Hierauf verweist allgemein Goedel, RIW 1982, S. 81, 82.

822 Zur Unterscheidung zwischen sogenannten *penalty clauses* und *liquidated damages* in der englischen Rechtsprechung siehe die Leitentscheidung Dunlop Pneumatic Tyre Co Ltd v New Garage and Motor Co Ltd. Zur Abgrenzung in der Rechtsliteratur siehe: Atiyah, S. 435; Treitel, S. 902; Remien, S. 539.

823 Atiyah, S. 435; Remien, S. 539; Treitel, S. 899 ff.

zukommt, ist nicht gegeben, weil *liquidated damages* eine solche Funktion nicht aufweisen. Etwas anderes muss jedoch – wie bereits oben dargestellt – dann gelten, wenn die vertraglich zu vereinbarende maximale Obergrenze der Haftung zu hoch angesetzt ist.[824] Letztlich spielt diese Frage allerdings keine Rolle, denn der Richter kann über Art. 224 II 1. HS. ÄZGB die Höhe des pauschalierten Schadensersatzes sowieso dem tatsächlichen Schaden anpassen.

Folglich ist die Klausel grundsätzlich zulässig. Allerdings ist davon auszugehen, dass sie in einer Vielzahl der Fälle nicht durchsetzbar ist.[825] Erstens unterliegt sie einer richterlichen Inhaltskontrolle nach Art. 223–225 ÄZGB, denn diese kann nach Art. 224 III ÄZGB nicht vertraglich abbedungen werden. Zweitens ist die Klausel wegen Art. 217 II 1. HS., III ÄZGB i. V. m. Art. 223 ÄZGB im Hinblick auf eine Beschränkung der Haftung für Vorsatz, grobe Fahrlässigkeit, Personenschäden, absichtlich verschleierte Mängel, die decennale Haftung und Delikt nichtig.[826]

Erst recht gilt dies für die Vereinbarung der FIDIC-Bedingungen bei Verträgen, die im Rahmen einer Ausschreibung abgeschlossen werden.

b) Das jordanische/VAE-Modell

Man kann Unterklausel 8.7 der FIDIC-Bedingungen in Jordanien/den VAE zwar wirksam vereinbaren. Sie ist allerdings fast nutzlos, denn die Parteien können gemäß Art. 364 II JZGB/Art. 390 II VAEZGB die richterlichen Eingriffsbefugnisse nicht vertraglich einschränken. Daher können beide Parteien jederzeit eine Anpassung des pauschalierten Schadensersatzes beantragen, die der Richter auch gewähren wird, wenn der pauschalierte und der tatsächliche Schadensersatz auseinanderfallen. Zusätzlich ist eine Haftungsbeschränkung durch den pauschalierten Schadensersatz für Vorsatz, grobe Fahrlässigkeit, Personenschäden sowie die decennale Haftung und Delikt nichtig.

Im Rahmen des abu-dhabischen und des jordanischen Standardvertrags für Bauverträge basieren die jeweils in Art. 8.7 enthaltenen Strafklauseln zwar auf

824 Dem Verfasser liegt insoweit keine ägyptische Rechtsprechung vor, nach der eine bestimmte Prozentzahl der Vertragssumme als maximale Obergrenze anzusehen ist. Wie im deutschen Recht ist eine Orientierung am tatsächlichen Schaden sinnvoll, um eine Unverhältnismäßigkeit auszuschließen. Zum deutschen Recht siehe Hök, S. 492, 493, und BGH, ZIP 2003, S. 908.

825 Atallah, in: FIDIC – An Analysis of International Construction Contracts, S. 21, 27.

826 Siehe auch Art. 453 2. HS. und Art. 653 ÄZGB.

den FIDIC-Bedingungen, doch auch hier geht der Verfasser davon aus, dass die richterlichen Eingriffsbefugnisse nach Art. 364 II JZGB/Art. 390 II VAEZGB greifen müssen und so dem Schadensersatz für Verzug seine Wirkung rauben. Das Gleiche gilt auf Bundesebene für bei im Rahmen von öffentlichen Ausschreibungen abgeschlossene Verträge; hier wird ein Richter ebenfalls Unterklausel 8.7 der FIDIC-Bedingungen bei einem begründeten Antrag nach Art. 364 II JZGB/Art. 390 II VAEZGB abändern. Im Emirat Dubai erübrigt sich die Frage der Zulässigkeit von Unterklausel 8.7, da hier die FIDIC-Bedingungen von Gesetzes wegen nicht zum Vertragsinhalt gemacht werden können.[827]

c) Das saudi-arabische Modell

Abschließend stellt sich die Frage, ob Unterklausel 8.7 der FIDIC-Bedingungen in Saudi-Arabien zulässig wäre. Zwar ist die Vereinbarung von pauschaliertem Schadensersatz nach der herrschenden Meinung in Saudi-Arabien im islamischen Recht zulässig. Allerdings wird Unterklausel 8.7 der FIDIC-Bedingungen in einer Vielzahl der Fälle nicht durchsetzbar sein, weil ein Richter von seinen Eingriffsbefugnissen Gebrauch machen wird, wenn der Schuldner beweist, dass der Gläubiger keinen Schaden erlitten hat oder der pauschalierte Schadensersatz eine krasse bzw. grobe Übertreibung darstellt. Darüber hinaus wird der Richter den pauschalierten Schadensersatz erhöhen, wenn der Gläubiger beweist, dass der Schuldner vorsätzlich oder fahrlässig den Schaden herbeigeführt hat. Zusätzlich ist die Unterklausel 8.7 als Haftungsbeschränkung im Hinblick auf Personenschäden, die decennale Haftung und Delikt nichtig.

3. Allgemeine Geschäftsbedingungen

In Ägypten, Jordanien/den VAE und Saudi-Arabien ergeben sich hinsichtlich der Zulässigkeit, Schranken von pauschaliertem Schadensersatz und der richterlichen Inhaltskontrolle keine Besonderheiten bei der Vereinbarung in allgemeinen Geschäftsbedingungen. Etwas anderes gilt in Ägypten, Jordanien und den VAE dann, wenn der zugrunde liegende Vertrag als Adhäsionsvertrag einzustufen ist. In diesem Zusammenhang sei zur Vermeidung von Wiederholungen auf die im Zusammenhang mit AGBs und Haftungsbeschränkungen im vierten Kapitel unter A. II. 3. und B. II. 3. erfolgten Ausführungen verwiesen.

827 Art. 37 des Ausschreibungsgesetzes Dubai.

B. Auswertung

Im Folgenden sollen die oben gewonnenen Ergebnisse ausgewertet werden.

Vorab sei angemerkt, dass weder im ÄZGB/JZGB/VAEZGB noch im saudischen Zivilrecht zwischen pauschaliertem Schadensersatz und Vertragsstrafe differenziert wird. Insgesamt ist zu beobachten, dass die Vertragsparteien im Bereich des pauschalierten Schadensersatzes in Jordanien/den VAE fast vollständig ihrer Vertragsfreiheit beraubt sind. Ein Richter kann hier bei einem entsprechenden Antrag die jeweilige Klausel stets einer Inhaltskontrolle unterziehen. Die Bestimmungen zu Strafklauseln sind so breit ausgestaltet, dass sie – wie bereits oben dargestellt — über den pauschalierten Schadensersatz hinaus sogar auf andere Haftungsbeschränkungen Auswirkungen haben. Mehr Rechtssicherheit bietet der pauschalierte Schadensersatz den Vertragsparteien dagegen in Ägypten und in Saudi-Arabien. Gleichzeitig ist der Richter in diesen zwei Rechtskreisen wesentlich flexibler bei der Behandlung von pauschaliertem Schadensersatz als im JZGB/VAEZGB. Überraschenderweise ähnelt sich die Behandlung von pauschaliertem Schadensersatz in Ägypten und Saudi-Arabien trotz der auseinanderfallenden Behandlung von Haftungsausschlüssen.

I. Gemeinsamkeiten

Hinsichtlich der Vereinbarung von pauschaliertem Schadensersatz bestehen in allen hier behandelten Zivilrechtsmodellen die folgenden Gemeinsamkeiten:

- Das Rechtsinstitut des pauschalierten Schadensersatzes ist sowohl in Kodifizierungen in Ägypten und Jordanien/den VAE als auch von der herrschenden Meinung in Saudi-Arabien nach geltendem islamischen Recht in Nichtdarlehensverträgen anerkannt. Pauschalierter Schadensersatz kann sowohl für Verzugsschäden als auch für Fälle der Nichtleistung vereinbart werden.
- Hierbei gelten die Bestimmungen und Prinzipien zum pauschalierten Schadensersatz in den drei untersuchten Zivilrechtsmodellen unterschiedslos in allen Rechtsbereichen, d. h. im allgemeinen Schuldrecht, Handelsrecht und im Hinblick auf allgemeine Geschäftsbedingungen.
- Die Vereinbarung von pauschaliertem Schadensersatz hat die Wirkung einer Beweislastumkehr zugunsten des Gläubigers. Der Gläubiger muss weder das Vorhandensein noch die Höhe eines Schadens nachweisen. Es obliegt jeweils

dem Schuldner, zu beweisen, dass kein Schaden eingetreten ist oder dass er – im Falle des pauschalierten Schadensersatzes für Nichtleistung – seine Leistung zumindest teilweise erfüllt hat bzw. in Jordanien/den VAE, dass der tatsächliche und der pauschalierte Schadensersatz auseinanderfallen.

- Die Grundvoraussetzungen der Geltendmachung von pauschaliertem Schadensersatz sind in allen drei Zivilrechtssystemen dieselben.
- Keiner der drei Rechtskreise differenziert zwischen pauschaliertem Schadensersatz und der Vertragsstrafe. Die Vereinbarung einer Verzugsstrafe ist allerdings in privatrechtlichen Verträgen meist nicht durchsetzbar, weil der Richter den pauschalierten Schadensersatz anpassen wird.
- Alle drei Zivilrechtsmodelle bewerten die Missbrauchsgefahren bei der Vereinbarung von pauschaliertem Schadensersatz als hoch ein und kommen übereinstimmend zu dem Ergebnis, dass die ansonsten geltende Vertragsfreiheit gesetzlichen Beschränkungen unterworfen werden muss. Deshalb sehen sie eine Kontrolle solcher Klauseln vor. Zeitpunkt der Beurteilung ist dabei jeweils der Zeitpunkt des gerichtlichen Verfahrens, ausgenommen es geht um die Beurteilung des Vorliegens einer Drohbedingung, wenn man diese als unzulässig ansieht.
- Die einschlägigen Regelungen in Ägypten und Jordanien/den VAE hinsichtlich der richterlichen Eingriffsbefugnisse sind jeweils Teil der öffentlichen Ordnung und können daher nicht durch Parteivereinbarung abbedungen werden. In Saudi-Arabien ist trotz der nicht bestehenden Kodifizierung ebenfalls anzunehmen, dass die richterliche Inhaltskontrolle nicht vertraglich eingeschränkt werden kann.
- Pauschalierter Schadensersatz kann nicht für grob fahrlässiges, vorsätzliches oder deliktisches Handeln des Schuldners, Personenschäden, absichtlich verschwiegene Mängel oder im Bereich der decennalen Haftung vereinbart werden. Dieses Ergebnis ergibt sich nur in Ägypten aus dem Gesetz selbst; in Jordanien muss es im Wege einer Analogie zu den für Haftungsbeschränkungen geltenden Schranken und in Saudi-Arabien aus dem islamischen Recht hergeleitet werden.
- Die Parteien können in zivilrechtlichen Verträgen zwar den Inhalt der Unterklausel 8.7 der FIDIC-Bedingungen vereinbaren, sie wird jedoch aufgrund der jeweils bestehenden Schranken für pauschalierten Schadensersatz sowie der richterlichen Inhaltskontrolle von pauschaliertem Schadensersatz weitestgehend nutzlos sein. Am geringsten ist die Wirkung in Jordanien/den VAE aufgrund der weiten Eingriffsbefugnisse des Richters.
- In den VAE, Jordanien, Ägypten und Saudi-Arabien kann man bei im Rahmen von öffentlichen Ausschreibungen abgeschlossenen Verträgen Verzugsstrafen vereinbaren. Verzugsstrafen werden gesetzlich vorgesehen. Die gesetzlichen

Verzugsstrafen können nicht vertraglich abbedungen werden. Der Verfasser geht davon aus, dass in allen der untersuchten Rechtskreise die aus den jeweiligen Zivilrechtsmodellen bekannten Eingriffsbefugnisse des Richters wegen der unterschiedlichen Wirkung der Schadenspauschalierung und der gesetzlichen Verzugsstrafen keine Anwendung finden. Darüber hinaus kann der Gläubiger die Verzugsstrafe und Schadensersatz kumulativ geltend machen, denn die Verzugsstrafe ist als Mindestbetrag ausgestaltet.

- Die Regelungen zu im Rahmen von öffentlichen Ausschreibungen abgeschlossenen Verträgen bzw. die Standardverträge enthalten keine oder, wie in Saudi-Arabien, nur begrenzte Regelungen zum pauschalierten Schadensersatz für Verzug und Nichtleistung. Deshalb ist auf die für privatrechtliche Verträge geltenden Vorschriften des ÄZGB, JZGB/VAEZGB bzw. des islamischen Rechts (im Falle von Saudi-Arabien) Rückgriff zu nehmen.

II. Unterschiede

Folgende Unterschiede bestehen hinsichtlich der Vereinbarung von pauschaliertem Schadensersatz in den untersuchten Zivilrechtsmodellen:

- Die Rechtsquellen zu Vereinbarungen über pauschalierten Schadensersatz unterscheiden sich beträchtlich. In Ägypten und Jordanien/VAE sind die Regelungen zum pauschalierten Schadensersatz im Gegensatz zu Saudi-Arabien kodifiziert, wobei man im ägyptischen Rechtskreis die ausführlichsten Regelungen findet.
- Auffallend ist auch, dass sich der Hintergrund der Regelungen stark unterscheidet. Das ägyptische Recht ist an dieser Stelle von der bei seinem Inkrafttreten geltenden Regelung des französischen Code civil hinsichtlich der Eingriffsbefugnisse des Richters abgewichen; trotz entsprechender Änderung des französischen Code civil ist zwar eine Annährung, aber immer noch kein Gleichlauf zu beobachten. Die Regelungen des JZGB/VAEZGB sollen laut Gesetzgeber stark an das islamische Recht angelehnt sein; allerdings wird diese Anlehnung von einer Vielzahl von Stimmen in der Rechtsliteratur stark in Zweifel gezogen. Überraschenderweise verläuft die Behandlung von pauschaliertem Schadensersatz in Saudi-Arabien vom Ergebnis her ähnlich wie in Ägypten. Folglich ist hier eine Anlehnung an das ÄZGB zu beobachten.
- Sowohl in Ägypten als auch in Saudi-Arabien hat die Vereinbarung des pauschalierten Schadensersatzes eine Pauschalierungsfunktion und ist als Höchstbetrag konzipiert. Im Unterschied dazu hat der pauschalierte Schadensersatz

in Jordanien/den VAE weder eine Pauschalierungsfunktion noch wirkt er als Höchst- oder Mindestbetrag, weil der Richter diesen stets beim Nachweis eines Auseinanderfallens von tatsächlichem und pauschaliertem Schadensersatz an den tatsächlichen Schaden anpassen kann. Somit ist die Vereinbarung von pauschaliertem Schadensersatz in letzterem Rechtskreis ein weniger gläubigerbegünstigendes Rechtsinstitut als in Ägypten und Saudi-Arabien. Mit ihr kann keine abschließende Regelung der Störungsfolgen von Verträgen und damit keine stets wirksame Haftungsbeschränkung erreicht werden.

- Pauschalierter Schadensersatz mit einer Drohfunktion ist in Jordanien/den VAE und Ägypten in zivilrechtlichen Rechtsgeschäften nach der hier vertretenen Auffassung nichtig. Zur Verhinderung einer Pönalisierungsfunktion müssen die Vertragsparteien die Vereinbarung des pauschalierten Schadensersatzes möglichst genau gestalten; die Differenzierung nach Vertragsverletzung und Intensität des Verstoßes ist stark zu empfehlen. Dagegen ist nach der von dem Verfasser vertretenen Meinung in Saudi-Arabien eine Drohwirkung des pauschalierten Schadensersatzes für seine Wirksamkeit sogar zwingend notwendig. Letztlich spielt die Diskussion über die Drohfunktion jedoch in allen drei Rechtskreisen eine eher geringe Rolle, da der Richter aufgrund seiner Eingriffsbefugnisse den pauschalierten Schadensersatz einer Inhaltskontrolle unterziehen und den pauschalierten Schadensersatz gegebenenfalls erhöhen oder senken kann.
- Es ist zu erwarten, dass die Pauschalierung von Schadensersatz für entgangenen Gewinn wegen eines Verstoßes gegen das islamische Recht in Saudi-Arabien unzulässig ist. In Ägypten und Jordanien/den VAE ist es dagegen durchaus möglich, dass der pauschalierte Schadensersatz entgangenen Gewinn – im Fall von Jordanien als eingetretener Verlust bezeichnet – enthält.
- Im Unterschied zur Rechtslage im JZGB/VAEZGB werden den richterlichen Eingriffsbefugnissen in Ägypten und Saudi-Arabien Grenzen gesetzt. Das Modifikationsrecht steht übereinstimmend im pflichtgemäßen Ermessen des Richters. In Ägypten und Saudi-Arabien kann das Gericht den pauschalierten Schadensersatz senken, wenn der Schuldner beweist, dass dieser eine grobe Übertreibung (Ägypten) bzw. eine krasse Überhöhung oder grobe Übertreibung (Saudi-Arabien) darstellt. Die Eingriffstatbestände zeichnen sich beide durch die Verwendung unbestimmter Rechtsbegriffe aus, um dem Richter so eine an dem Einzelfall orientierte Entscheidung zu ermöglichen. Dabei muss ein ägyptischer/saudischer Richter die Umstände des Einzelfalls berücksichtigen, wobei richtigerweise nur objektive Kriterien eine Rolle spielen; es muss ein Auseinanderfallen von pauschaliertem Schadensersatz und tatsächlich eingetretenem Schaden vorliegen. Bei Vorliegen

einer groben Übertreibung hat der Richter darüber hinaus ein Ermessen dahin gehend, ob und wie er den pauschalierten Schadensersatz senken wird. Hierbei können sowohl objektive als auch subjektive Kriterien eine Rolle spielen. In Jordanien/den VAE muss der Richter dagegen den pauschalierten Schadensersatz senken, sobald der Schuldner beweist, dass der pauschalierte Schadensersatz höher ist als der tatsächlich eingetretene Schaden des Gläubigers. Es kommt also nur auf ein objektives Kriterium an, sonstige objektive und subjektive Kriterien spielen keine Rolle und dem Richter wird kein Ermessen eingeräumt. In Ägypten und Saudi-Arabien darf der pauschalierte Schadensersatz nur dann erhöht werden, wenn der Gläubiger Vorsatz, grobe Fahrlässigkeit, einen Personenschaden, einen absichtlich verschleierten Mangel, die Anwendbarkeit der decennalen Haftung oder ein deliktisches Handeln seitens des Schuldners nachweist. Im Gegensatz dazu darf der jordanische/VAE-Richter den pauschalierten Schadensersatz zusätzlich zu den in Ägypten und Saudi-Arabien genannten Fällen stets erhöhen, wenn der Gläubiger den Beweis führt, dass der pauschalierte Schadensersatz niedriger als der tatsächlich eingetretene Schadensersatz ist.

- Im Gegensatz zu Ägypten und Saudi-Arabien, wo dem Richter ein Ermessen dahin gehend eingeräumt wird, mit welcher Reichweite er bei Berücksichtigung der Umstände des Einzelfalls den pauschalierten Schadensersatz bei einer Erhöhung oder Senkung an den eingetretenen Schaden anpasst – dieser muss dem eingetretenen Schaden gerecht werden –, muss ein jordanisches/VAE-Gericht ohne jegliche Flexibilität den pauschalierten Schadensersatz komplett dem eingetretenen Schaden anpassen. Somit ist die Vereinbarung des so herabgesetzten pauschalierten Schadensersatzes nur in Ägypten und Saudi-Arabien weiterhin gültig.
- In den jordanischen Standardverträgen und dem abu-dhabische Standardvertrag für Bauprojekte sind die jeweiligen Bestimmungen zum pauschalierten Schadensersatz als *liquidated damages* ausgestaltet. Hier nimmt der Verfasser an, dass die Vertragsbestimmungen nicht zwingend sind und ein jordanisches bzw. abu-dhabisches Gericht von der Möglichkeit einer Inhaltskontrolle nach Art. 364 II JZGB/Art. 390 II VAEZGB Gebrauch machen kann.

Kapitel 6. Abschliessende Betrachtung

Aus den obigen Darstellungen und Auswertungen ergibt sich, dass das ÄZGB, das JZGB/VAEZGB und das saudi-arabische Recht sich im Bereich der Haftungsbeschränkungen und -ausschlüsse zum Teil stark unterscheiden. Aufgrund der geringeren Kodifizierungsdichte der Regelungen zu Haftungsbeschränkungen im JZGB/VAEZGB sind Zulässigkeit und Schranken des jordanischen/VAE-Rechts wesentlich schwieriger abstrakt zu beurteilen als im ägyptischen Zivilrecht. Die Problematik der Durchsetzbarkeit von Haftungsbeschränkungen wird in Jordanien/den VAE zum Teil dadurch verstärkt, dass die Regelungen zum pauschalierten Schadensersatz auf sie Anwendung finden. Dies gilt umso mehr für das saudische Recht, wo das islamische Recht in der Auslegung der traditionellen sunnitisch-hanbalitischen Rechtsschule Haftungsausschlüssen weitreichende Schranken auferlegt; nur in Sachen Haftungsbeschränkungen – nicht jedoch bei Haftungsausschlüssen – verläuft das islamische Recht in Saudi-Arabien weitgehend parallel zu dem in Ägypten. Wie erwartet, ist die Behandlung von Haftungsbeschränkungen und -ausschlüssen im ägyptischen Recht stark an das französische Recht angelehnt. Das jordanische/VAE-Modell geht hier, wie zu Beginn der Arbeit prognostiziert, einen eigenen Weg. Wie jedoch der Vergleich mit dem saudischen Modell zeigt, ist die Annahme, das JZGB/VAEZGB lehne sich im Bereich der Haftungsbeschränkungen und -ausschlüsse stärker als das ÄZGB an das islamische Recht an, sehr zweifelhaft. Höchst erstaunlich ist, dass sich die herrschende Meinung in Saudi-Arabien aufgrund der Ausgestaltung der Haftung als Garantiehaftung im islamischen Recht bei der Beurteilung der Zulässigkeit und Schranken von Haftungsausschlüssen und -beschränkungen sowohl an dem sudanesischen Gesetz über zivilrechtliche Rechtsgeschäfte als auch an der mittlerweile obsoleten Rechtsprechung des englischen House of Lords zu orientieren scheint.

Noch größere Unterschiede bestehen im Bereich der Zulässigkeit und Grenzen des pauschalierten Schadensersatzes. Es lässt sich dabei nicht sagen, welcher Rechtskreis stärker an das islamische Recht angelehnt ist, da sowohl Ägypten als auch Saudi-Arabien pauschalierten Schadensersatz ähnlich behandeln, wobei das ÄZGB in diesem Bereich nicht so stark wie sonst an das bei seinem Inkrafttreten bestehende französische Recht angelehnt ist und die bereits anfangs angesprochene stärkere Anlehnung des jordanischen/VAE-Zivilgesetzbuchs an das islamische Recht in diesem Bereich höchst zweifelhaft ist. Vielmehr zeigt der Vergleich mit dem saudischen Recht und die Kritik in der Literatur an den Regelungen des

JZGB/VAEZGB zum pauschalierten Schadensersatz, dass das ÄZGB in diesem Bereich mehr dem islamischen Recht entspricht als das JZGB/VAEZGB.

Übergreifend gilt, dass die sehr unterschiedliche Rechtslage eine genaue Anpassung der Vertragsgestaltung an das ägyptische, jordanische/VAE oder saudische Recht bedarf; Haftungsausschlüsse in Saudi-Arabien bedürfen wegen der Besonderheiten des islamischen Rechts einer besonders sorgfältigen Gestaltung. Angemerkt sei aber auch, dass von Praktikern empfohlen wird, Haftungsbeschränkungen und pauschalierten Schadensersatz sowohl in Ägypten als auch Jordanien/den VAE und Saudi-Arabien zu vereinbaren, weil immer die Chance besteht, dass der zuständige Richter diese aufrechterhalten wird.

Abschließend bleibt festzuhalten, dass keine weitreichende Harmonisierung der untersuchten Zivilrechtsmodelle erreicht ist. Dennoch kann man nach Meinung des Verfassers keines der untersuchten Modelle ohne Berücksichtigung der vielfältigen bestehenden Interdependenzen zwischen den untersuchten Zivilrechtsmodellen umfassend verstehen und durchdringen. Das ägyptische Modell und damit indirekt der französische Code civil inklusive der dazugehörigen französischen Rechtsprechung und Rechtsliteratur, sowie das Common Law beinflussen sowohl das jordanische/VAE-Modell als auch das saudische Modell – insbesondere bei Rechtslücken in der jeweiligen Rechtsordnung. Schließlich zeigt das Beispiel Saudi-Arabiens, dass die lokalen Anwälte auch Rechtsgedanken anderer arabischer Zivilgesetzbücher, insbesondere des sudanesischen Gesetzes über zivilrechtliche Rechtsgeschäfte, heranziehen. Zusätzlich tragen die oftmals unterschiedliche Herkunft der lokalen Rechtsanwälte und Richter – in Saudi-Arabien und den VAE stammen diese oftmals aus dem Sudan oder aus Ägypten – und deren Studienorte – viele der einheimischen Anwälte haben Rechtswissenschaften in England oder Frankreich studiert – zu Rechtsimporten bei. Somit spielt die Rechtsvergleichung als wissenschaftliche Aufgabe in den drei untersuchten Zivilrechtsmodellen eine besonders große Rolle, die sich durch eine zunehmende Internationalisierung der Anwalt- und Richterschaft in Zukunft noch weiter verstärken wird.

Literaturverzeichnis

Bücher und Aufsätze

Abraham, Nicholas A.	Doing Business in Saudi Arabia, Boston 1980.
Akaddaf, Fatima	Application of the United Nations Convention on Contracts for the International Sale of Goods (CISG) to Arab Islamic Countries: Is the CISG Compatible with Islamic Law Principles?, Pace University School of Law, International Law Review, 13 (2001), S. 1–58.
Alhudaithy, Ibrahim Mohammad	Legal Analysis of the New Saudi Procurement Regulations, ALQ 25 (2011), S. 103–114.
	Rights of tenderers and contractors under Saudi Public procurement contract regulations: A comparative study with England and Wales, Durham 2006 (zit.: „Alhudaithy, rights of tenderers and contractors").
Amereller, Florian	Hintergründe des „Islamic Banking" -Rechtliche Problematik des ribā-Verbotes in der Shari'a und seine Auswirkungen auf einzelne Rechtsordnungen arabischer Staaten, Berlin 1995 (zit.: „Amereller, Hintergründe des „Islamic Banking").
	Egypt, in: Campbell, Denis/Campbell Christian T. (Hrsg.) International Public Procurement, Dobbs Ferry NY 1999, EGY 1–EGY 27.
Al-Amine, Muhammad	Istisna' and its Application in Islamic Banking, ALQ 16 (2001), S. 22–48.
Amkhan, Adnan	The Concept of Fault in the Arab Law of Contract, ALQ 9 (1994) S. 171–179.
	Specific Performance in Arab Contract Law, ALQ 9 (1994) S. 324–338.
	Termination for Breach in Arab Contract Law, ALQ 10 (1995), S. 17–30.
	Force Majeure and Impossibility of Performance in Arab Contract Law, ALQ 6 (1991), S. 297–308.

Anderson, J.N.D. — The Shari'a and Civil Law (The Debt owed by the New Civil Codes of Egypt and Syria to the Shari'a), ILQ 1 (1954) S. 29–46.

Law Reform in Egypt: 1850–1950, in Vatikiotis, P.J. (Hrsg.), Revolution in the Middle East and other Case Studies, London 1972, S. 146–176.

Arabi, Oussama — Studies in Modern Islamic Law and Jurisprudence, The Hague (u. a.) 2001.

Atallah, Borham — FIDIC Silver Book under Egyptian Construction Law, in: Knutsen, Robert/Abraham Wilfred (Hrsg.), FIDIC - An Analysis of International Construction Contracts, S. 21–35.

Atiyah, Patrick Selim — An Introduction to the Law Of Contracts, Oxford 2005

Attia, Naim G. — Decennial Liability and Insurance under Egyptian Law, ALQ 1 (1985–1986) S. 504–524.

Badr, Gamal Moursi — The New Egyptian Civil Code and the Unification of the Laws of Arab Countries, Tul.L.Rev. 30 (1955–1956) S. 299–304.

Ballantyne, William M. — Commercial Law in the Arab Middle East: The Gulf States, London (u. a.) 1986 (zit.: „Ballantyne, Commercial Law in the Arab Middle East").

The New Civil Code of the United Arab Emirates: A Further Reassertation of the Shari'a, ALQ 1 (1985–1986) S. 245–264.

Essays and Addresses on Arab Laws, Richmond, 2000

Bälz, Kilian — Europäisches Zivilrecht jenseits von Europa? Zum fünfzigjährigen Jubiläum des ägyptischen Zivilgesetzbuches (1948), ZEuP 8 (2000) S. 51–76.

Rezeption durch Vertrag - Einfluss der internationalen Vertragspraxis auf die Rechtsentwicklung in den arabischen Staaten, in: Heckel, Michael (Hrsg.), Leipziger Beiträge zur Orientforschung 29 (2011), Frankfurt am Main (u. a.), S. 85–94.

Die Anerkennung und Vollstreckung von ausländischen Urteilen und Schiedssprüchen in den arabischen Staaten Nordafrikas, RIW 2013, S. 55–62.

Versicherungsvertragsrecht in den Arabischen Staaten - Der Versicherungsvertrag im islamischen Recht und

	den modernen arabischen Zivilrechtskodifikationen. Unter besonderer Berücksichtigung des ägyptischen ZGB (1948) und des jordanischen ZGB (1976), Karlsruhe 1997 (zit.: „Bälz, Versicherungsvertragsrecht in den Arabischen Staaten“).
Bechor, Guy	The Sanhouri Code and the Emergence of Modern Arab Civil Law (1932 to 1949), Leiden 2007.
Behring, Karin/Gluch, Erich/Rußig, Volker	Entwicklungstendenzen im deutschen Auslandsbau, Berlin (u. a.) 1982.
Berger, Klaus Peter	Vertragsstrafen und Schadenspauschalierungen im internationalen Wirtschaftsrecht, RIW 1999, S. 401–411.
Berrer, Konstantin/ Eicher, Karlheinz	Industrie- und Infrastruktur-Anlagenverträge in den arabischen Golfstaaten, in: Böhmer, Henning von (Hrsg.), Deutsche Unternehmen in den arabischen Golfstaaten – Leitfaden für die Rechts- und Wirtschaftspraxis, Stuttgart 1990, S. 169–198 (zit.: „Berrer/Eicher, in: Deutsche Unternehmen in den arabischen Golfstaaten“).
Binham, Caroline/ Warrell, Helen	Saudis seek private court in London, Financial Times 30.10.2012.
Bin Mohamad, Abdul Basir	Strict Liability in the Islamic Law of Tort, Islamic Studies 39 (2000), S. 445–462.
Börner, Andreas	Die Anerkennung ausländischer Titel in den arabischen Staaten, Heidelberg 1996.
Brandt, Gerhard	Grundriss des Handelsrechts der Syrischen Arabischen Republik, Berlin 1984.
Brück, Michael	Auslandsbau, in: Roquette, Andreas/Otto, Andreas [Hrsg.], Vertragsbuch Privates Baurecht, München 2011, S. 888–1000.
Bruns, Alexander	Haftungsbeschränkungen und Mindesthaftung, Tübingen 2003.
Carballo, Alejandro	The Law of the Dubai International Financial Centre: Common Law Oasis or Mirage within the UAE?, ALQ 21 (2007), S. 91–104.
Carbonnier, Jean	Droit civil, Bd. 4, Paris 2000.
Castro, Francesco	La codificazione del diritto privato negli stati arabi contemporanei - Appunti sulla circolazione dei modelli normativi, Rev.dir.civ. 31 (1995) S. 387–447.

Chabas, François	Leçons de droit civil, Bd. 2 (1), Paris 1991.
Chéhata, Chafik	Droit musulmán: Applicatons au Proche-Orient, Paris 1970.
Comair-Obeid, Nayla	The Law of Business Contracts in the Arab Middle East, London 1996.
Coulson, Noel James	A History of Islamic Law, Edinburgh 1964.
	Commercial Law in the Gulf States – The Islamic Legal Tradition, London 1984.
Dakkak, Abdellatif	Der Kaufvertrag im marokkanischen und deutschen Recht – Eine rechtsvergleichende Untersuchung unter Berücksichtigung des islamischen Rechts, Berlin 2011.
Delaume, George R.	Law and Practice in Transnational Contracts, New York 1988.
Delebecque, Philippe	Art. 1146 à 1155, Fasc. 21, in: Juris-Classeur Civil, Loseblattsammlung, Paris (zit.: „Delebecque, Juris-Classeur Civil, Art. 1146 à 1155, Fasc. 21“).
Demogue, Rene	Obligations, Bd. 5, Paris 1925.
Dilger, Konrad	Tendenzen der Rechtsentwicklung, in: Ende, Werner/ Steinbach, Udo (Hrsg.), Der Islam in der Gegenwart, München 1991, S. 170–197.
Draetta, Ugo	The Notion of Consequential Damages in International Trade Practice: a Merger of Common Law and Civil Law Concepts, RDAI 4 (1991), S. 487–498.
Dünnweber, Inge	Vertrag zur Erstellung einer schlüsselfertigen Industrieanlage im internationalen Wirtschaftsverkehr, Berlin (u. a.) 1984.
Ebert, Hans-Georg	Tendenzen der Rechtsentwicklung, in: Ende, Werner/ Steinbach, Udo (Hrsg.), Der Islam in der Gegenwart, München 2005, S. 199–228.
Edge, Ian	Comparative Commercial Law of Egypt and the Arabian Gulf, Clev. St. L. Rev. 34 (1985–1986), S. 129–144
	Panacea or Chimaera: Islamic Law Reform over the last Fifty Years, in: ders. (Hrsg.), Comparative Law in a Global Perspective, Ardsley 2000, S. 325–344.
Eltom, Omer	The Emirates Law in Practice - Case Law Study, 100 legal issues – With Special Focus on the Emirate of Dubai, Dubai 2009.

Elwan, Omaia	Gesetzgebung und Rechtsprechung, in: Steinbach, Udo/Robert, Rüdiger (Hrsg.), Der Nahe und Mittlere Osten, Bd. 1: Grundlagen, Opladen 1988 S. 221–254.
	Die Rechtsordnung des Sultanats Oman, insbesondere dessen Handelsprozessordnung, in: Trinkner, Reinhold/ Graf von Westphalen, Friedrich/Sandrock, Otto (Hrsg.), Lebendiges Recht - Von den Sumerern bis zur Gegenwart- Festschrift für Reinhold Trinkner zum 65. Geburtstag, Heidelberg 1995, S. 525–547 (zit.: „Elwan, FS-Trinkner").
Farag, Mounir Michael	Erfahrungen mit der Rechtsordnung Saudi-Arabiens, RIW 1995, S. 292–295.
Ferid, Murad	Das französische Schuldrecht, Bd. 1, Frankfurt am Main (u. a.) 1971.
Fetih, Almontasser	Die zivilrechtliche Haftung bei Vertragsverhandlungen - eine rechtsvergleichende Studie zum deutschen, französischen, ägyptischen und islamischen Recht, Frankfurt am Main 2000.
Fischer, Detlev	Vertragsstrafe und vertragliche Schadenspauschalierung – eine rechtsvergleichende Darstellung der neueren deutschen und französischen Rechtsentwicklung, Frankfurt am Main 1981.
Gemei, Hassan	The Treatment of Unfair Terms in Arab Countries - An Investigation into the Effects of Legal Pluralism, in: Dupret, Baudouin/Berger, Maurits/al-Zwaini, Laila (Hrsg.), Legal Pluralism in the Arab World, The Hague (u. a.) 1999, S. 125–132.
El-Gemayel, Antoine E.	Obligations in Contracts, in: ders. (Hrsg.): The Lebanese Legal System, Bd. 1, Washington 1985, S. 167–204.
Ghanem, Isam	The Impact of the UAE Civil Code on Commercial Litigation, ALQ 5 (1990), S. 142–144.
Giese, Herbert	„Dommages-intérêts" – Schaden und Schadensersatz im französischen Recht, Münster 1967.
Goadby, F.M.	The Moslim Law of Civil Delict as Illustrated by the Mejelle, J.Comp.Leg. 21 (1939), S. 62–74.
Le Goff, Pierrick	Die Vertragsstrafe in internationalen Verträgen zur Errichtung von Industrieanlagen, Berlin 2005.

Gordon, Carey N.	Recent Developments in the Land Law of Sudan: A Legislative Analysis, J.A.L. 30 (1986), S. 143–174.
Goussous, Walid	Der Vertrag nach dem neuen jordanischen ZGB von 1976, München 1973.
Graf von Westphalen, Friedrich	Rechtsprobleme des Anlagenvertrages, BB 1971, S. 1126–1135.
Habachy, Saba	Property, Right and Contract in Muslim Law, Colum. L. Rev. 62 (1962), S. 450, 463–467.
Haberbeck, Andreas/ Galloway, Mark	Saudi Shipping Law, Surrey 1990.
Hallaq, Wael B.	The Origins and Evolution of Islamic Law, Cambridge (u. a.) 2006.
Hamlin, Kristin L. Peters	The Impact of Islamic Revivalism on Contract and Usury Law in Iran, Saudi Arabia, and Egypt, Tex. Int'l LJ 22 (1987), S. 352–381.
Hanafi, Said M.	Constructor's Liability under the Civil Codes of Algeria, Egypt, Qatar, and the UAE, ICLR (2008) S. 224–231.
Hanson, Maren	The Influence of French Law on the Legal Development of Saudi Arabia, ALQ 2 (1987), S. 272–291.
El-Hassan, 'Abd El-Wahab Ahmed	The Doctrine of Duress (ikrah) in Shari'a, Sudan and English Law, ALQ 1 (1985–1986), S. 51–59.
Hayajneh, Abdelnaser Zeyad	The Awarding of Punitive Damages under the Jordanian Civil Law: Is it Possible?, EJSS 14 (2010), S. 606–612.
Heckel, Martin	Integration islamischer Rechtsinstitute im Inland? – das Beispiel Mudarabavertrag, in: ders. (Hrsg.), Leipziger Beiträge zur Orientforschung 29 (2011), Frankfurt am Main (u. a.), S. 61–84.
Hill, Enid	Mahkama! Studies in the Egyptian Legal System, London 1979.
	Al-Sanhouri and Islamic Law: The Place and Significance of Islamic Law in the Life and Work of 'Abd al-Razzaq Ahmad al-Sanhuri: Egyptian Jurist and Scholar, ALQ 3 (1988), S. 33–64, 182–218.
Hirst, Alastair	Contemporary Mercantile Jurisdiction on Oman, ALQ 7 (1993), S. 3–32.
Hök, Götz-Sebastian	Handbuch des internationalen und ausländischen Baurechts, Heidelberg (u. a.), 2012.

Hundt, Jochen	Rechtswahl und Rechtsdurchsetzung in Saudi-Arabien, abrufbar unter www.hundtlegal.com Öffentliche Ausschreibungen in Saudi-Arabien, abrufbar unter www.hundtlegal.com
Huneidi, Isa A.	Twenty-Five Years of Civil Law System Kuwait, ALQ 1 (1985–1986), S. 216–219.
Jacob, François	Code Civil, Paris 2012 (zit.: „Dalloz“).
Jahili, Mahir	Time Bar Clauses in Saudi Arabian Contracts, ICLR 13 (1996), S. 488–493.
Al-Jarbou, Ayoub M.	The Saudi Board of Grievances: Development and New Reforms, ALQ 25 (2011), S. 177–202. Judicial Review of Administrative Actions under the Saudi Law, Riad 2011 (zit.: „Al-Jarbou, Judicial Review“).
Joussen, Peter	Der Industrieanlagen-Vertrag, Heidelberg 1981.
Jung, Holger	Ägyptisches internationales Vertragsrecht, Tübingen 1999 Ägyptisches internationales Vertragsrecht, in: Kronke, Herbert (Hrsg.), Islamisches Recht und arabisches Recht als Problem der Rechtsanwendung, Frankfurt a.M. 2001, S. 37–61.
Juwaideh, Zuhair E.	The New Civil Code of Iraq, Geo. Wash. L. Rev. 22 (1953–1954), S. 176–186.
Keimer, Christoph	Neuere Entwicklungen im Handels- und Wirtschaftsrecht der Vereinigten Arabischen Emirate (VAE), in: Ebert, Hans-Georg/Hanstein, Thoralf (Hrsg.) Beiträge zum Islamischen Recht 6, Frankfurt am Main (u. a.), S. 149–181.
Kindt, Philipp Heinrich	Die Entwicklung der Décennale in Frankreich und deren Übernahme in den Ländern der arabischen Welt, Karlsruhe 1991.
Klaiber, Sven	Der Bauboom in den Vereinigten Arabischen Emiraten - Rechtliche Rahmenbedingungen, Köln 2008.
Klaiber, Sven/ Sievert, Niko	Recht kompakt: Saudi Arabien, 2012.
Klingmüller, Ernst	Betrachtungen zur Reislamisierung im Recht, in: Baumgärtel, Gottfried/Hübner, Heinz (Hrsg.), Festschrift für Heinz Hübner zum 70. Geburtstag am 7. November 1984, Berlin (u. a.) 1984, S. 85–99 (zit.: „Klingmüller, FS Hübner“).

Krüger, Hilmar

Überblick über das Zivilrecht der Staaten des ägyptischen Rechtskreises, Recht van de Islam 5 (1987) S. 98–168.

Zur Rezeption ägyptischen Zivilrechts in der arabischen Welt, in: Heckel, Martin (Hrsg.), Leipziger Beiträge zur Orientforschung 29 (2011), Frankfurt am Main (u. a.) S. 9–20.

Vermögensrechtliches Privatrecht und Shari'a am Beispiel der Vereinigten Arabischen Emirate, ZVglRWiss 1998, S. 360–386.

Vermögensrechtliches Privatrecht und Rechtsverfolgung in Saudi Arabien, in: Schütze, Rolf A. (Hrsg.), Einheit und Vielfalt des Rechts, Festschrift für Reinhold Geimer zum 65. Geburtstag, München 2002, S. 485–511 („zit.: Krüger, FS Geimer").

Zum zeitlich-räumlichen Geltungsbereich der osmanischen Mejelle, in: Liber amicorum Gerhard Kegel, München 2002.

IPR im Sultanat Oman, Neuste Informationen, IPRax 6 (2013), abrufbar unter www.ipr.uni-koeln.de/iprax/iprax_ni_0613.html

Einführung in das Privat- und Zivilprozessrecht der Vereinigten Arabischen Emiraten, in: Ebert, Hans-Georg/Hanstein, Thoralf (Hrsg.), Beiträge zum islamischen Recht 6, Frankfurt am Main (u. a.) 2007, S. 79–100.

Zur Praxis des internationalen Privatrechts in den Vereinigten Arabischen Emiraten, in: Festschrift für Erik Jayme, München 2004, Bd. 1, S. 477–484 (zit.: „Krüger, FS Jayme").

Das internationale Privatrecht Jordaniens, IPRax 1987, S. 126–131.

Internationalrechtliche Probleme in Saudi Arabien, IPRax 2005, S. 386–389.

Das Deliktsrecht der Vereinigten Arabischen Emirate, VersR 1989, S. 1000–1006.

Vertragspraxis und Streiterledigung im Wirtschaftsverkehr mit arabischen Staaten, in: Böckstiegel, Karl-Heinz/Klingmüller, Ernst/Krüger, Hilmar (u. a.) (Hrsg.),

Schriftenreihe des Deutschen Instituts für Schiedsgerichtswesen, Bd. 2, Köln (u. a.) 1981, S. 61–81.

Krüger, Hilmar/ Küppers, Norbert — Das internationale Privatrecht der Vereinigten Arabischen Emirate, IPRax 1986, S. 389–392.

Küppers, Norbert F. — Das irakische ZGB, ZvglRWiss 1960, S. 181–198, ZvglRWiss 1961, S. 1–44.

Laoust, Henry — La Traité de Droit Public d'Ibn Taimiya - Traduction Annotée de la Siyassa Shar'iya, Beirut 1948.

Lappe, Michael — Risikoverteilung bei Turn-Key-Projekten des internationalen Industrieanlagenbaus – Zugleich ein Beitrag zur Typologie des Industrieanlagenvertrages, Bochum 1987.

Liebesny, Herbert J. — The Law of the Near and Middle East: Readings, Cases, Materials, Albany 1975.

Linant de Bellefonds, Yvon — Le droit musulman et le nouveau code civil égyptien, Revué algérienne, tunisienne et marocaine de legislation et de jurisprudence 72 (1956), S. 211–221.

Traité de droit musulman comparé, Bd. 1 Paris (u. a.) 1967 (zit.: „Linant de Bellefonds, Traité").

Loksaier, Fredj — Le clause pénale dans les contrats internes et internationaux – étude de droit français avec références du droit suisse et au droit tunisien, Lausanne 1985.

Mahmassani, Subhi — The Philopsophy of Islam [übers. Ziadeh, Fahrhat J.], Leiden 1961.

Mahmoud, Jamal Addin Muhammed — Compensation for Damages and its Elements in the Islamic Shari'a in Contractual Liability, Arab Comparative & Commercial Law 1 (1987), S. 44–57.

Maier-Reimer, Georg — Vertragssprache und Sprache des anwendbaren Rechts, NJW 2010, S. 2545–2550.

Mallat, Chibli — Introduction to Middle Eastern Law, Oxford, 2007.

Martinek, Michael — Moderne Vertragstypen, Bd. 3, München 1993.

Masoodi, Saqlain — Civil Liability in English and Islamic Laws: A Comparative View, Islamic and Comparative Law Review 12 (1992), S. 34–50.

Mazeaud, Henry und Léon — Leçons de droit civil, Bd. 3, Paris 1960.

Mazeaud, Henry/Mazeaud, Leon/Tunc, André — Traité théorique et pratique de la responsabilité civile, 3. Bde., Paris 1957–1960.

McGregor, Harvey	McGregor on Damages, London 2011.
McKinney, Bridget McArdle	Exclusion and limitation of liability in construction contracts: an Egyptian Perspective, International Bar Association Conference, Donnerstag, 18. Oktober, zur Verfügung gestellt von Dr. Florian Amereller.
Michaelis de Vaconcellos, Harald	Das besondere Vertragsrecht des Anlagenbaus: Auf dem Weg zu einer internationalen Rechtsvereinheitlichung?, RIW 1997, S. 455–464.
Molter, Wolfgang	Verzugsrisiken im Industrieanlagegeschäft – Risiko, Verteilung in Anbieterkonsortien, Berlin 1986.
Mosmar, M.G.A.	Civil Liability in the Jordanian Civil Code: A Comparative Study with the Shari'a, London, 1998.
Von Münch, Ingo	Rechtsexport und Rechtsimport, NJW 1994, S. 3145–3147.
Musa, Muhammad Yusuf	The Liberty of the Individual in Contracts and Conditions according to Islamic Law, Islamic Quarterly 2 (1995), S. 79–85.
Nassif, Karim J./ Kanakri, Celine Abi	Damages under UAE Law in the Context of Contracts, The In-House Lawyer (2010).
Nerz, Alexander	Das saudi-arabische Rechtssystem – Eine Darstellung anhand ausgewählter Rechtsgebiete, Bremen 2011.
Niggemann, Friedrich/Jonglez de Ligne, Frédéric	Zulässigkeit und Grenzen von Haftungsbeschränkungen im französischen Recht, RIW 2011, S. 351–359.
Onar, S.S.	The Majalla, in: Khadduri, Majid/Liebesney, Herbert (Hrsg.), Law in the Middle East, Bd. 1, Washington D.C. 1955, S. 292–308.
Planiol, Marcel/Ripert, Georges/Esmain, Paul	Traité pratique de droit civil français, Bd. 6 und 7: Obligations (1re partie und 2e partie), Paris 1952 und 1954 (zit.: „Planiol/Ripert/ Esmain, Traité").
Polhausen, Carlo	Kleiner Leitfaden zur juristischen Recherche in Ägypten, abrufbar unter http://www.gair.de/wp-content/uploads/2011/03/Pohlhausen-Rechercheleitfaden-%C3%84gypten.pdf
Price, Richard/ Al Tamimi, Essam	United Arab Emirates Court of Cassation Judgements 1989–1997, The Hague (u. a.) 1998.
Pritsch, Erich/ Spies, Otto	Der islamische Werkliefervertrag – nach al-Kāsānī ZVglRWiss 1953, S. 47–75.

Al-Qasem, Anis — The Injurious Acts under the Jordanian Civil Code, ALQ 3 (1989), S. 183–198.

Al-Rawi, A.J. — Principles of Islamic Law of Contracts, Geo. Wash. L. Rev. 22 (1953–54), S. 32–39.

Rayner, Susan E. — The Theory of Contracts in Islamic Law, London 1991.

Redha, Abdul Rasul Abdul — The Principle of Pacta Sunt Servanda and Liability for Hidden Defects, Arab Comparative & Commercial Law 1 (1987), S. 59–84.

Remien, Oliver — Zwingendes Vertragsrecht und die Grundfreiheiten des EG-Vertrages, Tübingen 2003.

Ripert, Georges/ Boulanger, Jean — Traité de droit civil d'après le traité de Planiol, Bd. 2: Obligations (contrat, responsabilité) – droits réels (bien propriété), Paris 1957 (zit.: „Ripert/Boulanger, Traité“).

Rohe, Mathias — Das islamische Recht, München 2011.

El-Saghir, Hossam A. — The Interpretation of the CISG in the Arab World, in: Janssen, André/Meyer, Ola (Hrsg.), CISG Methodology, München 2008, S. 355–374.

Saleh, Nabil A. — Civil Codes of the Arab Countries: The Sanhuri Codes, ALQ 8 (1993), S. 161–167.

Remedies for Breach of Contract under Islamic and Arab Laws, ALQ 4 (1989), S. 269–290.

The Law Governing Contracts in Arabia, ICLQ 38 (1989), S. 761–787.

Unlawful Gain and Legitimate Profit in Islamic Law – riba, gharar and Islamic Banking, London u. a. 1992 (zit.: „Saleh, Unlawful Gain and Legitimate Profit in Islamic Law“).

Saleh, Samir — Commercial Arbitration in the Arab Middle East: A Study in Sharīʼa and Statute Law, London 1984.

Sanusi, Mahmood M. — The Penalty Clause and the Permissible Ways of Securing Repayment from a Solvent Debtor to Compensate for Damage of Delinquency, IIUM Law Journal 6 (1998), S. 129–142.

Sarie-Eldin, Hani — Operation of FIDIC Civil Engineering Conditions in Egypt and other Arab Middle Eastern Countries, International Lawyer 28 (1994), S. 951–972.

Schacht, Joseph — An Introduction to Islamic Law, Oxford 1986.

Grundzüge des islamischen Rechts, Berlin (u. a.) 1935 (ursprünglich von Bergsträsser, Gotthelf).

Schmidt, Wolfgang — Das öffentliche Beschaffungswesen in den arabischen Golfstaaten, in: Böhmer, Henning von (Hrsg.), Deutsche Unternehmen in den arabischen Golfstaaten – Leitfaden für die Rechts- und Wirtschaftspraxis, Stuttgart 1990, S. 135–168 (zit.: „Schmidt, Deutsche Unternehmen in den arabischen Golfstaaten“).

Schöne, Malve — Leistungs- und Zahlungsverzögerung im deutschen und englischen Privatrecht – Ein Rechtsvergleich mit Ausblicken auf eine europäische Privatrechtsvereinheitlichung, Berlin 2005.

Schultze, Christian — Die zivilrechtliche Produkthaftung nach ägyptischem Recht – mit Vergleichen zum deutschen Recht, Frankfurt am Main (u. a.).

Shalakany, Amr — Between Identity and Redistribution: Sanhuri, Genealogy and the Will to Islamise, Islamic Law and Society 2 (2001), S. 201–244.

Sanhuri and the Historical Origins of Comparative Law in the Arab World – Or How Sometimes loosing your asalah can be Good for You, in: Riles, Annelise (Hrsg.), Rethinking the Masters of Comparative Law, Oxford (u. a.) 2001, S. 152–189.

The Application of the FIDIC Civil Engineering Conditions in a Civil Law System Country: A Comparison of Legal Concepts and Solutions, ICLR 6 (1989), S. 266–278.

Soumrany, Ibrahim/ Khalaf, Karim — Construction, in: Business Law of Saudi Arabia, Abschnitt 10:1–10:31, o. A. 2011, abrufbar unter www.westlawgulf.com

Stigall, Dan E. — Iraqi Civil Law: Its Sources, Substance, and Sundering, Journal of Transnational Law & Policy 16 (2006), S. 1–72.

Stovall, Howard L. — Product Liability Law in Egypt: An Overview of Some Civil and Commercial Code Rules, ALQ 19 (2004), S. 277–285.

Sunna, Edward/ As-Saadoon, Omar — FIDIC in the Middle East, Tamimi Law Update 193 (2007), S. 21–23.

As-Suwaidi, Ahmed — Developments of the Legal Systems of the Gulf Arab States, ALQ 8 (1993), S. 289–301.

Trappe, Johannes/ Meyer-Reumann, Rolf — Vertrags- und Schari'a Recht in den arabischen Golfstaaten, in: Böhmer, Henning von (Hrsg.), Deutsche Unternehmen in den arabischen Golfstaaten – Leitfaden für die Rechts- und Wirtschaftspraxis, Stuttgart 1990, S. 199–236 (zit.: „Trappe/Meyer-Reumann, Deutsche Unternehmen in den arabischen Golfstaaten").

Treitel, Guenther H. — Law of Contracts, London 1995.

Turck, Nancy B. — Resolution of Disputes in Saudi Arabia, ALQ 6 (1991), S. 3–32.

Twal, Ghazi — Königreich Saudi Arabien und seine wichtigsten Gesetze, Riad 2003.

Tyan, Emile — La prescription, Beirut 1977.

Vogel, Frank E. — Contract Law of Islam and the Arab Middle East, in: von Mehren, Arthur (Hrsg.), Contracts in General, International Encyclopedia of Comparative Law Vol. 7, Dordrecht (u. a.) 2006, S. 3–76.

Islamic Law and Legal System: Studies of Saudi Arabia, Leiden 2000 (zit.: „Vogel, Islamic Law").

Vogel, Frank E./ Hayes, Samuel L. — Islamic Law and Finance – Religion, Risk and Return, The Hague (u. a.) 1998 (zit.: „Vogel/Hayes, Islamic Law and Finance").

Wallmann, Marcus — Has Product Liability landed in the UAE?, Al Tamimi Law Update 186 (2006), S. 6–8.

Wehberg, Hans — Pacta Sunt Servanda, the American Journal of International Law 53 (1959), S. 775–786.

Weill, Alex/ Terré, François — Droit civil, Bd. 4, Paris 1986.

Wendler, Wolf-Dieter — Haftung und Haftungsbegrenzungen im internationalen Anlagengeschäft und ihre Auswirkungen auf den Subunternehmer, in: Nicklisch, Fritz/ Bauer, Miklós (Hrsg.), Der Subunternehmer bei Bau und Anlagenverträgen im In- und Auslandsgeschäft, Heidelberg 1985, S. 47–75.

Wichard, Johannes Christian — Zwischen Markt und Moschee – Wirtschaftliche Bedürfnisse und religiöse Anforderungen im frühen islamischen Vertragsrecht, Paderbon (u. a.) 1995.

Wiegand, Wolfgang — Americanization of Law: Reception or Convergence, in Friedman, Lawrence M./Scheiber, Harry M. (Hrsg.): Legal Culture and the Legal Profession, Boulder, Colorado 1996, S. 137–152.

Wilner, Gabriel M.	The Mixed Courts of Egypt: A Study on the Use of Natural Law and Equity, Georgia Journal of International and Comparative Law 5 (1975), S. 407–430.
Yanagihashi, Hiroyuki	A History of the Early Islamic Law of Property - Reconstructing the Legal Development, 7th–9th Centuries, Leiden (u. a.) 2004.
El-Zahraa, Mahdi/Ghith, Aburima Adullah	Specific performance under the Vienna Sales Convention, English Law and Libyan Law, ALQ 15 (2000), S. 304–332.
Zaki, Mustafa	The Treatment of Exemption Clauses by Sudanese Courts II, J.A.L. 12 (1968), S. 146–172.
Ziadeh, Farhat	Property Law in the Arab World: Real Rights in Egypt, Iraq, Jordan, Lebanon, Libya, Syria, Saudi Arabia and the Gulf States, London 1979.
Zimmermann, B	Grundriss des Handelsrechts der Arabischen Republik Ägypten, Berlin 1986.
Zweigert, Konrad/Kötz, Hein	Einführung in die Rechtsvergleichung auf dem Gebiete des Privatrechts, Bd. 1, Tübingen 1984.

Bücher und Aufsätze auf Arabisch

أبو البصل, عبد الناصر موسى	النظرية العامة للعقد, دراسات في فقه القانون المدني الأردني, Amman 1999.
أبو جزر, محمد يوسف	الجزاءات والضمانات في عقد التوريد في الفقه الإسلامي, Gaza 2012
أبو حسن, ربيع ناجع راجح	مسؤولية المتبوع عن فعل تابعة في مشروع القانون المدني الفلسطيني, دراسة مقارنة, Nablus 2008.
أبو السعود, رمضان	مبادئ الإلتزام في القانون المصري و اللبناني, o. A., 1984.
	مصادر الإلتزام, النظرية العامة للإلتزام, Alexandria 2002 (zit.: „أبو السعود, النظرية العامة للإلتزام“).
أبو ليلي, طارق محمد مطلق	التعويض الاتفاقي في القانون المدني, دراسة مقارنة, Nablus 2007.
أبو عرابي, غازي	سلطة القاضي في تعديل الشرط الجزائي في القانون المدني الأردني, دراسة مقارنة, مجلة دراسات علوم الشريعة والقانون 1 (1998), S. 47–62.
أحمد, ابراهيم سيد	المسؤولية المدنية, Kairo 2006.
الأهواني, حسام الدين	النظرية العامة للإلتزام, Bd. 1, o. A. 1995.
باز, سليم رستم	شرح المجلة, Bd. 1, Beirut o. D.
البشرى, طارق	الوضع القانوني بين الشريعة الإسلامية و, في المسألة الإسلامية المعاصرة, القانون الوضعي, Kairo 1996.

بن قيم الجوزية	إعلام الموقعين عن رب العالمين, Bd. 1, Kairo 1325 H. (1907).
بن تيمية	مجمعات فتاوى, Bd. 3, Kairo 1326–1329 H. (1908–1911).
البنا, محمود عطيف	العقود الإدارية, Riad 1405 H.
تناغو, سمير عبد السيد	عقد البيع, Alexandria 1980.
الجبوري, يسين محمد	الوجيز في شرح القانون المدني الأردني, Bd. 1, 2, Amman 2008 (zit.: „الجبوري, الوجيز“).
الجزيري, عبد الرحمان	كتاب الفقه على المذاهب الأربعة, Bd. 2, Kairo 1987.
جمعه, عبد الرحمن أحمد	الوجيز في شرح القانون المدني الأردني, عقد البيع, Amman 2005.
حلمي, محمد	العقد الإداري, Kairo 1974.
الحموي, أسامة	الشرط الجزائي وسلطة القاضي في تعديله, دراسة مقارنة في الفقه الإسلامي والقانون, Damaskus 1997.
حيدر, علي	شرح مجلة الأحكام, Bd. 1, Beirut o. D.
الخفيف, علي	الضمان في الفقه الإسلامي, Bd. 1, Kairo 1971 (zit.: „الخفيف, الضمان“).
خوالده, أحمد مفلح	شرط الإعفاء من المسؤولية العقدية, دراسة مقارنة, Amman 2011.
الدريني, فتحي	النظرية الفقهية, Damaskus 1997.
الزحيلي, وهبات	العقود المسماة في قانون المعاملات المدنية الإماراتي والقانون المدني الأردني, Amman o. D.
الزرقا, مصطفى بن أحمد	هل يقبل شرعا الحكم على المدين المماطل بالتعويض على الدائن, مجلة الإقتصاد الإسلامي 2 (1405 H.), S. 89–97.
زكي, محمود جمال الدين	مشكلات المسؤولية المدنية, Kairo, Bd. 1 1978, Bd. 2 1990.
سراج, محمد أحمد	ضمان العدوان في الفقه الإسلامي, Beirut 1993.
السرحان, عدنان إبراهيم	العقود المسماة, المقاولة - الوكالة - الكفالة, Amman 2009.
السرحان, عدنان إبراهيم/ خاطر, حمد نوري	شرح القانون المدني, مصادر الحقوق الشخصية, الإلتزامات, دراسة مقارنة, Amman 2009.
سعد, نبيل إبراهيم	النظرية العامة للإلتزام, أحكام الإلتزام, Bd. 1, Alexandria 2003.
سلطان, أنور	النظرية العامة للإلتزام, أحكام الإلتزام, Alexandria 1997 (zit.: „سلطان, النظرية العامة للإلتزام“).
	مصادر الإلتزام في القانون المدني, دراسة مقارنة بالفقه الإسلامي, Amman 2011 (zit.: „سلطان, مصادر الإلتزام“).
سماره, عبد العزيز عبد الحميد عادل	مسؤولية المقاول والمهندس عن ضمان متانة البناء في القانون المدني الأردني, «دراسة مقارنة», Nagah 2007.
السنهوري, عبد الرزاق	الوسيط في شرح القانون المدني, Bd. 1–7 (1), Beirut o. D. (zit.: „السنهوري, الوسيط“).
	مصادر الحق في الفقه الإسلامي, Bd. 1–6, Kairo o. D. (zit.: „السنهوري, مصادر الحق“).
سوار, محمد وحيد الدين	الإتجاهات العامة في القانون المدني, Amman 2001 (zit.: „سوار, الإتجاهات“).
	مصادر الإلتزام, Bd. 1, Damaskus 1978.

جلال الدين ,السيوطي	الآشباه و النظائر, Beirut 1983.
جميل ,الشرقاي	شرح العقود المدنية البيع والمقايضة, Kairo 1991.
أحكام الآلتزام ,النظرية العامة للإلتزام, Kairo 1976.
زكيالدين ,شعبان	2 مجلة الحقوق والشريعة ,الشرط الجزائي في الشريعة والقانون (1977), S. 119–140.
محمد مصطفى ,شلبي	المدخل في التعريف بالفقه الآسلامي ,وقواعد الملكية والعقود, Beirut o. D.
محمدلبيب ,شنب	شرح احكام عقد المقاولة في ضوء الفقه والقضاء, Kairo 1992.
قدرى عبد الفتاح ,الشهاوى	عقد المقاولة في التشريع المصري والمقارن, Alexandria 2004.
بن محمد آل سليمان ,الشهري	الشرط الجزائي وتطبيقاته في المحكمة الكبرى وديوان المظالم بمدينة الرياض, Riad 1418 H.
مصلح ,الصرايرة	بالعقود الإدارية الخاضعة لنظام الأشغال الحكومية رقم 71 لأحكام الخاصة 1986 لسنة, o.A., abrufbar unter http://www.alhson.com/files/%D9%85%D9%83%D8%AA%D8%A8%D8%A9%20%D8%A7%D9%84%D9%85%D9%88%D9%82%D8%B9%20/a16.pdf
الصديق محمد الأمين ,الضرير	2 مجلة مجمع الفقه الأسلامي ,الشرط الجزائي, Teil 2, S. 50–67.
أنور ,طلبة	المسؤولية المدنية, Bd. 1–3, Azarita (u. a.) 2005.
المطول في شرح القانون المدني, Bd. 4, Azarita (u. a.) o. D. (zit.: „المطول ,طلبة").
دعوى التعويض, Azarita (u. a.) 2005.
سليمان بن محمد ,الطماوي	دراسة مقارنة ,الأسس العامة للعقود الأدارية, Kairo 1991.
عاطف محمدعبد ,طيف	امتيازات الأدارة في قانون المناقصات والمزايدات, Kairo 2009.
مصطفى ,عبد الجواد	نظرية العقد و الأرادة ,المصادر الأدارية للإلتزام ,مصادر الألتزام المنفردة, al-Mahalla al-Kubra 2005.
عبد الله ,عمر السيد أحمد	دراسة مقارنة بالفقه ,نظرية العقد في قانون المعاملات المدنية الأمارتي الأسلامي, Kairo 1995.
منصورإبراهيم ,العتوم	مقارنة دراسة تحليلية ,النظام القانوني لغرامة التاخير في العقود الأدارية, 53 (1434 H.), S. 343–395. مجلة الشريعة والقانون
بلحاج ,العربي	دراسة مقارنة ,أحكام الالتزام في ضوء الشريعة الإسلامية, Amman 2012.
بهاءالدين ,العلايلي	موازنة و مقارنة ,النظرية العامة للعقود في الفقه الأسلامي و القانون ,مذهب الفقه الأسلامي بخاصة الفقه الحنبلي ,دراسة, Riad, Bd. 2, 1428 H. (2008) (zit.: „النظرية العامة للعقود ,العلايلي").
محمد عبد الرحمن ,عنبر	الوجيز في عقد المقاولة والتوكيلات التجارية, Kairo 1987.
عبد العزيز مقبل ,العيسائي	شرط الإ عفاء من المسؤولية المدنية في كل من القانون المدني الأردني و اليمني ,دراسة مقارنة, Amman 1998.
عبد القادر ,الفار	آثار الحق في القانون المدني ,أحكام الألتزام, Amman 2008.
عليوة مصطفى ,فتح الباب	الموسوعة العملية في المناقصات والمزايدات وعقود الجهات الأدارية, Kairo 1999.

منذر عبد الحسين, الفضل	النظرية العامة للإلتزام في القانون المدني الأردني, Amman 2011.
أحمد بن عبد الله, القاري	مجلة الأحكام الشرعية, Djidda 1996 (Ursprünglich herausgegeben von أبو سليمان und علي, Mekka 1981).
زياد شفيق حسن, قرارية	عقد المقاولة في الفقه الإ سلامي وما يقابله في القانون المدني, Nagah 2004.
علاء الدين بن سعود, الكاساني	بدائع الصنائع في ترتيب الشرائع, Bd. 5, 6 Kairo 1910 (zit.: „بدائع, الكاساني“).
عامر محمود, الكسواني	أحكام الألتزام, أثار الحق في القانون المدني, دراسة مقارنة Amman 2008.
عبد الرشيد, مأمون	المسئولية العقدية عن فعل الغير, Kairo 1986.
محمد, محمود	التعليق على قانون المعاملات المدنية لدولة الإمارات العربية المتحدة, مقارنا بتقنيات البلاد العربية, Bd. 1, 2, Abu Dhabi 2005 (zit.: „التعليق, محمود“).
حسن, محيو	القانون المدني, محاضرات في المدخل الى علم القانون, Beirut 1993/1994.
محمد كامل, مرسي باشا	شرح القانون المدني الجديد العقود المسماة, Bd. 4, o. A. 1953.
سليمان, مرقس	الوافى في شرح القانون المدني, Kairo 1988/1990/1992 (zit.: „الوافى, مرقس“).
عبد الملك منصور, مصعبي	الضمان في الفقه الإسلامي o. A.
محمد حسين, منصور	ضمان صلاحية المبيع للعمل مدة معلومة, Alexandria o. D.
عمار, نصار	مدونة القانون المدني المصري, Kairo 2007
أحمد سليم فريز, نصرة	الشرط المعدل للمسؤولية العقدية في القانون المدني المصري, Nablus 2006.
بكر بن عبد اللطيف, الهبوب	المسؤولية العقدية, مجلة القضائية 3(1432), S. 278–318.
عبد النامر توفق, هطار	البداية, شرح أحكام البيع, o. A.
زهدي, يكن	شرح قانون الموجبات والعقود مع مقارنته بلاقوانين الحديثة والشريعة الإسلامية, Bd. 5, Beirut, o. D. (zit.: „شرح, يكن“).
محمد بن عبد العزيز, اليمني	دراسة فقهية مقارنة, الشرط الجزائي وأثره في العقود المعاصرة, Riad 2007.

Leitfäden und Wirtschaftshandbücher

Arab-German Chamber of Commerce	Saudi Arabien – Wirtschaftshandbuch (zit.: „Ghorfa, Saudi Arabien – Wirtschaftshandbuch“), Berlin 2008, abrufbar unter http://www.ghorfa.de/fileadmin/Wirtschaftshandbuch/BusinessGuide-SaudiArabia.pdf
Saudi Arabian General Investment Authority	The Legal Guide to Investment in Saudi Arabia, Chapter 3 (zit.: „SAGIA, Legal Guide“), o.A., abrufbar unter http://alandaluslaw.com/library/LegalData2/Additional_Regs/sagiacircular/legal04%20Revised.pdf

Gutachten

هيئة كبار العلماء — الشرط الجزائي, مجلة البحوث الإسلامية 2 (1395–1396), S. 59–144 (zit.: „Gutachten des Rats der Islamgelehrten, مجلة البحوث الإسلامية 2 (1395–1396 H.)“), abrufbar unter http://www.alifta.net/Fatawa/FatawaChapters.aspx?lang=ar&Type=Index3&IndexItemID=10403&-SecItemHitID=11459&ind=7&indtype=1&View=Page&PageID=245&PageNo=1&BookID=2&languagename=

Entscheidungssammlungen

Board of Grievances Entscheidungssammlung — ملحص لبعض للأسباب الواردة في أحكام ديوان المظالم التي تناولت التعويض عن الأضرار التي تصيب المتعاقد مع الجهة الحكومية موضوع, zur Verfügung gestellt von Mohammad Al-Ammar, Rechtsanwalt, KSLAW (zit.: „ملحص لبعض للأسباب الواردة في أحكام ديوان المظالم“).

Gesetzesbegründungen

نبيل, طارق شفيق (Hrsg.) — المذكرات الايضاحية للقانون المدني الأردني, Amman, Bd. 1 1976, Bd. 2 1977 (zit.: „JZGB-Gesetzesbegründung“).

دولة الإمارات العربية المتحدة, وزارة العدل — المذكرات الايضاحية لقانون المعاملات المدنية الصادر بالقانون الإتحادي رقم 5 لسنة 1985 م المعدل بالقانون الإتحادي رقم 1 لسنة 1987 م, Abu Dhabi o. D. (zit.: „VAEZGB-Gesetzesbegründung“).

Musterverträge

Der jordanische Standardvertrag ist unter http://gtd.gov.jo/?page=ar/legislation/category/167/%D8%A7%D9%84%D8%B9%D9%82%D9%88%D8%AF-%D8%A7%D9%84%D9%87%D9%86%D8%AF%D8%B3%D9%8A%D8%A9.html abrufbar.

Das jordanische Handbuch für Bauprojekte aus dem Jahr 2010 ist unter http://gtd.gov.jo/?page=ar/legislation/category/167/%D8%A7%D9%84%D8%B9%D9%82%D9%88%D8%AF-%D8%A7%D9%84%D9%87%D9%86%D8%AF%D8%B3%D9%8A%D8%A9.html abrufbar.

Der dubaier Standardvertrag für Bauprojekte ist unter http://login.dm.gov.ae/wps/wcm/connect/d7d0088046b-821da8598e5cd2513503e/GCC1999_2.pdf?MOD=A-JPERES abrufbar.
Der saudische Standardvertrag ist unter http://www.saudiembassy.net/files/PDF/ContractPublicWorks05.pdf abrufbar.

Interviews und Korrespondenz des Verfassers

Dr. Sven Klaiber, Rechtsanwalt, ehemals Amereller Rechtsanwälte, Dubai, Interview mit dem Verfasser, 28.4.2011, Dubai.
Dr. Ingy Rasekh, Rechtsanwältin, MENA Associates, Kairo, Interview mit dem Verfasser, 27.5.2011, München.
Dr. ʿImād ad-Dīn Bašīr ʾdam Faḍl, Rechtsanwalt, The Law Firm of Mohamed Al-Sharif, Interview mit dem Verfasser, 11.12.2012, Riad.
Moḥammad Ṣāliḥ az-Zubaīr, Rechtsanwalt, Saud M.A. Shawwaf, Attorneys & Consultants at Law, Interview mit dem Verfasser, 12.12.2012, Riad.
Prof. Ayoub al-Jarbou, Professor für Verwaltungsrecht, Rechtsabteilung des Institute of Public Administration in Riad, Interview mit dem Verfasser, 13.12.2012, Riad. Antworten auf schriftliche Fragen des Verfassers, Schreiben vom 9.11.2012 und 13.12.2012.

Anhang: Auszüge der relevanten Gesetzestexte

Die folgenden Übersetzungen von einzelnen Vorschriften arabischer Zivilgesetzbücher sind die des Verfassers.

1. ÄZGB und ÄHGB

a. ÄZGB

- **149 ÄZGB**
  Falls ein Adhäsionsvertrag Bedingungen enthält, die [eine der Vertragsparteien] *einseitig bevorteilen, ist es dem Richter nach dem Grundsatz der Billigkeit gestattet, dass er diese Bedingung abändert oder die benachteiligte Partei von dieser befreit. Jede* [vertragliche] *Vereinbarung, die diesen Grundsatz verletzt, ist nichtig.*

- **Art. 217 ÄZGB**
  [...]
  (2) Es ist darüber hinaus gestattet, zu vereinbaren, den Schuldner von jeder Haftung für die Nichterfüllung seiner vertraglichen Verpflichtungen zu befreien, es sei denn, es liegt Betrug oder ein schwerer Fehler vor. Dagegen ist es erlaubt, zu vereinbaren, dass der Schuldner auch von der Haftung für Betrug und einen schweren Fehler befreit wird, die von Personen begangen werden, die er bei der Erfüllung seiner Verpflichtung einsetzt.
  (3) Jede Bedingung, die darauf abzielt, den Schuldner von seiner Haftung für ungesetzliche Handlungen zu befreien, ist nichtig.

- **Art. 223 ÄZGB**
  Es ist den Vertragsparteien gestattet, die Höhe des Schadensersatzes entweder im Voraus im Vertrag oder durch nachträgliche Vereinbarung zu begrenzen; in diesem Fall finden die Regelungen der Artikel 215 bis 220 [ÄZGB] *Anwendung.*

- **Art. 224 ÄZGB**
  (1) Der vereinbarte Schadensersatz kann nicht gefordert werden, wenn der Schuldner beweist, dass der Gläubiger keinen Schaden erlitten hat.

(2) *Der Richter kann diesen Schadensersatz senken, wenn der Schuldner beweist, dass die Einschätzung zu einem groben Grad übertrieben gewesen ist, oder, dass er seine grundlegende Verpflichtung teilweise erfüllt hat.*
(3) *Jede* [vertragliche] *Vereinbarung, die von den beiden vorherigen Abschnitten abweicht, ist nichtig.*

- **Art. 225 ÄZGB**
  Falls der Schaden den Wert des vereinbarten Schadensersatzes übersteigt, kann der Gläubiger nur mehr [Schadensersatz] *fordern, vorausgesetzt er beweist, dass der Schuldner betrügerisch oder mit schwerem Fehler gehandelt hat.*

- **Art. 388 ÄZGB**
  (1) *Es ist nicht gestattet, auf [den Einwand der] die Verjährung zu verzichten, bevor dieses Recht entstanden ist; ebenso wenig ist es erlaubt, eine Verjährung*[sdauer] *zu vereinbaren, die von der im Gesetz vorgesehenen Dauer abweicht.*
  [...].

- **Art. 453 ÄZGB**
  Es ist den Vertragsparteien gestattet, durch gesonderte Vereinbarung die [kaufrechtliche] *Gewährleistung zu erhöhen, zu beschränken oder auszuschließen. Jede Beschränkung oder jeder Ausschluss der* [kaufrechtlichen] *Gewährleistung ist jedoch nichtig, falls der Verkäufer absichtlich und auf betrügerische Art und Weise den Mangel versteckt.*

- **Art. 653 ÄZGB**
  Jede Bedingung, die darauf abzielt, den Architekten und den Werkunternehmer von Ihrer Haftung zu befreien oder diese zu begrenzen, ist nichtig.

b. ÄHGB

- **Art. 67 ÄHGB**
  [...]
  (6) *Jede Bedingung oder Erklärung, welche den Hersteller oder den Lieferanten von* [seiner] *Haftung befreien soll oder die Verjährung begrenzen oder verringern soll, ist nichtig.*

2. JZGB und VAEZGB

- **Art. 204 JZGB/Art. 248 VAEZGB**
  Falls ein Adhäsionsvertrag Bedingungen enthält, die [eine der Vertragsparteien] *einseitig bevorteilen, ist es dem Gericht* [VAEZGB: dem Richter] *nach dem Grundsatz der Billigkeit gestattet, dass es* [VAEZGB: er] *diese Bedingung abändert oder es* [im VAEZGB: er] *die benachteiligte Partei von dieser befreit. Jede* [vertragliche] *Vereinbarung, die diesen Grundsatz verletzt, ist nichtig.*

- **Art. 270 JZGB/Art. 296 VAEZGB**
  Jede Bedingung, die darauf abzielt, die Haftung für schädigende Handlungen aufzuheben, ist nichtig.

- **Art. 358 JZGB/Art. 383 VAEZGB**
  (1) Falls das, zu was sich der Schuldner verpflichtet hat, [...] in der Ausübung einer bestimmten Sorgfalt bei der Erfüllung seiner Verpflichtung besteht, wird er von seiner Verpflichtung befreit, vorausgesetzt, er wendet die Sorgfalt an, die eine vernünftige Person [in seiner Position] *anwenden würde, unabhängig davon, ob das beabsichtigte Ziel erreicht wird, es sei denn, das Gesetz oder eine* [vertragliche] *Vereinbarung sieht etwas anderes vor.*
  (2) In jedem Fall haftet der Schuldner weiterhin, falls ihm Betrug oder ein schwerer Fehler zu Last gelegt werden kann.

- **Art. 364 JZGB/Art. 390 VAEZGB**
  (1) Es ist den Vertragsparteien gestattet, die Höhe des Schadensersatzes im Voraus im Vertrag oder durch nachträgliche Vereinbarung unter Beachtung der gesetzlichen Regelungen festzulegen.
  (2) Es ist dem Richter immer gestattet, diese Vereinbarung dadurch abzuändern, dass er den Schadensersatz dem tatsächlich eingetretenen Schaden anpasst, vorausgesetzt eine der Vertragsparteien stellt einen entsprechenden Antrag. Jede entgegengesetzte [vertragliche] *Vereinbarung ist nichtig.*

- **463 JZGB/487 VAEZGB**
  (1) Es ist nicht gestattet, sich der Einwendung der Nichterlaubnis der Geltendmachung eines Anspruchs wegen Zeitablaufs zu begeben, bevor das Recht dieser Einwendung entstanden ist, und es ist auch nicht gestattet, eine [vertragliche] *Vereinbarung zu treffen, die es erlaubt, einen Anspruch nach* [Ablauf] *einer im Gesetz vorgegebenen Dauer geltend zu machen.*
  [...].

- **514 JZGB/545 VAEZGB**

  Der Verkäufer haftet nicht für alte Mängel unter folgenden Voraussetzungen:

  [...]

  (4) Falls der Verkäufer die Sache unter der Bedingung verkauft, dass er nicht für Mängel oder einen speziellen Mangel haftet, es sei denn, er versteckt den Mangel absichtlich oder hält den Käufer davon ab, den Mangel zu entdecken.

- **790 JZGB/882 VAEZGB**

  Jede Bedingung ist nichtig, welche darauf abzielt, den Werkunternehmer oder den Architekten von seiner Haftung zu befreien oder diese zu beschränken.

3. Sudanesisches Gesetz über zivilrechtliche Rechtsgeschäfte („SZGB")

- **Art. 120 SZGB**

  (1) Ohne Auswirkung auf die generellen Regelungen in Art. 119 [des SZGB] *ist es den Vertragsparteien gestattet, die Haftung auszuschließen oder diese zu begrenzen. [...]*

  [...]

  (4) Dem Gericht ist es stets – vorausgesetzt es ist von einer Notwendigkeit überzeugt – gestattet, die Anwendung des Haftungsausschlusses oder der Haftungsbeschränkung abzulehnen, falls sie diese als klaren Verstoß gegen die Natur des Vertrags oder als eindeutige Ungerechtigkeit gegenüber der [Vertrags-]*Partei, gegenüber der sie geltend gemacht wird, ansieht, oder ein Ausschluss* [der anderen Vertragspartei] *die Rechte nimmt, wegen derer sie den Vertrag abgeschlossen hat, oder ein Verstoß gegen das Gesetz oder die öffentliche Ordnung vorliegt.*

STUDIEN ZUM VERGLEICHENDEN UND INTERNATIONALEN RECHT

Herausgeber: Bernd von Hoffmann (†), Erik Jayme und Heinz-Peter Mansel

Band 1 Ferdinand Henke: Die Datenschutzkonvention des Europarates. 1986.

Band 2 Peter Czermak: Der express trust im internationalen Privatrecht. 1986.

Band 3 Peter Kindler: Der Ausgleichsanspruch des Handelsvertreters im deutsch-italienischen Warenverkehr. Eine rechtsvergleichende und kollisionsrechtliche Untersuchung. 1987.

Band 4 Wilhelm Denzer: Stellung und Bedeutung des Engineers in den FIDIC-Bauvertragsbedingungen. 1988.

Band 5 Marijan-Maximilian Lederer: Die internationale Enteignung von Mitgliedschaftsrechten unter besonderer Berücksichtigung der französischen Enteignungen 1982. 1989.

Band 6 Rainer Esser: Klagen gegen ausländische Staaten. 1990.

Band 7 Chang Jae-Ok: Auf dem Weg zu einer Materialisierung des Immateriellen? Personen-, Persönlichkeitsschutz und Geldersatz des immateriellen Schadens in rechtsvergleichender Hinsicht am Beispiel des koreanischen und japanischen Zivilrechts unter besonderer Berücksichtigung des deutschen Rechts. 1990.

Band 8 Paul-Frank Weise: Lex mercatoria. Materielles Recht vor der internationalen Handelsschiedsgerichtbarkeit. 1990.

Band 9 Werner Born: Der Auftrittsvertrag für Musikgruppen im Bereich der Rock- und Popmusik. 1990.

Band 10 Ralf Erich Jürgens: IPR und Verfassung in Italien und in der Bundesrepublik Deutschland. 1990.

Band 11 Rainer Gildeggen: Internationale Schieds- und Schiedsverfahrensvereinbarungen in Allgemeinen Geschäftsbedingungen vor deutschen Gerichten. 1991.

Band 12 Klaus Grabinski: Die kollisionsrechtliche Behandlung des Durchgriffs bei rechtlich verselbständigten Unternehmen in privater oder öffentlicher Hand. 1991.

Band 13 Dieter Stummel: Konkurs und Integration. Konventionsrechtliche Wege zur Bewältigung grenzüberschreitender Insolvenzverfahren. 1991.

Band 14 Joachim Güntzer: Die Rechtsstellung des Geschäftsführers im spanischen Aktienrecht. Die Neuregelung des spanischen Aktienrechts nach dem Beitritt Spaniens zur EG. 1991.

Band 15 Sabine Isenburg-Epple: Die Berücksichtigung ausländischer Rechtshängigkeit nach dem Europäischen Gerichtsstands- und Vollstreckungsübereinkommen vom 27.9.1968. Untersuchungen zum Anwendungsbereich von Art. 21 EuGVÜ unter schwerpunktmäßiger Behandlung der Frage nach der Bestimmung eines europäischen Streitgegenstandsbegriffs. 1992.

Band 16 Ulrich Nickl: Die Qualifikation der culpa in contrahendo im Internationalen Privatrecht. 1992.

Band 17 Theo Rauh: Leistungserschwerungen im Schuldvertrag. Eine rechtsvergleichende Untersuchung des englischen, US-amerikanischen, französischen und deutschen Rechts unter besonderer Berücksichtigung der gerichtlichen Praxis. 1992.

Band 18 Bernadette Chaussade-Klein: Vorvertragliche "obligation de renseignements" im französischen Recht. 1992.

Band 19 Josef Sievers: Verbraucherschutz gegen unlautere Vertragsbedingungen im französischen Recht. Vom Code civil zum "Code de la consommation" – die Entstehung eines Sonderprivatrechts für Verbraucher. 1993.

Band 20 Achim Schäfer: Grenzüberschreitende Kreditsicherung an Grundstücken, unter besonderer Berücksichtigung des deutschen und italienischen Rechts. 1993.

Band 21 Eugenio Hernández-Breton: Internationale Gerichtsstandsklauseln in Allgemeinen Geschäftsbedingungen. Unter besonderer Berücksichtigung des deutsch-südamerikanischen Rechtsverkehrs (dargestellt am Beispiel Argentinien, Brasilien und Venezuela). 1993.

Band 22 Ingo Reng: Unterhaltsansprüche aufgrund nichtehelicher Lebensgemeinschaft – Internationales Privatrecht und ausländisches materielles Recht. 1994.

Band 23 Stefanie Roloff: Die Geltendmachung ausländischer öffentlicher Ansprüche im Inland. 1994.

Band 24 Katharina Ludwig: Der Vertragsschluß nach UN-Kaufrecht im Spannungsverhältnis von Common Law und Civil Law. Dargestellt auf der Grundlage der Rechtsordnungen Englands und Deutschlands. 1994.

Band 25 Malte Diesselhorst: Mehrparteienschiedsverfahren. Internationale Schiedsverfahren unter Beteiligung von mehr als zwei Parteien. 1994.

Band 26 Manfred Kost: Konsensprobleme im internationalen Schuldvertragsrecht. 1995.

Band 27 Wolff-Heinrich Fleischer: Das italienische Wettbewerbsrecht und die Probleme des selektiven Parfümvertriebs unter Berücksichtigung der Rechtslage in Frankreich und Deutschland. 1995.

Band 28 Angelika Fuchs: Lateinamerikanische Devisenkontrollen in der internationalen Schuldenkrise und Art. VIII Abschn. 2 b) IWF-Abkommen. 1995.

Band 29 Jacques Matthias Aull: Der Geltungsanspruch des EuGVÜ: "Binnensachverhalte" und Internationales Zivilverfahrensrecht in der Europäischen Union. Zur Auslegung von Art. 17 Abs. 1 S. 1 EuGVÜ. 1996.

Band 30 Hartmut Ost: EVÜ und fact doctrine. Konflikte zwischen europäischer IPR-Vereinheitlichung und der Stellung ausländischen Rechts im angelsächsischen Zivilprozeß. 1996.

Band 31 Stefan Wagner: Die Testierfähigkeit im Internationalen Privatrecht. 1996.

Band 32 Wolfgang Jakob Hau: Positive Kompetenzkonflikte im Internationalen Zivilprozeßrecht. Überlegungen zur Bewältigung von *multi-fora disputes*. 1996.

Band 33 Markus Schütz: UN-Kaufrecht und *Culpa in contrahendo*. 1996.

Band 34 Volker Geyrhalter: Das Lösungsrecht des gutgläubigen Erwerbers. Ein "vergessener" Kompromiß und die Auswirkungen auf das heutige deutsche Recht unter besonderer Berücksichtigung des internationalen Sachenrechts. 1996.

Band 35 Andreas Kramer: Abwicklungsstörungen bei Kaufverträgen. Die Lieferung vertragswidriger Sachen im deutschen und italienischen Recht. 1996.

Band 36 Petra Krings: Erfüllungsmodalitäten im internationalen Schuldvertragsrecht. 1997.

Band 37 Tonja Gaibler: Der rechtsgeschäftliche Irrtum im französischen Recht. 1997.

Band 38 Dirk Otto: Rechtsspaltung im indischen Erbrecht. Bedeutung und Auswirkungen auf deutsch-indische Nachlaßfälle. 1997.

Band 39 Gregor W. Decku: Zwischen Vertrag und Delikt. Grenzfälle vertraglicher und deliktischer Haftung dargestellt am Beispiel der Berufs- und Expertenhaftung zum Schutze des Vermögens Dritter im deutschen und englischen Recht. 1997.

Band 40 Gregor W. Decku: Zwischen Vertrag und Delikt. Grenzfälle vertraglicher und deliktischer Haftung dargestellt am Beispiel der Berufs- und Expertenhaftung zum Schutze des Vermögens Dritter im deutschen und englischen Recht. 1997.

Band 41 Ulrike Höpping: Auswirkungen der Warenverkehrsfreiheit auf das IPR unter besonderer Berücksichtigung des Internationalen Produkthaftungsrechts und des Internationalen Vertragsrechts. 1997.

Band 42 Helene Boriths Müller: Die Umsetzung der europäischen Übereinkommen von Rom und Brüssel in das Recht der Mitgliedstaaten. Dargestellt am Beispiel Deutschlands und Dänemarks. 1997.

Band 43 Bernd von Hoffmann / Myong-Chang Hwang (eds.): The Public Concept of Land Ownership. Reports and Discussions of a German-Korean Symposium held in Seoul on October 7-9, 1996. 1997.

Band 44 Oliver Heeder: Fraus legis. Eine rechtsvergleichende Untersuchung über den Vorbehalt der Gesetzesumgehung in Deutschland, Österreich, der Schweiz, Frankreich und Belgien unter besonderer Berücksichtigung des Internationalen Privatrechts. 1998.

Band 45 Heinrich Schütt: Deliktstyp und Internationales Privatrecht. Dargestellt an grenzüberschreitenden Problemen der Arzthaftung. 1998.

Band 46 Axel Steiner: Die stillschweigende Rechtswahl im Prozeß im System der subjektiven Anknüpfungen im deutschen Internationalen Privatrecht. 1998.

Band 47 Martina Schulz: Der Eigentumsvorbehalt in europäischen Rechtsordnungen. Rechtsvergleichende Untersuchung des deutschen, englischen und französischen Rechts unter besonderer Berücksichtigung von Erweiterungen und Verlängerungen. 1998.

Band 48 Karin Dreher: Die Rechtswahl im internationalen Erbrecht. Unter besonderer Berücksichtigung des italienischen IPR-Reformgesetzes N. 218 vom 31. Mai 1995. 1999.

Band 49 Giuliano Gabrielli: Das Verhältnis zwischen der Anfechtung wegen Eigenschaftsirrtums und den Gewährleistungsansprüchen im deutschen, österreichischen und italienischen Recht. 1999.

Band 50 Bernd von Hoffmann / Myong-Chan Hwang (eds.): Developments in Land Law. Reports and Discussions of a German-Korean Symposium held in Berlin and Trier on July 21-24, 1997. 1999.

Band 51 Volker Heidbüchel: Das UNCITRAL-Übereinkommen über unabhängige Garantien und Standby Letters of Credit. Vergleiche mit den Richtlinien der Internationalen Handelskammer, dem deutschen, englischen und US-amerikanischen Recht. 1999.

Band 52 Jan Christoph Nordmeyer: Pflichtteilsansprüche und Wiedervereinigung. Eine systematische Analyse der Ausgleichsansprüche nach BGB-Pflichtteilsrecht unter besonderer Berücksichtigung der durch den Wiedervereinigungsprozeß eingetretenen Wertveränderungen. 1999.

Band 53 Bettina Linder: Vertragsabschluß beim grenzüberschreitenden Verbraucherleasing. 1999.

Band 54 Almontasser Fetih: Die zivilrechtliche Haftung bei Vertragsverhandlungen. Eine rechtsvergleichende Studie zum deutschen, französischen, ägyptischen und islamischen Recht. 2000.

Band 55 Sona Rajani: Die Geltung und Anwendung des Gemeinschaftsrechts im Vereinigten Königreich von Großbritannien und Nordirland. Der Grundsatz der Parlamentssouveränität im Wandel. 2000.

Band 56 Joachim Kayser: Gegenmaßnahmen im Außenwirtschaftsrecht und das System des europäischen Kollisionsrechts. Eine Analyse der EU-Abwehrverordnung gegen die Auswirkungen extraterritorialer Rechtserstreckung eines Drittlandes. 2001.

Band 57 Albrecht Conrad: Qualifikationsfragen des Trust im Europäischen Zivilprozeßrecht. 2001.

Band 58 Bernd Borgmann: Die Entsendung von Arbeitnehmern in der Europäischen Gemeinschaft. Wechselwirkungen zwischen Kollisionsrecht, Grundfreiheiten und Spezialgesetzen. 2001.

Band 59 Aleksandar Jaksic: Arbitration and Human Rights. 2002.

Band 60 Islamisches und arabisches Recht als Problem der Rechtsanwendung. Symposium zu Ehren von Professor Emeritus Dr. iur. Omaia Elwan. Veranstaltet vom Institut für ausländisches und internationales Privat- und Wirtschaftsrecht der Universität Heidelberg und der Gesellschaft für Arabisches und Islamisches Recht e.V. Herausgegeben von Herbert Kronke, Gert Reinhart und Nika Witteborg. 2001.

Band 61 Patrick Fiedler: Stabilisierungsklauseln und materielle Verweisung im internationalen Vertragsrecht. 2001.

Band 62 Werner Mangold: Die Abtretung im Europäischen Kollisionsrecht. Unter besonderer Berücksichtigung des spanischen Rechts. 2001.

Band 63 Eike Dirk Eschenfelder: Beweiserhebung im Ausland und ihre Verwertung im inländischen Zivilprozess. Zur Bedeutung des US-amerikanischen discovery-Verfahrens für das deutsche Erkenntnisverfahren. 2002.

Band 64 Bernd Ehle: Wege zu einer Kohärenz der Rechtsquellen im Europäischen Kollisionsrecht der Verbraucherverträge. 2002.

Band 65 Heiko Lehmkuhl: Das Nacherfüllungsrecht des Verkäufers im UN-Kaufrecht. 2002.

Band 66 Jochen Nikolaus Schlotter: Erbrechtliche Probleme in der Société Privée Européenne. IPR-Harmonisierung im einheitlichen Europäischen Rechtsraum. 2002.

Band 67 Konrad Ost: Doppelrelevante Tatsachen im Internationalen Zivilverfahrensrecht. Zur Prüfung der internationalen Zuständigkeit bei den Gerichtsständen des Erfüllungsortes und der unerlaubten Handlung. 2002.

Band 68 Tobias Bosch: Die Durchbrechungen des Gesamtstatuts im internationalen Ehegüterrecht. Unter besonderer Berücksichtigung deutsch-französischer Rechtsfälle. 2002.

Band 69 Ursula Philipp: Form im amerikanischen Erbrecht. Zwischen Formalismus und harmless error. 2002.

Band 70 Christian Stefan Wolf: Der Begriff der wesentlich engeren Verbindung im Internationalen Sachenrecht. 2002.

Band 71 André Fomferek: Der Schutz des Vermögens Minderjähriger. Ein Vergleich des deutschen und des englischen Rechts unter Berücksichtigung des schottischen und irischen Rechts. 2002.

Band 72 nicht erschienen

Band 73 Markus Dreißigacker: Sprachenfreiheit im Verbrauchervertragsrecht. Der Verbraucher im Spannungsfeld zwischen kultureller Identität und Privatautonomie. 2002.

Band 74 Vassiliki Myller-Igknay: Auskunftsansprüche im griechischen Zivilrecht. Auswirkungen im deutsch-griechischen Rechtsverkehr sowie im deutschen internationalen Privat- und Verfahrensrecht. 2003.

Band 75 Stefan Bruinier: Der Einfluss der Grundfreiheiten auf das Internationale Privatrecht. 2003.

Band 76 Nika Witteborg: Das gemeinsame Sorgerecht nichtverheirateter Eltern. Eine Untersuchung im soziologischen, rechtsgeschichtlichen, verfassungsrechtlichen, rechtsvergleichenden und internationalen Kontext. 2003.

Band 77 Peter Stankewitsch: Entscheidungsnormen im IPR als Wirksamkeitsvoraussetzungen der Rechtswahl. 2003.

Band 78 Jan Wilhelm Ritter: Euro-Einführung und IPR unter besonderer Berücksichtigung nachehelicher Unterhaltsverträge. Eine Untersuchung mit Blick auf das deutsche, französische und schweizerische Recht. 2003.

Band 79 Wolf Richard Herkner: Die Grenzen der Rechtswahl im internationalen Deliktsrecht. 2003.

Band 80 Ira Ditandy: Internationale Zuständigkeit. Neuregelung durch die LOPJ 1985. Vergleich mit dem europäischen Vorbild und Auswirkungen auf das spanische internationale Zivilverfahrensrecht. 2003.

Band 81 Andrea Verena Schefold: Werbung im Internet und das deutsche Internationale Privatrecht. 2004.

Band 82 Klaus Herkenrath: Die Umsetzung der Richtlinie 93/13/EWG über missbräuliche Klauseln in Verbraucherverträgen in Deutschland, dem Vereinigten Königreich, Frankreich und Italien. Auswirkungen nationaler Umsetzungstechniken auf dem Harmonisierungserfolg. 2003.

Band 83 Alexander Thünken: Das kollisionsrechtliche Herkunftslandprinzip. 2003.

Band 84 Barbara v. Daumiller: Die Rechtswahl im italienischen internationalen Erbrecht: und ihre Auswirkungen im deutsch-italienischen Rechtsverkehr. 2003.

Band 85 Robert Mödl: Macht, Verantwortlichkeit und Zurechnung im Konzern. Eine rechtsvergleichende Untersuchung auf der Grundlage des deutschen, spanischen und US-amerikanischen Rechts. 2003.

Band 86 Ursula Kerpen: Das Internationale Privatrecht der Persönlichkeitsrechtsverletzungen. Eine Untersuchung auf rechtsvergleichender Grundlage. 2003.

Band 87 Barbara Ploeckl: Umgangsrechtsstreitigkeiten im deutsch-französischen Rechtsverkehr. Bestehende internationale und nationale Regelungen und der geplante *europäische Besuchstitel*. 2003.

Band 88 Katrin Wannemacher: Die Außenkompetenzen der EG im Bereich des Internationalen Zivilverfahrensrechts. Der räumliche Anwendungsbereich des Art. 65 EGV am Beispiel der EuGVO und der EheVO. 2003.

Band 89 Maren B. Eilinghoff: Das Kollisionsrecht der ungerechtfertigten Bereicherung nach dem IPR-Reformgesetz von 1999. 2004.

Band 90 Patrick Niehr: Die zivilprozessuale Dokumentenvorlegung im deutsch-englischen Rechtshilfeverkehr nach der deutschen und der englischen Prozessrechtsreform. 2004.

Band 91 Anna Christina Gördes: Internationale Zuständigkeit, Anerkennung und Vollstreckung von Entscheidungen über die elterliche Verantwortung. Die VO(EG) Nr. 1347/2000, ihre geplanten Änderungen und das Verhältnis beider zum Minderjährigen- und Kinderschutzabkommen. 2004.

Band 92 Martin Rädler: Rechtsbehelfe des Käufers eines Unternehmens oder einer unternehmerischen Beteiligung gegen den Verkäufer im deutschen und französischen Recht. 2004.

Band 93 Marc-Yngve Dietrich: Rechtsstellung und Beteiligung der Gläubiger im französischen Insolvenzverfahren. 2004.

Band 94 Katia Niemann: Die rechtsgeschäftliche und organschaftliche Stellvertretung und deren kollisionsrechtliche Einordnung. Deutschland und England im Vergleich. 2004.

Band 95 Daniel Ludwig: Neuregelungen des deutschen Internationalen Insolvenzverfahrensrechts. Eine Untersuchung unter vergleichender Heranziehung der Europäischen Insolvenzverordnung. 2004.

Band 96 Cordelia Faulenbach: Der gemeinschaftsrechtliche Vorbehalt im europäischen Wettbewerbsrecht. Die Herkunftslandanknüpfung der E-Commerce-Richtlinie unter dem Einfluss der Grundfreiheiten. 2004.

Band 97 Ulf Dörner: Der Vertragsgerichtsstand nach dem Protokoll von Buenos Aires. 2004.

Band 98 Martin Schmidhuber: Verhaltenskodizes im nationalen und grenzüberschreitenden elektronischen Geschäftsverkehr. Zur Frage der Integration der Selbstregulierung durch Private in die staatliche Rechtsordnung. 2004.

Band 99 Florian Kienle: Die fehlerhafte Banküberweisung im internationalen Rechtsverkehr. Unter besonderer Berücksichtigung des Artikels 4A US Uniform Commercial Code. 2004.

Band 100 Thomas Alexander Brandt: Die Adoption durch eingetragene Lebenspartner im internationalen Privat- und Verfahrensrecht. 2004.

Band 101 Florian Pulkowski: Subunternehmer und Internationales Privatrecht. Der Subunternehmer als Quasi-Verbraucher im Europäischen Kollisionsrecht. 2004.

Band 102 Ulrich Becker: Grundrechtsschutz bei der Anerkennung und Vollstreckbarerklärung im europäischen Zivilverfahrensrecht. Bestimmung der Grenzen für die Einführung eines europäischen Vollstreckungstitels. 2004.

Band 103 Thomas Badelt: Aufrechnung und internationale Zuständigkeit unter besonderer Berücksichtigung des deutsch-spanischen Rechtsverkehrs. 2005.

Band 104 Florian D. Wagner: Vorvertragliche Aufklärungspflichten im internationalen Franchising. Zur Harmonisierung von Delikts- und Vertragsstatut im internationalen Privatrecht unter besonderer Berücksichtigung der Franchise-Gesetzgebung des US-Bundesstaates Kalifornien. 2005.

Band 105 Vera Heine: Die Umsetzung der *EG-Richtlinie über missbräuchliche Klauseln in Verbraucherverträgen* im englischen und deutschen Recht. 2005.

Band 106 Alexander Franz: Überregionale Effektentransaktionen und anwendbares Recht. Eine kollisionsrechtliche Untersuchung unter besonderer Berücksichtigung der Vorschrift des § 17 a DepotG. 2005.

Band 107 Hanna-Maria Uhlenbrock: Gesetzliche Regelungen für nichteheliche Lebensgemeinschaften in Deutschland und Frankreich. Ein Vergleich des Unterhaltsrechts bei der eingetragenen Lebenspartnerschaft und beim Pacte civil de Solidarité. 2005.

Band 108 Katrin Stieß: Anknüpfungen im internationalen Urheberrecht unter Berücksichtigung der neuen Informationstechnologien. 2005.

Band 109 Hendrik Otto: Der gesetzliche Abschlussprüfer im italienischen Recht. Eine rechtsvergleichende Untersuchung unter besonderer Berücksichtigung der zivilrechtlichen Haftung. 2005.

Band 110 Frauke Stuphorn: Bankhaftung für Kreditauskünfte im deutschen und französischen Recht. 2005.

Band 111 Nina Fürer: Die zivilrechtliche Haftung für Raucherschäden. 2005.

Band 112 Giovanni B. Barillà: *Contratto autonomo di garanzia* e *Garantievertrag*. Categorie civilistiche e prassi del commercio. 2005.

Band 113 Timo Torz: Gerichtsstände im Internationalen Insolvenzrecht zur Eröffnung von Partikularinsolvenzverfahren. 2005.

Band 114 Martina Schmid: Die Grenzen der Auslegungskompetenz des EuGH im Vorabentscheidungsverfahren nach Art. 234 EG. Dargestellt am Beispiel der überschießenden Richtlinienumsetzung. 2005.

Band 115 Stephan Lesage-Mathieu: Dispositives Kollisionsrecht im prozessualen Kontext. 2005.

Band 116 Jürgen Görtz: Die subjektiven Grenzen der Rechtskraft US-amerikanischer Urteile. 2005.

Band 117 Vera Hoppe: Die Einbeziehung ausländischer Beteiligter in US-amerikanische class actions. Unter Berücksichtigung des Class Action Fairness Act 2005. 2005.

Band 118 Silke Pütz: Parteiautonomie im internationalen Urhebervertragsrecht – Eine rechtsdogmatische und rechtspolitische Betrachtung der Grenzen freier Rechtswahl im internationalen Urhebervertragsrecht unter besonderer Berücksichtigung des neuen deutschen Urhebervertragsrechts. 2005.

Band 119 Alice Nieroba: Die europäische Rechtshängigkeit nach der EuGVVO (Verordnung (EG) Nr. 44/2001) an der Schnittstelle zum nationalen Zivilprozessrecht. 2006.

Band 120 Jan Kayser: Alternative Formen gerichtlicher und außergerichtlicher Streitbeilegung im deutschen und französischen Zivilprozess. Les modes alternatifs judiciaires et extrajudiciaires de résolution des conflits en procédure civile allemande et française. 2006.

Band 121 Mirko Ehrich: Der internationale Anwendungsbereich des deutschen und französischen Rechts gegen irreführende Werbung. Freie Wahl von Form und Mittel, Rom II und Herkunftslandprinzip. 2006.

Band 122 Daniel Thelen: Die Haftung des Sekundärschädigers für Gewalttaten anderer im US-amerikanischen Deliktsrecht ausgehend von dem Problem rechtsextremistisch motivierter Gewalttaten. 2006.

Band 123 Anne Winterling: Die Entscheidungszuständigkeit in Arbeitssachen im europäischen Zivilverfahrensrecht. 2006.

Band 124 Sarah Gerling: Die Gleichstellung ausländischer mit inländischen Vollstreckungstiteln durch die Verordnung zur Einführung eines Europäischen Vollstreckungstitels für unbestrittene Forderungen. Im Vergleich zum bisherigen Recht und zur Rechtslage in den USA. 2006.

Band 125 Christian Bank: Präventivmaßnahmen börsennotierter Gesellschaften zur Abwehr feindlicher Übernahmeversuche in Deutschland und Großbritannien. Eine rechtsvergleichende Untersuchung des deutschen und britischen Rechts unter Berücksichtigung der Europäischen Übernahmerichtlinie. 2006.

Band 126 Christian Weis: Kaufrechtliche Gewährleistung und Garantievergabe in Deutschland und Spanien. Unter besonderer Berücksichtigung des Unternehmenskaufs. 2006.

Band 127 Emilio Maus Ratz: Der Nacherfüllungsanspruch nach UN-Kaufrecht. Im Lichte der deutschen, spanisch-mexikanischen und US-amerikanischen Rechtswissenschaft. 2006.

Band 128 Constanze Jacobs: Die Sachmängelgewähr im deutschen und belgischen Kaufrecht nach Umsetzung der Verbrauchsgüterkauf-Richtlinie. 2006.

Band 129 Ulrike Teichert: Lückenfüllung im CISG mittels UNIDROIT-Prinzipien – Zugleich ein Beitrag zur Wählbarkeit nichtstaatlichen Rechts. 2007.

Band 130 Sascha Reichardt: Internationale Zuständigkeit im Gerichtsstand der unerlaubten Handlung bei Verletzung europäischer Patente. 2006.

Band 131 Bilgehan Cetiner: Die Sachmängelhaftung des Verkäufers im UN-Kaufrecht und im neuen deutschen Schuldrecht. Eine rechtsvergleichende Studie. 2006.

Band 132 Jan Streer: Die Umsetzung der Verbrauchsgüterkaufrichtlinie im englischen Recht durch die Sale and Supply of Goods to Consumer Regulations 2002. 2007.

Band 133 Kathrin Wannenmacher: Einstweilige Maßnahmen im Anwendungsbereich von Art. 31 EuGVVO in Frankreich und Deutschland: Eine Betrachtung ausgesuchter Verfahren des einstweiligen Rechtsschutzes im internationalen Zivilverfahrensrecht – gerichtliche Zuständigkeit, Anerkennung und Vollstreckung. 2007.

Band 134 Wim Kreytenberg: Die individuelle Schwerpunktbestimmung internationaler Schuldverträge nach der Ausweichklausel des Artikel 4 Absatz 5 Satz 2 EVÜ. Ein Beitrag zur Förderung von Rechtssicherheit und Einzelfallgerechtigkeit im europäischen Kollisionsrecht der Schuldverträge. 2007.

Band 135 Nikolaus Geiben: Der Vorvertrag im Internationalen Privatrecht. Unter besonderer Berücksichtigung des Immobilienerwerbs im portugiesischen und brasilianischen Recht. 2007.

Band 136 Predrag Maksimovic: Der Kapitalschutz im europäischen, serbischen und deutschen Recht der Gesellschaft mit beschränkter Haftung. 2007.

Band 137 Alexander Rathenau: Die Anwendung des EuGVÜ durch portugiesische Gerichte unter Berücksichtigung des autonomen internationalen Zivilverfahrensrechts. 2007.

Band 138 Matthias Creydt: Die Besicherung von Weltraumvermögenswerten. Ein neues einheitliches internationales Sicherungsrecht und dessen Vergleich zum US-amerikanischen Mobiliarsicherungsrecht. 2007.

Band 139 Oliver Borkhardt: Registerpublizität und Kollisionsrecht besitzloser Mobiliarsicherheiten nach dem neuen Art. 9 UCC. 2007.

Band 140 Jens Engelmann-Pilger: Deliktische Haftung für das Fehlverhalten Dritter im Common Law. 2007.

Band 141 Bastian Rotmann: Der Schutz des Dritten in der europäischen Mobiliarzwangsvollstreckung. Eine rechtsvergleichende Untersuchung vor dem Hintergrund der Verordnung (EG) Nr. 805/2004 zur Einführung eines Europäischen Vollstreckungstitels für unbestrittene Forderungen. 2007.

Band 142 Oliver Ratzel: Die Präklusion isolierter Unterhaltsverfahren durch den ausländischen Scheidungsverbund. Zugleich ein Beitrag zur internationalen Verbundszuständigkeit im Lichte der Quellenveränderung. 2007.

Band 143 Bettina Maria Stade: Die Konstitutionalisierung des Zivilprozessrechts in Spanien und Deutschland vor dem Hintergrund der Europäisierung des Zivilprozessrechts. 2007.

Band 144 Julia El-Bitar: Der deutsche und der französische Kulturgüterschutz nach der Umsetzung der Kulturgüterrückgaberichtlinie. Eine materiellrechtliche und kollisionsrechtliche Untersuchung. 2007.

Band 145 Aris Kaschefi: Sachmängelhaftung im französischen Kaufrecht vor und nach Umsetzung der Verbrauchsgüterkaufrichtlinie. Mit rechtsvergleichenden Hinweisen zum deutschen Recht unter besonderer Berücksichtigung von Weiterfressersachverhalten. 2007.

Band 146 Isabel Roth: Die internationale Zuständigkeit deutscher Gerichte bei Persönlichkeitsrechtsverletzungen im Internet. 2007.

Band 147 Theresa Wilhelmi: Das Weltrechtsprinzip im internationalen Privat- und Strafrecht. Zugleich eine Untersuchung zu Parallelitäten, Divergenzen und Interdependenzen von internationalem Privatrecht und internationalem Strafrecht. 2007.

Band 148 Alice Halsdorfer: Privat- und kollisionsrechtliche Folgen der Verletzung von Kulturgüterschutznormen auf der Grundlage des UNESCO-Kulturgutübereinkommens 1970. 2008.

Band 149 Thomas Müller-Froelich: Der Gerichtsstand der Niederlassung im deutsch-amerikanischen Rechtsverkehr. Eine Untersuchung zu Fragen der Entscheidungs- und Anerkennungszuständigkeit. 2008.

Band 150 Christopher Luhn: Privatautonomie und Inhaltskontrolle von Eheverträgen. Ein kritischer Vergleich des deutschen und des australischen Rechts mit Bezügen zum Internationalen Privatrecht. 2008.

Band 151 Kristin Kohler: Die grenzüberschreitende Verbraucherverbandsklage nach dem Unterlassungsklagengesetz im Binnenmarkt. 2008.

Band 152 Dorothee Maria Kaulen: Die Anerkennung von Gesellschaften unter Artikel XXV Abs. 5 S. 2 des deutsch-US-amerikanischen Freundschafts-, Handels- und Schifffahrtsvertrags von 1954. 2008.

Band 153 Birka Vanessa Stroschein: Parteizustellung im Ausland. Eine systemvergleichende Untersuchung des Gemeinschafts- und Staatsvertragsrechts unter Einbeziehung des deutschen, französischen, englischen und US-amerikanischen Zustellungsrechts. 2008.

Band 154 Nancy Gruschinkse: Das europäische Kollisionsrecht der Aufrechnung unter besonderer Beachtung des Insolvenzfalles. 2008.

Band 155 Hans-Christian Frick: Sprachrisiko im Zeitalter des Ethnomarketings. US-amerikanische Erfahrungen und europäische Rechtsentwicklung. 2009.

Band 156 Stephan Mangold: Verbraucherschutz und Kunstkauf im deutschen und europäischen Recht. 2009.

Band 157 Robert Beier: Die gesetzlichen Rechte des überlebenden Ehegatten nach dem deutschen und spanischen Kollisionsrecht. Unter besonderer Berücksichtigung der *viudedad aragonesa*. 2009.

Band 158 Julia-Marie Oppermann: Internationale Handelsschiedsgerichtsbarkeit und Verjährung. 2009.

Band 159 Stephan Boese: Strukturprinzipien im Gläubigerschutz. Eine rechtsvergleichende Untersuchung zur GmbH und zur englischen Limited Company. 2009.

Band 160 Thomas Rosa: Das Kaufrecht nach dem Zivilgesetzbuch der Tschechischen und Slowakischen Republik. Eine rechtsvergleichende Darstellung im Lichte des deutschen Bürgerlichen Gesetzbuches. 2009.

Band 161 Roland Weis: Rechnungslegungspflichten von EU-Scheinauslandsgesellschaften im Land ihrer tatsächlichen wirtschaftlichen Betätigung. Insbesondere im Hinblick auf in Deutschland tätige englische Limiteds. 2009.

Band 162 Henning Frase: "Leoninische Vereinbarungen" und Ergebnisbeteiligungspflicht im deutschen und italienischen Gesellschaftsrecht. Zum *patto leonino* des italienischen Rechts und möglichen Entsprechungen im deutschen Recht. 2010.

Band 163 Christiane Tödter: Europäisches Kindschaftsrecht. Nach der Verordnung (EG) Nr. 2201/ 2003. 2010.

Band 164 Edda Gampp: *Perpetuatio fori internationalis* im Zivilprozeß und im Verfahren der freiwilligen Gerichtsbarkeit. 2010.

Band 165 Mei Wu: Die Reform des chinesischen Beweisrechts vor dem Hintergrund deutscher und US-amerikanischer Regelungsmodelle. 2010.

Band 166 Corina Leimert: Stand und Entwicklung des italienischen Rechts der Unternehmenszusammenschlüsse (gruppi di società / gruppi di imprese). 2010.

Band 167 Kasim Özen: Die Scheidungsgründe im türkischen Zivilgesetzbuch. 2010.

Band 168 Helena Isabel Maier: Marktortanknüpfung im internationalen Kartelldeliktsrecht. Eine internationalzuständigkeits- und kollisionsrechtliche Untersuchung unter Einbeziehung rechtsvergleichender Überlegungen zum englischen Recht. 2011.

Band 169 Thomas Spernat: Die gleichgeschlechtliche Ehe im Internationalen Privatrecht. Unter besonderer Berücksichtigung des Einflusses des EG-Vertrags. 2011.

Band 170 Max Johann Lipsky: Statutenwechsel im italienischen Sachenrecht – Auswirkungen auf den Im- und Export von Mobiliarsicherheiten. Eine Untersuchung der rechtlichen Beständigkeit dinglicher Kreditsicherheiten im deutsch-italienischen Rechtsverkehr. 2011.

Band 171 Silvia Karolina Seilstorfer: Die Umsetzung der Verbrauchsgüterkaufrichtlinie in Portugal mit rechtsvergleichenden Hinweisen zum deutschen Recht. 2011.

Band 172 Stephan Georg Knöchel: Anerkennung französischer Urteile mit Drittbeteiligung. Eine Untersuchung der Anerkennung von Drittbindungswirkungen nach der EuGVVO und autonomem deutschem Recht. 2011.

Band 173 Kristina Menzel: Vollstreckungsschutz zugunsten privater Altersvorsorge. Eine rechtsvergleichende Untersuchung zum deutschen und schweizerischen Recht. 2011.

Band 174 Manuela Krach: Scheidung auf Mexikanisch. Das materielle Recht der Scheidung im Mehrrechtsstaat Mexiko unter Berücksichtigung von Eheschließung und Ehewirkungen. 2011.

Band 175 Vanessa Sofia Wagner: Verkehrsschutz beim redlichen Erwerb von GmbH-Geschäftsanteilen. Ein Vergleich des Rechts für Gesellschaften mit beschränkter Haftung in Deutschland, England und Italien. 2011.

Band 176 Alexander Swienty: Der Statutenwechsel im deutschen und englischen internationalen Sachenrecht unter besonderer Betrachtung der Kreditsicherungsrechte. 2011.

Band 177 Kathrin Süß: Streitbeilegungsmechanismen im Verbraucherrecht. Unter besonderer Berücksichtigung der australischen Rechtsordnung. 2011.

Band 178 Efe Direnisa: Die materielle Rechtskraft im deutschen und türkischen Zivilverfahrensrecht. 2012.

Band 179 Julia Faenger: Leistungsunabhängige Nebenpflichten zum Schutz des Integritätsinteresses im deutschen und französischen Recht. Eine rechtsvergleichende Betrachtung ausgehend von den Rücksichtspflichten des § 241 Abs. 2 BGB. 2012.

Band 180 Dorothea Heine: Das Kollisionsrecht der Forderungsabtretung. UNCITRAL-Abtretungskonvention und Rom I-Verordnung. 2012.

Band 181 Lisa B. Möll: Kollidierende Rechtswahlklauseln in Allgemeinen Geschäftsbedingungen im internationalen Vertragsrecht. 2012.

Band 182 Jutta Jasmin Uusitalo: Einbeziehung von AGB im unternehmerischen Geschäftsverkehr zwischen Deutschland und Finnland. 2012.

Band 183 Darya Alikhani Chamgardani: Der Allgemeine Teil des iranischen Schuldvertragsrechts. Im Spannungsverhältnis zwischen rezipiertem französischen und traditionellem islamischen Recht. 2013.

Band 184 Volker Anton: Aktuelle Entwicklungen des Bankgeheimnisses im Rechtsvergleich unter besonderer Berücksichtigung seiner exterritorialen Wirkungen. Deutschland, Luxemburg, Österreich, Schweiz und Liechtenstein. 2013.

Band 185 Charlotte Wilhelm: Die Regelung der Geld- und Warenkreditsicherheiten nach dem deutschen Recht im Vergleich zum Draft Common Frame of Reference (DCFR). 2013.

Band 186 Michael Nehmer: Erbunwürdigkeit und Elternunterhalt im Internationalen Privatrecht. Eine historisch-rechtspolitische Betrachtung. 2013.

Band 187 Pınar Şamiloğlu-Riegermann: Türkisches und deutsches Vertragshändlerrecht im Rechtsvergleich. 2014.

Band 188 Elvan Er: Realsicherheiten des türkischen Mobiliarsachenrechts. Eine Darstellung des geltenden türkischen Rechts unter vergleichender Berücksichtigung des deutschen und schweizerischen Kreditsicherungsrechts. 2014.

Band 189 Maya Mandery: Party Autonomy in Contractual and Non-Contractual Obligations. A European and Anglo-Common Law perspective on the freedom of choice of law in the Rome I Regulation on the law applicable to contractual obligations and the Rome II Regulation on the law applicable to non-contractual obligations. 2014.

Band 190 Gregor Nikolas Rutow: Rechtsvergleich über die Zulässigkeit von Haftungsausschlüssen, Haftungsbeschränkungen und pauschaliertem Schadensersatz in einzelnen arabischen Rechtsordnungen. 2014.